U0148904

鄭基良著

文史哲學集成

魏晉南北朝形盡神滅或形盡神不滅的思想論證

文史哲出版社印行

國家圖書館出版品預行編目資料

魏晉南北朝形盡神滅或形盡神不滅的思想論證 / 鄭基良. -- 初版. -- 臺北市:文史哲, 民 91
面 ; 公分. -- (文史哲學集成 ; 458)
參考書目 : 面
ISBN 957-549-430-x (平裝)

1.哲學 – 中國 – 六朝（222-588）

123 91006568

文史哲學集成

魏晉南北朝形盡神滅或形盡神不滅的思想論證

著 者：鄭 基 良
出 版 者：文 史 哲 出 版 社
http://www.lapen.com.tw
登記證字號：行政院新聞局版臺業字五三三七號
發 行 人：彭 正 雄
發 行 所：文 史 哲 出 版 社
印 刷 者：文 史 哲 出 版 社
臺北市羅斯福路一段七十二巷四號
郵政劃撥帳號：一六一八〇一七五
電話886-2-23511028・傳真886-2-23965656

實價新臺幣六〇〇元

中華民國九十一年(2002)四月初版

著財權所有・侵權者必究

ISBN 957-549-430-x

魏晉南北朝形盡神滅或形盡神不滅的思想論證

目錄

前言

佛教在魏晉南北朝的發展十分興盛，深得人民的信仰，但是，由於佛教是外來的宗教，所以，有不少學者對佛教展開嚴厲的批判和反對。當時，反佛所涉及的諸多問題，據僧佑在《弘明集・後序》中說：「一疑經說迂誕，大而無徵；二疑人死神滅，無有三世；三疑莫見眞佛，無益國治；四疑古無法教，近出漢世；五疑教在戎方，化非華俗；六疑漢魏法微，晉代始盛。」。

從僧佑所說的「六疑」而言，當時反佛者是以儒家爲主，這六大爭論以第二疑最重要，因爲佛教講三世因果業報，六道輪迴，其思想基礎在於形盡神不滅論，如果形盡神滅的話，那麼，六道輪迴就沒有一個承擔報應的主體，如此，佛教就失去理論的根本而無法令人信服了。

所以，佛教徒極力主張形盡神不滅，這個不滅的「神」，就是承擔輪迴報應的主體；反佛者強調形盡神滅，企圖瓦解中土佛教的根本核心思想，彼此爭論不休，前後共計五次：㈠東晉孫盛與羅含的爭論；㈡東晉戴逵與慧遠、周續之的爭論；㈢南朝劉宋何承天與宗炳、顏延之、劉少府的爭論；㈣南朝齊梁范縝與蕭琛、曹思文、沈約等人的爭論；㈤北齊邢邵與杜弼的爭論。雙方如何展開思想論證？

了解其內容爲何？這是本論文研究的動機。

撰寫《魏晉南北朝形盡神滅或形盡神不滅的思想論證》，主要的參考資料有：《弘明集》、《廣弘明集》，及其相關的儒家和佛教經典，與各種史料、專書、論文等，資料相當豐富，經過一番研讀，審密探究，擇其大要，分成五章，三十餘萬字。

第一章緒論，探討形盡神滅或形盡神不滅的思想淵源，分爲兩節，第一節論述先秦兩漢的鬼神思想，有三個內涵：㈠天與人是否有密切的關係？㈡是否有吉凶禍福的善惡報應思想；㈢是形神關係。這三個內涵，正是形盡神滅或形盡神不滅的核心問題，爲其思想淵源。第二節論述佛家論證人死非斷滅，中國佛教徒所謂形盡神不滅，近似佛教經典中對人死非斷滅的論證，也就是說佛典中論證「人死非斷滅」，是形盡神不滅論者的思想淵源與宗教信仰的基礎。

第二章晉代形盡神滅或形盡神不滅的思想論證，分爲四節，第一節桓譚《新論・形神》，桓譚生於東漢，並非東晉人士，不過，在《弘明集》卷五，收錄《新論・形神》一文，因此，本文遂依《弘明集》編排。第二節牟子〈理惑論〉，〈理惑論〉應是中國最早的佛教論書，收錄在《弘明集》卷一。第三節羅含〈更生論〉，羅含與孫盛的爭論，是第一次的形神爭論。第四節慧遠〈形盡神不滅〉，慧遠是東晉後期佛教界的領袖高僧，他的〈沙門不敬王著論〉五篇並序，是主張形盡神不滅的代表作，也引發戴逵與慧遠、周續之的形神爭論。

第三章劉宋形盡神滅或形盡神不滅的思想論證，分爲四節，第一節鄭鮮之〈神不滅論〉，〈神不滅論〉是鄭鮮之以護佛者的立場所作的一篇文章。第二節慧琳〈均善論〉，〈均善論〉主要闡揚儒、釋、道三家殊途而同歸，不料引發何承天與宗炳、顏延之、劉少府的爭論。第三節宗炳〈明佛論〉，宗炳深受慧遠的影響，〈明佛論〉又稱〈神不滅論〉，可知其要旨在說明形盡神不滅思想。第四節何承天〈達性論〉，何承天標舉孔孟仁義之道，反對佛家的因果業報、六道輪迴。

第四章齊梁形盡神滅或形盡神不滅的思想論證，分爲六節，第一節范縝〈神滅論〉，齊梁之際，范縝〈神滅論〉引發了更激烈的形神爭論，范縝不隨世俗信佛，不顧個人安危，不受高官利誘，爲了維護儒家的教化而反佛。第二節蕭琛〈難神滅論〉，范縝是蕭琛的內兄，范縝作〈神滅論〉之後，蕭琛作〈難神滅論〉辯之。第三節曹思文〈難神滅論〉，曹思文撰〈難神滅論〉等文，與范縝相互論辯。第四節沈約〈難范縝神滅論〉，沈約著有〈難范縝神滅論〉等文，詰難范縝〈神滅論〉。第五節顏之推〈歸心篇〉，〈歸心篇〉融合儒、佛二家，五戒與五常符同。第六節邢邵與杜弼的形神論證，邢邵與杜弼的形神爭論，是北朝唯一一次神滅或神不滅的思想論證。

第五章結論。形盡神滅或形盡神不滅的思想論證，其意義有三點：㈠譬喻的局限，以譬喻類比推理，其所得的結論，只有蓋然性，而無必然性。㈡形盡神不滅的時代意義有三：1.具有勸善的教化功用。2.強化思想信仰，安頓人心。3.具有終極關懷的精神。㈢形盡神滅的文化意義，反佛者皆以儒學爲宗，重視人禽之辨、義利之辨，主張仁義內在，強調人的道德生命、歷史生命及文化生命勝於生理生命。

其實，五戒與五常符同，五教與六度並行，仁愛與慈悲齊立，孔、老、如來，雖殊途而同歸，其精神境界均臻於至善矣。

以上所言，或有舛訛，惟祈賢達君子，多予賜教。

中華民國九十年五月　**鄭基良**謹誌于空大南院觀雲軒

第一章 緒論——形盡神滅或形盡神不滅的思想淵源

第一節 先秦兩漢的鬼神思想

自東晉到北齊，有關形盡神滅或形盡神不滅的爭論，其主要論題是形神關係，而形神關係又以鬼神之說爲思想淵源。換言之，鬼神之說是神滅或神不滅論證的思想淵源，本文簡述先秦至兩漢的鬼神思想。

一、泛靈的信仰

人類學家泰勒(E. B. Tylon, 1832-1917)認爲宗教的起源，是先民對於靈的存在(spiritual beings)的信仰。所謂靈的存在，表示一種超越自然現象的存在，因爲所有自然界的萬物，都受到時間和空間的限制，而先民相信靈是無所不在的，能夠超越時空的限制，並且相信宇宙萬物都有靈，這種泛靈的信仰，稱爲萬物有靈論(animism)，先民以泛靈的思想，解釋宇宙之間各種自然的現象，包括天災、疾病與生死。

泰勒又認爲靈有三類，㈠是存在於活人身上的靈魂(soul)；㈡是死後離開身體的鬼魂(ghost)；㈢是人類以外的精靈(spirit)，存在於日月山川、草木鳥獸、風雨雷電等自然萬物之中①，以中國人的宗教信仰而言，就是天神、地祇和人鬼，統稱爲鬼神。

鬼神的意義是什麼？《禮記・祭法》認爲人死了以後，就稱爲鬼。《列子・天瑞》認爲人死精神離形，各歸其眞，所以稱爲鬼。何謂神？《禮記・祭法》以爲凡是山林、河谷、丘陵地帶，有雲氣風雨，出現不尋常的現象或東西，都稱爲神，天子治理天下，要祭拜很多的神祇。劉向在《說苑・修文》中認爲神靈是天地的根本，而爲萬物的元始。《周易・繫辭上傳》說：陰陽不測之謂神。《孟子・盡心》說：聖而不可知之之謂神。

古書中常見鬼神合稱，《管子・內業》說：

凡物之精，比則爲生。下生五穀，上爲列星，流於天地之間，謂之鬼神。

《管子》認爲萬物的精氣，結合起來就有生命，在地上生成五穀，在天上化爲日月星辰，流佈在天地之間，稱爲鬼神。《尚書・金縢》說：

予仁若考，能多材多藝，能事鬼神。

事鬼神就是祭祀鬼神，是古代帝王最重要的一件事。

《論語·雍也》說：

子曰：務民之義，敬鬼神而遠之，可謂知矣。

《史記·五帝本紀》說：

萬國和，而鬼神山川封禪與爲多焉……依鬼神以制義……明鬼神而敬事之②。

《韓非子·亡徵》說：

用時日，事鬼神，信卜筮，而好祭祀者，可亡也③。

《淮南子·泰族訓》說：

夫鬼神視之無形，聽之無聲，然而郊天望山川，禱詞而求福，雩兑而請雨，卜筮而決事④。

什麼是鬼神？《禮記·祭義》說：

氣也者，神之盛也，魄也者，鬼之盛也，合鬼與神，教之至也⑤。

《禮記》的作者認爲鬼神的思想，是神道設教的極則。有生必有死，死後歸土，謂之鬼。換言之，生命由魂氣（附氣之神爲魂）和形魄（附形之靈爲魄）結合而成，人死之後，魂氣歸於天，形魄歸於地，所以說鬼者歸也。因爲中國自古以來，即以宗法立國，祭祀鬼神源於對祖先的孝敬，由人鬼而推至天地神祇，再由天地神祇推到最高的尊神，《尚書》稱爲上帝，或稱帝，又稱天。

二、上帝是尊神

《尙書》所稱的上帝，是一種尊神，並非唯一的神，沒有創造萬物和人類，這和西洋宗教的上帝不同，西洋宗教的上帝創造了萬物和人類，但兩者都有賞善罰惡的權威。

《尙書・堯典》說：

肆類于上帝，禋于六宗，望于山川，偏于群神。

這是說舜在堯太祖的廟堂裡承接帝位，然後祭祀上帝，用禋燎之禮祭天地四時，用望祭之禮祭山川，又普遍地祭拜群神，這表示天子在一年之內，要按照季節時令，祭拜天地之神、四方之神、山川之神，以及戶、灶、門、井、中霤之神。

〈皋陶謨〉說：

徯志以昭受上帝，天其申命用休。

這是說要謙虛平靜地接受上帝的命令，謹慎安於天子的職責，那麼，上帝就會降賜福祥。

〈湯誓〉說：

夏氏有罪，予畏上帝，不敢不正。

〈湯誓〉是商湯討伐夏桀的誓師之辭，意思是說夏桀不憐憫人民，荒廢農事，夏桀的罪惡多端，上帝命令我去討伐他，我商湯害怕上帝，不敢不去征伐夏桀。

〈盤庚〉說：

肆上帝將復我高祖之德，亂越我家。

〈盤庚〉記述殷帝盤庚遷都之事，從奄遷到殷，遷都初期，人民都不喜歡。盤庚說：我所以把首都從奄遷到殷，是上帝要安定我們的國家，我會小心地保護祖先的德業，以及人民生命財產的安全。

〈召誥〉說：

嗚呼！皇天上帝，改厥元子茲大國之命。

〈召誥〉是召公誥周成王之辭，召公說：偉大的上帝，已經廢除殷紂這個國家的命，君王（指周成王）已經承接天命，這是無窮盡的福澤。

〈多士〉說：

我聞曰：上帝引逸……惟時上帝不保，降若茲大喪，惟天不畀不明厥德，凡四方小大邦喪，罔非有辭于罰。

〈多士〉是周成王遷都殷商所遺留的官吏及頑民於雒邑，周公以王命告誡的說辭。意思是說上帝是引導人民明德修身，過安樂的生活，不可以過度淫逸。因爲夏桀不能聽從上帝的命令，過度淫樂，上帝就命令成湯革了夏桀的命。從成湯到帝乙，沒有不明其明德，謹慎修身愛民，勤於祭祀，不敢違抗上帝的命令。到了紂王，不顧人民，過度享樂，於是，上帝就降下滅紂的大禍，這是上帝不把天下給那德行不好的人，凡是天下諸國所以滅亡的原因，沒有不是由於有了大的罪過而應受懲罰的。

〈君奭〉說：

我亦不敢寧於上帝命，弗永遠念天威，越我民。

〈君奭〉是周公昭告召公的話，是說我們不敢安然無憂地享受上帝所降賜的福，也不敢不永遠服從上天的權威和照顧我們的人民，如此，人民才不會怨恨。

〈立政〉說：

籲俊尊上帝……桀德惟乃弗作往任，是惟暴德，罔後。亦越成湯陟，丕釐上帝之耿命。

〈立政〉是周公告成王任用官吏之道。周公呼籲俊傑之士要尊敬上帝，夏桀因爲不遵守以往任用官吏的原則，所以，行爲殘暴，而亡國絕後。到了成湯在位時，他能夠遵循上帝顯赫的命令，依照用人的道理，提拔俊傑之士。

〈召誥〉說：

王來紹上帝，自服於土中。

這是說王問卜於上帝，聽從上帝旨意，謹愼自己的德行，治理國家。

《詩經》中也有不少上帝的稱呼。

《大雅》說：

上帝既命，侯於周服。（文王）

《詩經》的〈大雅〉和〈小雅〉，是西周時代的詩，這章詩是說文王有誠敬不已的美德，所以有很大的天命，那殷商的子孫，爲數衆多，上帝還命令他們臣服周室。

〈大雅〉說：

雒此文王，小心翼翼，昭事上帝，聿懷多福，厥德不回，以受方國。（大明）

這章詩是說文王的爲人，小心謹慎，敬事上帝，所以能夠承受很多幸福，有美德而無邪，因此，四方的國家都來附從。

〈大雅〉說：

皇矣上帝，臨下有赫，監觀四方，求民之莫，維此二國，其政不獲，維彼四國，爰究爰度，上帝耆之，憎其式廓，乃眷西顧，此維與宅。（皇矣）

這章詩是說偉大的上帝，顯赫威嚴，臨視天下，上帝監察各國，探求人民疾苦，只有夏商二國，政治最不清明，其他的國家，上帝嫌棄政局不好，惟獨周室很有德行，天意遂歸文王，成爲天子。

〈周頌〉說：

執競武王，無競維烈，不顯成康，上帝是皇。（執競）

這章詩是祭祀武王的樂歌，自強不息的周武王，沒有人能比得上他的功勞，他的德行彰顯，王業成功，天下安定，所以，上帝賜命他爲君。

《尚書》和《詩經》所謂的上帝，是賞善罰惡的主宰，是有意志的人格神，上帝的命令就是「天命」，如〈湯誓〉說：

非台小子，敢行稱亂，有夏多罪，天命殛之。

這是說並非我商湯敢去作亂，只因爲夏國的罪惡多端，上帝命令我去討伐他，這種上帝命令有德者去討伐有罪的人，其目的是顯揚善人，懲罰惡人，這種天命思想的特徵是「天命靡常」。所謂「天命靡常」，是說上帝並不是命定某一個人永居王位，而是隨時可降新命，命定有德的人爲王。至於上帝居於何處？從《詩經．大雅文王之什》所謂「文王在上，於昭于天。」以及「文王陟降，在帝左右。」的話來看，應該有個天廷，而上帝應該是天廷中的尊神⑥。

三、墨子明鬼

墨子也認爲鬼神具有賞善罰惡的能力，墨子以爲鬼神有不同的類型，有天鬼、山水的鬼神，還有人死以後變成爲鬼。鬼神是聰明或是愚笨呢？《墨子．耕柱》巫馬子問墨子說：鬼神和聖人相比較，誰比較聰明？墨子回答說：鬼神的明智和聖人相比較，有如耳聰目明的人和又耳聾又瞎眼的人相比較。至於鬼神有多明智呢？墨子在〈明鬼下〉中認爲即使在深山溪澗，沒有人居住的地方，一言一行都要謹愼，因爲有鬼神明察每一個人言行的善惡。

墨子認爲自從三代的聖王過世以後，天下的人民都不講道理，不行義道，諸侯以武力相征戰，父子兄弟不慈愛，百姓不願勤勞工作，淫亂、暴力、盜賊時有所聞，戰爭從此開始，天下混亂，這是什麼原因呢？這是由於人民懷疑鬼神的存在，還不知道鬼神能夠賞賢罰暴，如果讓天下的人民都相信鬼神能夠賞善罰惡，那麼，天下一定可以安定太平。因此，王公大人如果眞正想要興天下之利，去天下之害，先要查明鬼神到底存不存在？

要如何查明鬼神到底存不存在呢？最直接的方法就是以實際的經驗做標準，以衆人的耳目聞見去查問鬼神到底有或沒有。如果很多人看見或聽到鬼神，就表示一定有，如果沒有人看見或聽到鬼神，就表示沒有。

如果以大家所見所聞來說，從前周宣王無辜殺害杜伯，杜伯臨終說：宣王無辜殺害我，不出三年，我一定要讓他知道鬼神賞賢罰暴的能力。到了第三年，周宣王集結諸侯，在圃田打獵，到了中午，杜伯的鬼魂乘坐白馬素車，穿戴朱紅色的衣冠，手持朱紅色的弓箭，一箭把宣王射死，這個時候，隨從數千人都看見了，並且記載在周的國史上，做爲國人的警惕，凡是殺害無辜的人，必然遭受鬼神的處罰，很快得到悲慘的下場。因此，墨子認爲我們不必懷疑鬼神的存在。

從前，秦穆公有一天中午在廟裡，看見一個神從外面走進來，往左邊走，鳥身人面，身穿素服，臉形方正，秦穆公見了驚慌而逃。那個神說：不要害怕，上天認爲你有德，命我給你增加十九年的壽命，使你的國家昌盛，子孫衆多。穆公再三拜謝說：請問尊神大名？神說：我是勾芒。如果以秦穆公的親身經歷，鬼神是存在的。

從前，燕簡公無辜殺害莊子儀，莊子儀臨終說：燕簡公無辜殺害我，三年之內，我要讓他知道鬼神賞善罰惡的厲害。一年以後，燕國人前往祖澤這個地方舉行祭祀大典，到了中午，燕簡公在前往祖澤的途中，莊子儀的鬼魂拿起一把朱紅色的杖，打在燕簡公的頭上，當場死在車內，這個時候，隨從人員都看見了，這件事記載在燕國的國史上，做爲國人的警惕，凡是殺害無辜的人，必然遭到鬼神的處罰，很快得到悲慘的下場。

墨子以爲鬼神賞賢罰暴，賞善罰惡是非常靈明的，像從前夏桀貴爲天子，富甲天下，可是他對上天鬼神不尊敬，對人民不愛護，於是，上天就命令商湯去討伐他，雖然夏桀有一批武士，也不能抵擋鬼神的誅罰。

從衆人的眼見和耳聞，一些國史以及《詩經》、《尙書》的記載，都確信鬼神的存在，並且古代的聖王也相信鬼神必能賞賢罰暴。所以，古代聖王獎賞人民必在祖祠，處罰人民必在神廟，表示獎賞公平，處罰公正，鬼神可以明鑑。

所以，墨子以爲如果能夠讓每一個人都相信鬼神的存在，相信鬼神都能看見每一個人言行的善惡，相信鬼神能夠賞善罰惡，這是治理國家，有利萬民的好方法。那些政府官員貪污不廉潔，男女雜居不清白，惡人爲非作歹，那些淫亂、殘暴、盜賊、搶奪等等罪行，鬼神都看得見，這樣，惡人因爲害怕遭受鬼神處罰，政府官員就不敢貪污，秉公處理公務，種種罪行也會減少很多，甚至罪惡從此不再發生，於是，天下就安定太平了。因此，墨子說：

今天下之王公大人士君子，中實欲求興天下之利，除天下之害，當若鬼神之有也，將不可不尊明也，聖王之道也。〈明鬼下〉⑦

値得注意的是，墨子的明鬼思想，主要目的是勸人爲善去惡，促使政治清明，社會安定，天下太平，即使對鬼神崇拜與祭祀，也不祈求鬼神無故降福，而是人先做善事，鬼神才降福，不是用祭品去奢求鬼神達成個人的求福願望，可以說墨子的明鬼思想，具有道德意識和宗教情操，並非鼓吹迷信。

〈公孟篇〉記述墨子有一次生病，他的弟子跌鼻問墨子說：老師以爲鬼神非常靈明，能夠降賜福禍，賞善罰惡，當今老師可以算是一位有善德的聖人，怎麼還會生病呢？是不是老師說的話不對？是不是鬼神沒有靈明？墨子回答說：我雖然生病，不見得鬼神就不靈明，因爲人生病的原因很多，有的病是由於受了風寒，天氣太冷或太熱，有的病是由於工作太勞累，或感染病菌等，並不是有善德的人，鬼神就保佑他永遠不會生病，譬如一百個門只關閉一個門，盜賊當然可以進門而入。

此外，在《墨子・公孟》中，公孟子與墨子明鬼持相反意見，公孟子穿儒服，戴儒冠，手持笏，是個不信鬼神的儒家之徒，明確主張沒有鬼神，又肯定三年之喪和君子必學祭祀。

公孟子主張依照喪禮，君王和父母妻子長子死亡，服喪三年，伯、叔、兄弟一年，族人五個月，姑、姊、舅父、甥也有幾個月的喪。舉行喪禮，必須學習祭祀。墨子對此主張責難說：相信沒有鬼神而學習祭祀，猶如沒有賓客而學習迎賓之禮，沒有捕魚而結魚網一樣。

公孟子反駁墨子說：你認爲三年之喪是不對的，那麼，你主張三個月之喪也是不對的。墨子惱怒的說：你以三年之喪指責三個月之喪不對，好比裸體的人指責涉水揭起衣裳的人不禮貌一樣。公孟子又對墨子說：人的行爲只有義和不義，沒有什麼吉凶禍福。換言之，鬼神不能賞善罰惡、賞賢罰暴。他又說：貧富夭壽，都是上天命定，不可損益。

另外，王充在《論衡・福虛》中記述，儒家之徒董無心，墨家之徒纏子，兩人見面時論述自家的思想，纏子稱贊墨家明鬼，引用秦穆公有德，因此，上天賞賜他多活十九年的壽命。董無心以堯、舜雖然是有德的聖王，並沒有得到上天賞賜的年壽，而桀、紂是無德的暴君，也沒有被上天懲罰，減少壽命爲例，反駁纏子。換言之，纏子闡述鬼神的存在，而且能夠禍福於人；相反的，董無心說明鬼神根本就不能賞善罰惡，禍福於人，其目的是否定鬼神的存在，使人相信根本沒有鬼神。

四、西門豹治巫

先民的泛靈信仰，相信山有山神，雷有雷公，河有河伯，一些不肖之徒，遂利用此一迷信，進行不當的詐騙。

據司馬遷《史記．滑稽列傳》記載，西門豹是戰國時代魏國著名的官吏，魏文侯時任鄴令，鄴地的地方官員與女巫勾結，利用漳水經常氾濫，造成水災爲患，謊稱河伯娶親，以此謀財害命。西門豹到任後，了解百姓爲河伯娶親所苦，於是，宣佈願意親往河上，與父老共同送女子給河伯爲妻。

到了河伯娶親那一天，二三千人觀禮，等待舉行爲河伯娶親的儀式時，西門豹親視送給河伯爲妻的女子，然後告訴三老、巫祝說：該女子不好，麻煩大巫嫗入河報告河伯，另找更好的女子，改天再送給他。於是，叫吏卒共抱大巫嫗投入河中，迫使七十幾歲的女巫自食謀財害命的惡果。一去不返後，再投入三位弟子，之後，西門豹還想嚴懲縣吏和豪紳，迫使他們入河，這些騙子自知騙術已被西門豹揭穿，無不驚恐萬分，叩頭求饒，流血滿地，臉色如死灰。從此，沒有河伯娶親，婦女不再受害。西門豹興修水利，根除水患，增加生產。

從思想本質而言，「河伯」是象徵天然災害在人們心中造成鬼神禍福於人的虛幻反映，西門豹不僅揭穿謀財害命的騙局外，更從水利工程的實務中，破除河伯（鬼神）禍福於人的迷信。可知，人類對自然界的了解越廣博深入，從自然界得到的思想自由就越多，相對的，對鬼神禍福於人的依賴就越少。

五、晏嬰上帝不神祝亦無益

晏嬰，或稱晏子，博聞強記，通於古今，事齊靈公、齊莊公、齊景公，現存《晏子春秋》所記晏子言行，大致與《左傳》所載相吻合。

據《晏子春秋·內篇諫上·景公病久不愈欲誅祝史以謝晏子諫第十二》記載，齊景公既生疥瘡，又患瘧疾，久病不癒，於是，昭見晏子、會譴、梁丘據，問說：寡人久爲病痛所苦，曾經命令史固（史官名固）、祝佗（祝官名佗）祭祀山川宗廟，所用犧牲珪璧，齊全豐盛，可是，病情未見好轉，反而更加嚴重，我想誅殺史官和祝官這兩位沒有盡力祭祀的人，求討上帝的歡心，可以嗎？

會譴和梁丘據回答說可以。晏子沒有回答，景公單獨再問晏子的意見。晏子說：君王認爲祈禱上帝賜福有用嗎？景公說：有用。晏子於是免冠謝罪，對景公諫說：如果祈禱對君王的病情有用的話，那麼，詛咒對君王的病情也有害。君王疏遠輔國的大臣，阻塞忠臣報效君王之路，諫言不出。微臣聽說近臣默而不語，遠臣知而不言。可是，衆口鑠金，人民怨恨，向上帝詛咒君王的人太多了，想想看，全國人向上帝詛咒，只有史官和祝官兩個人向上帝祈禱，即使是最擅於祈禱的人，也不能勝任。而且，如果史官和祝官的祈禱直言實情，將被認爲誹謗君王，如果隱瞞君王過錯，又犯了欺騙上帝的罪。如果上帝眞有神靈，能夠禍福於人的話，上帝是不可欺騙的；如果上帝沒有神靈，不能禍福於人的話，再怎麼祈禱，又有何用呢？希望君王反省檢討，不然，濫殺無辜，這就是夏桀、殷紂國滅身亡的原因。

晏嬰認爲殺害管理祭祀的史祝，向上帝祈禱賜福，無益健康，也無益國政，唯有愛民如子，任用忠臣，才能使政治清明。（此事亦見於《左傳・昭公二十年》）

相近似的事，也見於〈景公問欲令祝史求福晏子對以當辭罪而無求第十〉中，景公問晏子說：寡人久病不癒，想用犧牲圭璧，命祝史祭祀上帝宗廟，向上帝祈求賜福，可以嗎？

晏子回答說：微臣聽說先君祈福，爲政必合乎民心，節制宮室興建，不敢大量砍伐山林，節制飲食，少畋獵捕魚，以免破壞山林川澤。祝史祭祀上帝宗廟，只有向鬼神請罪，以示歉疚，不敢向上帝鬼神祈求賜福。當今君王施政違反民意，廣建宮室，多伐山林，飲宴無度，經常畋獵捕魚，破壞山林川澤，造成人神共恨，內史舉罪，而祝史又向上帝祈福，豈不自相矛盾。

景公說：寡人不曾聽過這些道理，今後但願革心改過。於是廢除大型遊樂，停止山珍海味的進獻，砍伐山林有一定時間，減少畋獵捕魚，飲食節制，祝史祭祀時，不敢有祈福的要求。因此，得到鄰國的尊敬，百姓的擁護。

此外，晏嬰也認爲祭神禱雨毫無益處，〈景公欲祠靈山河伯以禱雨晏子諫第十五〉記載：齊國久旱不雨，景公召集群臣說：久旱不雨，人民面有飢色，受到飢餓的威脅，我命人占卜的結果，說：禍祟在高山廣水。寡人想向人民略增稅賦，作爲祭祀靈山河伯的費用，可以嗎？

此時，群臣默然，晏子向景公諫說：千萬不可，祭祀沒有用處。因爲靈山以石頭爲身體，以草木爲毛髮，久旱不雨，身體（土石）發熱，毛髮（草木）枯焦，難道靈山不希望下雨嗎？祭祀沒有用處。

景公說：不然，我想祭祀河伯，可以嗎？晏子回答：不可！河伯以水爲國，以魚蝦爲人民，久旱不雨，水位降低，百川即將乾枯，國家（水）將亡，人民（魚蝦）將滅，難道河伯不希望下雨嗎？祭祀河伯有什麼用處？

古人或以爲出現慧星，是凶禍兆象，必須祈禳，才能消災，去除凶禍，晏子對此迷信，不以爲然，〈景公使祝史禳慧星晏子諫第六〉記述：齊國出現慧星，景公命祝史祈禳消災，晏子向景公諫說：慧星出現，祈福消災，是沒有用的，只是自欺欺人罷了。天道不爽，天命不二，只是祈禳有什麼用處呢？君王如果沒有穢德，何必祈禳？慧星不能爲禍，如果不良惡行，祈禳也沒有用處，慧星不能爲福。君王如能修己愛人，各方諸侯都將歸順，何必害怕慧星出現。如果君王無德，國政昏亂，人民都將逃亡他方，祝史祈禳於事無補。（此事亦見於《左傳．昭公二十六年》）

一般人總是貪生怕死，希望長生不死，有權位者或命人祭禱益壽，晏子以爲誣妄可笑。〈外篇．景公置酒泰山四望而泣晏子諫第二〉記載：景公在泰山上飲宴，酒酣之後四處眺望，喟然而嘆，傷心哭泣說：寡人老矣，將棄國而死乎！左右一起哭泣的三人，說：微臣都怕死，何況君王？棄國而死，情何以堪？

此時，只有晏子大笑說：今天喝酒眞痛快！景公生氣說：寡人正在悲傷，你卻大笑，爲什麼？

晏子回答說：今天看到一位膽怯的君王，三位阿諛的臣子，實在好笑。凡人生而有死，如果古代王者長生不死，先君太公至今仍健在，那麼，陛下那能成爲君王？生命由盛而衰，生之有死，這是自然的現象，從古至今都是如此，沒有什麼可悲的，年老怕死，這是膽怯，左右近臣陪著哭泣，這是諂諛，豈不可笑！

或許景公常有怕死的言行，因此，阿諛者借機爲他請壽，〈內篇雜下·柏常騫禳梟死將爲景公請壽晏子識其妄第四〉記載：景公建造寢宮的高臺，建好後卻不登上高臺，柏常騫問：陛下趕工築臺，完工後卻不登臺，爲什麼？

景公說：因爲梟鳥夜間哀鳴，聲音可怕，不祥預兆，我討厭牠，所以不登臺。

柏常騫說：臣願爲陛下祭祀消災，祈禱除殃。於是，搭建新屋一間，裡面放置白茅草，柏常騫當晚做起法事祝禱。第二天，問景公說：昨晚聽見梟鳥叫聲嗎？

景公說：只聽到一聲叫聲。派人查看，梟鳥在臺階上張開翅膀，趴在地上死了。景公說：你的法術如此高明有效，能幫我添壽嗎？

柏常騫說：能。依法術常規，天子可添壽九歲，諸侯七歲，大夫五歲。

景公說：能顯現徵兆嗎？柏常騫說：如能添壽，地將震動。景公十分高興，下令百官依照柏常騫的要求準備所需要的東西。

柏常騫出來後，在路上遇見晏子，柏常騫說：今天將舉辦大祭，爲君王祈福添壽。

晏子說：能爲君王祈福添壽，是件好事，不過，我聽說唯有政治清明，品德高尙，順天應人，才能添壽，只有舉辦祭祀法會，可以添壽嗎？能顯現徵兆嗎？

柏常騫說：能添壽，地將震動。

晏子說：昨晚，我觀看天象，維斗星隱而不見，天樞星陰散不明，依此天象，地將有震動預兆，你是否要用這個預兆來謀財欺君？

柏常騫低頭許久，仰頭答說：是。

晏子說：祭祀祈福求壽，沒有益處，地動與祈福求壽也沒有關係，希望你不要斂財，勿使人民增加稅捐，而且要將實情向陛下報告，使君王了解眞相。（此事亦見於《說苑・辨物》）

從以上所述，得知晏嬰認爲上帝、鬼神不能禍福於人，更不能以祭祀祈福添壽，其思想與先秦儒家相近似。

六、《左傳》厲鬼、魂魄、黃泉地下

鬼神在《左傳》一書中，有厲鬼、魂魄以及黃泉地下等思想。《左傳・昭公七年》說：

子產曰：鬼有所歸，乃不爲厲，吾爲之歸也……人生始化曰魄，既生魄，陽曰魂，用物精多則魂魄強，是以有精爽至於神明，匹夫匹婦強死，其魂魄猶能馮依於人小爲淫厲⑧。

春秋鄭國大夫良宵，字伯有，貪愎而多欲，子晳駟帶等攻伐他，伯有戰死，死後成爲厲鬼。有人夢見伯有，伯有說他要殺死駟帶和公孫段，後來，駟帶和公孫段果然死了，大家都很害怕，子產就立公孫洩和良止（伯有的兒子）做大夫，安撫大家的不安。

子產說：鬼有了歸宿就不會爲害人間了⑨。子產也相信鬼是能夠害人的，他以爲一個人開始化生的，叫做魄，既然生了魄，又生陽氣，叫做魂。人從小吸取了很多動植物的精華，魂魄就強壯起來，所以，人的精神靈性最高，一般人如果橫死了，他的魂魄還能依附在活人身上，爲害別人，何況，伯有是先君穆公的後代，他吸收的精華一定很多，遭到殺害，死後成爲厲鬼，也是可能的⑩。

子產所謂魂魄，在《左傳．昭公二十五年》中說：

心之精爽，是謂魂魄，魂魄去之，何以能久。

魂魄就是一個人的神靈，表示生命的存在與活動，分別而言：附形之靈爲魄，附氣之神爲魂也。附形之靈者，謂初生之時，耳目心識，手足運動，啼呼爲聲，此則魄之靈也，附氣之神者，謂精神性識，漸有所知，此則附氣之神也，是魄在於前，而魂在於後。（〈昭公七年孔穎達疏〉）⑪。魂魄離開人的身體，表示生命的死亡，可知，人的精神是由魂與魄所構成。

自秦漢以下，魂魄是陰陽之氣，魂氣屬陽，死後歸於天，形魄屬陰，死後歸於地，《禮記．禮運》

所謂：形魄則降，知氣在上。《禮記・郊特牲》所謂：魂氣歸於天，形魄歸於地。〈禮運〉的知氣，就是〈郊特牲〉的魂氣，魂升天無所不在，所以，人死招魂，招魂復魂，希望死者復活。

此外，《左傳・隱公元年》鄭伯克段于鄢，鄭莊公把母親姜氏置於城潁，而發誓說：不到黃泉，不再相見。這個黃泉，就是人死後鬼魂所居住的世界，黃泉又名九泉，人們相信這個黃泉陰間世界，就像人間世界一樣，所以，死者要有實用的陪葬物，以及人殉和人祭，之後，孔子等儒者才倡導以象徵意義的「明器」陪葬，以明孝道，同時，也表達孝子的不忍之心。後來，佛、道教另有地獄及地府之說。

《左傳・桓公六年》楚武王侵略隨國，隨國的賢臣季梁說：

臣聞小之能敵大也，小道大淫。所謂道，忠於民，而信於神也……夫民，神之主也，是以聖王先成民，而後致力於神。

季梁認為小國能勝過大國，是因為大國淫亂而小國有道。所謂道，就是忠於人民而相信鬼神，誠心祭祀，因為人民是鬼神的主人。所以，聖王為政，先造福人民，然後再致力於對鬼神的祭祀……如果人民不能安樂，年歲不能豐收，養生送死有憾，人民流離失所，鬼神喪失了主人，國家難免有難。季梁此一觀點，近似孔孟重人輕鬼的思想。

《左傳・莊公三十二年》秋天，周惠王聽說神靈降在虢國的莘，周惠王趕緊找大夫內史過商量對策，內史過認為神靈下降是為了監視、觀察國君的德行。國家將要興盛的時候，神就降臨，觀察這個國家君王的德行；國家將要滅亡的時候，神又降臨，監視這個國家君王的罪惡。換言之，國家興亡取決於天神的賞罰。君王善，天神賞之以興盛；君王惡，天神罰之以滅亡，這就是所謂「君權神授」。之後，內史過到虢國，聽說虢公向神祈求賜給土地，回到周王朝後說：虢國要滅亡了，對人民凶暴殘虐，而聽命於神。虢公派太祝應、宗人區、太史嚚祭神，神答應賞賜土地給虢國。太史嚚說：虢國將要滅亡了，我聽說國家要興盛，政治聽從人民的意見；國家將要滅亡，就聽信於神。神是聰明正直又專一的，他是依照人民的意見而行事的，虢國的國君有許多惡行，他怎能得到神的賞賜土地？

值得注意的是，內史過和太史嚚作出「虢國必亡」相同的結論，但是，兩者推論的依據不同。內史過認爲天神必能觀察虢公的惡行，因爲虢公祈求天神賜他土地，這是違背周禮的規定，周禮規定土地是由周天子分封，違背周禮，等於違背天意，因此，注定要滅亡。而太史嚚認爲虢公一味施行暴政，不聽從人民的意見，倒行逆施，多惡行，因此，虢國必亡無疑，這是重人民輕鬼神的思想。

這種重人民輕鬼神的思想，還有「吉凶由人」、「禍福無門，唯人所召」、「天道遠，人道邇」等論述。

《左傳・僖公十六年》記載：春天，有五塊隕石落在宋國都城，有六隻水鳥向後退著飛，飛過宋國的都城，這是由於風向和風力壓迫所致。周的內史叔興到宋國，宋襄公問他：這些異象是什麼預兆？吉凶禍福何在？

叔興回答說：今年魯國多喪事（指季友和公孫茲之死），明年，齊國有亂（指齊桓公死後，五位公子爭位之事），你（宋襄公）將得到諸侯，但不能成爲霸主。叔興回到周王朝後告訴別人說：宋襄公的問題不對，天象異常是自然界的現象，天象異常和人的吉凶禍福無關，吉凶由人，吉凶禍福都由人決定支配，因爲我不敢違背宋襄公的意思，才這樣回答他。

值得注意的是，叔興把隕石墜落和六鳥退飛看作是自然界的少見現象而已，不是什麼災異，沒有上帝天神的意志，對人事沒有干預。更重要的是「吉凶由人」，人類社會的吉凶禍福，只能從人事來解答，由萬物之靈的人自己來決定。換言之，上帝天神不能賜人吉凶禍福，這就是《左傳・襄公二十三年》所謂「禍福無門，唯人所召。」，〈僖公五年〉：「鬼神非人實親，惟德是依。」，也是子產所謂「天道遠，人道邇。」的意思。

據《左傳・昭公十八年》所記：夏天五月，大火星在黃昏時就出現，丙子刮風，梓愼說：這是融風，爲火之母，再過七天，恐怕就有火災。戊寅、壬午風刮得很大，宋、衛、陳、鄭四國都有火災。裨灶說：你們不聽我的話（據〈昭公十七年〉裨灶說要用珪玉、玉杯、玉瓚等國寶來禳祭。），鄭國又要著火。鄭國人要求子產聽從他的話，子產仍然不同意，子產說：天道遠，人道近。天道與人道兩者不相關，裨灶怎麼能知那遙遠的天道？所謂察天象，見吉凶，只是裨灶的胡言，只不過他話說多了，偶而說中而已。子產堅持不用國家寶玉舉行祭神祈禳，結果，鄭國並沒有再發生火災。

值得一提的是，子產認爲天道根本不能干預人事的吉凶禍福，並且認爲發生火災，祭禳祈福消災無益。至於裨灶所謂察天象，見吉凶的占星術是否應驗，對子產來說，不過是言多偶中而已。

又據〈昭公十九年〉記載：鄭國發生水災，在都城的城門外洧淵的水裡，龍在水裡爭鬥，有人認爲是不吉祥的預兆，請求祭禳祈福，子產不同意。子產說：我們打仗時，龍不來看我們，龍不跟我們以禮相見，現在，龍在爭鬥，我們爲什麼要去祭祀祈禳呢？洧淵之水是龍應當棲息的地方，龍也不是什麼神怪之物，我們對龍無所求，龍也沒有求於我們。換言之，子產否定龍在水裡爭鬥與人事的吉凶禍福有關，這與他所謂「天道遠，人道邇。」的思想是一脈相承的。

〈昭公元年〉記載：晉平公生病，鄭伯派子產到晉國問候晉侯的病。叔向問子產說：我們君王的病，依占卜的人說是實沈和臺駘作崇，不知道是何種鬼神？子產說：晉平公的病，不是鬼神作崇所致，而是飲食不節制，哀樂過度所致，所謂山川星辰的神管不著。

之後，晉平公又派人去秦國求醫生，秦伯派醫和看晉平公的病，醫和說：這個病沒救了，不是由於鬼神作祟所致，也不是飲食不節制所引起，而是迷惑同姓女子，淫亂惑溺所生的疾病，病同蠱症一樣，《周易》說女生引誘男生叫蠱。所謂淫生六疾：陰淫寒疾，陽淫熱疾，風淫末疾，雨淫腹疾，晦淫惑疾，明淫心疾。

又〈僖公二十一年〉記載：夏天乾旱，魯僖公想燒死女巫，女巫從事祈禱求雨，魯僖公認爲燒死女巫可以致雨，臧文仲不敢苟同，他認爲天旱不雨根本和女巫不相干，他說：燒死女巫不是抵抗旱災的方法，只有修理城郭，減少消費，省吃儉用，增加生產，使糧食供需平衡，這才是有效的方法，如果女巫眞的能夠造成旱災，把她們燒死，旱災一定更嚴重。僖公聽從臧文仲的話去做，這一年，農作物雖有歉收，但沒有傷害到人民。

七、《管子》精氣說

《管子》一書，並非管仲所作，而是後人依託管仲之名而成書，既非一人著作，亦非一時完成，不過，全書確實記述管仲的言行和思想，又有作者的闡發。管仲，名夷吾，字敬仲，齊桓公尊爲仲父，相齊四十年，戮力推行富國強兵政策，使桓公成就霸業，孔子稱贊他是「仁者」。

《管子》把氣作爲萬物生死的本源，〈樞言〉說：

有氣則生，無氣則死。

〈內業〉說：

凡人之生也，天出其精，地出其形，合此以爲人。和乃生，不合不生。

〈內業〉認爲人的生命是由氣構成的，其中，天出精氣構成人的精神，地出粗氣形成人的形體，精神與形體和諧結合在一起，就有生命現象，兩者不和諧結合在一起，便沒有生命。考察精神與形體結合的奧秘，精氣看不見，形體也不能類比，但只要內心平和中正，就能夠長壽。換言之，形體與精神相互依賴，不可分離，這是《管子》的形神觀。

〈內業〉說：

能正能靜，然後能定。定心在中，耳目聰明，四肢堅固，可以爲精舍。精也者，氣之精者也。

〈內業〉的作者認爲人以安靜爲要，因此，聖人順時應變而不化，隨物變遷而不移。本心公正，精神虛靜，就能安定，心中安定，就能耳聰目明，四肢強健，可以作爲精氣的住所。所謂「精」，就是氣的精華。人得氣就有生命，有生命就有思想，有思想就有知識，有知識就可以修養內心而止於至善。〈內業〉說：

四體既正，血氣既靜，一意摶心，耳目不淫，雖遠若近，思索生知，慢易生憂，暴傲生怨，憂鬱生疾，疾困乃死。

〈內業〉的作者認爲只要氣的泉源不枯竭，氣淵不乾涸，形體就能強健，血氣就能平順，感覺器官就能通靈。專心一意，耳目視聽不迷亂，虛靜思慮而有智慧。相反的，怠忽輕率，將有憂患，殘暴傲虐，傷害必多，必有仇怨，憂恚愁困，必生疾病，久病不癒，死亡將至。可知，〈內業〉強調形體強健與精神安靜的重要性。

至於《管子》對鬼神的看法，〈內業〉說：

凡物之精，比則爲生。下生五穀，上爲列星。流於天地之間，謂之鬼神。

〈內業〉認爲天地萬物的精氣，結合起來就有生命，在地上生成五穀雜糧，在天上化爲日月星辰，流傳散佈在天地之間，稱爲鬼神。這段話所說的鬼神，是精氣流於天地之間所生的一種形態，而非超物質的形上實體，這種鬼神，有何殊性？

〈內業〉說：

摶氣如神，萬物備存……非鬼神之力也，精氣之極也。

這表示專一於精氣的作用，人只要聚結精氣，專心一意，精誠思慮，就可以把天地萬物的自然規律，了然於心，既不用卜筮而知吉凶禍福，也不必問人而自己得到解決，或許有人認爲鬼神可以幫忙，但是，這並非鬼神的力量，而是精氣的作用發揮到極致。專心一志的君子，如能專一而無過失，就能統攝萬事萬物，日月與其同光，天地與其合德。

《管子》之後，《墨子・經上》說：

生，刑（形）與知處也。

表示形體與知覺結合而有生命。之後，《荀子・天論》說：

形具而神生。

兩者都是繼承《管子・內業》形神觀的思想發展。

八、鬼神是祖先之靈

《論語・先進》：

季路問事鬼神，子曰：未能事人，焉能事鬼。曰：敢問死。曰：未知生，焉知死。

先民的宗教觀，認爲鬼神是決定人生吉凶禍福的權威主宰，所以要不斷的祭拜和祈福。但是，我們從孔子的言論中，可以發現孔子淡化人們對鬼神的迷信，以人文精神淨化鬼神，並且把以鬼神爲主宰的世間，轉化爲以人爲本的人間世界。

孔子回答子路的問話，既沒有說不可以事鬼神，也沒有說不可以問死，只是表示應該以事人爲先，以活生生的人道爲本，一個人如果不能誠敬忠信事人或務民，不能以孝道事父母，又如何能以虔誠之心祭祀鬼神，父母在世不能盡孝，父母死後祭拜何益？如果不知「所以生」之道，只是茫然度日，或者違法亂紀，生命毫無意義，又如何能知「所以死」之理？

所以，知「生之道」，則知「死之道」，盡事生人之道，就是盡事鬼神之道，生死人鬼並無二道，因爲人從生到死，只是一個盡字，孔子的仁道，孟子的「由仁義行」，都是一個盡之而已。因此，孔子說：

志士仁人，無求生以害仁，有殺生以成仁。（《論語・衛靈公》）

孟子說：

生，亦我所欲也；義，亦我所欲也。二者不可得兼，舍生而取義者也。（《孟子・告子》）

孔子所謂「殺身成仁」，就是孟子所謂「舍生取義」，同樣表示了超越生命之上的道德價值的極則，把人生眞理和道德實踐置於生死之上，生時爲仁義而努力不懈，面對生死抉擇，也可以爲仁義之道的實現而犧牲寶貴的生命，這就超越了死亡。

如果人的喜好沒有超過生命的，如果人的厭惡沒有超過死亡的，凡是保全生命或逃避死亡的方法，將會不擇手段，苟且偷生，害人利己，無所不為，淪為比禽獸還不如，所以，人當從生死關頭勘破利害之求，以存其人之所以為人的本心⑫。

《論語・雍也》：

樊遲問知，子曰：務民之義，敬鬼神而遠之，可謂知矣。

一般人多迷信鬼神，孔子不迷信鬼神，他對鬼神雖然尊敬，但不親近，更不依賴。為什麼要尊敬鬼神？因為從生命源流而言，鬼神是祖先的神靈，我們的生命從祖先而來，當然不能忘本，更不能背祖，應該以感恩之心定期祭祀。

孔子說：

非其鬼而祭之，諂也。（《論語・為政》）

自己的祖先應當祭祀，表示「慎終追遠」及「報本返始」之義，非其鬼是指自己祖先以外的天地神祇，非其鬼而祭祀，無非是祈福求財，消災避禍的心理，當然是一種媚求的行為。

《論語・述而》記載：

子疾，病，子路請禱。子曰：有諸？子路對曰：有之。誄曰：禱爾于上下神祇。子曰：丘之禱久矣。

朱子註說：禱者，悔過遷善以祈神之佑也，無其理則不必禱，既曰有之，則聖人未嘗有過，無善可遷，其素行固已合於神明，故曰丘之禱久矣。（《四書集注・論語卷四》）⑬。

孔子生病了，病得很嚴重，子路請孔子祈禱求福，孔子說：有這一回事嗎？子路說：有的，祈禱詞說：向你上下的天神地祇祈求。孔子說：那我的祈禱已經很久了。孔子自認生平修持道德，四十不惑，五十知天命，六十耳順，七十從心所欲不踰矩，仰不愧，俯不怍，德行已合於神明，盡善盡美，天人合一，沒有什麼要祈求的，所以，孔子說：

獲罪於天，無所禱也。（《論語．八佾》）

獲罪於天，表示違背天命和天理，孔子以為一個人的言行，如果違背天理仁義，在什麼地方祈禱都沒有意義。

可知，孔子對鬼神的態度是相當理性的，《論語．述而》說：

子不語：怪、力、亂、神。

孔子以為鬼神是一種崇拜、祭祀和信仰的對象，而非知識所能論究，此一觀點近似康德的哲學思想，康德認為上帝存在和靈魂不滅在思辨理性的範疇之內而言，是一個假定，作為一種說明的原則，不過，假定上帝存在是主觀的一種需要，屬於道德的必然，而不是客觀的，這種實踐上的主觀需要，可以稱為「信仰」(faith)，就是純粹實踐理性的信仰。

孟子說：

使之主祭而百神享之，是天受之。使之主事而事治，百姓安之，是民受之也。（《孟子．萬章》）

孟子以爲堯使舜主持祭祀，衆神都來享受他的祭拜，這是天接受他，使他主持政務，不但把政務治理好，人民也安於生活，這是人民接受他，百神就是天地神祇，這是有意志的人格神。孟子又說：

可欲之謂善，有諸己之謂信，充實之謂美，充實而有光輝之謂大，大而化之之謂聖，聖而不可知之之謂神。（《孟子．盡心》）

神有至妙莫測的意思，偉大而沒有跡象可見叫做聖，聖德到了妙不可測的高深境界，就叫做神，不是聖人之上還有一個神。

《周易．乾卦》說：

夫大人者，與天地合其德，與日月合其明，與四時合其序，與鬼神合其吉凶。

聖明德備的人叫大人，大人就是聖人，大人的德性，與天地的生生之德相契合，與日月的光輝相契合，與春、夏、秋、冬四季的時序相契合，與鬼神的吉凶相契合。

大人原是古代對長官的尊稱，《周易》詮釋爲理想人格的最高典範，大人爲什麼有如此神妙的精神境界呢？因爲大人存有一顆仁德愛人的心，效法天地，有先見之明，參贊天地，化育萬物，處於道的大化流行之中而不迷惑，立身處事合其宜，善守中正大道，能夠朗現天地精神，表現聖明德備的大人氣象。

《周易．繫辭上傳第四章》說：

神無方而易無體。

〈繫辭上傳第五章〉說：

陰陽不測之謂神

〈繫辭下傳第五章〉說：

精義入神，以致用也……窮神知化，德之盛也。

〈說卦傳第六章〉說：

神也者，妙萬物而爲言者也。

《周易》以天地萬理微妙難窮者稱爲神，所以說很巧妙的使萬物自然的化成，而不見其端倪，至妙莫測，叫做神。

儒家以爲祭祀鬼神，是孝悌之道的表現，孝順父母，敬愛兄長，可以感通神明，《孝經・應感章第十六》說：

昔者明王，事父孝，故事天明。事母孝，故事地察，長幼順，故上下治，天地明察，神明彰矣。故雖天子，必有尊也。言有父也。必有先也，言有兄也。宗廟致敬，不忘親也。脩身愼行，恐辱先也，宗廟致敬，鬼神著矣。孝悌之至，通於神明，光於四海，無所不通。⑭

從前，英明的天子，孝順父親，所以，郊祭祀天的時候，能夠明白上天庇佑萬物的道理；孝順母親，所以，社祭后土的時候，能夠明白大地孕育萬物的道理，長幼有序，人倫不亂。明察天地覆育萬物的道理，感通神明，降福佑民。因此，雖然貴爲天子，仍應尊敬父兄。

因此，到宗廟祭祀，必表誠敬，以示不忘祖先的德澤，以德修身，謹言愼行，恐怕自己有了罪過，侮辱祖先的聲譽，以虔誠恭敬的心祭祀，祖先的神靈也會顯揚，樂於享受祭祀之禮及其祭品，因爲孝順父母，敬愛兄長，做到至誠的境地，可以感通神明（祖先），光耀天下，無所不感應，無所不通達。可知，儒家對鬼神存而不論，但是，重視祭祀祖先，祭祖是孝道的表現，祭祀祖先是教化人心之道，而非純粹的宗教行爲，表示不忘本和感恩之情。

九、荀子形具而神生

荀子不僅繼承孔孟重人事輕鬼神的思想，更特別的是他強調「明於天人之分」、「制天命而用之」及「形具而神生」等重要思想。

《荀子·天論》認爲天地（自然界）的變化發展有它自身所固有的規律法則，這種規律法則的必然性，不會因爲君王的善惡而有所改變。天不因堯舜仁善而賜福，也不因桀紂殘暴而降禍。換言之，人的吉凶禍福，都是人自己造成的，不可以把災禍歸咎於天。

如果能夠勤於農耕，節儉不浪費，那麼，天不能使他貧窮。養生有道，注重飲食運動，天不能使他生病。潔身自愛，不違法亂紀，天不能降以禍患。相反的，奢侈懶惰，天不能使他富裕，違法亂紀，天不能使他安樂無禍。顯然的，荀子否定了所謂天能賞善罰惡的天命觀，這就是他所說的「明於天人之分」。

荀子認爲天地（自然界）本然如此，不爲而成，這是「天職」，人不與天爭職。但是，天有其時，寒來暑往，四時行焉，百物生焉，春生夏長，秋收冬藏，這是「天時」。地有其財，動物、植物、礦物，物產豐富，這是「地財」。人有其治，表示人能治理天時地財，發揮天時地財的有效功用，這叫「與天地相參」。

天地（自然界）按其自身的規律法則化生的結果，自然而然的產生萬物，於是，產生了人的形體，形體具備了，精神隨之而生，喜怒哀樂好惡等精神活動就發揮作用，這是「天情」，就是天賦（本能）的情感欲望。

人的各種器官各有不同的功能和交接的對象，例如：耳辨聲，目辨色，口辨味，鼻辨香臭，但不能互相代替，如耳不能辨味，這些感覺器官都是天地（自然界）的產物，稱爲「天官」，心治五官，如同君王一樣，統治感官，稱爲「天君」。

值得注意的是，荀子在〈天論〉中提出「形具而神生」的思想，他肯定有形體然後才有精神，形體是第一性，精神是第二性，精神不能離開形體而獨立存在，形體是精神的物質基礎，他強調精神只能依賴形體才能存在，所謂「形則神，神則能化矣。」（〈不苟〉）。

荀子認爲天地萬物的生成和變化，都是自然現象，自然現象的變化原因就在萬物自身之中，一切現象都是天地之變，陰陽之化，他說：

天地合而萬物生，陰陽接而變化起。（〈禮論〉）

自然現象與人事的治亂無關，同樣的日月星辰，禹以治，桀以亂；同樣的大地，禹以治，桀以亂。天不因爲人怕冷而廢寒冷，地不因爲人怕遠而廢廣大。換言之，天有一定的常道，地有一定的常理，在天地（自然界）之外，沒有所謂人格神的主宰者。所以，即使有隕石或木鳴，也不必恐懼，只是天地陰陽的變化，少見的現象而已。其實，日蝕、月蝕、水災、旱災、風災、慧星等現象，任何時代都有，世人少見多怪，以爲鬼神作怪，非也。

荀子強調雩祭求雨而下雨，與沒有雩祭求雨而下雨，是一樣的道理。換言之，雩而雨並沒有眞正的效果，只是一種偶然的巧合而已，因爲不舉行求雨的儀式，也可能會下雨。天旱時，爲政者雩祭求雨，是表示關懷人民遭受旱災的誠心，希望早日解除乾旱之苦。所以，君子以爲雩祭求雨只是一種人文精神的關懷，而一般百姓卻以爲是祈求上天（上帝）降雨。如果奢望淫祀求福，是不好的現象，如果只是人情之常，表示關心，則無害。

荀子以爲天有「天職」，人有「人職」，明於天人之分，二者不可混淆，也不能彼此替代。天只是自然之天，沒有天神，沒有上帝，沒有天命，不能賞善罰惡。天只是生物之天，不爲而成，不求而得，而人的職分是「制天命而用之」、「應時而使之」、「騁能而化之」、「理物而勿失之」，也就是成物在人。人要主動、積極利用天時，治理地財，促進萬物的成長，參與天地的化育。人如果放棄他的職責與能力，而去「大天而思之」、「從天而頌之」、「望時而待之」、「因物而多之」、「思物而物之」，是錯誤的思想。

對於鬼神的看法，荀子認爲一般人以爲有鬼，必然是在恍惚、眩惑時的錯覺。他在〈解蔽〉中以爲一般人觀察事物，如果不專注，心中有所蒙蔽、疑惑，對事物的觀察就不能正確精準。如果思慮不清明，就不能明確判斷。在黑暗中走路的人，看到一塊躺臥的石頭，誤以爲是伏著的老虎，看見一片林立的樹木，誤以爲是站立的人，這是由於昏暗蒙蔽了他的眼睛。喝醉酒的人，走過一條百步寬的水溝，誤以爲只是半步寬的水溝，這是酒醉昏亂了他的精神。

夏首南邊，有一個人名叫涓蜀梁，生性愚蠢膽小，在月光明亮的夜晚走路，低頭看見自己的影子，以爲是趴在地上的鬼，抬頭看見自己的頭髮，以爲地上站立的妖怪，回頭趕緊跑回家，等他跑回到家，就斷氣而死了，豈不可悲！因爲，一般人以爲有鬼，都是在精神恍惚、心智眩惑的情況下，以錯覺爲眞實，把無當成有，把有當成無，而妄自遽下定論。

所以，有人傷於濕而患痺症（風濕病），不知求醫診治，反而敲鼓烹豬去祈禱鬼神除病，這樣做，必然敲壞了鼓，浪費了豬，而得不到痺病痊癒，多麼愚蠢呀！可知，荀子否定鬼神的存在，同時也認爲淫祀求福，無濟於事，根本不能求神治病。

荀子雖然否定鬼神的存在，但是，爲了禮義教化，爲了民德歸厚，主張喪禮與祭祀。他特別強調禮義的重要，禮義是爲了養人之欲，給人之求。禮有三個本源，天地是生命的本源，祖先是親族的本源，君王是治國的本源。所以，禮可以上事天，下事地，崇拜祖先，尊敬君師。禮是人道之極，生死之道，生以敬始，死而愼終，生事愛敬，死事哀戚，始終如一，這就是君子之道。

如果只是對父母生前表現愛敬，對父母死後的喪祭不予重視，是敬愛其生前有知覺，欺侮其死後無知覺，表示怠慢輕忽，是小人（非君子）之道，更是一種背叛之心。所以，送死者不哀不敬，如同禽獸一般，君子引以爲恥。值得注意的是，荀子認爲人死無知。

儒家提倡三年之喪，荀子認爲三年之喪，是依人情哀慟的情形，而制定的禮儀。而對祖先的祭祀，是一種思慕感恩的孝道，只有聖人才知道祭祀的精義所在，而百姓以祭祀爲風俗。對君子而言，祭祀是人道（禮義之道、孝道）的文化表現，對百姓而言，卻以爲是鬼神之事。

十、韓非龜筴鬼神不足以舉勝

韓非，戰國時代韓國人，現存《韓非子》一書，可說是以韓非思想爲主而編成，是先秦法家思想的集大成。韓非思想以尙法、任勢、用術爲體系，他認爲君王施政或爭戰，不可依賴鬼神、卜筮以測吉凶。

《韓非子・飭邪》說：用燒灼龜甲和計算蓍草來推測吉凶，占卜所示的兆象是「大吉」，據此而出兵攻打燕國的是趙國。同樣用燒灼龜甲和計算蓍草以測吉凶，占卜所示的兆象也是「大吉」，據此而出兵攻打趙國的是燕國。劇辛爲燕國將軍，趙國攻打燕國，俘擄劇辛，致使燕國瀕於滅亡。趙國先戰勝燕國，又打敗齊國，意氣高傲，自認爲可以和秦國相抗衡。這不是趙國的卜筮神奇靈驗，而燕國的龜蓍騙人嘛！

後來，趙國又用龜甲、蓍草占卜，打算脅迫燕國共同抵抗秦國，占卜所示的兆象是「大吉」，但是，趙國剛攻打燕國的大梁時，秦國就向趙國的上黨進攻，趙國的部隊到達釐地時，秦國已攻佔趙國六個城，趙國的部隊到陽城，秦國已佔領趙國的鄴城，趙國的大將龐援（又名龐涓）領軍向南救援時，可是，趙國首都邯鄲地區要塞已經淪陷了。

韓非認爲趙國的龜著即使不能預見攻打遠方燕國無功的結果，也應當預見鄰近的秦國要攻打趙國。秦國依據龜蓍的兆象所示「大吉」，既有開疆闢地的利益，又有援救燕國的聲譽，趙國因爲依據龜蓍兆象所示的「大吉」，土地被侵佔，軍隊遭受挫敗恥辱，君王（趙悼襄王）因失敗憂憤而死，這不又是秦國的龜蓍靈驗而趙國的龜蓍欺騙人嘛。

當初，魏國連續幾年向東邊用兵，佔領陶、衛兩地，後來幾年又向西邊用兵，國家因此敗亡，這不是豐隆、五行、王相、攝提、六神、五括、天河、殷槍、歲星等吉星那幾年都在西方（據說吉星相對應的國家，戰爭會獲得勝利，對西方的秦國有利。），也不是天缺、弧逆、刑星、熒惑、奎、台等凶星那幾年都在東方（據說凶星相對應的國家，戰爭會失敗，對東方的魏國有害。）。

所以說不可以依據龜甲、蓍草、鬼神所示吉凶以測戰爭的勝負，星宿的左、右、背、向，都不足以推測戰爭的輸贏，然而，有些君王卻依賴這種迷信，眞是非常愚蠢。

從前，越王勾踐憑藉神貴龜甲所示大吉的兆象，與吳國作戰而敗，勾踐當了俘虜作僕隸。被釋放回國後，他拋棄龜甲蓍草，修明法律，勤政愛民，再戰吳國，結果吳國戰敗，夫差被擒。所以說依賴

（迷信）鬼神就會怠忽法律，相信龜甲蓍草鬼神，將使國家滅亡。

值得注意的是，韓非不迷信龜甲、蓍草、星象的思想，與《孫子兵法》看法一致。孫武認爲戰爭的吉凶勝敗，不可求神問鬼，不可以龜甲、蓍草占卜，不可觀天象以測吉凶，《孫子兵法・用間》說：

明君賢將，所以動而勝人，成功出于眾者，先知也。先知者，不可取于鬼神，不可象于事，不可驗于度，必取于人，知敵之情者也。

孫武強調在戰爭中，必須禁止龜蓍占卜等活動，以防謠言擾亂軍心，禁止妖祥之言，疑惑之事，所謂「禁祥去疑。」（《孫子兵法・九地》）。

《韓非子・解老》認爲人生病求醫時，就尊重醫生，遭遇災禍時，就怕鬼神。聖王在位，人民的欲望就減少，恬淡寡欲，氣血調順，言行合理，就沒有什麼禍害了。一個人身體健康，沒有疾病，又沒有刑罰誅戮等災禍，那麼，他對鬼神就不予重視，淡然處之了。所以，老子說：以道蒞天下，其鬼不神。太平盛世的人民，與鬼神互不相害，老子說：非其鬼不神也，其神不傷人也。

所謂鬼神爲害，使人生病，是使人魂魄離散而精神錯亂，精神錯亂就沒有德性。反之，鬼神不爲害人，人的魂魄不會離散，精神就不會錯亂，精神不錯亂就有德性。君主不用刑罰，又不剝削人民財富，使人民積蓄豐盛，而鬼神不擾亂人民的精神，那麼，人民都有德性，所以，老子說：兩不相傷，則德交歸焉。

上文詮釋《道德經》第六十章，聖人以道治天下，無爲無欲，天下爲公，眞正天下爲公則無不爲，清靜不擾民，使人民的修養達到無爲而自然，無事而清靜，無味而恬淡。換言之，無爲就是一種「致虛極，守靜篤。」的工夫表現。虛是空靈，靜是寧靜，致虛和守靜，主要針治私欲的紛擾，由於私欲作祟，致使人的內在精神不能安順。

所以，隨時隨地戮力於致虛和守靜，使我們的心靈寧靜，這種寧靜，不是與外界事物的隔絕，而是與萬物的動靜合一。如此，鬼神不起作用。因此，《韓非子．亡征》說：

用時日，事鬼神，信卜筮，而好祭祀者，可亡也。

十一、莊子養形與養神

鬼神思想在莊子哲學體系中，轉換爲形神問題⑮，莊子提出形神二元的問題，引發魏晉南北朝有關形盡神滅或形盡神不滅的爭論。《莊子．知北遊》說：

夫昭昭生於冥冥，有倫生於無形，精神生於道，形本生於精，而萬物以形相生。⑯

《莊子》以「道」爲思想的核心，「道」能生天、生地，無所不在，萬物由「道」而來。「道」無形，無形之道，能生有形之物，所以說精神是從「道」生出來的，而非出自天，形體是從精氣中生出來的。換言之，精神產生形體，形體並非出於地，道與萬物之間，有一個精神的層面，不過，這個精神，由形體來保存。

《莊子．天地》說：

泰初有無，無有無名，一之所起，有一而未形，物得以生，謂之德，未形者有分，且然無間，謂之命，留動而生物，物成生理，謂之形，形體保神，各有儀則，謂之性。

宇宙的原始是「無」，沒有「有」，也沒有「名」，只有「道」渾然一體，沒有各別的形體，卻有陰陽之分，萬物得於「道」而生成，這是陰陽之氣大化流行的作用，而產生了萬物，萬物生成具有不同的生命現象，稱爲「形」，形體保有精神，各有不同的身心之理，稱爲「性」。換言之，性是由形神結合而成，因此，《莊子》強調養形和養神並重的養生思想。

如何養形？《莊子・刻意》說：

吹呴呼吸，吐故納新，熊經鳥申，爲壽而已矣，此導引之士，養形之人，彭祖壽考之所好也。

吐故納新就是行氣，吐出體內的污濁之氣，吸入自然的清新之氣。《莊子》養形，認爲吐故納新及導引之術，可以延長壽命。不過，《莊子》沒有提出具體的方法。後來，葛洪的《抱朴子》有詳細的說明。《抱朴子・至理》說：

善行氣者，內以養身，外以卻惡，然百姓日用而不知焉。

《抱朴子・釋滯》說：

故行氣或可以治百病，或可以入瘟疫，或可以禁蛇虎，或可以止瘡血，或可以居水中，或可以行水上，或可以辟飢渴，或可以延年命。

葛洪強調氣的重要，天地萬物沒有不需要氣而可以活命的，善於調息服氣，吐故納新的人，對內可以保健養身，對外可以避邪去惡。行氣的要法，就是胎息而已，能夠胎息的人，可以不用口鼻呼吸，如在胞胎之中。

初學行氣，以鼻子吸氣而不吐氣，靜默地在心裡從一數到一百二十，再用嘴慢慢把氣吐出，吸氣和吐氣，都不要發出聲音，要多吸氣，少吐氣，並以極輕微的鴻毛放在鼻口之上，吐氣時鴻毛不動為準確，逐漸增加默念數目，可以一口氣默數到一千，行氣到此功力，老者也會變為年輕。

行氣要在深夜十二點到中午十二時，此時為天地的「生氣」，中午十二時到深夜十二時，此時為天地的「死氣」，此時行氣無益。行氣還有一個要點，就是不要吃太多食物，又忌諱生氣惱怒，經常發怒，氣就不平而亂，容易使人咳嗽，不易調息行氣。

此外，《養性延命錄·服氣療病》說：

凡行氣，以鼻納之，以口吐氣，微而引之，名曰長息。納氣有一，吐氣有六。納氣一者，謂吸也；吐氣有六者，謂吹、呼、唏、呵、嘘、呬，皆出氣也。凡人之息，一呼一吸，元有此數。

《養性延命錄》據傳為南朝齊梁道士陶弘景所作，是一部著名的道教養生著作，以北魏張湛《養生要集》為基礎，再加入其他的養生思想，分上下兩卷，共六篇：教誡第一，食誡第二，雜誡忌禳祈善第三（以上為上卷），服氣療病第四，導引按摩第五，御女損益第六（以上為下卷）。

《養性延命錄》認為行氣是以鼻吸氣，以口吐氣，吸氣和吐氣輕微出聲而把氣拉長，叫做「長息」。吸氣就是納氣，吐氣有六種方法：吹、呼、唏、呵、嘘、呬六字發音以吐氣。以長息的方法行氣治病，寒氣病（中醫六淫之一，風、熱、濕、火、燥、寒六氣過勝。）可用「吹」字法，溫病時可用「呼」字法。用「吹」字法去除由風邪引起的疾病，用「呼」字法去除由熱邪引起的疾病，用「唏」字法去除胸中的煩悶，用「呵」字法治療氣上逆，用「噓」字法解除結滯之氣，用「呬」字法解除疲憊。一般人困疲時，多用「噓、呬」字法，而道教行氣，大都不用「噓、呬」，認爲「噓、呬」是長息法的禁忌。

《養性延命錄·服氣療病》認爲行氣應注意三點：㈠是不要吃得太飽，吃得太飽，會使氣凝滯不通，引生疾病。㈡是行氣期間要禁吃生魚、生菜和肥肉。㈢是要去除喜怒憂傷怨恨等情緒，否則，會使氣上逆而生病。

《莊子》的養形，除了行氣吐納，還有導引，導引是搖筋骨動肢節，導是導氣，引是引體，導氣使人心平氣和，引體使人肢體柔軟，有強壯關節筋骨，促進血液循環的健身功效。馬王堆漢墓出土的帛書有《導引圖》，模仿各種長壽禽獸的動作。《史記·留侯世家》說：

留侯性多病，即道引不食穀。

留侯就是張良，道引就是導引，張良體弱多病，導引健身不食穀類。《抱朴子·對俗》說：龜鶴的壽命長久，所以，模仿龜、鶴的動作以爲導引之術。根據《史記·龜策列傳》說：南方有一位老人，以一隻龜墊支床腳，經過二十多年，那位老人死了，他的家人移動床位，那隻龜仍然活著，因爲龜能行氣導引。

《後漢書・方術列傳》說華陀傳授吳普五禽之戲，㈠叫虎戲，㈡叫鹿戲，㈢叫熊戲，㈣叫猿戲，㈤叫鳥戲。《養性延命錄》記述五禽戲的具體方法，是現存文獻中最早的記錄。

《養性延命錄・導引按摩》記述漢末三國名醫華陀談論導引的意義。華陀對他的弟子吳普（也是三國名醫）說：人應當經常做適當的運動，但不可過度疲勞。運動可以幫助食物的消化，血脈通暢，使人不生疾病，這和流水不腐、戶樞不蠹是相同的道理。爲了減緩人的老化，華陀發明了五禽戲。如果身體覺得不舒服，即刻作一種禽戲，直到微汗出來就停止，然後以藥粉塗抹身體，身體就會感到輕鬆舒服，並且增加食慾，吳普照華陀所說去作，活到九十多歲，還是耳聰目明，牙齒完好，飲食如同年輕人。

五禽戲是模仿五種禽獸的動作所編成的一套導引方法。虎戲的方法是：兩手掌和兩腳趾著地，向前跳躍三次，向後跳躍兩次，然後伸長腰，側身抬腳向上，待仰面朝天時把腳放下，抬舉左右腳各七次，再兩手掌兩腳趾撐地，前進和後退各七次。

鹿戲的方法是：兩手掌兩腳趾著地，拉長脖子往後看，向左看三遍，向右看兩次，再伸出左腳作伸縮運動三遍，伸出右腳作伸縮運動兩次。

熊戲的方法是：正面仰坐，兩手抱膝，頭向後仰，再以左手擊地七次，右手擊地七次，再雙腿蹲著，用左手托地，再用右手托地。

猿戲的方法是：兩手抓住一根木頭，把身體懸掛起來，伸縮手臂和身體，一上一下，共七次，再用腳鉤住一根木頭，把自己倒掛起來，左右腳輪流各鉤七次，再用雙手鉤住木頭，再後退站立，左右手輪流各按頭七次。

鳥戲的方法是：兩腳站立，舉左腳，張開雙臂，用力舉眉張目，再舉右腳，張開兩臂，用力舉眉張目，如此左右交換，各作十四次，然後坐在地上，伸長雙腳，再用手拉足趾，左右腳趾各拉七次，再作兩臂屈伸各七次。

《養性延命錄·導引按摩》引〈導引經〉說：清晨醒來，未起床前，先叩齒十四次，閉目，握固（將四指壓住大姆指，收攏拳頭。），以舌頭漱口，使津液滿口，再吞三口氣，之後閉氣，愈久愈好，再慢慢吐氣，如此作三次。之後起床，像狼一樣直挺地蹲坐著，像貓頭鷹一樣瞪大眼睛向後看，再左右搖擺身體，閉氣不呼吸，愈久愈好，達到極限，如此作三遍。

然後，起身下床，握固不呼吸，以腳跟叩地三下，一隻手往上抬舉，另一隻手向下垂，雙手交換作，作時不呼吸，愈久愈好達到極限，如此作三遍。再以雙手指交叉置於後頸上，左右扭動身體，閉氣不呼吸，也作三遍。再伸開雙足，叉手頸後，向前向後彎身，自然達到極限，也作三遍。以上導引法，早晚都作，每天能夠多作幾次更好。

至於如何養神呢？莊子認爲人的身體不停的勞動而不休息，就會感到疲倦，精氣神不斷的使用，就會枯竭，河流的水不混雜就可以清澈見底，水不去動搖就可以平靜無波，水阻塞而不暢通，就不會清澈，這些都是自然的現象。所以，人要效法自然的道理，純粹而不雜染，寧靜專一而不變動，生活恬淡，順從自然而行，這是養神的道理，其修養工夫有以下五點：

㈠**心齋虛己**：論莊子養神的工夫，他首先提出一個「虛」字，也就是所謂的「心齋」。莊子的「虛」，不是精神的空虛，而是精神集中，貫注於內心所達到的境界，因爲精神集中，所以心志專一，可以不必用耳朵去聽，而用心去理解，進而不必用心去理解，而用「氣」去體會，耳朵的功能在聽外界的聲音，心的功能在感應認知外在的現象，「氣」是空靈明覺而能接納外物的，只要達到空靈明覺的境界，「道」自然而然與我們相合，空靈明覺的境界就是心齋。

莊子強調精神的修養（養神），要消除意志的悖亂，打破內心的約束，去除德性之累，打通大道的障礙。高貴、富有、顯耀、權威、名望、利祿六者，擾亂人們的意志；容貌、舉動、顏色、名理、氣度、情意六者，約束人們的心靈；厭惡、欲望、喜好、生氣、哀愁、快樂六者，是德性的負擔；去捨、從就、取、與、知、能六者，妨礙大道，以上這些世俗的人情反應，如果能夠不在胸中擾亂，我們的內心就能平和正直，使精神寧靜清明而空靈，空靈就能順其自然而沒有什麼做不好的。

㈡**無爲**：《莊子．至樂》認爲眞正的快樂可以養活生命，只有「無爲」的精神生活可以得到眞正的快樂。人爲什麼要無爲呢？因爲上天無爲，卻能自然清明，大地無爲，卻能自然寧靜，天地無爲而自然相合，萬物自然化生，萬物衆多，皆從無爲之中生長出來，所以說：天地自然無爲卻能養育萬物，人也應該學習效法這種「無爲」的精神，生活樸實，少私寡欲。

㈢**渾沌**—**樸實純眞**：莊子從天地的自然無爲，談君王以無爲統治天下，更從君王的無爲而治，論養神工夫。養神要像鏡子一樣，虛靜空明，不要有求名之心，不要計謀，不可強行專斷，不要智巧，體認無窮的大道，遊心於清靜寂默的境界，順承自然的天性，而不自我誇耀，達到虛靜空靈的境界。這種清靜無爲，才是眞正的快樂，然而，一般人總是感到苦惱不悅，因爲世俗人太追求名利，向外逐物，束縛太多，沒有精神的自由。

(四)坐忘：坐忘就是忘己，〈大宗師〉說：

> 墮肢體，黜聰明，離形去知，同於大通，此謂坐忘。

忘了自己的身體，拋棄自己的聰明，使自己的精神不受身體（生理欲望）的影響，擺脫人世間相對性知解的束縛，和眞正的「道」相通爲一，這就是坐忘。

莊子爲什麼要我們坐忘或忘己呢？因爲凡人都有偏好、偏私和偏見，到底要由誰來判斷是非呢？假如甲和乙兩個人辯論，甲勝了乙，甲眞的全對嗎？乙眞的全錯嗎？相反的，乙勝了甲，乙眞的全對嗎？是甲乙二人有一人對一人錯呢？還是甲乙二人都對，或是甲乙二人都錯呢？到底要請誰來評論是非對錯呢？如果請見解和甲相同的人來評論，他已經和甲一樣了，如何評論呢？如果請見解和乙相同的人來評論，他已經和乙相同了，如何能夠評論呢？面對人世間相對的是非，面對凡人的偏見，最好的方法就是忘掉年紀、歲月、生死，忘掉是非、禮樂、仁義，使內心悠遊於無窮的境地，精神和「道」相通爲一。所以，如果要贊美堯的是及評論桀的非，不如把堯與桀的是非都忘掉，使自己避免陷於相對的是非，而和大道共存爲一體。

㈤**養中繕性**：從事養神的人，不要受到痛苦或快樂情緒的影響，所謂「安時而處順，哀樂不能入。」，只要內心依順事物的自然而適中，悠遊自在，涵養精神的和諧，就是養中，養中就是「繕性」，繕性是修養本性，《莊子．繕性》說：

古之治道者，以恬養知，知生而无以知爲也，謂之以知養恬，知與恬交相養，而和理出其性。

古時候修道養神的人，以精神的恬靜培養內在的智慧，有智慧而不任意顯露，稱爲以智慧培養恬靜，恬靜和智慧相互培養，溫和理性就從本性中表露出來，這是眞正保全性命的人，保全性命的人不會因爲身處榮華富貴的地位而放縱情欲，不會因爲貧窮困苦而改變心志，他身處富貴或窮苦一樣快樂，因此，沒有憂慮。

以上是莊子形神二元以及養形和養神的思想，此一思想對《淮南子》有深遠的影響。

十二、《淮南子》燭火之喻

《淮南子》也認爲人的生命，是形神二元的結構，〈精神訓〉說：

夫精神者，所受於天也；而形體者，所稟於地也。

人的生命中有形體和精神兩元素，分屬天地陰陽二氣，此天地陰陽二氣高度精密的結合，才能表現生命的現象。換言之，生命是形體和精神所共構。雖然，《淮南子》在某些地方曾出現看似形氣神三元的說法，例如〈原道訓〉說：

形者生之舍也，氣者生之充也，神者生之制也。

形體是生命的房舍，元氣是生命的根本，精神是生命的主宰，看似形氣神三者，其實，生命是一氣之所化，生命的活動和現象都是氣化所生，氣化就是陰陽的流轉變化，所謂氣化生物，誠如胡適所說：「總觀《淮南》全書，『氣』似乎可以分做兩事：一面是血氣之氣，近於形體；一面是氣志之氣，稍近於精神，而不是精神。」⑰，可知，《淮南子》仍是形神二元論的思想。

生命是形神結合而成，從實然的層面看，形體和精神同樣重要，必須形神相扶。〈俶眞訓〉說：

形傷於寒暑燥濕之虐者，形苑而神壯。神傷乎喜怒思慮之患者，神盡而形有餘……是故傷死者其鬼嬈，時既者其神漠，是皆不得形神俱沒也。夫聖人用心杖性，形神相扶而得終始。

形體遭受寒暑燥濕的傷害時，形體枯竭而精神尙能健壯，精神遭受喜怒憂慮傷害時，精神枯竭而形體尙有餘力，因此，突然橫死的人，他的鬼魂能爲害人，正常壽終的人，他的魂神是安定的，這種現象都是說明形體和精神並沒有同時一起滅亡。聖人掌握自己的心性，使形體和精神相互依存，兩者扶持而使生死共同始終。

爲了形神相扶，因此，不但要養神，也要養形，養神和養形往往是互爲因果，相輔相成，形神相養的益處是可以使我們耳目精明玄達，思慮清明，志氣虛靜，審知禍福。〈精神訓〉認爲耳目過份沈溺於聲色之樂，那麼，五臟就會不得安寧，精神就會馳騁於外而不能內守，精神不能內守，那麼禍福到來，無法識別。如果能使耳目精明玄達而無誘惑，志氣虛靜恬愉而減少嗜欲，五臟就會安寧充實而不洩散，精神就能內守形體而不向外馳散，那麼，就可以看到往世之前、來世之後。所以說過份貪欲，使人精氣散失，喜好、憎惡，使人的精神疲憊。如果不趕快捨棄貪欲，志氣將一天天的耗損，人不能夠得到善終，而死於刑戮，這是爲什麼呢？因爲以貪欲養生的原因。因此，只有那些不貪求利益，沒有嗜欲的人，才能得到善終，才是眞正的養生。

因此，〈泰族訓〉認爲最好的養生方法是保養精神，其次才是保養形體⑱，如果神志能夠清平，凡事都會得到安寧，這是養生（或稱養性）的根本方法。可知，精神才是主宰生命的制約者，〈原道訓〉說：

以神爲主者，形從而利，以形爲制者，神從而害。

一個人的生命，只能以精神制約身體，不能以形體制約精神，因爲精神貴於形體，〈詮言訓〉說：

神制則形從，形勝則神窮。

人有理性，也有感官的情欲，要以清明的精神理性去制約感官的情欲，如果精神理性克制不了情欲，將會傷害身體的健康，帶來無窮的禍患，例如抽煙喝酒吸毒，不能節制物欲和情欲，將使生命枯竭。所以，〈原道訓〉說：

此膏燭之類，火逾燃而消逾亟。夫精神氣志者，靜而日充者以壯，躁而日耗者以老。

應該平日涵養安靜工夫，充實精神氣志，避免急躁不安，耗損精神氣志。換言之，養生之道是「將養其神，和弱其氣，平夷其形。」（〈原道訓〉），避免勞形、傷神，因爲「形勞而不休則蹶，精用而不已則竭。」（〈原道訓〉）。

值得注意的是，〈原道訓〉第一次以養生的觀點，提出「燭火之喻」，把形體比作膏燭，精神比作燭火，精神耗損愈多，形體加速滅亡，所以說太上養神。

《淮南子》此一見解，近似《史記・太史公自序》，〈太史公自序〉說：

> 凡人所生者，神也，所託者，形也。神大用則竭，形大勞則敝，形神離則死。死者不可復生，離者不可復合，故聖人重之。由是觀之，神者，生之本也，形者，生之具也。

神是生命的根本，形是生命的質料，人的生死，是形神的離合，神形分離則死，神形結合則生，養生之道，要避免勞形和傷神。換言之，養生之道必須形神兼養⑲。

此外，〈氾論訓〉探究鬼神思想的根源有四個原因：

㈠由於神志不清，喝醉酒或膽怯造成的錯覺：〈氾論訓〉繼承《荀子・解蔽》的觀點，荀子認爲一般人以爲有鬼，是在恍惚眩惑、愚蠢膽怯時的錯覺。〈氾論訓〉認爲喝醉酒的人，俯身進入城門，以爲是七尺的閨門（上圓下方的小門），跨越長江、黃河，以爲是普通的水溝，這是因爲酒精迷亂他的神志。膽怯的人晚上看見測量日影以記時的圭表，以爲看到鬼。晚上看見擺在地上的石頭，以爲是老虎，這是由於膽怯愚蠢喪失了他的勇氣。所以，〈氾論訓〉說：

> 聖人心平志易，精神內守，物莫足以惑之。

㈡由於膚淺無知和少見多怪：一般人的科學知識非常有限，而且，總是少見而多怪，例如，深山裡的動物，深海裡的魚類，非本地生產的動植物，我們都以爲是怪物，所以有所謂山怪、水怪、海怪等傳聞。

或者由於對自然科學的知識不足，對於自然現象無知，由於無知而生恐懼。所以，〈氾論訓〉認爲對於天下的奇怪異物，只有聖人能夠明察；對於人事的吉凶禍福，行善是否得福？行惡是否得禍？只有智者通達禍福之理，而一般人對於自然異物，以及人事的吉凶禍福卻深感迷惑。

㈢托鬼神以伸誡：〈氾論訓〉認爲世界上的事物太多了，不可能每一個都明白，因此，聖人利用鬼神賞善罰惡之說，制定各種禁戒。比如說：世俗百姓以爲祭祀鬼神或祖先，以豬肉爲上等的供品，埋葬死者，不能把皮裘埋葬在墳墓裡，拿利刃互相嬉戲，祖先會推開他的胳膊，枕著門檻睡覺，鬼神會踩在他的腦袋等等，都有其他的用意。

認爲豬肉是最好的祭品，並不是豬肉會比其他肉品好，而是豬是家畜，容易得到，所以，依照它的方便而尊重它。皮裘不能埋在墳墓裡的原因，是因爲皮裘是難得而價格昂貴的衣物，當成陪葬物對死者沒有益處，而對生者可用來保暖身體，因此，按照實際用處而禁忌陪葬。用利刃互相嬉戲，祖先會推開他的胳膊，是因爲擔心失手傷人，而有刑罰之災。枕著門檻睡覺，將受風寒，容易得病，因此，假借鬼神來告誡世人。

凡是以上種種，爲的是愚蠢的人，不知道它的危險性，於是，依托鬼神的威勢，強調其教化，其來已久，而愚蠢的人，認爲是吉凶禍福的禁忌，只有明白大道的人，才能通達眞正的意義。

㈣祭祀報功永懷德澤：〈氾論訓〉認爲百姓祭祀井、灶、門、戶、籛箕、帚、臼、杵，不是以爲它的神靈（灶有灶神，門有門神等）能享用祭品，而是因爲百姓經年累月都要使用它們，不斷煩勞它們，祭祀是表示不忘記它們的功勞。

只有泰山的雲雨，能在短時間內澤及廣大土地，也只有長江、黃河在三年大旱後，還能潤澤百里、滋生草木，這就是天子感恩它們而祭祀它們的原因。所以，牛馬在患難中能使主人免於一死的，死後都要好好安葬，何況那些曾爲百姓建立大功勞的人呢？這就是聖人祭祀報功，永懷德澤，神道設教的原因。

〈氾論訓〉認爲炎帝以火王天下，死後被尊爲灶神，后稷教人種植五穀，死後被尊奉爲穀神，羿爲天下除害，死後被尊奉爲禳除災害之神，凡此種種，對社會人民有功的人，死後往往被尊奉爲神，受人祭拜，這就是鬼神思想與宗教信仰所以產生的原因。

可知，〈氾論訓〉認爲聖人爲了伸誡教化和感恩報功，借鬼神之威以聲其教，所以說：

愚者以爲禨祥，而狠者以爲非，唯有道者能通其志。（〈氾論訓〉）

這就是荀子所謂「君子以爲文，而百姓以爲神。」（《荀子・天論》）、「其在君子，以爲人道也；其在百姓，以爲鬼事也。」（《荀子・禮論》）。

十三、董仲舒天人相應

董仲舒主要的著作是《春秋繁露》，以及載於《漢書》的〈賢良對策〉，他的核心思想是天人相應，這也是鬼神思想的特徵之一。

《春秋繁露．觀德》說：

天地者，萬物之本，先祖之所出也。

董仲舒認為天、地、人三者，是萬物的本源，天生長萬物，地養育萬物，人成就萬物。天用仁愛孝悌生長萬物，地用衣食養育萬物，人用禮樂成就萬物，天地人三者如同手足一般，合成一體，缺一不可。

人之所以能與天、地合一而成就萬物，是由於人受命於天，而且在構造上與天相當一致，這是「天人相應」的前提。

至於天的內涵為何？董仲舒說：

天者，百神之大君也。（〈郊語〉）

天者，百神之君也。（〈郊義〉）

天者，萬物之祖，萬物非天不生。（〈順命〉）

他所說的「天」，具有創生萬物，主宰萬物的作用，是至上神（尊神），近似人格神的上帝。所以，天不可以不敬畏，不敬畏天，會有災禍降臨，只是不明顯，好像自然如此。因此，天子不可不祭天，天子不祭天，猶如兒子不孝順父親一樣，因為，唯天子受命於天。

董仲舒強調天有目的、意志、仁愛、喜怒哀樂等德性，他認爲天是仁愛的，因爲天（地）化生萬物，養育萬物，終而復始，一切都是爲了奉養人，觀察天的意志，含有無窮盡的仁愛。人受命於天，所以，人有父子兄弟的親愛，有忠信慈惠的心，有禮義廉讓的行爲，有是非順逆的義理，有燦爛的文化，只有人道可以參贊天道。

所以說天有喜怒哀樂的行爲，人也有春夏秋冬之氣，這表示天人同類，天和人是相同的，從天而言，春天是喜氣，所以生長萬物，夏天是樂氣，所以養育萬物，秋天是怒氣，所以誅殺萬物，冬天是哀氣，所以儲藏萬物，這四種氣是天和人共同具有的，從人而言，人沒有春氣，怎能博愛而容衆，人沒有夏氣，怎能長養百姓而使人民生活快樂，人沒有秋氣，怎能樹立威嚴而完成功業，人沒有冬氣，怎能哀悼死者而憐恤生者。

董仲舒說：

爲人者，天也，人之爲人本於天，天亦人之曾祖父也，此人之所以乃上類天也。（〈爲人者天〉）

人受命於天，天是人的先祖，這是人和天相類似的原因。人的形體，由天數變化而成。如一年有四季，一季有三個月，人有四肢，每一肢有三節。人的血氣，受天志而化成爲仁，人的德性，受天理之化而成爲義，人的好惡，受天的暖和涼爽的變化而成，人的喜怒，受天的寒冷和炎熱的變化而成，人受命於天的秉賦，受天的四季變化而成，人的喜怒哀樂，與天的四季相應。

人的喜悅，與春天相應，人的憤怒，與秋天相應，人的快樂，與夏天相應，人的悲哀，與冬天相應。人的性情受命於天，人是天的副本，所以，只有人才能與天地相配合。

董仲舒認爲萬物以人爲貴，萬物都有缺陷，不能行仁義，不能與天地相配。只有人能行仁義，能與天地相配，人的身體有三百六十個關節，與天一年的日數相配，人的身體骨肉，與地的厚實相配，人的耳朵眼睛能聽能看，像是太陽月亮，身體內有血脈穴道，像是河川山谷，人有喜怒哀樂，近似氣的神妙變化，觀察人的身體結構，與上天相類似，體內有五臟，與五行相合，身體有四肢，與一年有四季相合，這就是天、人關係是依照類別相應。換言之，天地是大宇宙，人是小宇宙，天人同類，天人相應，天人合一。

既然天人同類、相應，天子應該知天、法天、配天，董仲舒以爲天子是天之子，天佑而子之，號稱天子，天子是天命所授予的，所以，應該把天視爲父親，以孝道來事奉天，因此，不可以不祭天。不過，天命靡常，天不一定要把王位授予誰，也不一定要奪取誰的王位，天不言，以異象見之，有德的帝王將要興起，祥瑞會先出現，無德的帝王將要滅亡，災異也會先出現。

董仲舒在〈必仁且智〉中強調災異是天下悖亂的徵兆，災害是上天的譴責，異象是上天的神威，災異生於國家施政的錯失，災異是上天對天子的告誡和恐嚇，如果天子還不知畏懼驚醒，禍害甚至敗亡將會到來，由此可以看出上天的仁心，表現上天對天子的愛護。

因此，天子要省天譴，畏天威，反省自己的行爲，修省自己的德行，改過遷善，無善不舉，無惡不去，進善誅惡，從根本上斷絕災異。所以，〈賢良對策〉第一策說：

國家將有失道之敗，而天迺先出災害以譴告之，不知自省，又出怪異以警懼之。尚不知變，而傷敗迺見，以此見天心之仁愛人君而欲止其亂也。

可知，董仲舒的天人相應思想，對於最高統治者（天子）來說，主要是勸告他推行愛民如子的仁政。因此，天子的德行足以使人民生活安樂，上天就給他帝王的權位，天子的惡行足以傷害人民，上天就奪取他的權位。

至於董仲舒對鬼神的看法，他在〈祭義〉中認爲天子不僅要尊崇上天，也要敬重宗廟，所以，祭祀要親自參加，表達內心的眞誠，祭品不求多，但要潔淨，祭祀的次數不求頻繁，而要求誠敬。祭就是察，用美好的祭品對待鬼神的意思。祭祀的意思是交際，善待鬼神，祭祀然後能夠知道天命鬼神，知道天命鬼神，然後明瞭祭祀的意義以及重視祭祀。重視祭祀好像服侍父母一樣。

所以，聖人對於鬼神，敬畏它而不敢欺騙它，相信它而不獨自信任它，侍奉它而不特別依賴它，依賴鬼神的公平正義，使正直又有德的人能夠得到幸福，不正直而無德的人得到災禍。

如果君王怠慢宗廟祭祀，不禱祀鬼神，廢除祭祀，執法不公，違背天道，逆天時，百姓會生浮腫的病，腹中積水，肢體麻木僵硬，血脈不通，霧氣晦暗，水災爲害。

對於形神關係，他不談形盡神滅或形盡神不滅，而著重於「神無離形」的養生之道。他說：

養生之大者，乃在愛氣，氣從神而成，神從意而出，心之所之謂意，意勞者神擾，神擾者氣少，氣少者難久矣。故君子閑欲止惡以平意，平意以靜神，靜神以養氣，氣多而治，則養身之大者

得矣……此言神無離形。（〈循天之道〉）

董仲舒認爲最重要的養生之道是養氣、愛氣，氣從心，氣是從心中發出來，因此，君子培養氣而使其和諧，避免種種過分的作爲，過度的喜怒哀樂，傷害身心健康。因爲氣從精神而形成，精神從意志而產生，心之所向叫意志，意志困頓勞累，精神紛擾。精神紛擾的人，氣就減少，氣少的人，很難長壽。

所以，君子要節制他的欲望，防止邪惡以中和意志，以中和之道平息意志，使精神平靜，平靜精神以培養和氣，氣能充實飽滿，身體就健康，這就是「神無離形」，也是仁者長壽的原因。仁者不貪求外物，內心安靜，避免忿恤憂恨，精神平和而不失中正，取天地精美之物，保養身心，遂能健康而且長壽。換言之，君子養生，不敢違天，循天道之中和以養生，使精神不離開形體，就是最好的養生。

十四、楊王孫裸葬

楊王孫，漢武帝時人，據《漢書》卷六十七本傳記載，他學黃老之術，身體力行，臨終前，立下遺囑，死後裸葬，不要衣衾，不要棺椁，裹屍入土，裸葬以歸自然，希望他的兒子不要改變他的囑意。他的兒子對父親的遺囑深感爲難，不照辦的話，違背父親遺願，照辦的話，內心不忍，於是，求見父親的朋友祁侯。

祁侯寫信給楊王孫說：如果人死無知，裸葬也無所謂；如果人死有知，裸葬豈不是羞辱死者於地下，將裸體去見自己的祖先，況且《孝經》說：爲之棺槨衣衾。這是聖人的遺制。所以，裸葬是不可取的行爲，願楊王孫再考慮，不要執意裸葬。

楊王孫回信給祁侯，他說：

蓋聞古之聖王，緣人情不忍其親，故爲制禮，今則越之，吾是以臝葬，將以矯世也……且吾聞之，精神者天之有也，形骸者地之有也，精神離形，各歸其眞，故謂之鬼，鬼之爲言歸也，其尸塊然獨處，豈有知哉？……今費財厚葬，留歸鬲至，死者不知，生者不得，是謂重惑，於戲，吾不爲也。

楊王孫回答祁侯，主要強調兩點：

㈠**他要以裸葬矯正厚葬的不良習俗**：據《孟子．滕文公》所述，孟子以爲在上古時代，人類常常不葬死者，父母親死去，就把屍體抬到野外，丟棄在澗坑裡。過了幾天，經過棄屍的地方，看到狐狸吃那屍體的肉，蚊蟲吸吮屍體的血，突然之間，爲人子女者內心悔愧，額頭出汗，不忍之情油然而生。於是，急忙回家，拿出土籠和木鍬，把親人的屍體好好掩埋，埋葬親人屍體實在是應該做的事，這是孝子仁人以禮葬親的由來。

儒家基於人倫親情，重視喪葬之禮，以死爲大，入土爲安。孟子認爲辦理父母親的葬禮，本來就是子女應盡的孝道。孔子說：

喪事不敢不勉（《論語．子罕》）。

喪事當然要盡心盡力去做，孔子特別強調「君子不奪人之喪，亦不可奪喪。」（《禮記・雜記下》）。所謂奪喪，就是刻薄喪葬之禮，君子不但不應刻薄別人的喪禮，也不可以刻薄自己父母的喪禮。荀子所謂「刻死而附生謂之墨，刻生而附死謂之惑，殺生而送死謂之賊。」（《荀子・禮論》），就是奪喪，對死者刻薄而增益生者，或對生者刻薄而增益死者，或以人殉葬等，都是不合宜的奪喪。孔子所謂君子不可奪喪，就是以禮治喪，並非提倡厚葬，在財物方面，要量力而爲。據《禮記・檀弓上》記載，子游向孔子請教葬禮的標準，孔子強調「稱家之有亡。」，也就是和家庭財力多寡恰當就可以了。如果經濟條件好，可以準備充實完善，但不要踰越禮制；如果家計困難，只要衣衾足以包藏屍體，而且斂畢即葬，只要盡力而爲即可。

可知，儒家強調的喪禮精神是：依禮、稱財、盡心、盡孝，而非提倡厚葬。造成厚葬風氣的主要原因，源於秦漢以來的帝王，上行下效，民間百姓也以厚葬爲尚。

因此，楊王孫要以裸葬矯正厚葬的不良風氣，因爲厚葬對死者無益，而對生者有害，勞民傷財，生死無益。

㈡楊王孫以爲人死無知，形神俱滅：生死只是自然的變化，死亡是終身之化，返於自然之中，精神離開形體，精神歸於天，形體歸於地，形神俱滅，人死無知。厚葬者既不知死者無知，又不懂生者不得，他的裸葬，正是要破除世人的愚昧和糊塗。

值得注意的是，楊王孫所謂「精神者天之有也，形骸者地之有也，精神離形，各歸其眞，故謂之鬼，鬼之爲言歸也。」，與《淮南子．精神訓》所言「精神天之有也，而骨骸者地之有也。精神入其門，而骨骸反其根，我尚何存？」兩者思想一致，又與《論衡．論死》所謂「人死，精神升天，骨骸歸土，故謂之鬼神，鬼者歸也，神者，荒忽無形者也。」的看法一脈相承。

楊王孫的裸葬，對後世產生影響，其中以趙咨和皇甫謐爲最。趙咨繼承和發揚楊王孫的生死觀，表示對他的裸葬志有所慕，皇甫謐生前著〈篤終〉一文，要求裸形入葬，以身親土。

趙咨，字文楚，東郡燕人，漢桓帝延熹元年，以至孝有道被推薦爲博士，歷任敦煌太守，東海相，議郎等職。據《後漢書》卷三十九記載，他爲官清簡，他在京師養病時，購置一個小素棺，準備了黃土二十石。臨終前，告訴其故吏朱祇、蕭建等人，死後以單衣薄葬，素棺內放置黃土，欲令屍體早日腐朽，早日歸土。子孫不聽，於是，給他兒子趙胤寫了一篇遺書，他說：

……夫亡者，元氣去體，貞魂游散，反素復始，歸於無端。既已消仆，還合糞土，土爲棄物，豈有性情，而欲制其厚薄，調其燥溼邪？……但欲制坎，令容棺槨，棺歸即葬，平地無墳。勿卜時日，葬無設奠勿留墓側，無起封樹。……

趙咨認爲萬物有生必有死，生命有一定的期限，不可能長生不死，這是自然的現象，生死存亡就像朝夕晦明一樣。所以，生也不喜，死也不悲戚。死亡意謂元氣(來自天的精氣)離開人的肉體，又回到元氣化生萬物之前的自然狀態，無邊無際的宇宙之中。

至於人的屍體，人死無知，屍體腐爛後化爲糞土，糞土沒有知覺，豈有性情？對於棺槨的大小，衣物的厚薄，墓穴的燥溼，屍體毫無知覺。只是生者不忍親人暴屍，而有喪葬之禮，厚葬並非聖人之禮，以厚葬表示孝道，非常不可取。

趙咨強調厚葬並非聖人制禮之意，近似墨子節葬短喪的主張，據《墨子．節葬下》墨子所說，厚葬久喪並非聖人之道。墨子說堯到北方教化八狄蠻族，死在半途中，就埋葬在蛩山，用簡單的衣被殮屍，以楮木做棺材，用葛藤束綑棺木，入土之後，只把墓穴用土填平，墓的上面沒有土堆爲墳，葬好以後，人車照常在墓地上往來行走。

舜到西方去教化七戎蠻族，死在半途中，就地安葬在湖南零陵九疑山，葬禮簡單，埋葬完畢，人車照常在墓地上往來行走。

禹到東方去教化九夷蠻族，死在半途中，埋葬在會稽的山上，以三寸厚的桐木爲棺，挖墓地的深度，不到地下水的地方，埋葬完畢，將剩餘的泥土添平墓穴，墓地的大小約三尺。

趙咨說他非常嚮往楊王孫的裸葬，因此，他的薄葬上同古人，無可非議，希望他的兒子，不要聽到一些批評就違背他的遺囑。趙咨這種敢於挑戰世俗風水擇日的薄葬，本傳說「時稱明達」。

趙咨之後，晉朝的皇甫謐，也主張裸葬。皇甫謐，字士安，好學不倦，博通典籍，旁貫百家，武帝時，屢徵不仕，自號玄晏先生，著有《玄晏春秋》等。

皇甫謐著〈篤終〉篇，自訂葬送之制，他說：

……人之死也，精歇形散，魂無不之。故氣屬於天，寄命終盡，窮體反眞，故尸藏于地，是以神不存體，則與氣升降……吾本欲露形入阬，以身親土，或恐人情染俗，來久頓革，理難今故。故犆爲之制，奢不石椁，儉不露形，氣絕之後，便即時服，幅巾故衣，以籧篨裹屍，麻約二頭，置尸床上，擇不毛之地穿阬，深十尺，長一丈五尺，廣六尺，阬訖，舉床就阬，去床下尸，平生之物，皆無自隨，唯齎孝經一卷，示不忘孝道，籧篨之外，便與親土，土與地平，還其故草使生，其上無種樹木……（《晉書》卷五十一）

皇甫謐認爲生死存亡是自然的現象，凡人總是貪生怕死，雖然貪生，也不能長生，雖然怕死，也必然一死。人死之後，精神知覺消亡，形體腐朽，魂氣消散，歸於宇宙大化自然之中。所謂埋葬只是藏屍而已，入土爲安就可以了。如果以貴重的棺椁厚葬，很多陪葬物，無異於在路旁埋設金銀珠寶，而且在地上詳加說明，引來賊匪盜挖，眞是愚昧可笑。

他本想裸葬，以身親土，朝死夕葬，或夕死朝葬，不用棺椁，不必沐浴化妝，不穿新衣。唯恐遭人批評，爲難家屬，因此，要求家屬薄葬，氣絕命終之後，只穿日常便服，用粗竹席裹屍，以麻繩束綑，將屍體放在床上，擇荒野不毛之地挖坑洞，深十尺，長一丈五尺，寬六尺，將屍體置於坑內，陪葬物僅《孝經》一卷，坑內僅有裹屍的粗竹席，墓與地平，不必積土爲墳，不必種樹，如此，以身親土，魂氣與天的元氣合一，這才是最好的葬禮。

從以上楊王孫裸葬，趙咨和皇甫謐薄葬而言，他們都反對厚葬，因爲厚葬無益死者，有害生者。更何況，人死無知，形盡神滅，形體腐於地下，精神滅盡，魂氣消散，又返歸於大化元氣之中。此一思想，與王充所謂「死人不爲鬼，無知，不能害人。」一脈相承。

十五、王充人死無知，不爲鬼，不能害人

王充對形神關係的論證，除了說明人死形盡神滅之外，更強調人死無知，不爲鬼，不能害人。他認爲人也是萬物之一，其他萬物死了不能變成鬼，爲什麼人死後能變成鬼呢？因此，王充以爲沒有鬼神，人死不能害人，他做了以下的論證：

㈠以精氣論證之：

《論衡·論死》說：

人之所以生者，精氣也，死而精氣滅……人死精神升天，骸骨歸土，故謂之鬼神……氣之生人，猶水之爲冰也，水凝爲冰，氣凝爲人，冰釋爲水，人死復神，其名爲神也，猶冰釋更名爲水也……人之精神藏於形體之內，猶粟米在囊橐之中也，死而形體朽，精氣散，猶囊橐穿敗粟米棄出也。粟米棄出，囊橐無復有形，精氣散亡，何能復有體而人得見之乎？

王充認爲人的生死是由於精氣的聚散，人之所以生，是由於有精氣的聚合，人死精氣就消散了。精氣消失，形體就腐朽，形體腐朽之後變成灰土，憑借什麼能變成鬼呢？精氣生人，就像水遇冷凝聚變成冰，精氣凝聚變成人，冰融化變成水，人死了復歸於精氣之中。

王充又以爲人的精氣藏在形體之中，猶如粟米裝在袋子之中一樣，人死形體腐朽，精神離散消失，

如同袋子破裂，粟米漏出散失一樣。粟米漏出散失，袋子再沒有飽滿的樣子，同理，人死精氣散失，怎能再使人看見他的形體呢？

㈡以鬼多論證之：

《論衡・論死》說：

如人死輒爲鬼，則道路之上一步一鬼也……不宜徒見一兩人也……天地之性，能更生火，不能使滅火復燃，能更生人，不能令死人復見……案火滅不能復燃以況之，死人不能復爲鬼，明矣……如審鬼者死人之精神，則人見之，宜徒見裸袒之形，無爲見衣帶被服也，何則？衣服無精神，人死與形體俱朽，何以得貫穿之乎？

王充以爲如果說人死爲鬼，自有人類以來，生生死死，不知有多少？道路上應該有許多的鬼，不只看見一二個鬼而已。以天地自然的本性而言，火能重新不斷的產生，如果火已熄滅就不能重新燃燒起來；同理，人能不斷地生出新生命，卻不能使死人重新活過來。依據火熄滅不能復燃來類比，死人不能變成鬼，是自明之理。

或許有人認爲人死精神不滅，鬼就是由死人的精神變成的，如果鬼眞的由死人的精神變成，那麼，人們看見鬼，應該只看見沒有穿衣服的鬼，爲什麼呢？因爲衣服沒有精神，衣服只是物質而已，人死了衣服與屍體一起腐爛，人們所看見的鬼，怎麼能穿著衣服呢？

㈢以無知論證之：

《論衡·論死》說：

夫死人不能爲鬼，則亦無所知矣，何以驗之？以未生之時，無所知也，人未生在元氣之中，既死復歸元氣，元氣荒忽，人氣在其中，人未生無所知，其死歸無知之本，何能有知乎？……形須氣而成，氣須形而知，天下無獨燃之火，世間安得有無體獨知之精……人爲人所毆傷，詣吏告苦以語人，有知之故也，或爲人所殺，則不知何人殺也，或家不知其尸所在。使死人有知，必恚人之殺己，當能言於吏旁，告以賊主名，若能歸語其家，告以尸之所在，今則不能，無知之效也。

王充認爲人未出生時，在元氣之中是無知的，死後精氣復歸於元氣之中，因爲人的精神知覺，必須依附形體，人之所以聰明而有才智的原因，是因爲有五常之氣，五常之氣在人身上存在，是由於五臟（心、肝、脾、肺、腎。）在身體之中，內臟不傷不病，人就健康聰明，內臟有了疾病，人就神志不清，愚蠢痴呆。

換言之，身體必須依靠精氣才能成爲人形，精氣必須依靠身體才能產生精神知覺，天下沒有離開物體而能獨自燃燒的火，同理，天下沒有脫離身體而獨自具有精神知覺的精氣。可知，人死精氣滅，而成朽灰，形體腐朽，沒有精神知覺。

如果人死有知，那些無辜被殺害者，應當能知道是被何人殺害，應當能告訴家人或官吏是被何人所殺，但是，很多命案不能偵破，表示被害者死後無知。

㈣以無力論證之：

《論衡・論死》說：

> 人之所以能言語者，以有氣力也，氣力之盛，以能飲食也，飲食損減則氣力衰，衰則聲音嘶，困不能食，則口不能復言，夫死，困之甚，何能復言？……凡人與物所以能害人者，手臂把刃，爪牙堅利之故也，今人死，手臂朽敗，不能復持刃，爪牙墮落，不能復囓噬，安能害人？

王充認爲人之所以能說話，是因爲有力氣，力氣強盛，是因爲有豐盛的飲食。如果減少飲食，力氣就衰弱，如果沒有飲食，一點力氣也沒有，嘴巴就不能說話了。至於人的死亡，不再飲食，怎能再說話呢？

換言之，一個人要有充足的飲食，才有飽滿的力氣，筋骨強壯，才能害人，如果生病，不能飲食，身體虛弱，沒有力氣，即使仇人在他身旁，他也不能大聲呵叱，即使強盜奪取他的財物，他也不能禁止或反抗，而死亡是虛弱之最，豈有能力害人？

究竟何謂鬼神？《論衡・論死》說：

> 鬼神，荒忽不見之名也，人死精神升天，骸骨歸土，故謂之鬼。鬼者，歸也，神者荒忽無形者也。或說鬼神，陰陽之名也，陰氣逆物而歸，故謂之鬼，陽氣導物而生，故謂之神。神者，伸也，申復無已，終而復始，人用神氣生，其死復歸神氣，陰陽稱鬼神，人死亦稱鬼神。

依照王充的觀點，鬼神是陰陽二氣屈伸的別名⑳，一個人的生命，得之於陽氣成爲他的精神，又得之於陰氣，成爲他的形體，人死了以後，他的陽氣和陰氣又復歸於天地的陽氣和陰氣之中，好像冰融解爲水，所以，人死之後，不能還有生前的形體像貌，作爲他的鬼。

可是，有些人辯稱看見鬼，對於這個問題，《論衡·訂鬼》說：

凡天地之間，有鬼，非人死精神爲之也，皆人思念存想之所致也㉑，致之何由？由於疾病，人病則憂懼，憂懼見鬼出。

王充認爲有些人辯稱看到鬼，並不是人死以後的鬼，而是當人生病的時候，對某一種東西或人思念存想所產生的幻覺。病人由於憂懼害怕，精神不集中，理智不清明，容易引起幻覺，這些思念存想可能從眼睛裡表現出來，也可能從耳朶裡表現出來。

如果從眼睛表現出來，他就看見所思念存想的人之形體，如果從耳朶表現出來，他就聽見所思念存想的人之聲音，因爲人在精氣衰弱的時候，容易產生虛妄的人物幻象，或是潛意識裡的仇敵或被害者，自以爲見鬼，其實，並非眞見鬼，只是因爲他的精神錯亂，引起感官或心識的幻覺。

雖然，人死不能爲鬼，也沒有知覺，更不能害人。但是，有一種妖怪，是眞正存在，並非虛幻，他在《論衡·訂鬼》中認爲在自然現象中，確實有妖怪存在，這種妖怪，只是一種妖氣，有人自稱見鬼，所謂鬼，不是人死以後成爲鬼，而是像人形的妖氣而已。

王充的無鬼論，仍以燭火關係比喩形體與精神的關係，《論衡·論死》說：

人之死，猶火之滅也，火滅而耀不照，人死而知不惠，二者宜同一實，論者猶謂死有知，惑也，人病且死，與火之滅何以異？火滅光消而燭在，人死精亡而形存，謂人死有知，是謂火滅復有光也。

所謂人的靈魂，就是精氣，人死以後，精氣升天，復歸於天地間的精氣，所以，已經沒有個人的鬼魂存在。人的死亡，猶如火的消滅，火消滅就沒有光的照耀，就像人死而無知，如果說人死後還有知覺，就好像火消滅以後還有光一樣，是錯誤的，因此，王充說：人死形消神亡而無知。

以上簡述先秦兩漢的鬼神思想，從這些思想中，吾人得知鬼神思想包含三個內涵：㈠是天人關係，㈡是報應思想，㈢是形神關係。

第一個問題是天與人是否有密切關係：荀子、晏嬰、西門豹、桓譚、王充等人，強調天與人沒有任何關係；墨子、董仲舒等人，主張天與人密切相應。

第二個問題是報應思想：強調天與人沒有任何關係者，否定冥冥之中有因果報應，如王充《論衡》中的〈福虛〉、〈禍虛〉、〈感虛〉等；主張天與人密切相應者，如董仲舒《春秋繁露》的天人相應。

第三個問題是形神關係：形神關係分爲形神一元和形神二元，荀子、桓譚、王充等人主張形神一元論；《管子》、《莊子》、《淮南子》等主張形神二元論。

鬼神思想包含這三個內涵，正是魏晉南北朝形盡神滅或形盡神不滅思想論證的核心問題。孫盛、戴逵、何承天、范縝、邢邵等人，深受荀子、桓譚、王充及孔孟儒家等思想的影響，主張形神一元，形盡神滅，沒有因果報應，沒有轉世更生，沒有六道輪迴；羅含、慧遠、宗炳、顏延之、蕭琛、曹思文、杜弼等人，虔誠信佛，深受《尚書》、《詩經》及佛家等思想的影響，強調形神二元，形盡神不滅，深信三世因果業報、更生轉世、六道輪迴。

彼此由於思想差異而展開數次論辯，較著稱者計有五次：㈠是孫盛與羅含。㈡是戴逵與慧遠、周道祖。㈢是何承天與宗炳、顏延之。㈣是范縝與蕭琛、曹思文、沈約。㈤是邢邵與杜弼。雙方的思想論證，詳如後文。

【註　釋】

①台灣民間的宗教行爲，就是一種泛靈的信仰，這種多神的民間信仰，可以分爲自然崇拜、人鬼崇拜、幽靈崇拜、器物崇拜等四類。

所謂自然崇拜，相信日月星辰和動、植物都有神靈的存在，認爲太陽是太陽星君，月亮是太陰娘娘，北極星是北極大帝，南極星是南斗星君，還有火德星君，水德星君，風神爺，雷公，土地公，大樹公，石頭公，虎爺，海龍王，龜聖公等。所謂人鬼崇拜，相信人死以後，鬼魂是不滅的，可以影響人間的吉凶禍福。此外，受到儒家愼終追遠的孝道影響，造成子孫祭祀祖先以及祭拜古聖先賢，諸如：孔子、關公、媽祖、開漳聖王等神明。所謂幽靈崇拜，是祭祀無主的孤魂和厲鬼，相信那些横死或溺死的鬼魂，徬徨在陰間，能對陽間的世人作祟，爲了安撫這些孤魂野鬼，農曆七月十五日的中元普渡，相當普遍。所謂器物崇拜，認爲人類製造或使用的器物具有神靈，而加予祭拜，例如豬舍有「豬稠公」，牛舍有

「牛稠公」，農民都把牠當作繁殖六畜的神靈來祭拜。人們尤其是小孩睡的床有「床母」，老一輩的人都把牠當作是小孩的守護神來祭拜。

② 「依鬼神以制義」的正義解釋說：鬼之靈者曰神，能興雲致雨，潤養萬物也。

③ 韓非認爲如果君王經常卜問良時吉日，事奉鬼神，迷信卜筮，而喜好祭祀，這樣的國家，可能滅亡。

④ 《淮南子》認爲鬼神看起來沒有形體，聽起來沒有聲音，但是，冬至帝王在南郊祭祀上天，祭祀山川賜予吉祥，春祭祈禱求得幸福。使旱神愉悅而請降雨水，進行卜筮而決定國家大事。

⑤ 古書中常見鬼神合稱，然而，鬼與神，實義有別。據錢穆所著《靈魂與心・儒釋耶回各家關於神靈魂魄之見解》說：中國古人又謂，人死魂散，而不遽散。在其初死未散以前，或可有某種作用與現象之出現，此等作用與現象，則稱爲鬼。故鬼與魂二字，在中國用法，通言之則可合爲一，析言之則當分爲二。春秋時，鄭子產與晉大夫趙景子論伯有爲鬼一節，即備言此意。然鬼之作用，必有時而盡。生人對於死者魂氣之感召，亦有時而絕……

神則與鬼不同，論其大端有二，一就精神感召言，普通祭祀感召，只限家庭血屬之間。若生前不相親，死後即無從感召。但如忠臣義士孝子節婦，其人生前有一段精氣，感人至深。即在其死後，雖非其血屬親人，只要意氣相通，心神相類，亦可相互感召。其著者如關、岳之神，在彼身後，受人崇拜，歷久彌新。百世而下，儼然如在。凡有忠義之氣之人，對其遺像一瞻拜，對其事蹟一回溯，便覺其人凜然在吾心目間，此等人雖死猶生，故謂之神。神之作用，廣大悠久，與鬼之僅能通靈於其家庭親屬之間者不同，一也。

二就魂氣作用言，古來大偉人，其身雖死，其骨雖朽，其魂氣當已散失於天壤之間，不再能摶聚凝結。然其生前之志氣德行，事業文章，依然在此世間發生莫大之作用。則其人雖死如未死，其魂雖散如未散，故亦謂之神。周公定宗法，小宗五世則遷，大宗百世不遷。文王為周王室奉祀之大宗，周室綿延八百年，常宗祀文王，文王生前之魂氣，實能於其死後時時昭顯其大作用。故文王身後，為神不為鬼。此其赫然常在人心目間者，實與僅能嘯於梁，降於某地，憑於某人之身而見呼為鬼者之作用，大異不同，二也。

上舉二義，實仍一貫。凡死人之精神意氣，苟能與後代生人相感召，生作用，此即人而為神也。

⑥ 余英時在〈中國古代死後世界觀的演變〉一文中說：「殷周時代的死後信仰，主要表現在天上有帝廷的觀念上。先王先公死後，他們的靈魂上天，成為上帝的輔佐，這個觀念似乎支配了相當長的一段時期。」參閱《中國思想傳統的現代詮釋》第一二七頁。後來有所謂天宮或天堂之說，《圓覺經》說：「地獄天宮，皆為淨土。」，《遺教經》說：「不知足者，雖處天堂，亦不稱意。」。除了上帝是天神外，還有日、月、星辰、司中、司命、飌師、雨師等都是天神。據《周禮・大宗伯》：「大宗伯之職掌建邦之天神人鬼地示之禮，以佐王建保邦國，以吉禮事邦國之鬼神示，以禋祀昊天上帝，以實柴祀日月星辰，以槱燎祀司中司命飌師雨師。」。

⑦ 王充在《論衡・死僞》中，反對墨子的明鬼思想，他說：「人生萬物之中，物死不能為鬼，人死何故獨

能爲鬼?如以人貴能爲鬼,則死者皆當爲鬼,杜伯、莊子義何獨爲鬼……生死異路,人鬼殊處……世多似是而非,虛僞類眞,故杜伯、莊子義之語,往往而存。」。王充認爲人也是萬物之一,萬物死後不能變成鬼,人死後爲何能變成爲鬼?假如無罪被殺害的人能變成爲鬼,歷史上忠臣無罪被殺害的很多,例如:比干、伍子胥這些人無罪被殺死而不變成鬼,爲何只有杜伯、莊子義能爲鬼?其實,生和死有其不同的道路,人和鬼也有不同的居所,社會上往往有似是而非的傳聞,把虛假說成像眞實的一樣,所以,杜伯、莊子義的傳說,流傳已久。(王充所指的莊子義,應爲莊子儀)

⑧《左傳・昭公七年》正義引劉炫云:人之受生,形必有氣,氣形相合,義無先後。而此(指子產之語)云始化曰魄,陽曰魂,是先形而後氣,先魄而後魂。魂魄之生有先後者,以形有質而氣無質,尋形以知氣,故先魄而後魂。其實並生,無先後也。

⑨子產說:「鬼有所歸,乃不爲厲。」此說流傳影響至今,民間信仰迄今相信無主的孤魂野鬼可以出來作怪,爲害人間,所以有中元普渡,祭拜所謂好兄弟。

⑩王充反對子產所謂伯有強死爲鬼。《論衡・死僞》說:「與伯有爲怨者,子皙也。子皙攻之,伯有奔,駟帶乃率國人遂伐伯有。公孫段隨駟帶,不造本辯,其惡微小。殺駟帶不報子皙,公孫段惡微,與帶俱死,是則伯有之魂無之,爲鬼報仇輕重失宜也。且子產言曰:強死者能爲鬼。何謂強死?謂伯有命未當死而人殺之邪?將謂伯有無罪而人冤之也?如謂命未當死而死者多。如謂無罪人冤之,被冤者亦非一,伯有強死能爲鬼,比干、子胥不爲鬼……子皙在鄭,與伯有何異?死與伯有何殊?

俱以無道爲國被殺，伯有能爲鬼，子晳不能，強死之說通於伯有，塞於子晳。然則伯有之說，杜伯之語也。杜伯未可然，伯有亦未可是也。」

王充認爲如果說命不當死而被人殺害，成爲厲鬼，世上不當死而被人殺死的人很多，如果說沒有罪過被冤屈致死成爲厲鬼，那麼，被冤屈致死的人，世上不只一人，伯有不得善終能成爲厲鬼，但是，比干、子胥無辜而死，爲什麼沒有成爲厲鬼？

此外，《朱子語類》記載：門人問生死鬼神之理，朱子曰：天道流行，發育萬物，有理而後有氣。雖是有時都有，畢竟以理爲主。人得之以有生，氣之清者爲氣，濁者爲質。知覺運動，陽之爲也。形體，陰之爲也。氣曰魂，體曰魄。高誘淮南子注曰：魂者陽之神，魄者陰之神。所謂神者，以其主乎形氣也。人所以生，精氣聚也。人只有許多氣，須有個盡時，盡則魂氣歸於天，形魄歸於地而死矣。人將死時，熱氣上出，所謂魂升也。下體漸冷，所謂魄降也。此所以有生必有死，有始必有終也。夫聚散者氣也，若理則只泊在氣上，初不是凝結自爲一物，但人分上所合當然者便是理，不可以聚散言也。

人的生死，只是氣的聚散，氣聚則生，爲神（有知覺思慮等精神作用），氣散則死，爲鬼（魂氣歸於天，形魄歸於地。），有生必有死，有始必有終。鬼神只是天地造化精氣一聚一散的過程，不是在氣聚之前先有神，朱子所謂「神者以其主乎形氣也」，表示精神是生命的主宰，當人死後，這精神知覺是否還在？朱子以爲人死氣盡，這知覺思慮的精神作用也就盡了，死後氣都散盡了，鬼神魂魄也就不可常存了，即使聖人也是如此，因爲聖人安於死，死後氣即消散，何嘗看見堯舜做鬼來。有人舉《左傳》春秋鄭國大夫伯有，死後成爲厲鬼的事，請問朱子。《宋元學案・晦翁學案》記載：「問伯有之事，別是一理，如何！曰：是別是一理，人之所以病而終盡，則其氣散矣，或遭刑，或忽然而死，氣猶聚而未散，然亦終於一散。釋道所以自私其身者，便死時，亦只是留其身不得，終是不甘心，死銜冤情者亦然，故其氣皆不散。」。朱子以爲從生死的常理來說，氣聚則生，死而氣散，精氣散盡，泯然無跡。或許有人遭到酷刑，或是忽然橫死，精氣一時之間仍然聚而未散，但是，終究會散，伯有也不例外。

朱子認爲釋、道企圖保持肉身長久不壞，只是自私其身而已。從前有一位僧人，在打坐參禪的時候入定了，入定到心脈微弱的境界，不明白的人以爲是坐化圓寂了。寺裡的小沙彌看師父好像沒有氣息，認爲死了，就把僧人的身體火化了，等到僧人想出定的時候，找不到自己的身體。以後，寺裡的人總常聽見僧人的喊叫聲：我的身體呢？喊得寺裡人心不安，不得已請來僧人最要好的法師到寺裡，等到僧人又喊叫找他的身體時，法師說：死都死了，還要身體做什麼？逝去的僧人頓悟，不再想念身體，從此不再聽到他的喊叫聲。

⑪ 魂魄思想，在道教中，有所謂三魂七魄。所謂三魂：一名胎光，太清陽和之氣；一名爽靈，陰氣之變；一名幽精，陰氣之雜。所謂七魄：一名尸狗，二名伏矢，三名雀陰，四名呑賊，五名非毒，六名除穢，七名臭肺。道教認爲七魄是身中的濁鬼。

⑫ 《禮記・儒行》說：「儒有不寶金玉，而忠信以爲寶，不祈土地，立義以爲土地，不祈多積，多文以爲

富……儒有委之以貨財，淹之以樂好，見利不虧其義，劫之以衆，沮之以兵一見死不更其守。」。儒者不以金銀錢財爲寶，而以忠信爲寶，不求土地之廣，而立仁義以爲土地，不求積蓄財物，而以道德文章爲富有，不會因爲見了利益而虧損仁義之道，不會因爲怕死而改變德性操守。總之，儒者堅守道德生命的精神價值，不以物質欲望改變平日的操守。

⑬ 祈禱是宗教的重要行爲，祈求上帝或衆神垂憐、息怒、勿譴、賜福。因爲人生難免有了罪過，面對自己的良知，自覺慚愧，於是，向神祈禱，認罪求恕，表示懺悔。羅光說：「從哲學方面研討，人在心靈上有力不從心的感覺，又有傾向無限的要求，便舉心向超越宇宙萬有的尊神，不僅是合理的事，而且在人類的生活中，古今常有的事實。故祈禱，不是反理性的迷信，也不是反科學的神祕事，而是合乎理性之舉。」（《中西宗教哲學比較研究》第二五一頁）。

⑭ 儒家重視一個人從生到死的人生四階段：出生、成年禮、結婚禮、喪葬禮，這種禮節符合人類學家所謂「通過儀式」(Rite of Passage)的文化意義。尤其一連串的喪葬禮儀，代表人倫的分離（死亡）、過渡（守喪）、再統合（入祀祭禮）的三個階段。

儒家非常重視喪葬之禮（生，事之以禮；死，葬之以禮，祭之以禮。）。《禮記》記載：子游問喪具。孔子說：「稱家之有亡。」，就是依家裡的經濟能力而定，如果經濟能力不好，喪禮可以簡單隆重爲之。換言之，喪禮以敬、哀爲宜，自然表現孝子的傷痛，聞樂不樂，食旨不甘。

⑮ 除了《莊子》提出形神二元的問題外，荀子也主張形具神生。荀子認爲宇宙天地，日月相照，四時循

環，陰陽變化，風霜雨露，萬物都在這種陰陽調和之下，生長養成。不見調和生養之跡，但見萬物生生不息，就稱爲「神」，神是天的功用，稱爲天功；天使萬物都有自己的形體，有形體然後才有精神，所謂「形具而神生」，人有好惡、喜怒、哀樂等情感反映，是人的生理功能，稱爲精神現象，精神現象是形體的變化功能，精神與形體存在一種依賴關係，所以說「形則神，神則能化矣。」

⑯《莊子．知北遊》所謂「精神生於道，形本生於精。」近似於《管子．內業》所說：「凡人之生也，天出其精，地出其形，合此以爲人。合乃生，不合不生。」又說：「精也者，氣之精者也。」。《管子》以爲精神由天而來，形體由地而來。「精」是一種精妙細微的氣，這種精氣在人的形體中具有知覺思慮的功能作用，〈內業〉說：「思之而不通，鬼神將通之，非鬼神之力也，精氣之極也。」

⑰參閱胡適《淮南王書》頁五十五。

⑱《淮南子．精神訓》：「若吹呴呼吸，吐故納新，熊經鳥伸，鳧浴猿躩，鴟視虎顧，是養形之人也。」，此說近似《莊子》的養形思想，包括行氣、吐納、導引等。

⑲《黃帝內經》特別強調形神兼養，〈素問．上古天眞論〉說：「上古之人，其知道者，法於陰陽，和於術數，食飲有節，起居有常，不妄作勞，故能形與神俱，而盡終其天年，度百歲乃去；今時之人不然也，以酒爲漿，以妄爲常，醉以入房，以欲竭其精，以耗散其眞，不知持滿，不時御神，務快其心，逆於生樂，起居無節。故半百而衰也……夫上古聖人之教下也，皆謂之虛邪賊風，避之有時，恬憺虛無，眞氣從之，精神內守，病安從來，是以志閑而少欲，心安而不懼，形勞而不倦。」。

《黃帝內經》所謂「形與神俱」，就是形神兼養的養生方法，有四項要點：㈠精神上的保養：保養精神，必須做到「恬憺虛無」，保持精神愉快，情緒平和，少私寡欲。同時還要注意內在的精神必須與外在的環境相適應。所以，〈素問．四氣調神大論〉認爲春天三月，要「生而勿殺，予而勿奪，賞而勿罰。」，夏三月，要「使志無怒」，秋三月要使志安寧，冬三月要若有私意，若已有得。」。可知，注重精神的保養，是維持身體健康的關鍵。㈡調攝飲食起居：節制飲食，起居正常，在春夏應該「夜臥早起」，秋季要早臥早起，冬天要早臥晚起，避免久視、久行、久立、久臥、久坐。飲食要均衡攝取，五味調和。㈢環境的適應：外在環境的一切變化，對身體都會產生影響，在日常生活中，必須避免惡劣因素的侵襲，所謂「虛邪賊風，避之有時。」。同時要注意四時氣候的變化。㈣強魄體格的鍛鍊：經常而適當的運動，增進心肺功能，強化免疫力。

三國時代的嵇康也強調形神兼養《嵇中散集．養生論》說：「精神之于形骸，猶國之有君也。神躁于中，形喪于外，猶君昏于上，國亂于下也。形恃神以立，神須形以存……故修性以保神，安心以全身。愛憎不棲於情，憂喜不留于意。泊然無感，而體氣和平，又呼吸吐納，服食養身，使形神相親，表裡俱濟也。」。

嵇康認爲精神對於形體，猶如國家的君王。如果精神煩躁不安，形體將失去健康，如同國君昏庸不清明，國家必定混亂。形體與精神有密切關係，精神依賴形體而存在，形體依賴精神而自立。

因此，養生之道要修養性情以保養精神，安定內心以保全身體，情志上無愛無憎，喜怒哀樂不留於心中，淡泊無所求，而使身體血氣平和。又呼吸吐納，服食藥物滋補身體，使身體和精神協調和諧，身心得到益處。〈答難養生論〉說：「養生有五難：名利不滅……喜怒不除……聲色不去……滋味不絕……神慮精散……五者無于胸中，則信順日濟，玄德日全，不祈喜而有福，不求壽而自延，此養生大理之都所也。」。

⑳ 橫渠、伊川鬼神之說，近似王充，張載說：鬼神者，二氣之良能也。（《正蒙・太和篇》），又說：「物之初生，氣日至而滋息。物之暨盈，氣日反而遊散。至之謂神，以其伸也，反之謂鬼，以其歸也。」（〈動物篇〉）。橫渠從宇宙造化說鬼神之義，鬼者歸也，神者伸也，鬼神只是氣的一伸一屈而已，一伸一屈只是陰陽之氣的消長而已。橫渠所謂二氣之良能，近似伊川所謂鬼神者造化之跡。橫渠所謂「反之謂鬼」，反就是返回宇宙太虛之中，凡是過去的古人都是鬼，他說：「天道不窮，寒暑也，衆動不窮，屈伸也，鬼神之實，不越二端而已矣。」（《正蒙・太和》）。「二端」就是陰陽之氣的屈伸，鬼神的情況，就是「二端」的表現，所以，他說：「神者，太虛妙應之目。」（〈太和篇〉），「神」雖有變化莫測的意思，但也只是氣，鬼神只是氣，屈伸往來，陰陽消長而已。

㉑ 王充認爲有些人說看到鬼，並不是人死以後的鬼，而是當人生病的時候，對某一種東西或人思念存想所產生的幻覺。此說近似荀子的鬼神思想。《荀子・解蔽》說：「凡人之有鬼也，必以其感忽之間疑玄之時正之。」。

第二節　佛家論證人死非斷滅

慧遠、鄭鮮之、宗炳、蕭琛等人，主張人死形盡神不滅，所謂形盡神不滅，近似佛典中對人死非斷滅的論證。換言之，「人死非斷滅」是形盡神不滅的宗教信仰基礎與思想淵源，本節簡述其大要。

一、〈弊宿經〉迦葉論人死非斷滅

在《長阿含經》卷七〈弊宿經〉中，記述迦葉羅漢批駁弊宿長者主張人死斷滅的故事。迦葉是佛陀女弟子，已證阿羅漢果，佛陀入滅後，迦葉雲遊到北印度拘薩羅國的斯波醯村，村子裡有一位婆羅門祭司，名叫弊宿，弊宿主張人死神滅，沒有識神，沒有來世，沒有輪迴，沒有善惡報應，近似范縝等人所謂形盡神滅；而迦葉羅漢卻宣揚人死後有來世，有善惡報應，有輪迴，近似慧遠等人所謂形盡神不滅。

因此，弊宿向迦葉羅漢提出各種詰難，而迦葉羅漢則逐一予以反駁。

波羅門言：今我論者，無有他世，亦無更生，無罪福報，汝論云何？

迦葉答曰：我今問汝，隨汝意答。今上日月，爲此世耶？爲他世耶？爲人爲天耶？

婆羅門答曰：日月是他世，非此世也，是天，非人也。

迦葉答曰：以此可知，必有他世，亦有更生，有善惡報。

弊宿認爲除了人居住的這個人間世界外，沒有其他的世界（除了人道，沒有所謂六道），也沒有轉世更生，也沒有六道輪迴，也沒有因果報應。

迦葉反問說：我們頭上的日月星辰，是屬於這個世界？還是屬於其他世界呢？是人間嗎？還是天上呢？

弊宿答說：日月星辰是屬於天上的世界，不是人間的世界。

迦葉答說：由此可知，一定有其他的世界，也有輪迴更生，也有因果報應。

值得注意的是，迦葉認爲日月星辰是不屬於人道的天道，以現代天文學的觀點而言，似不諦，由此類推有人道以外的世界存在（所謂六道），又由其他世界的存在，類推有輪迴更生，又有因果報應，這種類推在邏輯推理上，只有蓋然性的結論，並不能肯定必然爲眞。

婆羅門言：汝雖云有他世，有更生及善惡報，如我意者，皆悉無有。

迦葉問曰：頗有因緣可知，無有他世，無有更生，無善惡報耶？

婆羅門答言：有緣。

迦葉問曰：以何因緣，言無他世？

婆羅門言：迦葉！我有親族知識，遇患困病，我往問言：「諸沙門，婆羅門各懷異見，言諸有殺生、盜竊、邪淫、兩舌、惡口、妄言、綺語、貪取、嫉妒、邪見者，身壞命終，皆入地獄。

我初不信，所以然者，初未曾見死已來還說所墮處。若有人來說所墮處，我必信受。汝今是我所親，十惡亦備，若如沙門語者，汝死必入大地獄中。今我相信，從汝取定，若審有地獄者，汝當還來，語我使知，然後當信。」。迦葉！彼命終已，至今不來，彼是我親，不應欺我，許而不來，必無後世。

迦葉報曰：諸有智者以譬得解，今當爲汝引喻解之。譬如盜賊，常懷奸詐，犯王禁法，伺察所得，將詣王所，白言：「此人爲賊，願王治之。」。王即敕左右收繫其人，遍令街巷，然後載之出城，付刑人者。時，左右人即將彼賊付刑人者，彼賊以柔軟言，語守衛者：「汝可放我，見諸親里，言語辭別，然後當還。」云何？婆羅門！彼守衛者寧肯放不？

婆羅門答曰：不可。

迦葉又言：彼同人類具存現世而猶不放，況汝所親十惡備足，身死命終，必入地獄。獄鬼無慈，又非其類。死生異世，彼若以軟言求於獄鬼：「汝暫放我還到世間見親族，言語辭別，然後當還。」寧可放不？

婆羅門答曰：不可。

迦葉又言：以此相方，自足可知。何爲守迷，自生邪見耶？

弊宿仍然不相信有其他世界，不相信輪迴更生，因果報應。

弊宿說：我有一位親友，身染重病，我去慰問他，對他說：「佛家認爲那些殺生、偷盜、邪淫、兩舌、惡口、妄言、綺語、貪取、嫉妒、邪見的人，死後都要下地獄，我並不相信，因爲我不曾見過死後再回到人間，訴說自己墮入地獄。你是我的親友，犯了殺生等十惡之罪，依佛門所說，你死後應入地獄，如果你死後確實墮入地獄，請你回來人間，告訴我地獄的詳情，我就相信有其他世界的存在。」。迦葉！他已經死了很久，至今仍然沒有回來人間，這表示一定沒有其他世界的存在（沒有地獄）。

迦葉回答說：許多智者用譬喻來說明問題，我現在舉一個例子來做比喻。例如有一盜賊，違犯王法被官府逮捕，國王命令警衛收押他，遊街示衆，然後準備交給劊子手處死，那時，這名盜賊哀求警衛說：「請你先放我走，讓我回去探望親朋好友，再回來接受死刑，好嗎？」。弊宿！請問你，警衛會放走他嗎？

弊宿答說：警衛不可能放走盜賊。

迦葉又說：那名盜賊與我們同是人間世的人類，都得不到警衛的放行，更何況你的親友犯了十惡之罪，死後必入地獄受苦。地獄裡的鬼卒沒有任何仁愛慈悲，又非同類，難予溝通。你的親友如果哀求鬼卒說：「請短暫放我回去人間探望我的親友，向親友告別後，一定回到地獄。」，鬼卒願意放他回來人間嗎？

弊宿答說：鬼卒不可能放他回來人間。

迦葉又說：以此例子類推，表示有其他世界的存在，你爲什麼還執迷不悟呢？

婆羅門言：汝雖引喻謂有他世，我猶言無。

迦葉復言：汝頗更有餘緣可知無他世耶？

婆羅門報言：我更有餘緣知無他世。

迦葉問曰：以何緣知？

答曰：迦葉！我有親族，遇患篤重，我往語言：諸沙門婆羅門各懷異見，說有他世。言不殺、不盜、不婬、不欺、不兩舌、惡口妄言、綺語、貪取、嫉妒、邪見者，身壞命終皆生天上，我初不信，所以然者，初未曾見死已來還說所墮處，若有人來說所墮生，我必信耳。今汝是我所親，十善亦備，若如沙門語者，汝今命終必生天上，今我相信從汝取定，若審有天報者，汝當必來語我使知，然後當信。迦葉！彼命終已至今不來，彼是我親，不應欺我，許而不來，必無他世。

迦葉又言：諸有智者，以譬喻得解，我今當復爲汝說喻。譬如有人墮於深廁，身首沒溺，王敕左右，挽此人出，以竹爲篦，三刮其身，澡豆淨灰次如洗之，後以香湯沐浴其體，細末衆香坌其身上，敕除髮師淨其鬚髮，又敕左右，重將洗沐，如是至三，洗以香湯，坌以香末，名衣上服莊嚴其身，百味甘膳以恣其口，將詣高堂，五欲娛樂，其人復能還入廁不？

曰：不能，彼處臭惡，何可還入。

迦葉言：諸天亦爾，此閻浮利地，臭穢不淨，諸天在上，去此百由旬，遙聞人臭於廁溷，婆羅門，汝親族知識，十善具足，然必生天，五欲自娛快樂無極，寧當復肯還來入此閻浮廁不？

答曰：不也。

迦葉又言：以此相方，自具可知，何為守迷，自生邪見？

婆羅門言：汝雖引喻，言有他世，我猶言無。

迦葉復言：汝頗更有餘緣可知無他世耶？

婆羅門報言：我更有餘緣知無他世。

迦葉問曰：以何緣知？

答曰：迦葉！我有親族，遇患篤重，我往語言：「沙門婆羅門各懷異見，說有後世，言不殺、不盜、不婬、不欺、不飲酒者，身壞命終，皆生忉利天上，我亦不信，所以然者，初未曾見死已來還說所墮處，若有人來說所墮生，我必信耳。今汝是我所親五戒具足，身壞命終，必生忉利天上，令我相信從汝取定，若審有天福者，汝當還來語我使知，然後當信。」。迦葉？彼命終已至今不來，彼是我親，不應有欺，許而不來，必無他世。

迦葉答言：此間百歲，正當忉利天上一日一夜耳。如是亦三十日為一月，十二月為一歲，如是彼天壽千歲，云何婆羅門！汝親族五戒具足，身壞命終，必生忉利天上，彼生天已，作是念言；我初生此當二三日中娛樂遊戲，然後下報汝言者，寧得見不？

答曰：不也，我死久矣，何由相見。

弊宿又提出詰難：我有一位親戚，身染重病，我去問候他，依佛家所說，有十善者（不殺、不盜、不婬、不欺、不兩舌、不惡口、不妄言、不綺語、不貪取、不嫉妒、不邪見。），死後應生於忉利天，我囑付他：「你是我的親戚，修持十善，命終應生天上，如果實有忉利天，請你回來人間告訴我。」但是，他命終以後，都沒有回來告訴我，他是我的至親，不應爽約，這表示沒有輪迴轉世。

迦葉又以譬喻回答弊宿，迦葉說：例如有人掉到茅坑裡，全身惡臭，被官府救出，清洗沐浴，擦香粉，穿華服，供以山珍美味，又有很多娛樂，你說這個人還想掉進茅坑嗎？

弊宿說：當然不想再入茅廁。

迦葉又說：修持十善，命終生忉利天者，就像如此，因爲人間世惡臭不淨，在忉利天的諸神，快樂無比，遙聞人間惡臭，豈肯再回人間？更何況，人間世的一百年，只是忉利天的一天一夜，忉利天也以三十天爲一個月，十二個月爲一年，忉利天諸神壽命千歲。弊宿！你的親戚生前修持五戒十善，命終必生忉利天，他生天之後，或許心想：我剛生忉利天，先玩兩三天，再回人間報信，即使他回人間報信，你能見到他嗎？

弊宿回答說：我不能再見到他，等他回來人間，我已經逝世多年了。

婆羅門言：我不信也，誰來告汝有忉利天壽命如是？

迦葉言：諸有智者，以譬喻得解，我今更當爲汝引喻。譬如有人從生而盲，不識五色，青黃赤白麤細長短，亦不見日月星象丘陵溝壑。有人問言：青黃赤白五色云何？盲人答曰：無有五色，如是麤細長短日月星象山陵溝壑，皆言無有，云何婆羅門，彼盲人言，是正答不？

答曰：不也。所以者何？世間現有五色，青黃赤白麤細長短，日月星象山陵溝壑，而彼言無。

婆羅門！汝亦如此，忉利天壽實有不虛，汝自不見便言其無。

弊宿又詰難說：我不相信忉利天諸神的壽命有千歲，誰能證明呢？

迦葉回答說：我再舉例譬喻，爲你說明。譬如有人生來眼盲，從來沒有見過任何顏色，日月星辰、丘陵山河的形相，有人問這位盲人：各種顏色、日月星辰是什麼形相？盲人回答說：沒有什麼顏色、日月星辰等事物。弊宿！你認爲盲人答對了嗎？

弊宿回答：盲人答錯了。

迦葉說：忉利天諸神壽命千歲，確實不虛，你沒有天眼通，不能看見，就認爲沒有，豈有此理！

婆羅門言：汝雖言有，我猶不信。

迦葉又言：汝復作何緣而知其無？

答曰：迦葉！我所封村人有作賊者，伺察所得，將詣我所，語我言：此人爲賊，唯願治之。我答言：收縛此人，著大釜中，韋蓋厚泥使其牢密，勿令有泄，遣人圍遶以火煮之，我時欲觀，知其精神所出之處，將諸侍從遶釜而觀，都不見其神去來處，又發釜看，亦不見神有往來之處，以此緣故，知無他世。

弊宿說：我還是不相信。從前，村民捉到盜賊，我下令將此盜賊置於鍋內，加蓋後以火燃燒，我仔細觀察他的精神(識神)出入的地方,結果沒有發現精神(識神)出沒,打開鍋蓋,也未見精神(識神)的蹤跡,如果眞的有精神(識神),應該看得見呀!由此可知,沒有轉世更生,人死形盡神滅。

迦葉又言:我今問汝,若能答者,隨意報之。婆羅門!汝在高樓棲息寢臥時,頗曾夢見山林江河園觀浴池國邑街巷不?

答曰:夢見。

又問婆羅門:汝當夢時,居家眷屬侍衛汝不?

答曰:侍衛。

又問婆羅門:汝諸眷屬見汝識神有出入不?

答曰:不見。

迦葉又言:汝今生存識神出入尚不可見,況於死者乎?汝不可以目前現事觀於眾生。婆羅門!有比丘初夜後夜,捐除睡眠,精勤不懈,專念道品,以三昧力修淨天眼,以天眼力觀於眾生,死此生彼,從彼生此,壽命長短顏色好醜,隨行受報,善惡之趣,皆悉知見。汝不可以穢濁肉眼,不能徹見眾生所趣,便言無也。婆羅門!以此可知必有他世。

迦葉反問弊宿:你睡覺時,曾經夢見過遊歷於山林、江河、園林、浴池、街巷嗎?

弊宿回答說:夢見過。

迦葉問:你睡覺作夢時,有家人在旁守護你嗎?

弊宿回答說：有家人在旁守護。

迦葉問：你作夢時，家人看見過你的識神從身上出去嗎？

弊宿回答說：沒有見過。

迦葉說：你現在尚活在人間世，作夢時，識神從身上出入，仍不可見，何況死後？你不知道那些潛心修道的高僧，修得天眼通，能夠觀見衆生的生死，生生死死，死死生生，六道輪迴，你以肉眼有限的視覺能力，不能洞見衆生的生死輪迴，便以爲沒有他世，是錯誤的見解。由此可知，必有他世，死而更生，六道輪迴。

值得注意的是，〈弊宿經〉認爲作夢時，識神從身上出去，遊歷於山林、江河、園林、浴池、街巷等，此一說法似不諦。正常人大腦如果受到足夠的電刺激或化學刺激，就有不尋常的腦內放電和發作夢境。換言之，夢由各種刺激、各種觀念聯合而成，所以，夢的內容常不統一而沒有系統。

唐朝著名醫書《諸病源候論．不寢多夢源流》說：

凡人形接則爲事，神遇則爲夢。神役乎物，則魂魄因而不安，魂魄不安，則飛揚妄行，合目而多夢。

《黃帝內經．靈樞．淫邪發夢》說：

肝氣盛則夢怒，肺氣盛則夢恐懼……心氣盛則夢善笑恐畏，脾氣盛則夢歌樂體重不舉。

心理學家佛洛伊德《夢的解析》認爲夢的發生是由於受抑制的願望之強求表現。當人清醒時，所有的願望都受意識監視，若爲社會禮法所不容許，或爲個人道德人格所不允許，則完全被制止，一旦進入睡眠狀態，急於尋求潛藏願望的表現與滿足。所謂日有所思，夜有所夢。

婆羅門言：汝雖引喻說有他世，知我所見猶無有也。

迦葉又言：汝頗有因緣知無他世耶？

婆羅門言：有。

迦葉言：以何緣知？

婆羅門言：我所封村人有作賊者，伺察所得，將詣我所，語我言：此人爲賊，唯願治之。我敕左右，收縛此人，生剝其皮，求其識神而都不見，又敕左右，臠割其肉，以求識神，又復不見。又敕左右，截其筋脈骨間求神，又復不見。又敕左右，打骨出髓，髓中求神，又復不見。迦葉！我以此緣，知無他世。

弊宿仍然不相信有他世。他說：從前，村民捉到盜賊，我下令將此盜賊生剝他的皮，尋找此盜賊的識神，可是都找不到。又把他的肉割下來，找他的識神也找不到。又把他的筋骨剖開，找他的識神，也看不到他的識神。又打破他的骨頭，在他的骨髓中找他的識神也找不到。由此可知，人根本沒有識神，沒有輪迴，沒有他世。

迦葉復言：諸有智者，以譬喻得解，我今復當爲汝引喻。乃往過去久遠世時，有一國壞荒毀未復，時有商賈五百乘車經過其土，有一梵志奉事火神，常止一林，時諸商人皆往投宿，清旦別去，時事火梵志作是念言，向諸商人宿此林中，今者已去，儻有遺漏，可試往看，尋詣彼所都無所見，唯有一小兒，始年一歲，獨在彼坐。梵志復念，我今何忍見此小兒於我前死，今者寧可將此小兒，至吾所止，養活之耶？即抱小兒往所住處而養育之，其兒轉大至十餘歲，時此梵志，以少因緣欲遊人間，語小兒曰：我有少緣欲暫出行，汝善守護此火，愼勿使滅，若火滅者，當以鑽鑽木取火燃之。具誡敕已出林遊行。梵志去後，小兒貪戲，不數視火，火遂便滅，小兒戲還，見火已滅，懊惱而言：我所爲非，我父去時，具約敕我，守護此火，愼勿令滅，而我貪戲，致使火滅，當如之何？彼時，小兒吹灰求火，不能得已，便以斧劈薪求火，復不能得，又復斬薪置於臼中，擣以求火，又不能得。爾時，梵志於人間還，詣彼林所問小兒曰：吾先敕汝使守護火，火不滅耶？小兒對曰：我向出戲不時護視，火今已滅。復問小兒：汝以何方便更求火耶？小兒報曰：火出於木，我以斧破木求火不得火，復斬之令碎置於臼中杵擣求，火復不能得。時彼梵志，以鑽鑽木出火，積薪而燃，告小兒曰：夫欲求火法應如此，不應破析杵碎而求。婆羅門！汝亦如是無有方便，皮剝死人而求識神，汝不可以目前現事觀於衆生。

迦葉又說：很久以前，有一位崇拜火神的修道者，養育一名孤兒。當孤兒十多歲時，修道者因爲有要事外出遠行，叮嚀孤兒守護火種，不可讓火熄滅，如果火熄滅了，要鑽木取火，使火繼續燃燒。修道者離去不久，孤兒因一時貪玩，致使火種熄滅，懊惱不已，心急之下，吹散灰燼，求火而不可得，又以斧頭劈柴以求火，也不可得，又打碎木柴，置於石臼中擣，還是不能使火燃燒。此時，修道者回來了，鑽木取火，火種又開始燃燒。

弊宿！你剝皮割肉破骨尋找識神，就像那名孤兒吹灰燼、劈柴、搗木以求火種，方法完全不對，豈能求得識神？要尋求衆生的識神，必須修得天眼通，才能洞見衆生的生死，生生死死，死死生生。由此可知，必有他世。

婆羅門言：汝雖引喻，說有他世，如我所見，猶無有也。

迦葉復言：汝頗更有因緣，知無他世耶？

婆羅門言：有。

迦葉言：以何緣知？

婆羅門言：我所封村人，有作賊者，伺察所得，將詣我所，語我言：此人爲賊，唯願治之。我敕左右，將此人以稱稱之，侍者受命，即以稱稱，又告侍者，汝將此人安徐殺之，勿損皮肉，即受我教，殺之無損。我復敕左右，更重稱之，乃重於本。迦葉！生稱彼人，識神猶在，顏色悅豫，猶能言語，其身乃輕，死已重稱，識神已滅，無有顏色，不能語言，其身更重，我以此緣，知無他世。

迦葉語婆羅門：吾今問汝，隨意答我，如人稱鐵，先冷稱已，然後熱稱，何有光色柔軟而輕，何無光色堅鞕而重？

婆羅門言：熱鐵有色柔軟而輕，冷鐵無色剛強而重。

迦葉語言：人亦如是，生有顏色柔軟而輕，死無顏色剛強而重，以此可知，必有他世。

弊宿又說：我還是不相信輪迴轉世。以前，村子裡捉到一名盜賊，我命人以秤量他的體重，然後再小心慢慢地殺死他，沒有損害他的皮肉，再量他的體重，結果人死了，識神已滅，沒有顏色，不能說話，體重反而增加，他還活著時，識神仍在，膚色光澤，還能說話，體重比死後輕。由此可知，沒有所謂識神死後離開身體，也就沒有輪迴轉世。換言之，如果死後有識神離開身體，死後體重應該減輕才對呀！

迦葉反問弊宿：你見過以秤稱鐵的重量嗎？先低溫冷卻鐵塊稱其重量，然後加熱再稱鐵塊，熱的鐵塊重量反而減輕，就像人活著時，身體柔軟溫熱，而體重較輕，死後屍體冰冷僵硬，而體重反而較重，猶如熱鐵較輕，冷鐵較重一樣。

婆羅門言：汝雖引喻，說有他世，如我所見，必無有也。

迦葉言：汝復有何緣知無他世？

婆羅門答言：我有親族，遇患篤重，時我到彼語言：扶此病人，令右脅臥，視瞻屈伸，言語如常，又使左臥，反覆宛轉屈伸視瞻，言語如常，尋即命終吾復使人扶轉，左臥右臥，反覆諦觀，不復屈伸視瞻言語，吾以是知必無他世。

迦葉復言：諸有智者，以譬喻得解，今當爲汝引喻。昔有一國，不聞貝聲，時有一人，善能吹貝，往到彼國，入一村中，執貝三吹，然後置地，時村人男女聞聲驚動，皆就往問：此是何聲？

哀和清徹乃如是耶？彼人指貝曰：此物聲也。時彼村人以手觸貝曰：汝可作聲？汝可作聲？貝都不鳴。其主即取貝三吹置地，時村人言：向者美聲，非是貝力，有手有口有氣吹之，然後乃鳴。人亦如是，有壽有識，有息出入，則能屈伸、視瞻、語言，無壽無識無出入息，則無屈伸視瞻語言。

弊宿又說：我還是不相信輪迴轉世。我有一位親戚，身染重病，我去探望他，扶著他的右脅而臥，看他的言語動作一如往常，又扶著他的左脅而臥，也是如此。不久之後，他命終而亡。我命人扶他左脅而臥，扶他右脅而臥，再三觀察，看他不再言語動作。由此可知，人死識神消滅，沒有輪迴轉世。

迦葉回答說：過去有一個國家，人民從來不知道有螺貝的聲音。後來，有一位善於吹螺貝的人到村子裡，吹了三聲螺貝，然後把螺貝放在地上。村子裡的人被螺貝的聲音驚動，紛紛圍觀，好奇的問是什麼聲音。吹螺貝的人說：是螺貝的聲音。村民不斷用手去觸摸螺貝，一直聽不到聲音，吹螺貝的人用力一吹，村民才知道這美妙的樂聲，原來不是螺貝所有，必須用手指按螺貝，以口吹氣，才會發出螺聲。弊宿！人也是如此，當人有生命、有意識知覺、有氣息呼吸時，人才能言語、動作，才有感官知覺；一旦人死命終，就沒有生命現象，沒有意識活動，沒有氣息呼吸，而變成僵硬的屍體。

婆羅門語迦葉言：汝等若謂行善生天，死勝生者，汝等則當以刀自刎飲毒而死，或五縛其身，自投高岸，而今貪生不能自殺者，則知死不勝生。

迦葉復言：諸有智者，以譬喻得解。我今當更爲汝引喻。昔者，此斯波醯村有一梵志，耆舊長宿年百二十，彼有二妻，一先有子，一始有娠，時彼梵志，未久命終。其大母子語小母言：所有財寶盡應與我，汝無分也。時小母言：汝爲小待須我分娠，若生男者，應有財分，若生女者，汝自嫁娶，當得財物，彼子慇懃，再三索財，小母答如初，其子又逼不已，時彼小母即以利刀自決其腹，知爲男女。語婆羅門言，母今自殺復害胎子，汝婆羅門亦復如是，既自殺身復欲殺人，若沙門婆羅門，精勤修善戒德具足久存世者，多所饒益天人獲安。

弊宿又詰難說：你們如果主張修持善行，死後生天，死勝於生，爲什麼不去自殺，到忉利天享樂，至今貪生怕死，由此可知，死不如生。

迦葉回答說：過去，這個斯波醯村裡，有一位修行者，高壽一百二十歲，他有一妻一妾，妻子先有男孩，妾才懷孕。不久之後，修行者命終而亡，其妻對妾說：「所有家中財寶，都應該是我的，沒有你的份。」。其妾說：「你先不要提財產的事，等我分娩後，如果生了男孩，遺產應該有我一份，如果生了女孩，你把她養大嫁人，將可以得到一份財物。」。然而，大老婆的兒子再三向小老婆索取遺產，小老婆迫於無奈，便以利刀剖腹，看看自己懷胎是男生或女生。

弊宿，你叫人自殺，就像愚蠢的小老婆自己剖腹，既殺自己，又害死胎兒。你應該放棄異端邪見，接受正確的知見，深信人死後識神不斷滅，有因果報應，善有善報，惡有惡報，六道輪迴，轉世更生。精進修善，勸化他人也能行善，如此，對自己和對他人，都有益處。

從以上所述，在《長阿含經‧弊宿經》中，弊宿提出的詰難是人死識神斷滅、沒有因果報應、沒有轉世更生、沒有六道輪迴（除了人道，沒有所謂六道。）。迦葉逐一反駁，並且舉了八個例子來做譬喻，她認爲引用譬喻可以說明問題，並以這些例子類比推理，所得到的結論是：人死識神不斷滅，還有因果報應、轉世更生、六道輪迴。

魏晉南北朝形盡神滅或形盡神不滅的思想論證，近似〈弊宿經〉弊宿與迦葉的論辯。不過，迦葉以譬喻類比推論，所得出的結論只有蓋然的可能性，不能得到一個必然爲眞的普遍法則。

有趣的是，弊宿認爲吾人作夢時，識神從身上出去，可以遊歷於山林、江河、園林、浴池、街巷等地方，此一說法似同蕭琛與曹思文的觀點。蕭琛認爲人在睡夢中，可以看到許多景物，這是離開形體之神所看見的，曹思文還舉秦穆公一覺睡了七天七夜，還神遊於天帝御所，天帝賜他鈞天廣樂，以此說明形與神分離，形留而神遊的例證，其實，以作夢論證形神二元和形盡神不滅，都是不諦的。

二、《大智度論》論人死非斷滅

龍樹所著《大智度論》卷三十八，也提出人死非斷滅的思想論證。

問：無有死生因緣，何以故？人死歸滅，滅有三種：一者火燒爲灰；二者蟲食爲糞；三者終歸於土。今但見其滅，不見更有出者受於後身，以不見故，則知爲無。

答曰：若汝謂身滅便無者，云何有衆生先世所習憂喜怖畏等，如小兒生時或啼或笑，先習憂喜故。今無人教而憂喜續生。又如犢子生知趣乳，豬羊之屬，其生未幾，便知有牝牡之合，子同父母，好醜貧富聰明闇鈍各各不同，若無先世因緣者，不應有異，如是等種種因緣知有後世。

有人提出詰難，認爲人死歸滅，沒有因果業報，沒有生死因緣，沒有輪迴轉世。人死歸滅有三種情形，一種情形是屍體火化爲灰，二種情形是屍體遭蟲啃食，三種情形是屍體終歸塵土，沒有後世更生。

㈠由眾生皆具本然天性而知必有前世和更生

《大智度論》認爲如果人死斷滅，沒有前生，只有今生一世，就很難解釋眾生都具有與生俱來的本然天性，例如剛出生的嬰兒，自然會哭，自然會笑，可以表現喜怒哀樂。一生下來便會吃母奶，雞狗豬羊生後數月，便知牝牡交配，又如蠶蛾，不吃不喝，只求交配產卵。子女俏同父母①，人的長相有高矮胖瘦美醜，聰明才智各有不同，有的父母聰明，子女愚昧，有的父母無知，子女聰明，賢能愚劣各不相同，貧窮富貴境遇不一，如果沒有前世之業所造作爲其因，那麼，這些差異現象就成了無因之果，違背緣起法則必有因的不變定律，由此可知，必有前世之因，才有後世之果。

值得注意的是，所謂眾生具有與生俱來的本然天性，依現代生物學的觀點而言，就是遺傳(Inheritance)和本能(Instinct)。所謂遺傳，凡是複細胞生物，都是由雌雄兩性的生殖細胞（即精子與卵子）合體而爲一細胞，自此細胞繁殖而構成身體的各部份，其形質即依此二細胞自上代傳於次代，此自上代傳次代的特性，稱爲遺傳性。凡生後所受外來的刺激，能使生殖細胞感受影響時，也會引起遺傳的現象。所謂本能，有三個特性，㈠是天賦的不學而能的動作，如一生下來便會吃母奶，㈡是先天有組織的反應，㈢是同類生物（如人類）各分子之所同有。

有趣的是，《大智度論》認爲子女與父母，往往賢能愚劣各不相同，由此推論，必有前世之因，才有後世之果。此說近似慧遠等人，舉丹朱與唐堯，虞舜與瞽瞍爲例，認爲丹朱之神非傳自唐堯，虞舜之神非傳自瞽瞍，人之生所稟受的神是善或惡，是愚劣或賢能，是由前世因緣業報所決定，由此論證形盡神不滅和三世因果報應。

㈡天眼通一目了然，知有前生來世

《大智度論》云：

又汝先言不見別有去者，人身中非獨眼根能見，身中有情各有所知，有法可聞可嗅可味可觸可知者，可聞法尚不可見，何況可知者，有生有死法亦可見亦可知，汝肉眼故不見，天眼者了了能見，如是人從一房出入一房，捨此身至後身亦如是。

人的感官知覺能力非常有限，甚至比不上許多動物的感官能力，尤其是人類的視覺、聽覺和嗅覺能力不如許多動物。如果以人死亡時，看不到有任何東西離開肉體，就認爲沒有後世來生，這是幼稚的說法，因爲人的感官知覺能力非常不足，以有限的感官知覺，否認自己不能感知事物的存在，是荒謬的。例如有時候耳朵能聽到某種聲音，可是，眼睛看不到有什麼東西存在，難道我們以眼睛不見聲音，就否定聲音的存在嗎？

六道輪迴的情形，並非完全不可認知，只不過是一般凡人不知道罷了。有天眼通者，清楚能見。

如果凡人的感官能知見一切，潛心修道的人就不必勤修六神通（神足通、天眼通、天耳通、他心通、宿命通、漏盡通。），凡人的感官如果能夠洞察生死的奧祕，悟與不悟豈不是沒有差別。

㈢煩惱不盡、業力不斷，知有來生後世

《大智度論》云：

如人死生，雖無來去者，而煩惱不盡，故於身情意相續更生身情意，身情意造業亦不至後世，而從是因緣更生受後世果報。譬如乳中著毒，乳變爲酪，酪變爲酥，乳非酪酥，酪酥非乳，乳酪雖變而皆有毒，此身亦如是。今世五眾因緣，故更生後世，五眾行業相續不異，故而受果報，又如冬木，雖未有花葉果實，得時節會則次等而出，如是因緣，故知有死生。

貪愛與執著等煩惱，是衆生生死不斷的主因，人死雖不見有東西從身上離開，但是，作爲生命主因的煩惱並未斷滅，因此，身、情、意必然仍會繼續，由煩惱再生起新的身、情、意。衆生造業，必然從今生所造的善惡諸業，生起來世的善惡果報。譬如牛奶變爲乳酪，乳酪變爲乳酥，酪酥皆由牛奶變成。衆生六道輪迴也是如此，又如冬天的樹木，雖然沒有花葉果實，可是，時節一到，自然開花，自然結果。

㈣由宿命通，知有前生後世

《大智度論》云：

復次，現世有知宿命者，如人行疲極睡臥覺已憶所經由，又一切聖人內外經書皆說後世。

這個人間世，雖然大多數的人都不知道有前生，但是，有宿命通的人就能記得前世，宿命通又稱宿住隨念智證通，或稱宿命智證通，對有宿命通的人來說，前世的經歷，就像人走很遠的路，疲倦睡了一覺，醒來回憶過去的經歷。沒有宿命通的人，以自己的無知，否定別人的智慧，是荒謬的偏見。便何況，一切聖人所說的經典，都說人有前生後世，不僅佛經常說三世（前世、今世、後世），就是婆羅門等宗教，也說來生轉世。

㈤由心理與生理關係，證知有來生後世

《大智度論》云：

復次，現世不善法動發過量，生瞋恚嫉妒疑悔，內惱故身則枯悴顏色不悅，惡不善法受害如是。何況起身業口業，若生善法淨信業因緣，心清淨得，如實智慧，心則歡悅身得輕軟，顏色和適，以有苦樂因緣，故有善不善，今定有善不善故，當知必有後世，但衆生肉眼不見，智慧薄故而生邪疑，雖修福事所作淺薄。譬如藥師爲王療疾，王密爲起宅而藥師不知，既歸見之，乃悔不加意盡力治王。

從心理與生理的關係而言，凡人如果產生過多的瞋怒、嫉妒、懷疑、後悔等，擾亂身心的平衡和諧，就會導致臉色慘淡、氣色不佳、身體消瘦；如果具有正信，深信因果，常保純潔的善念，充滿智慧，就能導致精神悅樂，輕鬆愉快，和顏悅色。換言之，有善、惡之因，必有苦、樂之果。

由此可知，有今生善、惡的心理爲因，必會生出後世的善、惡之果，只不過衆生平凡，缺少智慧，

常有種種邪見、疑慮，即使行善，並無重大的善舉，因此，沒有太大的福報。例如有一位醫生為國王治病，懷疑國王不會重金賞賜，不知道國王命人為他建造豪宅，等到醫生回家，看見國王為他建造的豪宅，才悔不當初，沒有盡力為國王治好疾病。

㈥聖人之言可信，相信有來生後世

《大智度論》云：

復次，聖人說今現在事實可信故，說後世事亦皆可信，如人夜行嶮道，導師援手，知可信故，則便隨逐，比智及聖人語，可知定有後世，汝以肉眼重罪比智薄故，又無天眼，既自無智又不信聖人語，云何得知後世？

佛陀、羅漢、菩薩所說人間事理，如緣起性空、斷煩惱得涅槃、四諦、八正道、三學、五戒等，都是可信的眞理。尊敬聖人的智慧和道德人格，更相信他們所說來生後世、因果業報、六道輪迴是眞實不假。凡人既無天眼通，如果再不相信聖人所說的生死奧祕，豈能得知前生後世的道理？

㈦依緣起性空而知有前生後世

《大智度論》云：

復次，佛法中諸法畢竟空，而亦不斷滅，生死雖相續，亦不是常，無量阿僧祇劫業因緣雖過去，亦能生果報而不滅，是為微妙難知，若諸法都空者，此品中不應說往生，何有智者前後相違，若死生相實有，云何言諸法畢竟空，但為除諸法中愛著邪見顚倒故，說畢竟空，不為破後世故說。汝無天眼明故疑後世，欲自陷罪惡，遮是罪業因緣故，說種種往生。佛法不著有不著無，有無亦不著，非有非無亦不著，不著亦不著，如是人則不容難。譬如以刀斫空，終無所傷，為衆生故，隨緣說法，自無所著，以是故中論中說。

佛法講緣起性空，但不斷滅，生死相續，但非眞實不變，造業爲因，後生果報。凡夫執空，以爲一切皆空，那有什麼前生後世！其實，佛法說「空」，是無自性，因爲世間萬物，都是因緣和合而成，剎那生滅，沒有實質的獨立實體，也沒有眞常不變的存在，因此，稱爲「空」，主要破除衆生以爲一切生滅無常的種種現象爲眞常不變。

佛法一方面說緣起性空，一方面又說生死相續②、六道輪迴，兩者並不矛盾，而是符合中道，不著有，不著無，有無亦不著，非有非無亦不著，不著亦不著，如此，才能不墮於常見與斷見③，譬如以刀劃空，終無所傷。

三、《楞嚴經》以恆河之水譬喻覺妙本心，論說人死非斷滅

在《楞嚴經》卷一中，佛陀認爲衆生從有生以來，念念不滅，念念不忘有生有滅的妄相，因此，遺失眞性，顚倒行事，失去覺妙心性，認物爲己，由此陷於輪迴之中，自取流轉，不得解脫，因此，在《楞嚴經》卷二，以恆河之水譬喻常住本心，不生不滅之性。

《楞嚴經》卷二佛陀對波斯匿王解說人死非斷滅的道理。波斯匿王對佛陀說：過去，未接受佛陀

教誨的時候，受到外道思想的影響，外道都認爲人的肉體死後，一切就消滅了，人死斷滅稱爲涅槃。現在，雖然聽信佛法，仍然懷疑未定，猶豫不決。如何才能證知人死非斷滅，此心是沒有生滅的本體。

佛陀告訴波斯匿王：你的肉身像金剛一樣常住不朽、永遠不壞呢？還是終究要毀壞？

世尊！人的肉身終究要消亡的。

佛陀說：大王！你還沒有命終，怎麼知道肉體要毀壞呢？

世尊！人的肉身不能永存不朽，終究要滅亡，雖然我還沒有命終，但是，我察覺到我的意念是不斷地在變遷，前一個意念滅後，後一個意念又生，新的意念不斷出現，永遠沒有停息，猶如燃薪成火，薪盡成灰，柴火逐漸消失一樣。從這種永不停息的生滅現象中，察知人的肉身終究要消滅。

佛陀說：大王！你現在的身體已經到衰老的年齡，容顏是否與童年一樣？

世尊！我在童年之時，膚澤光滑，長大成人，充滿血氣，容光煥發，如今衰老，憔悴無光，精神昏昧，滿頭白髮，滿臉皺紋，恐怕不久人世，豈能與年輕時相比。

佛陀說：大王！你容貌應該不是短時間就衰老的吧！

世尊！容貌的改變非常細微，我自己也察覺不到。我是在四季交替，歲月遷流中逐漸衰老的。爲什麼是這樣呢？當我二十歲時，雖然年輕，但面貌比十歲時老了，三十歲時，又比二十歲時老了。現在六十二歲，回想五十歲時，比現在強壯。世尊！生命不斷的變化，從年少到老死，其間細微的改變，往往要十年才容易看出來。但是，仔細思量，這種變化是一年一年的改變，一個月一個月的改變，一天一天的改變，再仔細的觀察與思惟，這種改變是在剎那之中，是在一念之間，從無止息之時，隨時在變化。由此可知，人的肉身終究要在這種變化之中消亡的。

佛陀告訴波斯匿王：你看見了變化，遷流不息，覺悟到肉身終究要毀壞，但是，你是否知道人身之中還有不滅的東西？

大王對佛陀說：世尊！我眞的不知道。

佛陀說：我現在告訴你不生不滅的本性。大王！你在幾歲看見恆河的水？

大王說：我三歲時，母親帶我去拜見耆婆天神，渡過恆河。

佛陀說：大王！如你所說，二十歲比十歲衰老，一直到六十歲，在一年一月一日一時一分一秒的時間裡，隨時都在遷流變化。如此，在你三歲時看到的恆河，到你十三歲時看到的恆河是否一樣？

大王說：三歲與十三歲時，看到的恆河都是一樣。即使現在我已經六十二歲，恆河的水沒有改變。

佛陀說：你現在感傷頭髮變白，臉上多了皺紋，表示你的面貌比童年衰老。但是，你現在看到的恆河，和你三歲時所看到的恆河，有沒有童年和老年的差別呢？

大王說：沒有差別。

佛陀說：大王！你的臉上雖然很多皺紋，但你精妙的本性卻未曾變化，皺是變化，不皺是表示沒有變化，有變化者終究要走向毀滅，而沒有變化者，本來就沒有生滅。換言之，眞心本性沒有生滅變化，更不能說人死斷滅，更確切的說人死非斷滅，毀滅的只是肉體而已。

《楞嚴經》強調五陰（色、受、想、行、識）、六入（眼、耳、鼻、舌、身、意六根）、十二處（六根加六境，六境即色、聲、香、味、觸、法）、十八界（六根、六境加六識，六識即眼識、耳識、舌識、身識、意識）等，都是因緣和合而有，又隨因緣離散而寂滅，七大（地、水、風、火、空、見、識）也是識心分別計度。更指出吾人父母所生的肉體，猶如虛空中的微塵，若存若亡，好比大海中漂浮的水花，起滅無從，惟有本覺妙心才能常住不滅。

四、《瑜伽師地論》以緣起思想，反駁人死斷滅

《瑜伽師地論》卷七，以緣起思想，反駁人死斷滅，佛家認爲主張人死斷滅，稱爲「斷見」，斷見論者認爲人死就像瓦片、石塊破裂，不可再重新組合，不再完好如初。

《瑜伽師地論》反駁斷見論者，如果說人死斷滅，是說人死後「五蘊」斷滅，還是說「我」斷滅？不能說五蘊斷滅，因爲五蘊（色、受、想、行、識。）始終是生滅無常，而又互爲因果相續不斷，有因必有果，前因必生後果，不可能停止間斷，不論是心理活動，還是生理活動，隨時都在生滅相續，這種生滅現象，不因肉體死亡生理活動停止而斷滅。也不能說死亡是「自我」的斷滅，因爲人的生命只是地、水、風、火所組合而成，包括生理和心理活動的五蘊集合，本來就沒有一個常住不滅的「我」，如果說人死是自我斷滅，更是不合緣起性空的道理。

五、《法句經》論身死神不喪，生死不斷滅

《法句經・生死品》論述身死神不喪，識神能更生，隨其業力轉世投胎

《法句經・生死品》云：

生死品者，說諸人魂靈亡神在，隨行轉生。

命如果待熟，常恐會零落；已生皆有苦，孰能致不死？
從初樂恩愛，因婬入胎影；受形命如電，晝夜流難止。
是身爲死物，精神無形法；作令死復生，罪福不敗亡。
終始非一世，從癡愛久長；自此受苦樂，身死神不喪。
身四大爲色，識四陰曰名；其情十八種，所緣起十二。
神止凡九處，生死不斷滅；世間愚不聞，蔽闇無天眼。
自塗以三垢，無目意妄見；謂死如生時，或謂死斷滅。
識神造三界，善不善五處；陰行而嘿到，所往如響應。
欲色不色有，一切因宿行；如種隨本像，自然報如影。
神以身爲名，如火隨形字；著燭爲燭火，隨炭草糞薪。
心法起則起，法滅而則滅；興衰如雨雹，轉轉不自識。

識神走五道，無一處不更；捨身復受身，如輪轉著地。
如人一身居，去其故室中；神以形爲廬，形壞神不亡。
精神居形體，猶雀藏器中；器破雀飛去，身壞神逝生。
性癡淨常想，樂身想癡想；嫌望非上要，佛說是不明。
一本二展轉，三垢五彌廣；諸海十二事，淵銷越度歡。
三時斷絕時，知身無所直；命氣溫煖識，捨身而轉逝。
當其死臥地，猶草無所知；觀其狀如是，但幻而愚貪。

《法句經．生死品》認爲生死猶如果實即將成熟，時常恐懼凋零飄落；所有的生命皆苦，誰能臻於不死的境地？

生命從父母恩愛開始，又因情欲而墮入輪迴；生命形成快如閃電，晝夜不停流轉。形體終究是要毀壞的，有形的生命猶如陶製器皿一樣，滅亡是必然的結果，只有識神沒有一定的形體，所以，身死識神能更生，罪福業力如影隨形。

生命的開始與結束，不是一生一世可以終結，只要癡愛不除，生死總要輪迴，生命一再輪迴，苦樂不斷，形體雖死，識神不滅亡。

身體只是地、水、火、風四大和合④，都是有形物質，受、想、行、識爲四陰⑤，是無形的心法⑥；四陰產生十八種有情，十八種有情都因爲十二因緣而起⑦。

識神止息有九處，生死輪迴不斷滅；凡夫愚昧不知此一道理，蔽於愚痴無慧眼。凡夫被貪、瞋、痴三毒所蒙蔽，盲目妄動，常生妄見；或謂死後如生時，或謂身死識神滅。

識神出入三界（欲界、色界、無色界）以及善與不善等五處，瞬間來去，沒有聲息。欲界、色界、無色界並非眞有，一切皆依宿世業力而行，好比種子隨其果實，凡夫善惡果報如影隨形。

識神寄生於色身而被稱爲「精神」，猶如燃燒薪而稱薪火，燃燒蠟燭而稱爲燭火，燃燒木炭而稱爲炭火，火因爲燃燒的材料不同而有不同的名稱。

心爲法本，心驅動一切，內心存善，言語、行爲就表現善；心中有惡，言語、行爲就表現惡。心法起則萬法起，心法滅則萬法滅，起滅變化，難以捉摸，輾轉輪迴不相識。

識神出入於天、人、畜生、地獄、餓鬼等五道之中，沒有一道不經歷，捨棄此人肉身，又受形於彼人肉身，輪迴轉世猶如車輪旋轉，不斷著地行走。

識神以肉身爲房屋，身死識神不滅亡，如人身居房屋內，直到命終棄舊屋。

識神寄居形體內，猶如麻雀關在鳥籠之中，鳥籠破壞，麻雀飛走，身死識神離去再更生轉世。

識神自今世流轉到未來世，貪、瞋、痴三垢，色受想行識五蘊，造成人間苦難十二因緣，罪惡銷盡，脫離苦海便得歡樂。

身口意三業斷絕之後，方知肉身沒有什麼價值，生命只不過是有呼吸、有感覺意識諸因緣和合而成，捨棄肉身，諸因緣轉眼消失。

當人死亡，屍體僵硬，猶如乾枯草木，一無所知，見此肉身原來如此，只是虛假幻有，而愚昧凡夫卻貪戀不捨此一臭皮囊。

值得注意的是，〈生死品〉以薪火、燭火、炭火比喻形神關係，又以人身居住在房屋內，鳥關在籠子裡，比喻識神居於形體之中，人死身亡，識神不滅，識神離開肉體，依善惡果報，再轉世更生，此一觀點近似慧遠等人主張「形盡神不滅」的思想。諸如：

桓譚《新論》說：

精神居形體，猶火之然燭矣。

王充《論衡．論死》說：

火滅光消而燭在，人死精亡而形存……人之精神藏於形體之內，猶粟米在囊橐之中也。

牟子〈理惑論〉說：

身譬如五穀之根葉，魂神如五穀之種實。

慧遠〈形盡神不滅〉說：

火之傳於薪，猶神之傳於形，火之傳異薪，猶神之傳異形。前薪非後薪，則知指窮之術妙，前形非後形，則悟情數之感深。

六、法相唯識以阿賴耶識爲輪迴主體

從以上所論，佛家依緣起法則，論證人死非斷滅，所謂緣起法則，簡要的說，就是「此有故彼有，此生故彼生，此無故彼無，此滅故彼滅。」，依此法則觀看衆生的生死，都是因緣和合，生滅不斷，因果業報，六道輪迴。

《中阿含經．鸚鵡經》說：

衆生因自行業，因業得報。緣業、依業、業處，衆生隨其高下，處妙不妙。

《大智度論》說：

業力爲最大，世界中無比，先世業自在，將人受果報。業力故輪迴，生死海中迴。

《鸚鵡經》認爲衆生都是依自己所作的業，因業而得相應的果報。一切都因所作的業，依所行的業，各隨其所作的業而有吉凶、貧富、禍福的差別。例如：作短命相應的業，就一定短命；作長壽相應的業，就一定長壽。作多病相應的業，就一定經常生病；作健康相應的業，就一定健康。作貧窮相應的業，就一定貧窮；作富貴相應的業，就一定富貴。作愚笨相應的業，就一定愚笨；作善智慧相應的業，就一定有善智慧。

既然人死非斷滅，而有業報輪迴，那麼，到底誰在造業？誰會遭受報應？誰在輪迴？誰能解脫？應該是「我」，可是，原始佛學又強調「諸法無我」⑧，如何解決這個看似矛盾的難題呢？於是，部派佛學提出各種不同的說法，大眾部以「根本識」爲輪迴解脫的主體，化地部以「窮生死蘊」爲輪迴主體，犢子部以「非即蘊非離蘊補特伽羅」爲輪迴主體，經量部以「勝義補特伽羅」爲輪迴主體，而法相唯識以「阿賴耶識」爲眾生生死輪迴的主宰⑨。《八識規矩頌》說：

第八識謂阿賴耶識。阿賴耶識此名藏識，能藏諸法種子，諸法之所積藏，又爲七識執藏以爲我，具三藏義，名藏識焉……此識行相及彼業用爲何如耶？頌曰：浩浩三藏不可窮，淵深七浪境爲風，受薰持種根身器，去後來先作主公。

《八識規矩頌》認爲阿賴耶識，又名爲藏識。阿賴耶識具有三種含藏的功能，㈠是「能藏」，含藏萬事萬物的一切種子；㈡是「所藏」，含藏受薰而成新的種子；㈢是「執藏」，被第七識執爲自我。阿賴耶識具有能藏、所藏、執藏的三種功能作用。這三種功能作用永恆無限，不可窮盡。其他前七識都是由阿賴耶職變化而生起，以譬喻而言，阿賴耶識是海水，其他七識是波浪，其他七識各自的外境對象就是海上的風。阿賴耶識含藏眾生的一切種子，阿賴耶識也可以接受眾生帶來的薰習而產生新的種子。阿賴耶識是眾生生死輪迴解脫的主宰，也是萬物生死的根源。阿賴耶識通於三界九地，阿賴耶識出現於何界何地完全由眾生的業力決定。

值得注意的是，《八識規矩頌》所謂「去後來先作主公」是阿賴耶識，「去後」就是死後，「來先」就是生前，人身在入胎時，阿賴耶識先進入，人死命終時，阿賴耶識最後才離開。換言之，當新生命形成的時候，阿賴耶識進入母胎，因此，阿賴耶識又稱爲入胎識。正如《大緣方便經》所說：

阿難！緣識有名色，此為何義？若識不入母胎者，有名色不？答曰：無也。若識入胎不出者，有名色不？答曰：無也⑩。

【註釋】

① 據現代醫學研究得知，每一個人的染色體有二十三對，染色體是生物遺傳質的基本，每一對染色體都是一半來自父親，一半來自母親。染色體上有所謂「基因」的遺傳單位，基因由細胞核內的核酸組成，尤其在去氧核醣裡特別多，因此，稱為去氧核醣核酸，所謂DNA。因此，兒女遺傳自父母，肖其父母。

② 《楞嚴經》卷一說：「一切衆生從無始來，生死相續，皆由不知常住眞心，性淨明體，用諸妄想。此想不眞，故有輪轉。」。《楞嚴經》認為一切衆生從無始以來，就處於不斷的生死流轉之中，這都是因為不明白人的眞心是沒有生滅變化的，人的本性是無染的清淨本體。因而著迷生死有情，產生種種虛妄幻想，這種妄想是不眞實的，所以有生死輪迴的煩惱。

③ 常見，又稱有見，佛家反對的二邊見之一，以為人的身心，過去、現在、未來常住不滅，永無間斷；斷見，又稱無見，二邊見之一，認為人的身心死後斷滅，不再更生，沒有輪迴轉世。《中論·觀因緣品》說：「不生亦不滅，不常亦不斷，不一亦不異，不來亦不出。」，此八不之說，才符契中道。

④ 《圓覺經》說：我今此身四大和合，所謂髮毛爪齒皮肉筋骨髓腦垢色，皆歸於地，唾涕膿血津液涎沫痰淚精氣大小便利，皆歸於水，煖氣歸火，動轉歸風，四大各離，今者妄身，當在何處？

⑤ 受：意指外界影響心理、情緒等有關的好惡、憂喜、苦樂等感受。想：意指感覺、知覺及各種名言概念。行：意指一切精神及物質現象的生起和變化活動。識：意指「心」對「境」的了別作用。

⑥ 心法：依小乘的說法，心法就是心王，是宇宙中五位——心王、心所法、色法、不相應行法、無爲法之一。依大乘的說法，一切萬有分爲色、心二法。《涅槃經》說：「頭爲殿堂，心王居中。」依《宗鏡錄》說：心爲識主，故號心王。但依法相宗而言，眼識、耳識、鼻識、舌識、身識、意識、末那識、阿賴耶識等八識，皆稱心王，亦稱心法。

⑦ 十二因緣把人生過程分爲十二個彼此成爲條件或因果關係的環節。首先是「無明」，意指心的迷惑無知，不明事理。由無明生「行」，意指心的動向。由行生「識」，意指意識。由識生「名色」，意指精神與物質要素的結合，成爲人的個體。由名色生「六處」，意指人的感覺器官，包括眼、耳、鼻、舌、身、意。由六處生「觸」，意指感覺器官與外界事物的接觸。由觸生「受」，意指痛苦、快樂、憂愁等感受。由受生「愛」，意指人心對外在事物的渴望。由愛生「取」，意指對外在事物的追求與執著。由取生「有」，意指由於對外在事物貪愛、追求等行爲而產生的相應果報。由有生「生」，意指來世再生及六道輪迴。有生必然老死。

⑧ 諸行無常，諸法無我，涅槃寂靜，稱爲三法印。無常、無我，是指人世間一切都是幻化的現象，行的定義是大化流行，是生滅變異的意思，無論自然界或生命界，都是剎那生滅，變化無常，天下沒有固定不變的東西，滄海變爲桑田，衆生化爲塵土，凡一切現象，因緣而生，有情世界，五蘊合成，因緣而散，

一切都沒有永恆的實體，也沒有眞實固定的自我，宇宙萬象森列，畢竟還滅，終歸空寂。

⑨ 法相唯識所謂第八識的名稱有多種：阿賴耶識、心、阿陀那、所知依、種子識、異熟識、無垢識、無沒識、本識、宅識、藏識、持執識、顯識、現識、轉識、分別事識、根本識、生識（窮生死蘊）、有識（有分識）。

⑩ 阿賴耶識解答了輪迴主體的問題，誠如《阿毗達摩俱舍論》卷三十說：「若我實無，誰能作業？誰能受果？」，《成唯識論》卷一說：「我若實無，誰於生死輪迴諸趣，誰復厭苦求趣涅槃？」犢子部提出「補特伽羅」作爲輪迴主體。《異部宗輪論》說：「諸法若離補特伽羅，無從前世轉至後世，依補特伽羅，可說有移轉。」補特伽羅是梵文 Pudgala 的音譯，意譯「數取趣」，「數取趣」是說一次又一次地在諸趣中輪迴受生，也就是輪迴的主體。

第二章　晉代形盡神滅或形盡神不滅的思想論證

第一節　桓譚《新論・形神》

一、生平

(一)十七歲任奉車郎

桓譚，字君山，東漢沛國相縣人。父親在漢成帝時爲太樂令，掌理祭祀及享宴的樂舞。

(二)著《新論》流傳於世

桓譚著《新論》流傳於世，清嚴可均校輯《桓子新論三卷》，見於《全上古三代秦漢六朝文・全後漢文卷十三至卷十五》，《新論・本造》說：「余爲新論，術古今(術與述通，疑當作術古正今。)，亦欲興治也，何異春秋褒貶邪……譚見劉向新序、陸賈新語，乃爲新論。」。

桓譚作《新論》，述古今，寓褒貶，欲興治，自比於《春秋》，也自比於劉向作《新序》、陸賈作《新語》。《新序》言治國之道，《新語》論秦失天下、漢得天下的成敗之道。換言之，桓譚作《新論》，獻給光武帝，提出歷史成敗之因，以興東漢王道之治。希望《新論》猶如《呂氏春秋》、《淮南子》一樣，得到應有的重視，自認其書或有不盡完美之處，但對興盛聖王德化善政，必有助益。

二、哲學思想

漢代思想，深受董仲舒天人同類、天人相應、災異譴告等思想的影響，因此，造成圖籤符命的泛濫。桓譚反對圖籤符命，表示他反對天人感應、天人合一的思想。以下簡述其哲學思想：

1. 天道思想

桓譚繼承先秦荀子「明於天人之分」及「制天命而用之」的自然天道思想，《荀子．天論》說：「天行有常，不爲堯存，不爲桀亡。」①。換言之，天沒有意志，天沒有目的，天沒有災異譴告，天只是自然之天，萬物自生自死。自然天道意指自然的法則和規律，在荀子和桓譚的心目中，並沒有一個人格化或神格化的天道，天道不是上帝，天道也不是超人，天道只是自然而已。

《新論．祛蔽》說：「余與劉子駿言養性無益，其兄子伯玉曰：天生殺人藥，必有生人藥也。余曰：鉤吻不與人相宜，故食則死，非爲殺人生也。譬若巴豆毒魚，礜石賊鼠，桂害獺，杏核殺豬，天非故爲作也。」。劉子駿追求神仙方術，桓譚認爲養性無益，不能長生不死。子駿的侄子伯玉說：上天生殺人類，都有一定的目的和特別的相生相剋。桓譚反駁說：有些植物對不同動物有致死的藥效，是因為這些植物含有劇毒，和動物本身的體質不合，不是上天有意志的安排，萬物都是自生、自長、自老、自死，而不是天有目的的生長。例如：鉤吻，又名野葛，或名斷腸草，含毒性，不可食，入口即死②。巴豆，可榨油，可入藥，有毒性，能殺蟲解毒，治療一切惡瘡，也能毒魚，礜石可以毒鼠③。以現代生物學的觀點，生物之間，各有其天敵，又以生態學的觀點，萬物之間，共生共存，自有一定的生態平衡，只是自然而已。

桓譚基於這種自然天道思想，極力反對天命思想，《新論・識通》說：「漢高祖建立鴻基，侔功湯武，及身病，得良醫弗用，專委婦人，歸之天命，亦以誤矣，此必通人而蔽者也。」。漢高祖為流矢所傷，應可治癒，他卻迷信天命，不接受醫治，據《史記・高祖本紀》高祖謾罵之曰：「吾以布衣提三尺劍取天下，此非天命乎！命乃在天，雖扁鵲何益！」劉邦相信他創建大漢王業是天命，甚至身體有病，雖有良醫而不用，還是相信天命，終至病亡，眞是蔽塞不通，造成不可挽回的錯誤。因此，桓譚說：「災異變怪者，天下所常有，無世而不然。」（《新論・譴非》）天然災異，只是一種普遍正常的自然現象，無論何時何地都有可能發生，這種自然災異，與人事的吉凶禍福無關。

2. 生死觀

桓譚的生死觀，淵源於先秦道家和荀子〈天論〉的自然思想。他認為人是萬物之靈，《新論・正經》說：「人抱天地之體，懷純粹之精，有生之最靈者。」。人因為得到天地的精氣，所以，優於其他生物。雖然人是萬物最靈者，可是，人與昆蟲禽獸的生死沒有兩樣，都是經歷生、長、老、死的過程，《新論・祛蔽》說：「草木五穀，以陰陽氣生於土，及其大成實，實復入土而後能生，猶人與禽獸昆蟲，皆以雄雌交接相生，生之有長，長之有老，老之有死，若四時之代謝矣，而欲變易其性，求爲異道，惑之不解者也。」。

自然界的草木五穀，都是以陰陽之氣生於土壤之中，等到開花結果，果實種子又入土而再生，生生不息。就像人和昆蟲禽獸，都以男女雌雄交配而生，萬物的生、長、老、病、死，如同春、夏、秋、冬四時交替代謝，都是自然的法則和自然現象。萬物自生、萬物自長、萬物自老、萬物自病、萬物自死，不是天所能決定，某些人企圖改變此一不變法則，使人長生不死，實在是異端邪說，令人迷惑不解。

《新論・祛蔽》記載：「昔齊景公美其國，嘉其樂，云：使古而無死何若。晏子曰：上帝以人之歿爲善，仁者息焉，不仁者如焉。今不思勉廣日學自通，以趨立身揚名，如但貪利長生，多求延壽益年，則惑之不解者也。」。《新論》記述此事，近似於《晏子春秋・外篇・景公置酒泰山四望而泣晏子諫第二》。一般人總是貪生怕死，希望長生不死，有權位的君王常命人祭禱益壽，命祝史祭祀上帝宗廟，向上帝祈求賜福，晏嬰以爲誣妄可笑，桓譚也認爲是迷惑蔽塞，不了解生老病死是自然現象，豈能長生不死？仁者應該立身仁義，仁政愛民，揚名於後世，才是正道。

《新論・祛蔽》說：「人莫能識其始生時，則老亦死不當自知。」桓譚基於自然的生死觀，認爲人的生死是自然而生，也是自然而死，人對生之前渺然不知，人對死之後也是不能自知④。換言之，從桓譚的天道思想及生死觀，即可推論他的形盡神滅思想。

3. 反對神仙方術

自秦始皇派人到海外求長生不死之藥後，神仙方術頗爲一般人深信不疑，方士鼓吹寡欲養生，一般百姓也常講養生卻老。對於這種神仙方術的流行，桓譚非常明確的指出「無仙道，好奇者爲之。」（《新論．辨惑》）。根本沒有什麼神仙或不死之藥，都是居心叵測的方士們假造出來的騙局。

《新論．辨惑》說：「劉子駿信方士虛言，謂神仙可學，嘗問言：人誠能抑嗜欲，闔耳目，可不衰竭乎？余見庭下有大榆樹，久老剝折，指謂曰：彼樹無情欲可忍，無耳目可闔，然猶枯槁朽蠹，人雖欲愛養，何能使不衰。」劉子駿問說一個人能夠抑制嗜好欲望，不求耳目感官刺激，生命是否可以不衰竭？桓譚指著劉子駿庭下一顆剝皮折枝的老榆樹，說樹木沒有情感欲望，沒有感官刺激，仍然會枯槁，即使勤加培養灌溉，仍然無法使老樹不衰亡。人雖然以各種方法養生，本能情欲仍在，還是無法使生命不衰老而亡，因爲人的壽命是有限的，何況生老衰死是生命的自然現象，根本沒有不死之藥，更沒有長生不死的神仙。

《新論．辨惑》說：「余嘗與郎冷喜出，見一老翁糞上拾食，頭面垢醜，不可忍視，喜曰：安知此非神仙？余曰：道必形體如此，無以道焉。」。一般人迷信世上有神仙，或許以爲奇形怪狀異於常人者，就是神仙。桓譚反對言行怪異者被視爲神仙，以現代醫學的觀點，這些言行怪異者，可能患有精神方面的疾病，而被視爲神仙，豈不可笑！

桓譚也反對方士所謂龜有三千歲壽，鶴有一千歲壽的說法，《新論・辨惑》說：「曲陽侯王根，迎方士西門君惠，從其學養生卻老之術。君惠曰：龜稱三千歲，鶴稱千歲，以人之材何乃不及蟲鳥邪？余應曰：誰當久與龜鶴同居，而知其年歲耳。」傳說龜有三千歲壽，鶴有一千歲壽，以現代生物學的觀點，是不正確的。方士們以爲人爲萬物之靈，以人的聰明才智，養生卻老，應該可以超過龜鶴的歲壽。桓譚反駁說誰能與龜鶴同住在一起，眞正知道龜鶴的歲壽呢？換言之，龜壽三千歲，鶴壽一千歲是不可信的謊言，養生卻老可以學成不死神仙，更是無稽之談。

4.反對迷信鬼神，天人感應之說

桓譚反對一切怪力亂神，天人感應之說，而一般人由於心智未開，對於自然現象不能了解，經常被有心人牽強附會，並且以爲一切自然的變化，都是現實政治的反應。

《新論・離事》說：「天下有鸛鳥，郡國皆食之，而三輔俗獨不敢取之，取或雷霹靂起，原夫天不獨左彼而右此，其殺取時，適與雷遇耳。」當時，長安及其附近地區的民衆，流傳一種迷信，認爲鸛鳥是上天的寶鳥，如果殺而食之，會使得上天生氣，引來大量的雷電譴告，雖然其他地方的人民都習慣吃鸛鳥，長安的百姓仍不敢隨便獵殺之。桓譚反對此說，他以爲天不會厚此薄彼，獨愛長安的鸛鳥，而不愛其他地區的鸛鳥，只是長安的人們獵殺時，剛好遇上打雷，僅是偶然的巧合而已。雖然自然界有不常見的氣象，其實也是正常的自然現象，只是一般人少見多怪而已。

他說：「災異變怪者，天下所常有，無世而不然。逢明主賢臣智士仁人，則修德善政，省職愼行以應之，故咎殃消亡，而禍轉爲福焉。」(《新論・譴非》)。桓譚特別強調爲政者修養道德，勤政愛民的重要性，所謂災異變怪是不可怕、不足爲奇的現象，只要崇禮讓，顯仁義，修己愛人，鬼神不能傷道，妖怪不能害德，逢凶化吉，轉禍爲福。

桓譚對王莽批評甚多，王莽好卜筮，信圖籤，勤事鬼神，多作廟兆，可謂蔽惑至甚，其行爲近似楚靈王。《新論・言體》說：「昔楚靈王驕逸輕下，簡賢務鬼，信巫祝之道，齋戒潔鮮，以祀上帝。禮群臣，躬執羽紱，起舞壇前。吳人來攻，其國人告急，而靈王鼓舞自若，顧應之曰：寡人方祭上帝，樂明神，當蒙福祐焉。不敢赴救，而吳兵遂至，俘獲其太子及后姬，甚可傷。」。楚靈王勤事鬼神，深信巫祝，祭祀上帝，吳兵進攻，國人告急，而楚靈王仍迷信鬼神上帝必來保祐，終至吳兵攻入，太子與后妃被俘，甚可悲傷。

《新論・譴非》說：「及衰世薄俗，君臣多淫驕失政，士庶多邪心惡行，是以數有災異變怪。又不能內自省視，畏天威而反，外攷謗議，求問厥故，惑於佞愚，而以自詿誤，而令患禍得就，皆違天逆道者也。」自然界少見的現象，例如日蝕、月蝕、慧星等，是不可怕的，最可怕的是君臣淫驕失德，邪心惡行所造成的失政，政治敗壞，人心險惡，如果不能自我反省檢討，改善施政缺失，必然會有無窮的禍患，這是自作孽，而不是天作孽。

三、形神思想論證

㈠以養生論證形神關係

有關桓譚對形神關係的思想論證，主要見於《新論．祛蔽》，《弘明集》卷五存有一篇〈新論形神〉。《新論．祛蔽》說：

余嘗過故陳令同郡杜房，見其讀老子書，言老子用恬淡養性，致壽數百歲，今行其道，寧能延年卻老乎？余應之：雖同形名，而質性才幹，乃各異度，有強弱堅脆之姿焉，愛養適用之，直差異耳，譬猶衣履器物，愛之則完全乃久。

首先，桓譚從養生的觀點，論證形神關係，以老子「致虛極，守靜篤。」（《道德經第十六章》）的「無爲」思想養生⑤，是否可以延年卻老？延年卻老是否可以活到數百歲呢？桓譚認爲人的壽命有長有短，爲什麼有的人長壽？又爲什麼有人短命呢？他以爲壽命長短的主要原因，是受了先天個人的優劣體質、外在環境的影響，以及後天是否善於養生有關。

《新論．祛蔽》記說：漢文帝時，魏文侯的樂人竇公，兩眼皆盲，得年一百八十歲，文帝好奇問他高壽原因，竇公說他十三歲失明，父母教他音樂，每天鼓琴而已，沒有導引運動，也沒有服藥養生，不知爲何能得如此高壽。桓譚說：「余以爲竇公少盲，專一內視，精不外鑒，恆逸樂，所以益性命也，故有此壽。」因爲竇公善養精神，精神不向外逐物，以音樂消除私欲的萌生，使精神虛靜，心靈寧靜，所以得享長壽。換言之，善於養生則可得長壽，因爲身心得到很好的愛護保養以及使用得當，不過度的消耗精神與形體。好比我們穿衣服和使用器物，如果能夠定期保養，珍惜愛護，使用適當，就能長久使用，保持完好，道理是相同的。《新論・祛蔽》又說：

夫古昔平和之世，人民蒙美盛而生，皆堅強老壽，咸百年左右乃死。死時忽如臥出者，猶果物穀實，久老則自墮落矣。後世遭衰薄惡氣，嫁娶又不時，勤苦過度，是以身生子皆俱傷，而筋骨血氣不充強，故多凶短折，中年夭卒。其遇病或疾痛惻怛，然後中絕，故咨嗟憎惡，以死爲大故。

〈祛蔽〉這一段內容大意，近似《黃帝內經・素問・上古天眞論》，〈上古天眞論〉認爲上古時代的人，他們大都知道養生的要訣，取法於陰陽調和之道，飲食有節制，生活作息有常規，不會無故的消耗精力，所以，能夠身體健康，精神愉悅，活到百歲以上，自然死亡。而後世的人，飲食無節，喝酒過度，生活沒有規律，醉後行房，貪欲過度，消耗精力而使元氣散失，不知常保精氣的充足，只追求一時的暢快，違反正常的生活樂趣，所以，半百早衰，中年夭卒⑥。換言之，養生有道，恬憺虛無，精神內守，志閑少欲，心安不懼，形勞不倦，形神（形體與精神）康健。

(二)以燭火之喻論證形盡神滅

桓譚爲了論證人的死亡，精神即隨形體同歸滅盡，人死了，沒有獨立存在的精神，他提出了「燭火之喻」，特別強調精神對形體的完全依賴。《新論・祛蔽》說：

余見其旁有麻燭，而炧垂一尺，所則因以喻事，言精神居形體，猶火之然燭矣，如善扶持，隨火而側之，可毋滅而竟燭。燭無，火亦不能獨行於虛空，又不能後然其炧。炧猶人之耆老，齒墮髮白，肌肉枯臘，而精神弗為之能潤澤，內外周遍，則氣索而死，如火燭之俱盡矣。人之遭邪傷病，而不遇供養良醫者，或強死，死則肌肉筋骨常若火之傾刺風而不獲救護，亦道滅，則膚餘幹長焉。余嘗夜坐飲，內中然麻燭，燭半壓欲滅，即自日敕視，見其皮有剝釳，乃扶持轉側，火遂度而復，則維人身或有虧剝，劇能養慎善持，亦可得度。

由於桓譚批判神仙、鬼神之說，所以，反對精神可以離開形體而獨立存在，他認為形體好像一間房子，精神住在形體裡面。換言之，精神必須依靠形體而存在，形神關係猶如燭火和蠟燭的關係，蠟燭是形，燭火是神，沒有蠟燭，燭火是不能獨立而存在。換言之，沒有形體，就沒有精神，精神不能沒有形體而獨立存在。以西洋哲學而言，形體近似物質性具體存在的實體(substance)，精神是形體的屬性(attribute)。以中國哲學體用關係而言，形體是主體，精神是其作用的表現，兩者是「體用一源」，體用未嘗相離，有體則有用，有用則有體，所謂「說體用，便只是一物。」(《朱子語類卷二十七》)，有體而無用，其體為死體；有用而無體，其用無所依靠，不能成其用。桓譚燭火之喻，可謂「形神一元論」，或稱「形神不二」。

形體和精神如果善加扶持養生，可以使生命盡壽而不早夭。蠟燭的灰燼，猶如人的老化，牙齒掉了，頭髮白了，肌肉沒有光澤而乾枯了，各種內臟器官也衰老而病變，老化是正常的自然過程，精神也不能滋潤衰老的形體，使之長久健康而沒有病痛，一旦氣絕而亡，形體和精神一同滅盡，猶如蠟燭燒光了，火也熄滅了。

人有時遭到意外傷害或急性重病，若無緊急善予醫治，往往意外突然暴斃，猶如蠟燭突然被強風吹襲，而不加及時小心扶持，燭火很快就會熄滅，而只剩餘沒有火的蠟燭，猶如青壯年暴斃，雖有完整的屍體而沒有精神。如果燭火受到外力壓迫，即將傾倒熄滅，只要小心扶持，轉個方向，燭火又可以順利燃燒，就像人生病，只要及時醫治，保養得宜，定期健康檢查，有病找專科醫師診療，按時服藥，控制飲食，經常運動，愼養善持，也可以恢復正常的生活作息，安然度過晚年。

値得注意的是，桓譚以燭火喻形神，其邏輯的論證如下三點：

1. 首先，他提出「精神居形體，如火之燃燭。」的命題。以火比喻人的精神，以燭比喻人的形體，其目的是藉著燭火燃燒的過程與現象，比喻精神在形體內的功能與作用。麻燭燃燒時，只要受到小心的照顧，可以持續到麻燭燒完爲止，等到麻燭完全燒完了，火自然也就無法獨立自行繼續存在下去。如此可以推論出，精神無法獨立於形體之外而單獨存在。明確的結論出沒有人的形體就沒有人的精神。換言之，燭是一種物體，火是一種能量，能量存在於物體之中，同理，精神也離不開形體。

2. 桓譚以「火不能後燃其灺」說明「精神弗爲之能潤澤。」灺是麻燭燃燒過的灰燼，猶如人的老化，牙齒掉了，頭髮白了，肌肉乾枯了，內臟器官的功能衰竭了一樣。火不能使燃燒過的灰燼再度燃燒起來，猶如精神也不能滋養已經老化乾枯的形體，讓形體重新潤澤起來，所謂返老還童。

3.以「火燭之俱盡」，說明人之「氣索而死」。桓譚以燭盡而火滅，推論出形死而神亡，因爲他認爲人的生命，是由「氣」所生，人得精氣而生，氣索而死。燭火與形神，都是自然之物，自然之物由量變到質變，這種變化是自然的法則。換言之，人的生命，由生至死，形死神滅，也是必然的結果。

桓譚以燭火喻形神的論證，有以下四個特徵：

1.燭火之喩是由《莊子》及《淮南子》而來，《莊子・養生主》說：「指窮於爲薪，火傳也，不知其盡。」薪盡火傳，沒有窮盡。《淮南子・原道訓》說：「以神爲主者，形從而利。以形爲制者，神從而害……是以天下時有盲妄自失之患，此膏燭之類，火逾然而消逾極。」《淮南子》以燭火比喩形神，火燒得愈大，燭消失愈快，猶如人的精神愈耗損，形體衰老愈快，以此強調精神對形體的重要影響。桓譚是最先使用燭火之喩，論證形盡神滅的第一人，對以後王充、范縝等人，有深遠的影響。

2.他闡揚荀子「形具而神生」的命題。荀子強調有形體然後才有精神，喜怒哀樂好惡等精神活動才發揮作用。桓譚進一步說明形神不可分離的思想，並明確肯定形盡神滅。

3.桓譚的燭火之喩，企圖以形神一元論的觀點，否定形神二元論，但是，他對形體爲第一性，精神爲第二性的主從關係，論證不夠清楚。

4.桓譚接受《管子》的精氣思想。桓譚所謂「精神居形體」，這是繼承先秦稷下黃老學派的精氣說⑦，以爲形體猶如一間房子，精氣住在裡面，成爲人的精神，沒有完全擺脫精氣論的影響，以致爲佛教慧遠所利用。

然而，值得注意的是，燭火關係不等於形神關係。桓譚認爲燃燒現象是火在麻燭中所產生的結果，比喻人的生命現象是人的精神在形體中所產生的結果，但是，燃燒現象不是只有火在麻燭才能產生，火在其他可燃之物都可以產生燃燒現象，而人的生命現象只有人的精神在形體中才會產生，可知，燭火關係不等於形神關係。換言之，以燭火比喻人的形神，有其不當之處，因爲人與物有本質上的差異，關於人與物的分辨，《荀子・王制》說：

> 水火有氣而無生，草木有生而無知，禽獸有知而無義，人有氣有生有知亦且有義，故爲天下貴也。

燭火是沒有生命的物質，而人類是有理性的最高等動物，人類具有各種生命現象，有本能活動，有感官知覺，又有道德禮義，故爲萬物之靈。以燭火比喻人的形體和精神，以邏輯的觀點而言，是不恰當的類比(analogy)。所謂類比，是就相似的兩類事物，以其中一類事物的性質，企圖說明另一類事物的性質。雖然，類比是語言文字表達上經常使用的方法之一，但是，如果兩類事物之間的類似性不夠強烈的話，很容易導致分歧，慧遠就以燭火之喻，論證形盡神不滅。

㈢質難者提出「火燭不能自補完」

桓譚以燭火喻形神，當時有人提出質疑，認爲是一種似是而非的說法。《新論・祛蔽》說：

> 或難曰：以燭火喻形神，恐似是而非焉。今人之肌膚時剝傷而自愈者，血氣通行也。彼蒸燭缺傷，雖有火居之，不能復全。是以神氣而生長，如火燭不能自補完，蓋其所以爲異也，而何欲

同之？

質難者認爲以燭火喻形神，論證形盡神滅，是一種似是而非之說，因爲人的肌膚，有時受了傷而自行痊癒，這是由於人有血氣、神氣，肌膚傷口能自生長而癒合，而蒸燭如果缺損，卻不能由火來修復其缺損，補缺完整而復全，這是燭火和人的形體本質上的差異，怎能將兩者視爲相同呢？

質難者提出的質疑，所強調的是精神對生命的重要性勝於形體，而桓譚所強調的是形體比精神重要。質難者提出「火燭不能自補完」的觀點，不僅要否定桓譚燭火之喻的適當性，更要反對桓譚「形盡神滅」的結論，顯然這是受到當時神仙思想的影響。其實，桓譚並沒有反對養生益壽的說法，正確的養生，能使人不致中年夭折而得長壽，雖然養生可以延年益壽，但是，死亡是不可避免的事實，唯有了解人終會死亡，養生才有意義可言。

値得注意的是，質難者提到「血氣」和「神氣」的觀點，《淮南子・精神訓》說：「血氣者，人之華也；而五臟者，人之精也。夫血氣能專於五臟而不外越，則胸腹充而嗜欲省矣。」《淮南子》認爲血氣是人的精華，血氣能夠專一運行於五臟之間而不向外離散，胸腹充實，精神旺盛，人才能耳目清新，聽力視力通達。

此外，《黃帝內經・靈樞・天年篇》說：

人生十歲，五臟始定，血氣已通……二十歲，血氣始盛，肌肉方長……三十歲……血氣盛滿……四十歲，五臟六府十二經絡，皆大盛以平定，腠理始疏，榮華頹落，髮頗斑白……五十歲，肝氣始衰……目始不明，六十歲，心氣始衰……血氣懈惰……七十歲，脾氣虛……八十歲，肺氣衰，魄離……九十歲，腎氣焦，四臟經脈空虛，百歲，五臟皆虛，神氣皆去，形骸獨居而終矣。

《黃帝內經》認爲人生十歲，血氣已經通暢，二十歲血氣旺盛，肌肉發達，三十歲血氣強盛而飽滿，四十歲血氣漸衰，五十歲肝氣衰退，六十歲心氣衰退，血氣日漸懈惰，七十歲脾氣虛，八十歲，肺氣虛，九十歲腎氣枯萎，一百歲五臟都空虛了，神氣離散，僅存形體而死⑧。

㈣桓譚「炭火之喻」

對於質難者的質疑，桓譚再以「炭火之喻」答辯，《新論·祛蔽》說：

火則從一端起，而人神氣則於體，當從內稍出合於外，若由外腠達於內，故未必由端往也。譬由炭火之燃赤，如水過渡之，亦小滅然復生焉。此與人血氣生長肌肉等，顧其終極，或爲灸，或爲灺耳。曷爲不可以喻哉！

桓譚認爲燭火是從上面的一端燃燒起來，而人的血氣、營氣、衛氣以及各種臟象之氣的運行，是由身體的內部逐漸到達形體的外部，或由身體的表皮外部到達身體的內臟裡面，固然不像燭火一樣，只從一端開始燃燒。

於是，桓譚再以「炭火之喻」，作爲補充說明，他認爲人的神氣好比燒得紅熱的炭火，如果澆一下水，火會暫時熄滅，之後又從木炭裡面燃燒起來，這種現象和人的血氣在身體內生長肌肉，是相同的道理。桓譚以「炭火之喻」強化燭火之喻的不足，因爲木炭燃燒時，如果遇上一陣風雨，或許火會短暫熄滅，但是，只要善加扶持，火仍然可以從未完全燃燒的木炭中再燒起來，木炭尚未眞正的熄滅，只是悶燒著，猶如人受傷或生病，只要善加醫治和療養，仍然可以恢復健康。

(五)劉伯師的質難

桓譚以「炭火之喻」反駁「火燭不能自補完」的觀點之後，又與友人劉伯師對「燭火之喻」有一段精彩的辯論，這次辯證的重點是燭盡火傳（形盡神不滅）或是燭盡火滅（形盡神滅）的問題。《新論・祛蔽》說：

> 余後與劉伯師夜燃脂火，坐語。燈中脂索，而炷燋禿，將滅息。則以示曉伯師言：人衰老亦如彼禿燈矣。又爲言前燃麻燭事。伯師曰：燈燭盡，當易其脂，易其燭。人老衰，亦如彼自蹶纘。

當時，桓譚和劉伯師晚上秉燭夜談，桓譚說一個人的生命漸趨衰老而亡，猶如燈脂燒盡，而火將同時熄滅一樣。但是，劉伯師提出反駁，他說燈燭將燒盡了，應該可以添加一些油脂，更換蠟燭。人衰老了，也應該可以像禿燈一樣，添加油脂，替換蠟燭，使終盡的生命可以延續不斷。換言之，劉伯師的意思是，養生可以益壽，使人不老，或者薪盡火傳。劉伯師所謂「易其燭」，就是薪盡火傳，也就是形盡神不滅。

(六)桓譚對劉伯師的答辯

針對劉伯師「益其脂」及「易其燭」的質難，桓譚提出詳盡的答辯，《新論・祛蔽》說：

> 人既稟形體而立，猶彼持燈一燭，及其盡極，安能自盡易？盡易之乃在人，人之蹶黨亦在天，

天或能爲他。其肌骨血氣充強，則形神枝而久生，惡其絕傷，猶火之隨脂燭多少長短爲遲速矣。欲燈燭自盡易以不能，但促斂旁脂以染漬其頭，轉側蒸幹，使火得安居，則皆復明焉，及本盡者亦無以燃。今人之養性，或能使墮齒復生，白髮更黑，肌顏光澤，如彼促脂轉燭者，至壽極亦獨死耳。明者知其難求，故不以自勞，愚者欺惑，而冀獲盡脂易燭之力，故汲汲不息。

桓譚答辯劉伯師說，人的生命只能依賴形體而存在，猶如燈火依賴燈燭而存在，然而，燈燭燒光了，燈燭自身是無法更換新的，只能靠人去更換新的燈燭。人的生命終了，如果由上天決定人的生死夭壽，上天或許能爲他延年益壽或更新生命，但是，天只是自然天而已，天不是人與萬物的主宰，萬物自生自死，不是天有意志、有目的的安排，桓譚否定天有意志的人格神，近似老莊與荀子的自然思想。

所以，天對人的壽命長短是不能決定的。一個人如果血、氣、精、神強壯⑨，形神能夠健全，生命自然而然可以長壽，如果形神不健全，生命就會受到損傷而短命，猶如燭火燃燒，時間的長短不一，是由於油脂的多寡決定，油脂多，火燒得久；油脂少，火燒得短。想要燈燭自行添油或更新，是辦不到的事。但是，如果把燈燭旁的油脂集合起來，浸潤燈蕊，重新調整燈燭，可以使燈燭燒得安定穩固而持久，可是，等到燈油燒光了，就無法再繼續燃燒。

人的養生也是一樣，雖然，人的先天氣稟，質性才幹各有強弱不同，只要愛惜生命，適當養生，猶如衣服鞋子等器物，愛惜使用，可以完好如新，延長使用時限。人的養生也是如此，或許可以使掉牙後再長出牙齒，使白頭髮又變爲烏黑亮麗的美髮，使枯槁的肌膚變得有光澤，猶如集中燈旁的油脂，浸潤燈蕊，調整傾斜的燭幹，使其安穩燃燒。可是，生命到了一定的極限，仍要衰竭死亡。換言之，能夠善持愼養，可以得度天年。反之，中年早夭，或爲病痛所苦，終不能盡天年。

因此，明智的人了解不能長生，所以，不會盲目追求所謂養生卻老之術，妄想成爲神仙，而愚昧無知的人，不明白生死自然的現象，妄圖長生不死，眞是可悲可嘆。

最後，桓譚提出他的結論，就是以自然天道爲思想基礎的自然生死觀，《新論·祛蔽》說：

> 又草木五穀，以陰陽氣生於土，及其長大成實，實復入土而後能生，猶人與禽獸昆蟲，皆以雌雄交接相生。生之有長，長之有老，老之有死，若四時之代謝矣。而欲變異其性，求爲異道，惑之不解者也。

生命的本質是有限的，生命的過程是生、長、老、死，就像春夏秋冬一樣，自然的天道，自然的生死，如果有人想改變這種自然的天道和自然的生死，眞是迷惑至甚。

從上述桓譚的答辯，可以看出桓譚面對劉伯師的質難，仍然堅持以自然的觀點來說明形神關係，他的論證方式，可分四個要點：

1.從生命的結構關係而言，桓譚認爲形體是決定生命是否存在的先決條件，人有了形體之後，精神才能夠依賴形體而存在，猶如必需先要有蠟燭，燭火才能依賴蠟燭而燃燒。換言之，沒有人的形體，就沒有人的精神，形存則神在，形盡則神滅。以此反對精神可以獨立存在。

2.從自然的有限力量而言，天地生養萬物，是萬物自然的生，自然的長，自然的老，自然的死。上天對人也是如此，人的壽命長短，不是上天所決定，人的吉凶禍福夭壽，與天無關。以此反對天是有意志的人格神，反對天是萬物的主宰。桓譚說：「天道性命，聖人所難言也。自子貢以下，不得而聞，況後世淺儒，能通之乎！」（《新論・抑讖重賞疏》）。

3.從養生的有限作用而言，養生或許有益健康，使人得度天年，盡壽而終，但是，養生的作用是有限的，以此反對神仙之說。

4.從生命的自然本性而言，有生必有死。桓譚以自然四時的變化比喻生死，就是以自然現象說明生、長、老、死，猶如蠟燭燒完之後，不能自行添加油脂，使燭火重新再延續燃燒，因爲個別的可燃物，燃燒之後，都有獨特的火焰，個別的火不能自行互相傳遞，猶如獨立的個體，每個人獨立的形體，都有這個形體專屬的精神，每個人都是獨特唯一的存在，所以，人與人之間的精神，也不能完全互相的傳遞與承接⑩，以此反對形盡神不滅。

㈦桓譚形神思想對後世的影響

桓譚以自然天道思想及自然生死觀，推論形神關係，並舉「燭火之喻」及「炭火之喻」，論證形盡神滅，對後世有深遠影響，諸如：王充、楊泉、戴逵、何承天、邢邵等人。

1.**王充〈論死〉**

王充在《論衡・論死》中說：

人之死，猶火之滅也。火滅而耀不照，人死而知不惠，二者宜同一實，論者猶謂死有知，惑也。人病且死，與火之且滅何以異？火滅光消而燭在，人死精亡而形存。謂人死有知，是謂火滅復有光也。

王充繼承桓譚形盡神滅思想，論證人死不爲鬼，無知，不能害人。王充認爲人死猶如火熄滅一樣，火熄滅了，就沒有光亮，人死了，就沒有知覺。人死和火滅是相同的道理。有些人認爲人死還有知覺，太迷惑了。人生病將要死亡，和火光將熄滅有什麼不同？火熄滅亮光消失，僅殘燭存在，人死了精神消滅，僅屍體存在。認爲人死還有知覺，等於說火滅了還有亮光！

2. 楊泉〈物理論〉

三國時代的楊泉，深受桓譚形盡神滅思想的影響，關於形神關係，楊泉〈物理論〉說：

人含氣而生，精盡而死。死猶澌也，滅也。譬如火焉，薪盡而火滅，則無光矣。故滅火之餘，無餘焰矣，人死之後，無遺魂矣。（《太平御覽》禮儀部引）

楊泉認爲形體和精神的關係，猶如薪和火的關係，薪燒光以後，不再有餘火，人死亡之後，也不再有餘魂，這也是繼承桓譚形盡神滅的思想。

3. 何承天〈答宗居士書〉

何承天著〈達性論〉與〈報應問〉等文，反對佛家形盡神不滅與輪迴業報思想，也深受桓譚形盡神滅的影響。他在〈達性論〉中說：

至於生必有死，形斃神散，猶春榮秋落，四時代換，奚有於更受形哉！

何承天認爲有生必有死，形盡神滅，猶如春夏秋冬四時代換，這就是源於桓譚的思想。他在〈答宗居士書〉中又說：

形神相資，古人譬以薪火。薪弊火微，薪盡火滅，雖有其妙，豈能獨傳？

何承天也以薪火喻形神，薪盡火滅，就是形盡神滅。

4.戴逵〈流火賦〉

戴逵〈流火賦〉說：

火憑薪以傳焰，人資氣以享年。苟薪氣之有歇，何年焰之恆延？

戴逵認爲燃燒薪木，才有火焰，薪木燒盡，火焰豈能延燒？人稟氣而生，氣盡而死，人死形盡神滅。

5.邢卲「人死神滅」

據《北齊書・杜弼列傳》記載，杜弼與邢卲共論名理，邢卲說：

神之在人，猶光之在燭，燭盡則光窮，人死則神滅。

邢卲把人的精神，比喻爲燭火之光，燭燒盡了，火滅光窮，人死則形盡神滅。

總之，桓譚《新論・形神》以復興先秦儒學爲己任，欲興治，崇禮讓，顯仁義，尊賢愛民，破除各種迷妄信仰，計有：鬼神、神仙、天命、天人感應、圖籤、卜筮等。一切以仁義正道爲本，重視今世現實的人生，以科學精神求眞求實，以自然天道及自然生死思想，推論形神關係，並舉燭火與炭火，比喻形體與精神的關係，論證形盡神滅，對魏晉南北朝形盡神滅或形盡神不滅的思想爭論，產生重大的影響。

【註　釋】

①荀子所謂「天行有常，不爲堯存，不爲桀亡。」近似老子所說「天道無親。」（《道德經》七十九章）的思想。

②王充《論衡・言毒》說：「草木之中，有巴豆、野葛，食之湊懣，頗多殺人。」野葛，又名冶葛，就是鉤吻。

③《淮南子・說林訓》說：「人食礜石而死，蠶食之而不飢；魚食巴菽而死，鼠食之而肥。類不可必推。」礜石，味辛，有毒。巴菽就是巴豆。《淮南子》認爲人吃了礜石就會死亡，蠶吃礜石而不飢餓；魚吃了巴豆就會死亡，老鼠吃了巴豆反而長肥。萬物相生相剋的關係，不一定能清楚的類推。

④桓譚所謂「人莫能識其始生時，則老亦死不當自知。」，這顯然受到孔子所說「未知生，焉知死。」（《論語・先進》）的思想影響。子不語怪力亂神，孔子對生死鬼神存而不論。

⑤老子的養生工夫，要我們做到少私寡欲，《道德經》第四十八章說：「爲道日損，損之又損，以至於無爲。」，在日常生活上，不要一味的向外逐物，所以要閉塞私欲的竅門，老子說：「塞其兌，閉其門，

終身不勤；開其兌，濟其事，終身不救。」（《道德經》第五十二章）

⑥ 根據生物學的觀點，有人主張人類的壽命應該可以活到一百二十歲。其實，人類出現的初期，所謂上古時代，穴居生飲，無法與自然、洪水、猛獸相抗爭，平均的壽命，可能只有二三十歲。現代人因自然天敵而喪命者微乎其微。所以，人類的「生態壽命」增加，另外，「生理壽命」也因營養、衛生改善，醫藥進步而不斷增加。

⑦ 參見馮友蘭著《中國哲學史新篇》第三冊二五三頁。

⑧ 《黃帝內經》提到各種臟象之氣，「氣」意指機能或活動能力，〈靈樞．決氣篇〉說：「何謂氣？岐伯曰：上焦開發，宣五穀味，熏膚，充身，澤毛，若霧露之漑，是謂氣。」。人吸收了食物的營養精華，經上焦的作用，而散佈到全身，以潤澤皮膚，滋養毛髮，猶如雨露灌漑草木一樣，名爲氣。

⑨ 《黃帝內經．靈樞．本藏篇》說：「人之血、氣、精、神者，所以奉生而周於性命者也。」人身的血、氣、精、神，是供養生命活動和保全性命的根本。

⑩ 以現代遺傳學的觀點而言，沒有兩個人的基因(Gene)是相同的。基因是指存在細胞內有複製能力的遺傳單位。所以，每一個人都是獨特唯一的個體生命。

第二節　牟子〈理惑論〉

一、牟子生平

自佛教傳入中土，〈理惑論〉（《弘明集》卷一）是中國最早的佛教論書，作者是牟子，根據〈理惑論〉的序文，牟子是東漢末年靈帝、獻帝時期的人①，他好學深思，博覽儒家經傳以及諸子的著作，雖然不喜歡兵法，仍然閱讀兵書，雖然也閱覽神仙不死的書，但是不相信神仙之說，認爲神仙道教荒誕虛僞。

牟子感嘆：老子絕聖棄智，修身養性，萬物不能干擾他的心志，不能改變他的志趣，天子不能以他爲臣，諸侯不能以他爲友，所以才顯得他的可貴。於是，牟子立志研習佛道，同時探究《道德經》，精思佛道，玩味五經，因而遭受世俗之徒的責難，認爲他背離儒家思想，轉向異端佛道。

面對世俗之徒的責難，他想與人爭辯，但是如此爭吵，就不合乎佛道精神了，想沈默不說，又不能任意隨之。於是，牟子以一問一答的方式，撰文著書，引用儒家和道家古聖先賢的話，印證和解說佛法，書名叫牟子理惑③。〈理惑論〉以格義的方式，調和匯通儒、道、佛三家思想，批判神仙道教，最終仍然推崇佛家，以佛爲宗。

二、何謂佛

或問曰：佛從何出生？寧有先祖及國邑不？皆何施行，狀何類乎？

牟子曰：……蓋聞佛化之爲狀也，積累道德數千億載，不可紀記。然臨得佛時，生於天竺，假形於白淨王夫人，晝寢夢乘白象，身有六牙，欣然悅之，遂感而孕。以四月八日從母右脅而生。墮地行七步，舉右手曰：天上天下，靡有踰我者也……太子有三十二相，八十種好，身長丈六……

年十九，二月八日夜半，呼車匿，勒犍陟跨之，鬼神扶舉，飛而出宮……太子曰：萬物無常，有存當亡。今欲學道，度脫十方。王知其彌堅，遂起而還，太子徑去，思道六年，遂成佛焉……其經戒續存，履能行之，亦得無爲，福流後世。持五戒者，一月六齋，齋之日，專心壹意，悔過自新。沙門持二百五十戒，日日齋，其戒非優婆塞所得聞也。威儀進止，與古之典禮無異……

〈理惑論〉一問一答，問者代表世俗之徒對佛教感到迷惑而提出的詰難，答者代表牟子對佛教的理解以及對世人詰難提出答辯。

有人問：佛在那裡出生？有沒有祖先，誕生在那個國家？佛有那些行爲表現？長像如何？

牟子說：佛出生於天竺（印度），佛的父親是淨飯王，四月八日誕生，貴爲太子，從小在王宮裡過著舒適的生活。佛年幼聰明，天文地理，樣樣精通，爲了接觸外面世界，多次離宮出遊，看見民間百姓的生老病死，大起悲心，於是，拋妻別子，出家學道，經過多年的苦修，淨心守戒，終於在菩提樹下，大徹大悟萬物無常。佛悟道後，開始傳教，爲的是拯救十方大衆，足跡遍佈恒河下游，達印度國境三分之一，先後長達四十九年。

佛教的經典和戒律，如果能夠遵照力行，可以達到清靜無爲的境界④，並且造福人群。持守五戒（不殺生、不偷盜、不邪淫、不妄語、不飲酒。）的信徒，一個月吃六天素齋，在齋戒日裡，專心一意，悔過自新。出家的比丘持守二百五十種戒律，每天都要吃素齋。沙門作佛事時，莊嚴隆重，與中國古代的典禮沒有什麼差異，比丘、比丘尼從早到晚講說佛法、誦經，不干預世俗事物。

值得注意的是，牟子以老子的「無爲」詮釋學佛持戒的精神境界。依老子的思想，無爲就是一種「致虛極，守靜篤」（《道德經》第十六章）的工夫表現，虛是空靈，靜是寧靜，致虛和守靜的工夫，主要針治私欲的紛擾，由於私欲作遂，使得人的內在精神不能安頓，所以，隨時隨地戮力於致虛和守靜，使我們的心靈寧靜，這種寧靜，不是與外界事物的隔絕，而是與天地萬物的動靜合一。

三、佛入中土

問曰：漢地始聞佛道，其所從出邪？

牟子曰：昔孝明皇帝夢見神人，身爲日光，飛在殿前，欣然悅之。明日，博問群臣：此爲何神？有通人傅毅曰：臣聞天竺有得道者，號之曰佛，飛行虛空，身有日光，殆將其神也。於是上悟，遣使者張騫、羽林郎中秦景，博士弟子王遵等十二人，於大月支寫佛經四十二章，藏在蘭臺石室第十四間。時於洛陽城西雍門外起佛寺，於其壁畫千乘萬騎，繞塔三匝，又於南宮清涼臺，及開陽城門上作佛像。

從史料的觀點而言，〈理惑論〉受到重視，主要是因爲書中談到「明帝求法」的故事。

關於佛教何時傳入中國？有各種說法，因爲初來中國的佛教，只有誦經祈禱，信仰這種外來宗教的人必然不多，乏人注意，所以，歷史沒有詳細的記載。然而，傳教的艱辛，必然經歷了一定時期的過程，才有正史的記載，明帝求法，《後漢書》中已有記載。不過，一般而論，佛教可分三個時期來華。

㈠漢武帝通西域，爲佛教來華的開始，漢武帝派遣張騫出使西域三十六國，西域就是今天的西藏一帶，佛教先傳到西域，再由西域傳入中國。

㈡漢哀帝元壽元年（公元前二年），大月氏（原居於現今甘肅敦煌與青海祁連之間，漢文帝時，西遷至現今伊梨河上游。）使者「伊存」來華，向博士弟子景盧講授佛經，正式傳法。

㈢後漢明帝派遣蔡愔到西域等地求經，高僧攝摩騰、竺法蘭等人東來譯經，到了洛陽，住在鴻臚寺，明帝又建白馬寺，爲講經的地方，因此，佛教的道場，稱爲寺。

值得注意的是，〈理惑論〉提到使者到大月支（氏）抄寫佛經四十二章，又爲《四十二章經》傳入提出不同的說法，或以為《四十二章經》是由印度僧人攝摩騰、竺法蘭所譯。

四、何謂佛道

問曰：何以正言佛？佛為何謂乎？

牟子曰：佛者，諡號也。猶名三皇神、五帝聖也。佛乃道德之元祖，神明之宗緒。佛之言覺也。恍惚變化，分身散體，或存或亡，能小能大，能圓能方，能老能少，能隱能彰，蹈火不燒，履刃不傷，在污不染，在禍無殃，欲行則飛，坐則揚光，故號為佛也。

問曰：何謂之為道，道何類也？

牟子曰：道之言導也，導人致於無為。牽之無前，引之無後，舉之無上，抑之無下，視之無形，聽之無聲。四表為大，綩綖其外，毫釐為細，間關其內，故謂之道。

佛的意譯是覺悟者，覺有自覺、覺他、覺行圓滿三種意義，意指完全圓滿覺悟宇宙人生的實相，並能教導衆生求得圓滿覺悟的聖者。牟子說：佛可以在一瞬之間變化，變大、變小、變老、變少，蹈火不會被灼傷，在利刃上行走不會受傷，遭遇災禍安然無恙。

值得注意的是，〈理惑論〉描述佛的神通，顯然的，是用莊子的思想詮釋佛的精神境界，《莊子・齊物論》說：

至人神矣，大澤焚而不能熱，河漢沍而不能寒，疾雷破山而不能傷……若然者，乘雲氣，騎日月，而遊乎四海之外。死生無變於己，而況利害之端乎！

莊子的「至人」，是一種理想人格的精神境界，至人的精神，與天地自然合一，至人無己，無私無我，清靜無為，沒有偏執，精神沈處於虛無神妙的境界。至人因為超越了人間的是非利害，融通自然，全守天性，精氣凝聚，生死的轉化變化不能影響他，何況是人間的相對利害。

牟子把佛教稱為佛道，「道」的意義就是「導」，佛道能夠導引信徒達到無為的境界。因為依循「道」，日常生活可以奉養雙親，治理國家可以管理百姓，個人獨處時可以修身養性。牟子又說道沒有形狀，沒有聲音，沒有界限。此一說法，明顯地以老莊思想詮釋佛法。《道德經》第十四章說：

視之不見，名曰夷，聽之不聞，名曰希，搏之不得，名曰微，此三者，不可致詰，故混而為一。

老子認為道是無色、無聲、無形，所以是看不到、聽不見、摸不著，無法詳問，甚至不可思議的形上道體。

五、人死更生，形盡神不滅

問曰：佛道言人死當復更生，僕不信此言之審也。牟子曰：人臨死，其家上屋呼之，死已，復呼誰？或曰：呼其魂魄。牟子曰：神還則生，不還，神何之乎？曰：成鬼神。牟子曰：是也，魂神固不滅矣，但身自朽爛耳。身譬如五穀之根葉，魂神如五穀之種實。根葉生必當死，種實豈有終亡？得道身滅耳。《老子》曰：吾所以有大患，以吾有身也。若吾無身，吾有何患？又曰：功成名遂身退，天之道也。

或曰：爲道亦死，不爲道亦死，有何異乎？

牟子曰：所謂無一日之善，而問終身之譽者也。有道雖死，神歸福堂。爲惡既死，神當其殃。愚夫闇於成事，賢智預於未萌。道與不道，如金比草，善之與惡，如白方黑，焉得不異，而言何異乎！

問者說佛教主張人死更生，六道輪迴，中土所未聞。

牟子說：中國古代，人剛死去，家人爬上屋頂呼叫他的名字⑤，此人已死呼喚誰呢？百姓會說：呼喚死者的魂魄。牟子說：神魂如果回來了，死人就會復活，如果神魂一去不回，到底何處去？百姓會說：人死變成了鬼神。牟子說：這就對了。神魂是不會死滅的，只是肉體會腐爛。肉體比如五穀的根葉，神魂好比五穀的種子。樹葉根莖有生必有死，種子不會滅亡，種子還會再生，得道的人也是如此，身死形盡而神不滅。

牟子以根葉與種實比喩形體與精神的關係，形體猶如五穀的根葉，神魂猶如五穀的種子。他的比喩除了要說明人死形盡神不滅之外，也爲佛教的因果報應和六道輪迴作詮釋。雖然這種比喩相當獨特，可是，卻有困難存在，我們不能將人的精神比喩爲種子，因爲種子是具體存在的物質，而精神不是物質，所以，不能用種子比喩精神。更何況種子發芽，長成根葉，開花結果，這時候的種子已經不存在了。但是，人的形神關係不同於植物的根葉與種子的關係，因爲植物的根葉是由種子發芽生長出來，但是，人的形體不是由精神所產生。雖然，種子可以開花結果，再生種子，可是，再生的種子已經不是原來的種子。既然如此，我們無法類比而論證人的神魂可以永遠不變，作為承受輪迴的主體。

也許有人會問：不求佛道者會死，求佛道的人也會死，兩者有何差別呢？

牟子說：修得佛道者雖然肉體難免一死，但是，死後的神魂終歸福堂；而為惡的人死了之後，他們的神魂必然遭受禍殃，這就是佛教的因果報應、六道輪迴。修佛道與不修佛道比較，好像黃金比草芥；行善與為惡相比，猶如光明比黑暗，怎麼會沒有差別呢？

問曰：孔子云：未能事人，焉能事鬼？未知生，焉知死？此聖人之所紀也。今佛家輒說生死之事，鬼神之務，此殆非聖喆之語也。

牟子曰：若子之言，所謂見外未務內者也。孔子疾子路不問本末，以此抑之耳。《孝經》曰：「為之宗廟，以鬼享之，春秋祭祀，以時思之。」又曰：生事愛敬，死事哀戚。豈不教人事鬼神，知生死哉？周公為武王請命曰：旦多才多藝，能事鬼神。夫何為也？佛經所說生死之趣，非此類乎？

孔子回答子路的問話，既沒有說不可以事鬼神，也沒有說不可以問死，只是說應該以事人為先，以人道為本，一個人如果不能以誠敬忠信事人或務民，不能以孝道事父母，又如何能以虔誠心意祭祀鬼神或祖先，父母在世不能孝順，父母死後祭拜何益？因此，孔子對生死鬼神問題，採取「存而不論，敬而不淫」的態度。而佛教卻喜歡談論生死和鬼神，這豈不是違背聖人之道？

牟子回答說：孔子批評子路處事不分本末輕重，所以，當子路問孔子如何祭祀鬼神時，作出「未能事人，焉能事鬼」的回答。其實，儒家是重視生死鬼神的。《孝經》以孝道貫通生死與鬼神，設立宗廟，祭祀祖先，春秋祭祀，按時追思去世的親人，父母在世時要敬愛孝順他們，父母死了以後要對他們表示哀慼，這難道不是讓世人事奉鬼神，了解生死嗎？從前，周公代理成王攝理朝政，在國都郊外祭天時，把他的先祖后稷配祀上天，又在明堂祭祀時，將父親文王配祀上帝。

《孝經》以爲人類的行爲，以孝道最爲重要，孝道的表現是敬愛父母。而敬愛父母，沒有比天子祭天的時候，將祖先配祀上帝更爲重要的。自古以來，只有周公做到最重大的孝道。

又據《史記．魯周公世家》記載：周武王姬發，是周文王的兒子，滅商紂，建立周王朝，武王滅商紂兩年後病重，周公想代替武王死，於是，向祖先請命，周公說：「旦巧能多才多藝，能事鬼神。」。可知，儒家並非不談生死鬼神之事，此與佛經所論生死鬼神，是同類相通之道。

〈理惑論〉以儒家重視祭祀，論證儒家也是主張「形盡神不滅」，此一說法，後來引發爭論，梁朝曹思文也以祭祀說明形盡神不滅，而范縝認爲祭祀只是聖人神道設教，祭祀只是孝道的行爲表現，並不足以論證形盡神不滅。

六、因果報應

僖負羈以一餐之惠，全其所居之閭；宣孟以一飯之故，活其不貲之軀。陰施出於不意，陽報皎如白日。況傾家財，發善意，其功德巍巍如嵩泰，悠悠如江海矣。懷善者應之以祚，狹惡者報之以殃，未有種稻而得麥，施禍而獲福者也。

〈理惑論〉以兩個歷史事例，說明因果報應。據《韓非子・十過》（亦見於《左傳・僖公二十三年》、《國語・晉語》）記載：從前晉國公子重耳流亡國外，經過曹國，曹國的君王聽聞重耳的脅骨駢連，偷看重耳洗澡，釐負羈和叔瞻⑥在曹君身邊侍奉，叔瞻勸曹君說：「重耳非平常人，偷看他洗澡，對他不禮貌，他如果當上君王，恐怕會報復，不如殺了他。」。曹君不聽。釐負羈回家把事情告訴妻子，他的妻子說：「重耳及其隨從，看來都有大才能，現在流亡在外，曹君對他無禮，一旦當了晉國君王，必定出兵討伐無禮的曹國，您要對他示好，以禮待之，有別於曹君。」。於是，釐負羈把黃金裝在壺裡，再裝滿食物，上面放了一塊玉璧，夜裡派人送給重耳。重耳公子表示感謝，接受食物，把玉璧退還。

後來，秦穆公幫助重耳返回晉國，立他為國君，三年後，派兵討伐曹國，派人告訴曹君（曹共公）說：「把叔瞻用繩子從城牆送出來，我要殺死他，陳屍示衆。」又派人告訴釐負羈說：「晉兵已到城下，我知道您不會逃難，請您在門閭上做個記號，我下令門閭上有標誌做記號的，不許官兵騷擾傷害。」曹國人聽到了這個好消息，帶領他們的親戚進入釐負羈所居住村里內避難的有七百多家，這是處事有禮的好報應。

又據《左傳・宣公二年》記載：秋天九月中旬，晉侯（晉靈公）請趙盾（趙宣子）飲酒，暗中埋伏士兵，想殺他。他的侍從提彌明早已知悉，就上殿對趙盾說：「人君陪君主喝酒，超過三杯是無禮，於是扶他下來，晉靈公改喚惡犬咬殺趙盾，提彌明把惡犬殺了，趙盾且戰且退，提彌明被晉兵殺死，正當趙盾危險之際，靈公的衛兵，名叫靈輒，把兵器轉向靈公的衛隊作戰，好讓趙盾逃走，趙盾非常驚訝，問他原因，靈輒說：「我就是當年桑樹底下飢餓的那個人。」。

當年，趙盾在首山打獵，在桑樹底下休息，看見飢餓的人就是靈輒，靈輒說：「我已經三天沒吃東西了。」趙盾把豐盛的食物給他吃，靈輒吃了一半，想把剩下的一半送給母親，趙盾叫他儘管吃完，另外送一籃的飯和肉給他母親。後來，靈輒成了晉靈公的衛兵，當趙盾危急時，適時幫助他，以示善意的回報。

牟子舉鰲負羈和趙盾爲例，說明只是無意中小小的施捨助人，尙且可以得到如此重大的善報，更何況佛家散盡家財，博施慈悲善心，其功德比泰山還高，比大海更深。心懷善意，慈悲助人的會得到善報；心存惡念，爲非作歹的人會得到惡報。沒有種稻子而得麥子，沒有爲惡而獲福的道理。

七、批判神仙道教

問曰：王喬、赤松八仙之籙，神書百七十卷，長生之事，與佛經豈同乎？

牟子曰：比其類，猶五霸之與五帝，陽貨之與仲尼；比其形，猶丘垤之與華恒，涓瀆之與江海，比其文，猶虎鞹之與羊皮，斑紵之與錦繡。道有九十六種，至於尊大，莫尚佛道也。神仙之書，聽之則洋洋盈耳，求其效，猶握風而捕影。是以大道所不取，無爲之所不貴，焉得同哉！

王喬，或稱王子喬，據劉向《列仙傳》說：王子喬是周靈王太子，名叫晉，喜歡吹笙，學鳳凰叫，在河南伊水、洛水一帶遊歷，神仙道士浮丘公把他接到嵩山修行三十多年，後來有人到嵩山找他，他對柏良說：請轉告我的家人，七月七日在緱氏山（又名緱嶺，在河南偃師）山頂等待我的出現。到時候，果然看到他乘白鶴在山頂上，可望而不可及，他舉手向親友告別，幾天後昇天成仙，親友在緱氏山下和嵩山山頂爲他設立祠堂。

赤松，又稱赤松子，據劉向《列仙傳》記載：赤松子是神農時代掌管雨的神仙，他服食水晶成仙，並把這種服食藥石成仙的修煉方法傳給神農。赤松子能在火中燃燒自己，他常到崑崙山上西王母的石室中。他可以隨著風雨到處飄遊，炎帝的女兒跟他修煉，也成了神仙。到了高辛的時代（傳說是黃帝的曾孫，堯的父親）又成爲雨師。

王喬、赤松代表神仙道術，講述長生不死。葛洪主張吐納導引、辟穀⑦、房中術、守一、服食金丹大藥，可以長生不死而成仙。牟子認爲神仙道教與佛教相比，猶如五霸比之五帝，陽貨比之孔子。有關神仙道術，聽起來令人嚮往，但是，認眞檢驗查證，都是虛言不實，捕風捉影。古人說吃五穀的聰明，吃草的愚呆，吃肉的強悍殘暴，食氣的長壽。世俗人不懂這些道理，看到一些禽獸冬眠，不吃不喝，誤以爲牠們辟穀食氣，就想仿效，全然不知萬物各有其特性，人與禽獸有別，萬物的壽命也各有不同，有的長壽，有的短命，要想修煉成仙，長生不死，是辦不到的，就像堯、舜、周公、孔子這樣偉大的聖人都不能百歲長命，更何況是愚昧的世人。

問曰：道家云：堯、舜、周、孔七十二弟子，皆不死而仙。佛家云：人皆當死，莫能免，何哉？

牟子曰：此妖妄之言，非聖人所語也。《老子》曰：天地尚不能長久，而況人乎？」孔子曰：「賢者避世。」、「仁孝常在。」。

吾覽六藝，觀傳記，堯有殂落，舜有蒼梧之山，禹有會稽之陵，伯夷、叔齊有首陽之墓，文王不及誅紂而沒，武王不能待成王大而崩，周公有改葬之篇⑧，仲尼有兩楹之夢⑨，伯魚有先父之年，子路有菹醢之語⑩，伯牛有亡命之文，曾參有啓足之詞，顏淵有不幸短命之記，苗而不秀之喻，皆著在經典，聖人至言也。吾以經傳爲證，世人爲驗，云而不死者，豈不惑哉！

神仙道術傳言堯舜、周公、孔子及其七十二弟子，皆不死而成仙。牟子認爲堯舜周孔等聖人不死而成仙，根本是妖妄之言。古代經傳從來沒有這樣記載。《道德經》第二十三章認爲天地都不能長久，何況是人！人的肉體生命，必有壽終的一天。

據《墨子・節葬下》記載：從前，堯到北方去教化八狄，死在路途中，就葬在蛩山（又作蛩山）。舜到西方去教化七戎，死在路途中，就葬在湖南零陵九疑山。禹到東方去教化九夷，死在路途中，就葬在紹興會稽山。伯夷、叔齊死在首陽山，周文王未誅伐商紂就死了，周成王未長大前周武王就死了。周公臨終時，希望死後葬在成周（西周的東都），表示自己不敢離開成王，周公死後，成王把他葬在畢（周文王葬於此），表示不敢以周公爲臣。孔子的兒子伯魚比孔子早死。

《禮記・檀弓上》記載：孔子一早起床，閒適悠然地在門口散步，唱歌：「泰山要崩坍了吧！棟樑要頹壞了吧！哲人要凋零了吧！」，唱完歌，走進屋內，對著門而坐，子貢聽到歌聲，說：「老師要生重病了吧！」。就趕快進入屋內，孔子說：「賜，你爲何來的這麼遲？夏代大斂後停柩在東階上，那是在主位上，殷人大斂後停柩在東西兩楹之間，那是位在賓主之間，周人大斂後停柩在西階上，那是把靈柩當作賓客了。而我是殷人後裔，前天夜晚夢見自己坐在兩楹之間。天下既沒有聖王的興起，有誰會讓我坐在兩楹之間最尊貴的位子呢？看來我是即將壽終了。」，孔子大約病了七天就逝世了。

《禮記・檀弓上》記載：孔子在正室前的中庭哭子路（表示孔子和子路有著親密的師生關係，如果師生不親，當哭於寢門外面。），有人來弔喪，孔子以主人的身份拜謝，哭過之後，召見來告的使者，問他子路是怎麼死的，使者說：「已經被斬成肉醬了。」。孔子馬上叫人把正要吃的肉醬倒掉，不忍吃肉，以示哀痛。

《論語・先進》記載：季康子問孔子說：弟子誰最好學？孔子說：顏回最好學，不幸短命死了，現在沒有像他這麼好學的人。

《論語・泰伯》記載：曾子生病，召集他的學生說：你們看我的腳，看我的手。詩經上說：戒愼恐懼，如臨深淵，如履薄冰，從今以後，身體髮膚，受之父母，不敢毀傷。

《論語・雍也》記載：伯牛生病，孔子去探望他，從窗口緊握著他的手，說：眞是沒道理，或許是命吧！這樣有德行的人會得（麻瘋）這種病。

從以上各種典籍的記載看來，世人都會死亡，那種認為肉體可以不死而成神仙的說法，豈不是很荒謬嗎？

從上得知，〈理惑論〉以下列五點，論證「形盡神不滅」：

㈠以中土傳統招魂（復）習俗，論證「神不滅」。

㈡以神魂比喻五穀的種子，肉體比喻五穀的根葉，根葉終歸衰亡，種子可以再生，論證「形盡神不滅」，而且生命可以更生。

㈢以儒家重視祖先祭祀，說明鬼神是存在的，亦即論證「神不滅」。

㈣以歷史事例，說明因果報應，善有善報，惡有惡報。說明因果業報，六道輪迴。

㈤以典籍所記為例，說明古聖先賢壽命尚不滿百，因此，人人必有一死（形盡），神仙不死是妄言虛誕。

八、調和匯通儒、釋、道思想

問曰：佛道至尊至大，堯舜周孔曷不修之乎？七經之中，不見其辭。子既耽詩書，悅禮樂，奚為復好佛道，喜異術，豈能踰經傳、美聖業哉！竊為君子不取也。

牟子曰：書不必孔丘之言，藥不必扁鵲之方，合義者從，愈病者良，君子博取眾善以輔其身。

調和儒、釋、道三家思想，是中國佛教的特色之一，問者認為牟子既然熟讀詩、書，喜愛禮、樂，怎能棄儒而向佛，還著書弘揚佛法？

牟子認爲學者應該博覽諸子經傳，吸收各家學說的優點，不斷充實自己，猶如生病吃藥，不必非吃扁鵲的藥，只要能治好疾病的藥就是良藥，各家思想，只要合乎義理就應接受，君子博取衆善以修其身。

雖然牟子強調君子應該博取衆善，不過，儒家學者對沙門的非難仍然強烈，主要有三個問題遭到非議：

㈠**比丘剃度，有違孝道**：沙門斷髮，違背儒家所說的「身體髮膚，受之父母，不敢毀傷。」的主張。牟子舉泰伯（泰伯是周太王長子，太王欲立幼子季歷，泰伯和弟弟仲雍走避江南，斷髮文身，依照當地風俗生活。）爲例，泰伯雖然斷髮文身，可是，孔子仍然稱讚泰伯的品德高尙，所以，一個人只要有崇高的品德，就不應批評他的小節。沙門不近聲色，放棄財產，清靜修行，品德高尙，何必再非難他們斷髮剃度。

㈡**沙門出家，沒有子嗣，是最大的不孝**：比丘終身不娶，違背孝道，有什麼意義嗎？牟子舉伯夷、叔齊餓死在首陽山中，孔子還稱讚他們是求仁得仁，並沒有批評他們沒有子嗣是不孝。沙門清靜修行，普渡衆生，放棄家庭的生活，不求人間的歡樂，這種高尙的道德，難道不值得我們尊敬嗎？

㈢**沙門穿袈裟，露右肩，不行應有禮節**：沙門的儀容舉止，爲什麼要違背現有的言行規範？牟子認爲遠古的三皇時代，古人吃獸肉，只披獸皮，生活簡單質樸，卻受到後人的嚮往和稱讚，沙門的儀容舉止，類似三皇時代的簡樸。牟子強調信奉佛教，不必放棄周、孔之道，只是人各有志，周、孔以治國平天下爲己任；佛、老以清靜修己爲志向，不同的學說，適用於不同的志向，道理可以並行而不背。

值得注意的是，〈理惑論〉爲沙門辯護的問題，在東晉時期，又引發了爭論，庾冰和桓玄等人強調沙門應向王者跪拜，慧遠爲此撰寫〈沙門不敬王者論〉（《弘明集》卷五），他主張在家信衆應服從禮法規範，而出家的沙門已經不是平常百姓，不需要再遵從世俗的禮法規範。此外，鎭南將軍何無忌撰寫〈難袒服論〉，批評僧人披袈裟、露右肩於禮不合，慧遠撰寫〈沙門袒服論〉和〈答何鎭南書〉（《弘明集》卷五），慧遠強調雖然印度與中國的風俗習慣有所不同，只要力行儒家的仁道和佛家的慈悲，就可以使天下大同，物我齊一，無所謂貴賤優劣的差別。慧遠調和儒、釋、道三家思想，並爲沙門辯護的做法，實淵源於〈理惑論〉。

〈理惑論〉之後，尚有晉代的孫綽⑪，著〈喻道論〉（《弘明集》卷三），更強調周公、孔子即是佛，佛就是周公、孔子，儒家與佛家沒有根本不同的差異。

九、佛是體道者

〈喻道論〉云：

纏束世教之內，肆觀周、孔之跡，謂至德窮於堯舜，微言盡乎老、易，焉復睹夫方外之妙趣，寰中之玄照乎？悲夫……夫佛也者，體道者也。道也者，導物者也，應感順通，無爲而無不爲者也。無爲，故虛寂自然；無不爲，故神化萬物。

孫綽認爲那些深受儒家禮教約束的人，有些人對佛教持懷疑的態度，往往只知道周公、孔子的教化，以爲老莊、周易、孔孟是大道，堯舜是至德，完全不知道佛教的玄妙義理，眞是可悲可嘆！所謂「佛」，即是「體道者」，所謂「道」，就是能夠導引萬物的法則，「道」對萬物，感通順應，無爲而無不爲，因其無爲，所以虛寂而自然，因其無不爲，所以能神妙化生萬物。

十、因果報應，昭然不假

且君明臣公，世清理治，猶能令善惡得所，曲直不濫，況神明所涖，無遠近幽深，聰明正直，罰惡祐善者哉！故毫釐之功，錙銖之釁，報應之期，不可得而差矣！歷觀古今禍福之證，皆有由緣，載籍昭然，豈可掩哉！何者陰謀之門，子孫不昌，三世之將，道家明忌？斯非兵凶戰危，積殺之所致邪？

若夫魏顆從治，而致結草之報，子都守信，而受驄驥之錫，齊襄委罪，故有墜車之禍，晉惠棄禮，故有弊韓之困，斯皆死者報生之驗也。至於宣孟愍翳之飢，漂母哀淮陰之憊，並以一餐拯其懸餒，而趙蒙倒戈之祐，母荷千金之賞，斯一獲萬，報不踰世。故立德暗昧之中，而慶彰萬物之上，陰行陽曜，自然之勢。譬猶灑粒於土壤，而納百倍之收，地穀無情於人，而自然之利至也。

孫綽以爲聖王在世，百官清廉公正，一切奸邪罪犯都會遭受應得的懲罰和罪刑，而那些賢良善舉必定受到表揚和獎勵。既然在聖王治世，能夠善賞惡罰，善人惡人都會各得果報，更何況神明無所不知，神通廣大，洞燭幽微，神明是絕對睿智正直，神明賞善罰惡無所偏漏，即使小善小惡，也都會得到應有的報應。

綜觀古今的善惡報應，都有其前因後果，史籍所載，昭然不假，豈可掩飾不明。在歷史上，凡是陰謀政變，殺人奪權者，子孫不昌，三世武將，向來是道家非常避諱的，這些現象都是殺人太多所致的惡果報應，舉例說明之。

據《春秋左傳．宣公十有五年》記載：秋七月時，秦桓公伐晉，到達輔氏（屬晉地，現今陝西朝邑縣西北十三里，有輔氏城。）壬午這一天，晉侯在稷（現今山西稷山縣南五十里，有稷神山，山下有稷亭，晉侯在此治兵。）操練軍隊，之後侵略狄國，立了黎侯就班師回來。到了雒（屬晉地，現今陝西北部。），魏犨的兒子魏顆在輔氏打敗了秦國的軍隊，捕獲秦國武士杜回。

在此之前，魏犨有一位愛妾，這個妾沒有生孩子，魏犨有一次生病時，告訴魏顆說：「我死了以後，把這個妾嫁人。」，等到病重時，又改口說：「我死了以後，要殺死她爲我殉葬。」。等到魏犨死了以後，魏顆讓她改嫁，魏顆說：「病重的時候，內心迷亂，我是遵從他未病重時內心不迷亂的命令。」。

到了輔氏之戰時，魏顆看見有一位老人把草拴縛成捆，以抵抗杜回，杜回被草絆倒，被魏顆捕獲。夜晚，魏顆夢見老人說話，老人說：「我是你讓她改嫁的那位妾婦的父親，你遵守你先父未病重時的命令，所以，我來報答你的恩德。」。

據《春秋左傳・莊公八年》記載：齊侯派連稱和管至父率領軍隊駐守葵丘（葵丘屬齊地，在今山東臨淄縣西三十里。），齊襄公對他們說：「過一年就派人代替他們。」，一年過後，齊襄公既不派人代替他們，兩人請求襄公派人來戍守也不允許，於是，他們陰謀發動政變。

齊僖公的同母弟弟，名叫夷仲年，他生了公孫無知，深得僖公的寵愛，所穿的服飾和所行的禮節如同太子一樣。襄公繼位以後，削減公孫無知的各種待遇，因此，連稱和管至父就利用公孫無知來造反。連稱有一位姪女在襄公的宮中，不得襄公寵幸，連稱叫她暗中窺視襄公的一舉一動，對她說：「如果政變成功，我將使妳成爲齊侯的夫人。」。

到了冬天十二月，齊襄公到姑棼（在今山東省博興縣東北十五里博姑城）遊歷，在貝丘打獵，看見一隻大野豬，侍從說：「那是公子彭生。」（桓公十八年，齊襄公命公子彭生殺死魯桓公，之後，公子彭生被齊襄公殺害。），襄公生氣說：「彭生竟敢顯現！」，拔箭射去，野豬像人一樣站立哭叫，襄公害怕，從車上摔了下來，腳受傷，鞋子遺失了。

襄公回到宮中，向太監費要鞋子穿，費一時找不到鞋子，襄公拿皮鞭打他，流了很多血，費往宮外逃，在宮門遇到叛賊，叛賊把他攔住，並準備把他綑綁起來，費說：「我不是侍候襄公的臣子。」

於是，解開衣服，給他們看背上流的血，叛賊相信了。費向叛賊請求，讓他先進入宮內，他進入宮，先把襄公藏起來，再出去與叛賊戰鬥，在門間被殺死，石之紛如（齊國小臣）也在台階下面被殺死，叛賊入宮中，把孟陽殺死在襄公的床上（孟陽是齊國小臣，假扮襄公，睡在床上。）叛賊說：「這人不像是國君。」，看見襄公的腳露在門板下面，就弒殺了襄公，立公孫無知爲國君。

據《春秋左傳．僖公十年》記載：晉惠公改葬太子申生（申生是晉獻公的太子，獻公寵驪姬，欲立姬子奚齊，使申生居曲沃，驪姬復進讒言，公將殺之，公子重耳勸逃，申生說：「不可，君謂我欲弒君，天下豈有無父之國？」申生自殺。）。秋天，狐突（狐突是重耳舅父）去曲沃，遇到申生（申生已死，此乃所謂鬼魂）叫他駕車，告訴他說：「夷吾無禮，我已向上帝請求，將把晉國讓給秦國，秦國將會祭祀我。」。狐突回答說：「我聽說鬼神不享受不同族的祭祀，人民也不祭祀不同族的鬼神，你所享的祭祀不是要斷絕了嗎？況且人民並沒有什麼罪過，你因不滿夷吾而對人民濫施刑罰，又把晉國讓給秦國而自絕應享的祭祀，你還是再深思熟慮吧！」。太子申生說：「好吧！我考慮後再向上帝請求，七天之後，在曲沃的西邊，將有一位巫師出現，你可以由他見到我。」，狐突同意他，申生就消失不見了。七天後，狐突到了曲沃西邊，申生告訴他說：「上帝准許我討伐有罪的人，使他在韓打敗仗。」（韓即韓原，屬晉地。）

又據《史記．淮陰侯列傳》記載：韓信，甚貧，釣於城下，諸母漂（以水澄物，韋昭曰：以水擊絮爲漂。），有一位太太見韓信飢餓，常給他飯吃，長達數十日，韓信對她說：「我以後一定要好好報答您。」」，這位太太生氣說：「大丈夫不能自食其力，我可憐你，才給你飯吃，那敢奢望你的報答。」」。漢五年正月，韓信爲楚王，召見從前常給他東西吃的這位太太，賞賜千金給她。（韓信是漢初三傑之一，淮陰人，幫助高祖建立功業，封爲楚王，後爲呂后所殺。）

以上所舉事例，都是現世報，因果報應不過一世，所以，凡是爲善積德，或是爲惡積禍，遲早都會得到報應。猶如把五穀的種子播種在地裡，會得到百倍的收獲，土地和五穀並非有意報答於人，但是，播種必定會得到收穫，是自然的結果，播種是因，收穫是果，這是因果報應。

十一、周孔即佛，佛即周孔

或難曰：周、孔適時而教，佛欲頓去之，將何以懲暴止姦，統理群生者哉？

答曰：不然，周、孔即佛，佛即周、孔，蓋外內名耳。故在皇爲皇，在王爲王。佛者梵語，晉訓覺也。覺之爲義，悟物之謂。猶孟軻以聖人爲先覺，其旨一也。應世軌物，蓋亦隨時。周、孔救極蔽，佛教明其本耳。

孫綽強調周公、孔子和佛家沒有根本的不同，甚至可以說，儒家的周、孔就是佛，佛就是周、孔。所謂「佛」，意謂爲「覺」，所謂「覺」，就是對宇宙和人生的覺悟，佛是對宇宙和人生覺悟的人，就像孟子以聖人爲先知先覺，佛與周、孔，都是先知先覺，都是聖人。

當然，佛教和儒家教化也有一些差異，儒家注重正人心，治亂世；而佛教注重究明根本，探究心性奧理，兩者可以相互爲用，相爲表裡，其宗旨沒有本質上的差別，即使有所不同，也是因爲時空環境客觀因素不同，所表現的教化形式略有不同而已。

還有一些人詰難說：孔子儒教，以孝爲首，最重後代子嗣，而佛教提倡出家，沒有家庭親情，這種主張實在違背世道人心。孫綽強調眞正的孝道是使父母高興歡心，能夠舉世尊崇，光宗耀祖，才是眞正的孝。在歷史上，忠孝往往不能兩全。例如：泰伯是周太王長子，有弟弟仲雍、季歷，季歷娶太任，生昌（即周文王），太王說：「我世當有興者，其在昌乎！」。泰伯知道太王欲立季歷以傳昌，遂與仲雍奔荆蠻，文身斷髮，以讓季歷。伯夷、叔齊，餓死在首陽山，沒有繼承王位，孔子尚稱讚他們仁賢。

伯夷、叔齋是殷商孤竹君的兩位兒子，相傳父親遺命，欲立次子叔齊爲君，孤竹君死後，兩人相互謙讓，都不願登位，先後逃到周國。武王伐紂時，兩人曾阻止無效，武王滅商後，他們恥食周粟，逃到首陽山，採食山野果菜而餓死。

又據《春秋左傳・隱公元年》記載：鄭莊公把他的母親姜氏置在城潁，發誓說：「不到黃泉，不要相見。」後來反悔了。潁考叔是典守潁谷（現今河南省登豐縣）的官吏，建議莊公與母親在挖開地面的隧道中相見。人人都說潁考叔是誠篤的孝子，把孝心推及莊公。從上事例得知，佛陀雖然出家，修道成佛，教化衆生，是眞正的大孝。

或許有人認爲儒家講孝，佛教不講孝，其實不然，佛教也是講孝的。在佛教經典中，時常提到孝順父母，例如：《梵網經》卷下說：「孝順父母、師、僧三寶。」，《觀無量壽經》說：「孝養父母，奉事師長。」，《心地觀經》卷三說：「慈父悲母長養恩，一切男女皆安樂，慈父恩高如山王，悲母恩深如大海。」。此外，還有《佛說孝子經》⑫，《佛說睒子經》⑬，《佛說父母恩重難報經》、《地藏菩薩本願經》⑭、《佛說盂蘭盆經》等，可說是佛教中的孝經，尤其以《佛說盂蘭盆經》和《地藏菩薩本願經》影響中國民俗與人心，非常深遠。

據傳「盂蘭盆會」始於梁武帝蕭衍，此後成爲民間風俗，每年農曆七月十五日，佛寺都要舉辦設齋供僧、誦經法會等宗教活動，而一般民衆則主要祭祀祖先亡靈或所謂孤魂野鬼。《佛說盂蘭盆經》講述佛陀的大弟子目犍連經過修練苦行，修得六神通的能力時，想要救度他的父母，以報答父母的養育之恩。他用天眼望去，看見母親在餓鬼道中，沒有食物可吃，瘦得皮包骨。目犍連悲傷萬分，拿他的缽盛飯，送給母親，他母親左手護缽，右手抓飯。可是，飯未入口，就化成火炭，目犍連痛哭，向佛稟告此事。

佛陀告訴他：你母親生前本性慳貪，所造罪業深重，非你一人所能救度，只有靠十方僧衆的神威大力，才能解脫。當七月十五日時，準備各種飯菜果品，各種生活器具，把世上最美味的東西放入盆中，供養十方僧衆。如果有人供養這些僧衆，那麼，他的現世父母、六親眷屬，都能脫離畜生、餓鬼、地獄三道之苦。如果他的父母還健在，可使他們長命百歲、幸福快樂。已故的七世父母也會依此功德而化生天界。

此時，佛陀敕令十方僧衆，先爲準備飯菜的施主念咒祝願，並攝心觀想，令咒願實現，使施主的七世父母脫離三惡道。當時，目犍連非常歡喜，他的母親當天就解脫在餓鬼道所受的痛苦。佛說：凡是佛門弟子應該時常不忘親生父母及已故七世父母，每年七月十五日，設盂蘭盆供給十方僧衆，使他們脫離三惡道之苦，轉生人道或天道，享受無窮福樂，以報答父母養育之恩。

佛教認爲父母對子女有十種養育恩德，《佛說父母恩重難報經》說：第一是懷胎守護恩；第二是臨產受苦恩；第三是生子忘憂恩；第四是咽苦吐甘恩；第五是回乾就濕恩；第六是哺乳養育恩；第七是洗濯不淨恩；第八是遠行憶念恩；第九是深加體恤恩；第十是究竟憐愍恩。

父母對子女有這麼大的恩德，子女如何報答父母的養育之恩呢？佛陀告訴弟子，要報答父母之恩，要爲父母書寫此經，要爲父母誦讀此經，要爲父母懺悔罪愆，要爲父母供養佛法僧三寶，要爲父母受持齋戒，要爲父母布施財物修福，如果能夠做到以上六項，就是孝順子女，否則，死後要入地獄。

佛陀告訴阿難說：不孝之人，身壞命終，墮於阿鼻無間地獄。

總之，〈喻道論〉除了說明佛教也是提倡孝道外，認爲周、孔即佛，佛即周、孔。更強調「神明」無所不知，神明是絕對的睿智公正無私，神明對人賞善罰惡，毫無遺漏，即使點滴之善，毫釐之惡，都會得到相應的因果報應，史實可以明證，猶如種子是因，開花結成果實是果，種瓜得瓜，種豆得豆，是自然的道理。

【註釋】

①梁啓超認爲〈理惑論〉是僞作，作者應該是晉宋時代的人，不是後漢人士，梁啓超著〈牟子理惑論辨僞〉一文，主張該書是東晉、劉宋之間的人僞託後漢牟融之名而作。呂徵在《中國佛學源流略講》一書中也認爲〈理惑論〉的作者不是東漢末年之人，成書約在晉宋之間，算是僞作。但是，胡適在《論牟子理惑論．寄周叔迦先生》一文中認爲〈理惑論〉文字明暢謹嚴，在漢魏之間算得上是好文學。湯用彤在《漢魏兩晉南北朝佛教史．第四章漢代佛法之流布》中說：「牟子之眞僞爲東西學者所聚訟，茲細繹之，疑爲僞書者，所持理由，多不確實，而其序文所載史事，不但與史書符合，且可補正史之闕。」。

②交州原爲交趾，東漢建安八年，改交趾爲交州，治所在現今廣西梧州市，不久遷到番禺，即現今廣東省廣州市。

③據《高僧傳》卷四云：「竺法雅，河間人，凝正有器度，少喜外學，長通佛理，衣冠士子，咸附諮稟。時依雅門徒，並世典有功，未善佛理。雅乃與康法朗等，以經中事數，擬配外書，爲生解之例，謂之格義。」。所謂「格義」，就是引用中國傳統文化固有的哲學概念，解釋佛教經論裡的類似概念，希望藉此方法消除了解佛經的隔閡，使人易於接受外來的佛教，這種理解佛教教義的方法，相傳是由竺法雅、康法朗等人基於講法上的方便而開始採用的。然而，從史料的觀點來看，牟子〈理惑論〉是中國佛教史上最先使用格義方法的論書，全書幾乎都是引用老莊道家和儒家經典的思想概念和命題解釋佛教教義。

〈理惑論〉調和匯通儒、道、佛三家思想，批判神仙道教，最後，仍然推崇佛，以佛爲宗，牟子說：「佛神力無方，堯舜周孔焉能捨而不學？」。

④無爲是老子的思想，《道德經》四十八章說：「爲學日益，爲道日損，損之又損，以至於無爲。」。修道的工夫，是內在精神的體驗，要逐漸消除私欲，把私欲減少到最低，達到無欲和無爲。

⑤《禮記．禮運》云：「及其死也，升屋而號，告曰：皋，某復。」，〈檀弓下〉云：「復，盡愛之道也。」，〈喪大記〉云：「復，皆升自東榮，中屋履危，北面三號，卷衣投於前，司服受之，降自西北榮……凡復，男子稱名，婦人稱字。」。「復」就是招魂，表現依依不捨的無限之愛，父母死的時候，招魂的人就登上屋頂，向天空喊叫：某人啊！你該回來呀！無論死者的身份貴賤如何，招魂的人都從東南方的簷角爬上屋，在屋脊的正中央用竹竿揭起衣服，向北方大喊死者三次，然後捲好衣服，擲向屋簷下，平日掌管衣服的人把衣服接住，覆在死者身上，招魂的人從西北角的屋簷下來。死者如果是男性，就喊叫他的名，死者如果是女性，就喊叫他的字。先民認爲死亡是神魂離開肉體，而親人總是希望死者的神魂能夠回來而復活，所以有招魂之舉。此一風俗流傳至今，現今，若有人在外橫死（溺水、車禍等意外），親屬將請宗教神職人員至橫死現場招魂，世俗相信招魂可免橫死者之魂遊盪在外而沒有歸宿，甚至害人。

⑥公子重耳，是春秋時代晉獻公之子。獻公寵幸驪姬，殺害世子申生，重耳逃亡各國，長達十九年。終獲秦穆公的幫助，返回晉國即位爲文公。叔瞻是鄭國大夫，《韓非子．十過》誤把叔瞻諫鄭文公勿以無禮

待重耳之事，誤以為是曹君侍臣。

⑦牟子說他在未學佛之前，也曾經學過辟穀，辟穀的方法很多種，但都無效。牟子說他曾拜三位老師學辟穀，他們自稱七百歲、五百歲、三百歲，可是跟他們學不到三年，他們就一一死亡。因為他們不吃五穀，只吃各種野果，吃肉喝酒，導致精神昏亂，又不禁邪淫，加速老化而死。

⑧《史記・魯周公世家》云：「周公在豐，病將沒，曰必葬我成周，以明吾不敢離成王。周公既卒，成王亦讓葬周公於畢，從文王以明予小子不敢臣周公也。」。

⑨古代除了君王坐在兩楹之間，只有商代人死大斂後停柩在兩楹之間。孔子知道不可能被尊為君王，但他又是殷人的後裔，那就只有死了大斂後停柩，才會在東西兩楹之間，堂上之位以此為尊。

⑩子路在衛國作邑宰，衛國內亂，子路遇害。詳見《左傳・哀公十五年》。

⑪孫綽，晉太原中都人，字興公，博學善屬文，性通率，居會稽，游放山水十餘年，作〈遂初賦〉，以寄其意，又作〈天台山賦〉，自云擲地當作金石聲，後官景安令，轉廷尉卿，領著作以終。

⑫《佛說孝子經》講述為孝之道，子女僅以衣食供養父母，並不算孝順，孝在於讓父母立志向佛，奉行五戒，使父母處世常安樂，壽終往生天道。

⑬《佛說睒子經》講述佛在過去數世之前，生為兩眼全盲的夫妻之子，取名為睒，某日，父母想喝水，睒披上鹿皮，到溪邊取水，被迦夷國王誤以為是鹿而射中毒箭，當他的父母抱起睒時，仰天喊叫：「如果天地知道睒是孝子，毒箭當拔出，中毒之痛當除，睒應復活。」，終於，釋梵天王來救他，使睒死而復

活，他的父母聽到睒復活也兩眼恢復視力。

⑭《地藏菩薩本願經・觀衆生業緣品》說：「衆生如果不孝順父母親，甚至殺害他們，應當墮入無間地獄，即使經過千萬億劫，要想出地獄，也是沒有希望的。」，〈閻浮衆生業感品〉說：「如果遇見違逆父母的人，就對他們說：你將來要受到水災、火災、雷劈等惡報。」。

第三節　羅含〈更生論〉

一、生平

據《晉書·列傳第六十二》記載：羅含，字君章，東晉桂陽耒陽（今湖南耒陽）人。曾祖父羅彥，曾任臨海太守，父親羅綏，曾任滎陽太守，羅含幼孤，爲叔母朱氏撫養長大，年少而有大志。

羅含任宜都太守時，被桓溫（當時爲南郡公）引薦爲郎中令，後來官至侍中、廷尉、長沙相。年老辭官時，加封中散大夫。羅含爲官時，官舍的大廳常有一白雀棲息，辭官還家後，家中庭院忽然蘭、菊茂盛叢生，世人以爲羅含德行感動天地之故，享年七十七歲。現存著作有〈更生論〉和〈答孫安國書〉兩篇文章，收錄在《弘明集》卷五。

二、更生的意義與來源

羅含著〈更生論〉，主要的重點是「更生」，〈更生論〉說：

萬物不更生，則天地有終矣，天地不爲有終，則更生可知矣。

從〈更生論〉的意旨而言，羅含所謂「更生」，意指人死可以重生、復生或再生。而「更生」二字，初見於《莊子・達生》：

> 生之來不能卻，其去不能止……夫欲免爲形者，莫如棄世。棄世則无累，无累則正平，正平則與彼更生，更生則幾矣。

〈達生〉認爲生命來臨了，我們不能拒絕，生命離去了，我們不能阻止。換言之，生是自然的生，死也是自然的死，我們既不能拒絕生，也不能阻止死亡。要想免於爲形體而勞累，就要捨棄俗世，捨棄俗世就沒有勞累，沒有勞累就可以心正氣平，心正氣平就可以和自然一起變化更新，和自然一起變化更新就近於道了。可知，《莊子・達生》所謂「更生」，與羅含所說的「更生」，兩者意義不同。不過，值得注意的是，郭象在《莊子・養生主》的注文中，言及「更生」二字。郭象說：

> 人之生也，一息一得耳。向息非今息……前火非後火，故爲薪而火傳，火傳而命續，由夫養而得其極也，世豈知其盡而更生哉！

郭象以「更生」來注解〈養生主〉所謂「指窮於爲薪，火傳也，不知其盡也。」，比較接近羅含的意思，但是，兩者也有很大的差異。郭象認爲「向息非今昔」、「前火非後火」，以薪盡火傳說更生；而羅含卻認爲「今我故昔我」、「今生之生，爲即昔生。」，更生前的我，與更生後的我，完全相同。

此外，王充在《論衡・論死》也提到更生，王充說：

> 天地之性，能更生火，不能使滅火復燃；能更生人，不能令死人復見。能使滅火更爲燃火，吾

乃頗疑死人能復爲形。案火滅不能復燃以況之，死人不能復爲鬼，明矣。

王充論死，認爲死人不爲鬼，無知，不能害人。因爲天地自然的本性，能不斷產生新的火，卻不能讓已經熄滅的火重新燃燒；能不斷生出新的生命，卻不能使死人重新活過來。根據火熄滅不能再燃燒來看，人死了不能再變成鬼，是很明白的道理。王充所謂的更生，意指能再生出同類的火或人，卻不能再生出完全相同的火或人。可知，王充與羅含對更生的解說不相同。

與羅含「更生」意義比較近似的，是牟子的〈理惑論〉，〈理惑論〉說：

問曰：佛道言人死當復更生，僕不信此言之審也……牟子曰：是也，魂神固不滅矣，但身自朽爛耳。身譬如五穀之根葉，魂神如五穀之種實。根葉生必當死，種實豈有終亡？

佛教主張人死更生，六道輪迴思想，中土所未聞。牟子認爲人死神魂是不會消滅的，只是肉體會朽爛。肉體好比五穀的根葉，神魂好比五穀的種子。樹葉根莖必會朽爛，種子不會滅亡，種子入土後再生新芽。〈理惑論〉依佛教因果業報、六道輪迴講更生，而羅含卻認爲「今我故昔我」、「今生之生，爲即昔生。」，兩者還是有所差異。

三、〈更生論〉的思想淵源

綜觀〈更生論〉全文，其思想淵源有三：

㈠老子的生死觀：老子說：

反者道之動……天下萬物生於有，有生於無。《道德經四十章》

生命的現象是循環，就是「反」，循環是道的運行，道的運行不息，造成萬物生死的不斷循環。萬物生於「有」，「有」生於「無」，「無」就是形而上的道體，「有」就是宇宙渾元之氣。可知，羅含所謂「更生」，其思想淵源就是老子的「反」，這個「反」，是「道」之動。

㈡莊子的生死觀：從哲學的宇宙觀而言，莊子認爲生死只是氣的聚散離合，《莊子・天地》說：

泰初有旡，旡有旡名，一之所起，有一而未形。物得以生，謂之德，未形者有分，且然旡間，謂之命，留動而生物，物成生理，謂之形，形體保神，各有儀則，謂之性。

《莊子・知北遊》說：

生也死之徒，死也生之始，孰知其紀。人之生，氣之聚也，聚則爲生，散則爲死，若死生爲徒，吾又何患，故萬物一也……故曰通天下一氣耳。

《莊子・至樂》說：

羅含所謂「彼我有成分」，近似於《莊子・天地》所謂「形體保神，各有儀則，謂之性。」。羅含所謂「聚散隱顯，環轉於無窮之塗。」，近似於《莊子・知北遊》所謂「人之生，氣之聚也，聚則爲生，散則爲死。」。羅含所謂「齊死生」，近似於莊子所謂「生也死之徒，死也生之始，孰知其紀！」。羅含所謂「死生爲寤寐」，近似於莊子所謂「死生爲晝夜」（《莊子・至樂》）。羅含所謂「更生」，近似莊子所謂「指窮於爲薪，火傳也，不知其盡也。」（《莊子・養生主》）。

㈢裴頠的〈崇有論〉：羅含強調「有者不可滅而爲無」，明顯受到裴頠〈崇有論〉的影響。〈崇有論〉說：

夫總混群本，宗極之道也。方以族異，庶類之品也。形象著分，有生之體也……是以生而可尋，所謂理也，理之所體，所謂有也。

貴無論者認爲「無」是宗極之道，以「無」爲道，以「無」爲本。裴頠認爲「總混群本」才是宗極之道，以現代的話來說，「總混群本」就是宇宙天地萬物，宇宙天地萬物是具體存在的「有」，不是形而上的「有」。換言之，「有」的表現是個體的事物，每一個具體的事物都是「有」。裴頠認爲老子所謂「有生於無」，是沒有根據的說法，「有生於無」是不能成立的。〈崇有論〉說：

夫至無者無以能生，故始生者自生也。自生而必體有，則有遺而生虧矣。生以有爲己分，則虛無是有之所謂遺者也。故養既化之有，非無用之所能全也，理既有之眾，非無爲之所能循也。心非事也，而制事必由於心，然不可以制事以非事，謂心爲無也。

裴頠強調「無」和「有」都是就具體存在的事物而言，例如我問你：你現在身上有沒有錢？你只要回答有或沒有，有或沒有（無）都是指現在身上有或沒有錢而言，如果你回答說你身上有手錶，這種回答是沒有意義的。因此，裴頠認爲「至無」就是什麼都沒有，既然什麼都沒有，又說「至無」能生萬物，其實等於說萬物是自然而然生出來的（自生），也就是說「無能生有」是一句沒有意義的廢話。萬物自然而生就是「有」的體現，如果「有」遺缺不存，表示萬物的生存虧闕不全。所謂「虛無」，就是「有」的遺缺。

四、天地無窮，萬物更生的思想論證

〈更生論〉說：

善哉！向生之言曰：天者何？萬物之總名，人者何？天中之一物。因此以談，今萬物有數，而天地無窮，然則無窮之變，未始出於萬物，萬物不更生，則天地有終矣，天地不爲有終，則更生可知矣。

〈更生論〉第一段一開始就引用向秀《莊子注》的文句，說明天地以全體萬物爲總名稱。換言之，全體萬物的生存就是天地的存在，天地與萬物應該一起生存一起存在。而人類只是天地萬物之一，人與其他萬物沒有太大的差別。

值得注意的是，羅含強調兩點：㈠是「天地無窮」，㈡是「萬物有定數」。尤其是「天地無窮」，代表羅含的形上學思想。換言之，「天地無窮」是羅含對宇宙人生的終極解釋，如以英國哲學家柯靈悟(R. G Collingwood, 1889-1943 A. D.)的觀點而言，「天地無窮」是羅含對宇宙人生的一種絕對預設(Absolute presuppositions)如果說天地是無窮盡的，而萬物卻是有限數的，顯然違反了「天地應該與萬物同生同在。」的前提。羅含認爲要解決這個矛盾，萬物必須更生。所以，羅含說：萬物如果不更生，則天地有終盡，但是，天地是無窮盡的，因此可知，萬物必須更生。因爲物的生命有定限，必須生而又生，一直無終無盡的更生下去，才能與天地同樣無窮，羅含這種思想論證，近似邏輯的「歸謬證法」①，「歸謬證法」又稱「間接證法」(indirect proof)。吾人說明如左：

已知前提：

天地與萬物同生同在

天地無窮

假設：萬物不更生

論證：若萬物不更生，則萬物有窮盡

已知天地無窮

若萬物有窮盡，則不與天地同生同在

與已知前提矛盾，故假設為假

結論：因此，萬物更生

從歸繆證法得知，羅含肯定「天地無窮」，因此，結論出「萬物更生」。

五、人物有定數，彼我有成分，有不可滅而為無的思想論證

羅含論證「天地無窮，萬物更生。」之後，再提出第二個思想論證，就是「人物有定數，彼我有成分，有不可滅而為無。」，〈更生論〉說：

尋諸舊論，亦云萬兆懸定，群生代謝，聖人作易，已備其極，窮神知化，窮理盡性。苟神可窮，有形者不得無數，是則人物有定數，彼我有成分。有不可滅而爲無，彼不得化而爲我，聚散隱顯，環轉於無窮之塗，賢愚壽夭，還復其物，自然貫次，毫分不差，與運泯復，不識不知，遐哉邈乎！其道冥矣，天地雖大，渾而不亂，萬物雖眾，區已別矣。各自其本，祖宗有序，本支百世，不失其舊。

〈更生論〉第二段，羅含又以「人物有定數，彼我有成分，有不可滅而爲無。」論證「萬物更生」。首先，羅含引用《周易・說卦傳第一章》：「窮理盡性以至命」及〈繫辭下傳第五章〉：「窮神知化，德之盛也。」，論證「人物有定數」，羅含把「窮神知化」的「神」，詮釋爲近似現今所謂「個體靈魂」的意思。

人物由形、神合而爲一生命體，如果「神」是可窮而有限，有形的個體也必是可窮而有限。換言之，人物是有限定數量的個體，所謂「人物有定數」，人物是有固定數量的個體，既不可增加，也不可減少，所以他說「有者不可滅而爲無」。但是，人物都會死亡，有些人把人物的死亡視爲「滅而爲無」，即所謂「形盡神滅」，羅含認爲此一說法是悖理的，他強調人物的死亡，不能視爲生命的消滅而減少個體的數量，爲了維持固定數量的個體生命，人物的死亡之後應該更生，也就是「形盡神不滅」，肉體的生命死亡，「神」是不滅的，而且還要不斷的更生。

從另一方面來說，人物既有定數，人與人彼此之間必有不同的分辨，你的「神」不得化爲我的

「神」，我的「神」也不得化爲你的「神」，列祖列宗的「神」，井然有序，混而不亂，人物雖然衆多，各有差別，本「神」不斷更生，不失其舊。

羅含認爲人死亡後必定要再更生，而且更生後也必定與前世相同，也就是前世賢能，更生後也必定還是賢能，前世愚昧，更生後也必定還是愚昧，前世長壽，更生後也必定還是長壽，前世早夭，更生後也必定還是早夭，前世是君王，更生後也還是君王，前世是乞丐，更生後也還是乞丐，這是因爲每一個人擁有獨特的成分，所以在更生的過程中，不會與他人的獨特成分互相混淆。如果每一個人所擁有獨特成分，死滅而爲無（形盡神滅），則將無法更生，其思想論證如下：

命題：人物有定數，彼我有成分。

有不可滅而爲無，彼不得化而爲我。

假設：萬物不更生

論證：如果萬物不更生，將造成人物無定數，彼我無成分，有可滅而爲無，彼得化而爲我。

如此，論證與命題矛盾，所以假設爲假。

結論：因此，萬物要更生。

顯然的，羅含仍然運用歸繆法來論證更生思想。不過，值得注意的是，羅含所謂「有不可滅而爲無，彼不得化而爲我。」，顯然受到郭象的影響，郭象注解《莊子・知北遊》說：

非唯無不得化而爲有也，有亦不得化而爲無矣。是以有之爲物，雖千變萬化，而不得一爲無也。

不得一爲無，故自古無未有之時而常存也。

郭象反對老子所謂「有生於無」的說法，他認爲自然界是無始無終的，凡存在之物，都是自古已有之，並且永遠存在下去。有不能轉變爲無，無也不能轉變爲有。

郭象注解《莊子・齊物論》又說：

無既無矣，則不能生有，有之未生，又不能爲生。然則生生者誰哉？塊然自生耳。自生耳，非我生也。我既不能生物，物亦不能生我，則我自然矣。自己而然，則謂之天然，天然耳，非爲也……故物各自生而無所出焉，此天道也。

郭象認爲無不能生有，萬物自生。換言之，萬物的存在及其本質，都是自己如此的。一切的存在，都是獨一無二的，和其他所有的存在與性質不相依待，我不能生物，物也不能生我，物各自造而無所待焉，自爾獨化。

六、質（形體）與神的關係

〈更生論〉最後一段，說明神與質（形體）的關係，羅含說：

又，神之與質，自然之偶也。偶有離合，死生之變也。質有聚散，往復之勢也，人物變化，各有其往，往有本分，故復有常物，散雖混淆，聚不可亂，其往彌遠，故其復彌近。

又，神質冥期，符契自合，世皆悲合之必離，而莫慰離之必合，皆知聚之必散，而莫識散之必聚，未之思也，豈遠乎！若者，凡今生之生，爲即昔生，生之故事，即故事，於體無所厝，其意與己冥，終不自覺，孰云覺之哉！今談者徒知向我非今，而不知今我故昔我耳，達觀者所以齊死生，亦云死生爲寤寐，誠哉是言。

羅含以「神」與「質」說明形神關係，他說「質有聚散」，可知，質（形體）屬形而下之氣，《莊子・知北遊》說：「人之生，氣之聚也，聚則爲生，散則爲死。」。人物的生命，是氣的聚合，氣的聚集就有生命，氣的離散就是死亡。以形神關係而言，「質」就是物質性的形體，羅含認爲人物的生命，是神與質自然的偶合關係，神質相合即生，神質相離即死，質有聚散的屬性，聚之爲復，即是生，散之爲往，即是死，生死往復都有一定的變化。神質合之後必離，離之後必合，質聚之後必散，散之後必合。

所以，人物有更生，這就是羅含所說「今生之生，爲即昔生。」世人大都悲傷因緣合之必離，而不知値得安慰的是離之必合，世人只知道以前的我不是現在的我，而不知道現在的我，就是前世的我。換言之，身死神在，「神」是永遠不變的，也就是「形盡神不滅」，形神終就還是會再結合，形成新的生命，新的生命，其實就是舊的生命，而且，生命可以不斷的更生。所以，如莊子等人，對生老病死非常達觀，我們對莊子「鼓盆而歌」，或許會懷疑，莊子不愛他的妻子，所以，表現不在乎的樣子，但是，在〈列禦寇〉中，我們發現莊子的偉大，當莊子臨終的時候，他的學生打算厚葬他，莊子說：我以天和地當做棺木，以日和月當做雙璧，以天上的星星做珠璣，以萬物做爲殉葬的贈物，我的葬禮不是很完備了嗎？何必增加一些不必要的東西。學生們說：我們擔心天上的飛鳥來吃你的肉呀！莊子說：擺在地上被鳥類吃，埋在土裡被蟲蟻吃，你們想從鳥嘴裡把我的肉拿過來給蟲蟻吃，不是很偏心嗎？

莊子以為生死只是氣的聚散離合，方生方死，方死方生。生死變化，如同晝夜。生命（生死）始終循環，沒有窮盡。生死兩忘，精神超越。形體生命有限，精神可以無窮。天地與我並生，萬物與我為一。

總之，羅含〈更生論〉主張兩個重點：㈠是「形盡神不滅」，㈡是「神」永遠不變，所以，生命可以不斷的更生。不過，值得特別注意的是，羅含的更生不同於佛教的輪迴轉世，羅含所謂的更生，是命定的、機械論式的更生，佛教的輪迴轉世，是因果業報，六道輪迴。此外，羅含所謂「今生之生，為即昔生」、「今我故昔我」，也與莊子的思想不相契合，莊子認為一切事物，無時無刻不在變化中，《莊子·秋水》說：

> 道无終始，物有死生，不恃其成，一虛一盈，不位乎其形。年不可舉，時不可止，消息盈虛，終則有始……物之生也，若驟若馳，无動而不變，无時而不移，何為乎，何不為乎？夫固將自化。

莊子以為萬物有死生的變化，萬物時而空虛，時而盈滿，沒有固定不變的形狀，萬物的生長，快如奔馬，沒有一個動作不在變化，沒有一個時間不在移動，生命的歷程是死生的變化，誠如古希臘哲學家赫拉克里特斯所謂「濯足流水，水非前水。」一切都在生成變化。

七、孫盛的反駁

羅含提出〈更生論〉後，當時，孫盛就對他的觀點提出質疑。據《晉書卷八十二》記載：孫盛，字國安，太原中都人，祖父孫楚，馮翊太守，父親孫恂，穎川太守。孫恂在郡遇賊，被害。當時，孫盛十歲，避難渡江，及長，博學，善言名理，篤學不倦，自少至老，手不釋卷，著《魏氏春秋》、《晉陽秋》，並造詩賦論難數十篇，享年七十二歲。

孫盛在〈與羅君章書〉（《弘明集卷五》）中說：

省更生論，括囊變化，窮尋聚散，思理既佳，又指味辭致亦快，是好論也。然吾意猶有同異，以今萬物化為異形者，不可勝數，應理不失，但隱顯有年載，然今萬化猶應多少，有還得形者無，緣盡當須冥遠，耳目不復開逐，然後乃復其本也。吾謂形既粉散，知亦如之，紛錯混淆，化為異物，他物各失其舊，非復昔日，此有情者所以悲歎，若然，則足下未可孤以自慰也。

孫盛認為萬物的生死變化，都有不同形體的改變，千千萬萬，不可勝數，只不過有些變化年代久遠，隱而不見，有些變化年代較近，能夠顯現為人所知。其實，個體生命都不完全相同，例如以我們人類而言，當今世界人口，已達數十億人，每一個人都是獨一無二的生命體，沒有兩個人的(DNA)是相同的。我們的生命一旦死亡，肉體分解，精神知覺亦應消散。即使有所謂的更生，又有誰能知道呢？

何況生死變化也已經化爲異物，變成不同的生命體，由甲物化爲乙物，不再回復前世的舊體（所謂舊體，是指前世生命的形神關係。），聚散離合，因緣化盡，有情人悲嘆生離死別之苦。換言之，孫盛反對羅含所謂「今生即昔生」、「今我故昔我」的觀點。

總之，孫盛以形神一元論的觀點，論證形體旣死，精神知覺亦應消散，生死變化，已成異物，不能回復舊觀矣。可知，孫盛主張「形盡神滅」，反對羅含「形盡神不滅」的更生思想。

八、羅含的答辯

羅含對孫盛的質疑，提出答覆，他在〈答孫安國書〉（《弘明集卷五》）中說：

> 獲書，文略旨辭，理亦兼情，雖欣清酬，未喻乃懷，區區不已，請尋前本。本亦不謂物都不化，但化者各自得其所化，頹者亦不失其舊體，孰主陶是？載混載判，言然之至分而不可亂也。如此，豈徒一更而已哉！將與無窮而長更矣，終而復始，其數歷然，未能知今，安能知更，蓋積悲忘言，諮求所通，豈云唯慰，聊以寄散而已矣。

羅含回答孫盛的重點是說生死變化，雖成異物，但不失其舊體，意思是說人物的生命，雖有生死的變化，可是，這種變化只是物質性的形體的變化而已，原生命體的「神」（即羅含所謂舊體）是不變化的，不變化就可以始終如一而不滅。依此觀點，「神」屬形而上者，「質」屬形而下之氣，只是羅含對「神」沒有充分說明而已。以後的慧遠就說：「夫神者何耶？精極而爲靈者也，精極則非卦象之所圖……雖有上智，猶不能定其體狀。」。

如此，物質性的形體雖然一再變化，生命一再更生，原生命的「神」卻是不變、不滅，而且不亂，不會某甲的「神」變爲某乙的「神」，某乙的「神」變爲某丙的「神」，所以，可以不斷的更生。

可知，羅含的更生思想，是形神二元的「形盡神不滅」。值得注意的是，羅含與孫盛的爭論，是形盡神滅或形盡神不滅第一次的爭論，羅含代表形盡神不滅，孫盛代表形盡神滅，從此揭開形盡神滅或形盡神不滅思想論證的序幕。

【註　釋】

① 歸謬法：㈠反證法的一種，先假定反論題（與原論題相矛盾的論題）爲眞，並由其導出錯誤的推斷，因而證明反論題爲假，再從反論題之假，得出原論題爲眞。㈡反駁論題的一種方法，先假定被反駁論題爲眞，並由之導出錯誤的推斷，因而證明被反駁論題爲假。從歸繆法得知，羅含肯定「天地無窮」，因此結論出「萬物更生」。

第四節 慧遠〈形盡神不滅〉

一、生平

慧遠是東晉後期佛教界的領袖高僧，他隱居廬山三十多年，使廬山成爲當時最有名的佛教聖地，一生以弘揚佛法爲己任，培養佛家學者，支持外來僧人譯經，貢獻很大，其道德人格，高潔偉大，甚得朝野尊崇。他的〈形盡神不滅〉思想，是當時形神爭論，主張形盡神不滅的代表作。

據《梁高僧傳》（又稱高僧傳初集，或簡稱高僧傳）記述：釋慧遠，俗姓賈，雁門樓煩（雁門在今山西西北部，樓煩在今山西寧武附近。）人，從小好讀詩書，聰明俊秀。十三歲時，追隨舅舅令狐氏到許昌、洛陽遊學，因此，博覽六經，尤善老莊思想，當時頗受宿儒賢達的讚賞，佩服慧遠思想精密深邃。

二十一歲時，原本打算前往江東，跟范宣子隱居潛修，適逢石虎逝世，中原紛亂，往南通路阻塞，遂不能成行。當時，釋道安在太行恆山（在今河北曲陽西北）建立寺院，弘揚佛法，聲名遠播，於是前往，師事道安，對道安極爲崇敬，深信自己找到名師，後來聽道安講《般若經》，豁然開悟，慨嘆儒道九流，與佛家相比較，只是秕糠而已。遂與胞弟慧持落髮爲僧，依從道安。從此以弘揚佛法爲己任，專心研讀，夜以繼日，雖然貧困，始終堅持不懈。當時有位比丘曇翼，時常送給他們燈燭的費用，道安知悉後非常高興的說：曇翼誠知人矣！

前秦建元九年，苻丕攻打襄陽，道安被東晉朱序所拘，不能遠走他方，於是，分散徒衆，臨別時，諸徒衆都受到道安的教誨囑咐，獨對慧遠隻字不提，慧遠向道安下跪說：「唯我一人沒有訓勉，是否認爲我沒有出息？」。道安說：「像你這樣聰明有智慧的人，還需要我爲你憂心嗎？」。於是，慧遠帶領僧衆數十人，南下廣東羅浮山，途經九江廬山，見廬山清靜，足以息心，就住在龍泉精舍。

當時，慧永住在西林寺，是慧遠的同門舊友，對刺史桓尹說：「遠公弘揚佛法，徒衆很多，西林寺空間不夠，不敷使用，容納不下遠公，如何是好？」。桓尹就在廬山東邊，建立房殿，即今東林寺。

慧遠創建精舍，盡攬山中美景，他聽說印度有「佛影」①，想去瞻仰，剛好有西域僧人佛陀跋多羅詳述佛影之事，慧遠乃背山臨溪，營建龕室，請最好的畫工，淡彩圖繪佛影，望似煙霧，若隱而顯。《廣弘明集》卷十五慧遠著〈萬佛影銘序〉云：

> 夫滯於近習，不達希世之聞，撫常永日，罕懷事外之感……妙尋法身之應，以神不言之化。化不以方，唯其所感，慈不以緣，冥懷自得……法身之運物也，不物物而兆其端，不圖終而會其成，理玄於萬化之表，數絕乎無形無名者也。若乃語其筌寄，則道無不在。是故如來或晦先跡以崇基，或顯生塗而定體，或獨發於莫尋之境，或相待於既有之場，獨發類乎形相，待類乎影。

推夫冥寄，爲有待耶？爲無待耶？自我而觀，則有間於無間矣。求之法身，原無二統，形影之分，孰際之哉？而今之聞道者，咸摹聖體於曠代之外，不悟靈應之在茲，徒知圓化之非形，而動止方其跡，豈不誣哉？

然後驗神道無方，觸象而寄，百慮所會，非一時之感，於是悟徹其誠，應深其信，將援同契，發其眞趣，故與夫隨喜之賢，圖而銘焉。

慧遠在〈萬佛影銘序〉一文中認爲世人受傳統風俗文化的局限，很難徹悟佛法，眞讓人感慨萬千。於是，發憤忘食，靜慮冥思，以期對神之妙化及法身②不可思議的感應有所證悟。

其實，佛對人心的感化，沒有一定的規矩法則，主要看衆生對佛法的體悟能力。要超越生死苦海，求得圓滿證悟，全靠衆生自己的心靈。佛陀對衆生的感化，猶如日月，光輝普照，滋養萬物，生生不息，而萬物卻不自覺。

因此而言，法身對萬物的運化，不是具體地創生萬物，但是，萬物的化生又無不由法身而開展，法身沒有意圖要達成哪些終極目標，但是，萬物的生成變化又無不受到法身的導引，使萬物生生不息。法身超然於萬物之上，無形無名，不可言說，卻又有跡可尋，無所不在。因此，如來③或是表現虛空玄妙，飄渺無形，或是昭然顯現於人間，顯示金身；或是獨顯於不可思議的極樂妙境，或者顯身於世俗人間，或有形像，或無形相，如幻似影。

現在，有些學佛的人，只知去慕求超乎世外的法身，而不悟成佛的靈應之「神」就在自己身上，只知法身能以廣大神通變現各種形相，卻不知這種變現是無跡的，豈不荒謬可笑。

由此可知，佛影神妙無方，莫測高深，深思百慮，期能體悟。從今以後，應與同道，誠心向佛，深信不疑，求其眞趣，成就正果。

値得注意的是，佛家所謂法身，依般若學的思想，法身即實相或眞如（眞者，眞實不假之義，如者，如常不變之義。），意指佛家所謂最高的精神本體。而慧遠所詮釋的法身，則是聖人成佛之「神」，是證得法性之「神」，慧遠在〈萬佛影銘序〉所論述的佛影法身「不物物而兆其端，不圖終而會其成」，可以說是論述「神不滅」，凡聖愚智同稟之「神」，只不過凡愚之人爲情欲所困，爲形體所限，智且聖者不爲情、欲、形所困擾，故能感應法身，體悟神明。

換言之，慧遠把法身視爲「靈應」之所在，把法身視爲獨存之「神」。後來，慧遠的忠實信徒宗炳對慧遠這種「法身即神」的說法，進一步發揮，宗炳說：「無身而有神，法身之謂也。」（《弘明集卷二・明佛論》），又說：「無形而神存，法身常住之謂也。」（《弘明集卷三・答何衡陽書》）。

東晉安帝元興元年，慧遠與彭城劉遺民、豫章雷次宗、雁門周續之、新蔡畢穎之、南陽宗炳、張萊民、張季碩等一百二十三人④，在精舍無量壽佛像前，建齋立誓，結社念佛，共同發願死後往生西方極樂淨土⑤。慧遠在〈與隱士劉遺民等書〉（《廣弘明集》卷二十七）一文中說：

每尋疇昔，遊心世典，以爲當年之華苑也；及見老莊，便悟名教是應變之虛談耳。以今而觀，則知沈冥之趣，豈得不以佛理爲先？苟會之有宗，則百家同致。

君與諸人，並為如來賢弟子也。策名神府，為日已久，徒積懷遠之興，而乏因籍之資，以此永年，豈所以勵其宿心哉？意謂六齋日，宜簡絕常務，專心空門，然後津寄之情篤，來生之計深矣……

慧遠認為儒家名教，只不過是應付世俗的空談而已，要眞正體悟大道，不能不以學佛為先。學佛的人，為了達到成佛的目標，必須憑藉成佛的有效方法，因此，在每個月齋戒之日（佛教以每月八、十四、十五、二十三、二十九、三十日等六天為天王下凡察訪世人行善作惡的日子，必須謹愼守齋，過午不食。），要儘量減少世俗日常的事務，專心念佛⑥，體悟佛法，篤情於佛門之清淨，往生西方極樂淨土。

慧遠所謂念佛，是一種修持禪定（禪觀）的方法，這種禪定的方法是「專思」與「寂想」，慧遠所依據的經典是東漢支讖翻譯的《般舟三昧經》⑦，他在〈念佛三昧詩集序〉（《廣弘明集》卷三十）一文中說：

序曰：夫稱三昧者何？專思寂想之謂也。思專，則志一不分，想寂，則氣虛神朗。氣虛，則智恬其照；神朗，則無幽不徹；是故靖恭閒宇，而感物通靈，御心惟正，動必入微。此假修以凝神，積習以移性，猶或若茲，況夫尸居坐忘，冥懷至極，智落宇宙，而暗蹈大方者哉？請言其始，菩薩初登道位，甫闚玄門，體寂無為而無弗為。及其神變也，則令修短革常度，巨細互相違，三光迴景以移照，天地卷而入懷矣。

又，諸三昧，其名甚眾。功高易進，念佛爲先。何者？窮玄極寂，尊號如來，體神合變，應不以方。故令入斯定者，昧然忘知，即所緣以成鑒。鑒明則內照交映而萬象生焉，非耳目之所暨而聞見行焉。於是睹夫淵凝虛鏡之體，則悟靈相湛一，清明自然，察夫玄音之叩心聽，則塵累每消，滯情融朗，非天下之至妙，孰能與於此哉？以玆而觀，一覿之感，乃發久習之流覆，豁昏俗之重迷……

是以奉法諸賢，咸思一揆之契……於是洗心法堂，整襟清向，夜分忘寢，夙宵惟勤。庶夫貞詣之功，以通三乘之志，臨津濟物，與九流而同往……

什麼叫「三昧」⑧？慧遠認爲就是「專思」（凝思）和「寂想」（靜慮），專注凝思，就能純一心志；寂靜冥慮，則可虛靜不亂，神志豁朗，如此，才能彰顯般若智慧，明察幽微。因此，謹言愼行，恭敬不驕，排除一切雜念，一心無邪，才能靈敏感應外物，般若智慧方可觀照萬物，徹見幽微。是故，專思寂想，虛靜思慮，一心持志，對學佛者而言，是不可須臾或缺的修養工夫。

功德最高而又容易見效的三昧工夫是「念佛」，念佛爲什麼最好呢？因爲無生無滅的如來，可與念佛者的般若智慧感通相應，能使修行者進入禪定的境界，深入禪定者，必能遠離妄見，而以緣起之事相以行觀照，並就自身以悟眞如。慧遠主張即是觀照，就事悟道，就自身以悟佛性，既悟佛性，則內心澄澈，萬物皆備於我，能夠達到這種萬物一體的境界，就不是一般人耳目聞見之知。

由此可知，通過專思寂想，專心念佛，一旦與佛陀感通相應，必能產生神奇的功效，達到不可思議的玄深妙境，可以清除積蔽已久的習性障礙，各種世俗幽暗的迷惑豁然消散，內心清明澄靜，而止於至善。

現在，各位學佛諸賢，有感於生命短暫，來生可畏，希望求得念佛三昧，因此，有志一同，夙夜匪懈，洗心革面，清靜寡慮，一心念佛，如此，不僅十方諸佛會出現在眼前⑨，更能往生佛國，與九流（比丘、比丘尼、六法尼、沙彌、沙彌尼、出家、出家尼、優婆塞、優婆夷。）同登西方極樂淨土。

慧遠對佛經的研究，不遺餘力，當時，江東地區，佛教經典多未完備，對於禪法，更少有聽聞，律藏殘闕不全，慧遠深為感慨，於是，派遣弟子法淨、法領等人，四處尋找，他們長途跋涉，橫越沙漠，歷經風雪之苦，曠年始還，帶回梵本，得以傳譯。東晉太元十六年，罽賓沙門僧迦提婆，博通強記衆典，來到潯陽，慧遠請他重譯《阿毘曇心》及《三法度論》，並作序文，於是興盛。每逢西域來的高僧，慧遠總是誠懇恭敬向他們請益，聽說鳩摩羅什入關，即修書信通好，請益佛法大義。

後來弗若多羅來到關中，記誦《十誦律》梵本，由鳩摩羅什譯為中文，譯完三分之二，弗若多羅就圓寂了。之後，曇摩流支到來，就派遣弟子曇邕致書祈請，譯出其餘的部份，遂使《十誦律》完整具足，相傳至今。

起初，中土沒有泥洹（涅槃）常住之說⑩，只講壽命長遠而已，慧遠感嘆說：「佛是至極則無變，無變之理，豈有窮耶？」，乃著〈法性論〉，曰：「至極以不變為性，得性以體極為宗。」。

鳩摩羅什讀到慧遠〈法性論〉後，對他大表讚賞，他說：「中土還沒有譯出此類佛經，慧遠的思想便能與涅槃之說相契合，豈不妙哉！」⑪。後來，姚興把譯出的《大智度論》送給慧遠，請他作序，慧遠在〈大智度論鈔序〉中說：

有而在有者，有於有者也。無而在無者，無於無者也。有有則非有。無無則非無，何以知其然。無性之性，謂之法性，法性無性，因緣以之生，生緣無自相，雖有而常無，常無非絕有。

我們要注意，何謂「至極以不變爲性，得性以體極爲宗。」？慧遠所謂的「至極」和「極」均指涅槃境界，涅槃是佛家的最高境界，慧遠以爲涅槃即是常住不變的法性，證悟常住不變的法性，就是體認涅槃的終極根本。換言之，佛教的涅槃應以不寂不變、不空不有爲其眞性，要證悟眞正的法性，不應以「長生不死」爲旨趣，應以體認涅槃境界爲根本。

慧遠另在《沙門不敬王者論・求宗不順化》以「冥神絕境」詮釋涅槃。他說：

是故反本求宗者，不以生累其神，超落塵封者，不以情累其生。不以情累其生，則生可滅，不以生累其神，則神可冥，冥神絕境，故謂之泥洹。

慧遠明確地主張「反本求宗」，反對存身順化。所謂反本求宗，是說我們不要被五蘊之身滯累虛靜的神識，超脫世俗者，不以世俗的情識滯累生命。不以情識滯累生命，則其生命可滅，不以五蘊之形體滯累虛靜的神識，則其神識可冥，冥神絕境，即爲涅槃。

換言之，涅槃是一種超脫生滅、無境可待、無知無覺的超然境界，要達到這種超然的涅槃境界，只有通過體證本體才能實現，而所謂存身（壽命長遠）與順化（順從世俗教化）是絕對達不到的。顯然的，這與〈法性論〉反對長生不死，而以「體極爲宗」的思想是相同一致的看法。

有趣的是，慧遠何以能在沒有經論的情況下，提出「體極爲宗」的〈法性論〉，慧遠〈法性論〉思想，與其說是出自印度大乘般若經，其實眞正出自魏晉「貴無」⑫的本體論。「法性」在印度大乘佛教中，與涅槃、眞如、佛性、法界、實相等，是異名而同義，意指不生不滅的體性。「法性」的本義與魏晉的「貴無」（本無）表面上看似相同。

所以，魏晉僧人多以「本無」說眞如、涅槃、法性。事實上，兩者有根本的差異，前者以即空即有、非有非無爲性，否認有一個形而上的本體；後者以「無」爲本，肯定有一個形而上的本體。因此，我們可以說慧遠的〈法性論〉近似中土魏晉哲學的「本無說」，源於道安的本無宗，因爲慧遠早年追隨道安，道安專研性空本無之說，他說：「無在萬化之前，空爲衆形之始。」⑬，以「無」、「空」爲宇宙的終極本體，慧遠即以「性空本無」作爲〈法性論〉的思想依據。「本無」所謂絕對的「無」，就是法性的無性，所以說本無與法性同實而異名。

至於如何臻於涅槃之境，慧遠在〈阿毘曇心序〉說：

發中之道，要有三焉：一謂顯法相以明本；二謂定己性於自然；三謂心法之生，必俱遊而同感。俱遊必同於感，則照數會之相因。己性定於自然，則達至當之有極。法相顯於眞境，則知迷情之可反。心本明於三觀，則睹玄路之可遊。然後練神達思，水境六府，洗心淨慧，擬跡聖門。尋相因之數，即有以悟無，推至當之極，動而入微矣。

慧遠在〈阿毘曇心序〉中主張成佛之道有三：㈠爲經由萬法性相（一切世諦有爲無爲，通名法相。），以明白事物的本質；㈡爲證悟事物的自性由自身之自然所決定；㈢爲心法（對色法而言，凡有八識，自一至七，共名轉識，第八識對前轉識，又名本識，此八種心法，於一切法中，作用最爲殊勝，故又稱心王。）之生，必同時俱起，相互感通相應。吾人若能觀照以上三種中道之義，即可深修佛法。然後「練神達思」，徹悟六道輪迴之苦，「洗心淨慧」，清除雜染之心，增進般若性空之智，「即有悟無」，臻於涅槃境界。換言之，唯有「冥神絕境」（超脫塵俗，無境可對），即可達於涅槃之境。

當東晉成帝年幼時，庾冰輔政，認爲沙門應當禮敬帝王，尙書何充、僕射褚翜、諸葛恢等主張沙門不應禮敬帝王，而桓玄致書慧遠說：「沙門之所以生生資存，亦日用於理命，豈有受其德而遺其禮，沾其惠而廢其敬哉？」（《弘明集卷十二‧與八座論沙門敬事書》），太尉桓玄認爲沙門不敬帝王，不但不盡情理，而且不合禮教。

慧遠乃著〈沙門不敬王者論〉，共計五篇：在家一，出家二，求宗不順化三，體極不兼應四，形盡神不滅五。

在家一……在家奉法，則是順化之民，情未變俗，跡同方內，故有天屬之愛，奉主之禮。禮敬有本，遂因之而成教。本其所因，則功由在昔。是故因親以教愛，使民知其有自然之恩，因嚴以教敬，使民知有自然之重，二者之來，實由冥應，應不在今，則宜尋其本。故以罪對爲刑罰，使懼而後愼，以天堂爲爵賞，使悅而後動，此皆即其影響之報而明於教，以因順爲通而不革其自然也……

慧遠認爲出家與在家，是佛教與世俗最大的差異，在家世人，屬於順化之民，情感同於世俗，言行不能超越世俗的禮教規範，所以有跪拜帝王的禮節和人倫的恩愛。這些禮節人倫規範，都有其原因和依據，例如因爲有五倫關係，所以教之以愛，其目的是使人知道人性自有本然的親情；人倫之間必有規範，因此，教之以敬，使人知道人倫應有的禮節。而此二者，實都淵源於冥冥之中的因果報應，愛人行善，自生善果，害人行惡，自生惡果，然而，這種報應，往往不在現世出現，因此，應究其本源。

所以，世俗的教化，使人因害怕受到法律懲罰而遵守法令，以天堂地獄的果報來勸人爲善去惡，這些都是善惡之因果報應作爲聖人設教的依據，而又不違背人倫之常和天地自然之道。

出家二：出家則是方外之賓，跡絕於物。其爲教也，達患累緣於有身，不存身以息患；知生生由於稟化，不順化以求宗。求宗不由於順化，則不重運通之資，息患不由於存身，則不貴厚生之益。此理之與形乖，道之與俗反者也。

慧遠強調出家僧人，即是超脫世俗的方外之人，因此，不執著於世俗的事務。佛家認爲人身的五蘊是一切煩惱的根源，所以必須不執著於外在的形體，以消除人生的煩惱和痛苦，了悟衆生的六道輪迴是因爲身、口、意三業感召的結果。所以，主張不要像世俗之人那樣追求情欲的滿足，也因此不注重生活上物質的利益，這是佛教輕忽形體，違反世俗的地方。

慧遠在〈答桓太尉書〉（《弘明集》卷十二或〈全晉文〉卷一百六十）文中說：

是故內乖天屬之重而不違其孝；外闕奉主之恭而不失其敬。若斯人者，自誓始於落簪，立志成於暮歲。如令一夫全德，則道洽六親，澤流天下，雖不處王侯之位，固已協契皇極，大庇生民矣。如此，豈坐受其德，虛霑其惠，與夫尸祿之賢同其素餐者哉？

慧遠以為出家僧人雖然超越人倫親情，卻不違反孝道；雖然不行跪拜帝王的禮節，卻不失對帝王的敬意。因為如果沙門能夠成就偉大功德，則其六親同霑其澤，德被天下，渡化眾生，即可協助帝王治理天下，庇護眾生離苦得樂，如此，豈是坐享權利，虛受恩惠，不盡教化之人哉？

求宗不順化三：凡在有方，同稟生於大化，雖群品萬殊，精粗異貫，統極而言，唯有靈與無靈耳。有靈則有情於化，無靈則無情於化。無情於化，化畢而生盡，生不由情，故形朽而化滅。有情於化，感物而動，動必以情，故其生不絕。其生不絕，則其化彌廣而形彌積，情彌滯而累彌深，其為患也，焉可勝言哉！是故經稱：泥洹不變，以化盡為宅；三界流動，以罪苦為場。化盡則因緣永息，流動則受苦無窮。何以明其然？夫生以形為桎梏，而生由化有，化以情感，則神滯其本，而智昏其照，介然有封，則所存唯己，所涉唯動。於是，靈轡失御，生塗日開，方隨貪愛於長流，豈一受而已哉？

慧遠認為自然萬物，都是天地大化流行的產物，雖有精粗之分、大小之別，大致可分為兩類，一類是有靈性、有生命；另一類是沒有靈性、沒有生命。沒有生命的東西，沒有靈性，也沒有情識，像是一本書、一塊泥土、一張椅子，一旦腐朽就消亡而化滅。

有靈性、有生命的衆生，其生死的變化都是以情識感通而動的結果，所以，有情識的生命體都是生生不息、輪迴不停，因其生命生死輪迴，因此，新的生命體不斷生長，情識的不斷累積，導致產生很多的煩惱和業障，對人的爲害非常深遠。所以，佛經上說：涅槃不變，超越一切生死變化，三界流轉變動，常在罪苦中輪迴，超越一切生死變化則因緣永息，而在三界中輪迴流轉則受苦無窮。爲什麼這樣說呢？因爲有情識的生命體都以形體爲桎梏，而虛靜的神識往往被滯累在形體之中，使般若智慧的觀照大受限制。

因此，慧遠強調反本求宗者「不以情累其生，則生可滅；不以生累其神，則神可冥，冥神絕境，故謂之泥洹。」。可知，「冥神絕境」（息心靜慮，徹悟六道輪迴之苦，洗滌雜染之心，增長般若智慧，超脫塵俗，無境可對。）方能臻於涅槃境界。

體極不兼應四：夫幽宗曠邈，神道精微，可以理尋，難以事詰……若然，則非體極者之所不兼，兼之者不可並御耳……常以爲道法之與名教，如來之與堯孔，發致雖殊，潛相影響，出處誠異，終期則同……

慧遠認爲幽微的神道，可以體悟，難以具體驗證，由於世人的聞見知識不能洞曉視聽以外的事理，所以，聖人設教，六合之外存而不論，由此看來，非有深切體悟涅槃境界（體極者），不能說明視聽之外的事理。

但是，如果就聖人設教的本意，和佛教出世的宗旨而言，兩者並沒有衝突矛盾，如來和周公、孔子在教化形式上雖然有所不同，兩者之間相互影響輝映，出發點雖然有些不同，最終的目標是相同一致的。

從上得知，慧遠以「法身」及「法性」的思想，詮釋形神關係。他以中土之「神」理解佛教之「法身」，把法身視爲獨存之「神」，又由「法性」不變（至極以不變爲性）的觀點出發，論證「形盡神不滅」，再以法性論與形盡神不滅論爲思想基礎，論述因果報應之說，並論及念佛三昧的方法，以達彌陀極樂淨土的境界。

「形盡神不滅」是〈沙門不敬王者論〉第五篇，以一問一答方式論證神不滅。問方代表神滅的看法，以氣的聚散論生死，氣聚則生，氣散則死，氣散形死而神滅。氣是形而下的物質，必有毀壞；相反的，慧遠把「神」詮釋爲精神性的形而上的存有，非物質性之「氣」，因此，形盡而神不滅。

東晉義熙十二年八月初一，慧遠身體不適，至八月六日病得很嚴重，很多弟子與大德長老，勸請慧遠飲用鼓酒治病，慧遠拒絕飲用，又請他飲用米汁，慧遠也不同意，又請他飲用以蜜和水調成的漿，慧遠託詞要查閱律典是否可以飲用，尚未查閱完成，慧遠就圓寂了，享年八十三歲。所著論序銘贊詩書，集爲十卷五十餘篇，見重於世。

從以上論知，慧遠思想融通內外之學，其思想淵源，有源於儒家思想（博綜六經），有源於道家思想（尤擅老莊）⑭，有源於道安本無宗，有源於何晏、王弼的貴無論，有源於大毘曇心論、三法度論⑮，有源於龍樹《中論》的中道（八不）思想。

二、〈形盡神不滅〉

〈形盡神不滅〉云：

問曰：夫稟氣極於一生，生盡則消液而同無，神雖妙物，故是陰陽之所化耳。既化而為生，又化而為死，既聚而為始，又散而為終，因此而推，固知神形俱化，原無異統，精麤一氣，始終同宅，宅全則氣聚而有靈，宅毀則氣散而照滅，散則反所受於天本，滅則復歸於無物，反覆終窮皆自然之數耳，孰為之哉？若令本異則異氣數合，合則同化，亦為神之處形，猶火之在木，其生必存，其毀必滅，形離則神散而罔寄，木朽則火寂而靡託，理之然矣，假使同異之分，昧而難明，有無之說必存乎聚散，聚散氣變之總名，萬化之生滅，故莊子曰：人之生，氣之聚，聚則為生，散則為死，若死生為彼徒苦，吾又何患，古之善言道者，必有以得之，若果然耶！至理極於一生，生盡不化，義可尋也。

慧遠認為主張神滅論者，大都受到莊子氣化論的影響，從哲學宇宙論的觀點而言，莊子以為生死只是氣的聚散離合，《莊子・天地》說：「泰初有无，无有无名，一之所起，有一而未形，物得以生，謂之德，未形者有分，且然无間謂之命，留動而生物，物成生理，謂之形，形體保神，各有儀則，謂之性。」。

莊子認為宇宙的元始是「無」，沒有物的存在，也沒有任何名稱，只是呈現渾沌的狀況，這種渾沌沒有物體，雖然沒有物體，但有陰陽之分，陰陽之「氣」的結合運轉，就生出了萬物，每一物的形成都有它的生成之理，有理就有形，形體能夠內保精神，各有生成的自然法則，稱為「性」，人有人性，物有物性，各不相同。

宇宙太初，由於「陰陽相照」（《莊子．則陽》），二氣對應，相互消長，雌雄交合，產生萬物，氣之聚合離散，而有物之生死存亡。《莊子．知北遊》說：「生也死之徒，死也生之始，孰知其紀，人之生，氣之聚也，聚則為生，散則為死，若死生為徒，吾又何患，故萬物一也。」。人物的生長，都是氣的聚合，氣的集合就有生命，氣的離散，就是死亡，因此，萬物是一體的，整個宇宙都是氣的流行發用，所以，《莊子．知北遊》說：「通天下一氣耳。」。

主張形盡神滅者，認為萬物的形體和精神，都是稟氣而生，生命終結，形神同歸滅盡，神雖是微妙之物，也是陰陽之氣所化，形神二者並沒有本質上的差異，可以說形由粗氣所生成，神由精氣所生成，形神始終同住一起，生死聚散，都是自然的變化，沒有什麼主宰。

如果說形神有所差別，神處於形體之中，猶如火存在木頭之上，有木柴火才能燃燒，沒有木柴（木柴燒光）火就熄滅，所以，沒有形體，神就無所寄託，形盡神滅，這是理所當然的道理。

也就是說，神滅論者的觀點主要有三：㈠形神精麤一氣，始終同宅：神滅論基於氣化論的思想，視人的形體與精神都是氣化而成，二者只有精氣與粗氣的差別，氣聚而生，氣散則死。㈡形離則神散而罔寄，木朽則火寂而靡託：精神寄託在形體上，如同火要木材才能燃燒，沒有獨燒之火，同理，沒有無形而獨存之神。㈢生盡不化：神滅論者認爲生死只就一生而論，這一生結束生命後，沒有輪迴轉世，因此，形盡神滅。

針對「形盡神滅」的詰難，慧遠提出「形盡神不滅」的主張，〈形盡神不滅論〉說：

> 夫神者何耶？精極而爲靈者也。精極則非卦象之所圖，故聖人以妙物而爲言，雖有上智，猶不能定其體狀，窮其幽致，而談者以常識生疑，多同自亂，其爲誣也，亦已深矣。將欲言之，是乃言夫不可言，今於不可言之中，復相與而依俙。神也者，圓應無生，妙盡無名，感物而動，假數而行，感物而非物，故物化而不滅，假數而非數，故數盡而不窮，有情則可以物感，有數則可以數求，數有精麤，故其性各異，智有明闇，故其照不同，推此而論，則知化以情感，神以化傳，情爲化之母，神爲情之根，情有會物之道，神有冥移之功，但悟徹者反本，惑理者逐物耳。
>
> 古之論道者，亦未有所同，請引而明之，莊子發玄音於大宗曰：大塊勞我以生，息我以死，又以生爲人羈，死爲反眞。此所謂知生爲大患，以無生爲反本者也。文子稱黃帝之言曰：形有靡而神不化。以不化乘化，其變無窮。莊子亦言：特犯人之形，而猶喜若人之形，萬化而未始有極，此所謂知生不盡於一化，方逐物而不反者也。二子之論，雖未究其實，亦嘗傍宗而有聞焉。

論者不尋無方生死之説，而惑聚散於一化，不思神道有妙物之靈，而謂精麤同盡，不亦悲乎！

慧遠所謂的「神」，是精神性的形而上的存有，不是形而下物質性的氣，「神」極爲精妙而至靈，是超越語言文字所能表達。易言之，「神」是超越經驗現象和物質世界，而爲絕對的存有。因此，不是任何形象所能表示的，即是有上智，也不能確定其形狀，窮盡其幽微。所以，聖人說神能夠神妙的化生萬物。

有些人以世俗常識懷疑「神」的存在，產生很多不正確的看法。對於「神」，我們只能在不可名狀中勉強姑且作一些敍述。「神」能化生萬物而自己沒有固定的實體，也沒有一定的名稱（無名無相），神雖然感召萬物，也受萬物的感動，但神本身並不是具體之物。所以，物有生死變化而消亡，「神」卻不會變化而消亡，神能夠假借某種自然規律而行，但神本身不是自然規律。

換言之，「神」（法身）有周遍感應的能力，也是絕對不變的主體，然須依託形體才能表現。神（法身）雖能感知外物，卻非物質性之「物」。慧遠所謂「感物而非物，故物化而不滅。」，近似《莊子》云：「物物者非物」（〈知北遊〉）、「物物而不物於物」（〈山木〉）的思想。

值得注意的是，慧遠借用王弼對「名號」與「稱謂」的區分，說明「神」是不可以言語論說⑯，與《道德經》之「道」，似有異曲同工之妙。其次，慧遠以「神」爲本體，與何晏、王弼的貴無論也有很大的相似之處。

慧遠認爲有情衆生的生死流轉（六道輪迴），由情識感通而動，而有觸、受、愛（渴愛）、取，情識是生死流轉的基礎，情識有感召外物的功用，而「神」是情識的根據，「神」是生死輪迴的主體。

從上所說，吾人應知，慧遠此一思想，乃以「神」貫通十二因緣⑰，換言之，以「神」爲生死輪迴的主體。十二因緣說明有情衆生的生死流轉，生老病死，不斷輪迴。

㈠**無明**：無明就是愚痴無知，闇鈍之心，《大乘起信論》說：「當知無明能生一切染法，以一切染法，皆是不覺相故。」。「無明」可以產生一切染污之法，由於衆生的無明，才有生死流轉。

㈡**行**：行是行爲或動作，由身體所引生的行爲是身業，由口舌所說出來的話是口業，由心意所造成的是意業。

㈢**識**：識有眼識、耳識、鼻識、舌識、身識、意識，即我們能認識外界的主觀要素。

㈣**名色**：我們所認識的客觀要素，名是名稱，我們以名稱認識外在事物，色是形狀外貌。

㈤**六入**：人類感覺的認識器官，即是眼、耳、鼻、舌、身（觸覺感官）、意等六種感官。

㈥**觸**：六種感官的感覺，又稱六觸。

㈦**受**：有愛、憎等不同反應的感受。

㈧**愛**：欲望，對外界事物的喜好和追求。

㈨**取**：執著，想把外界事物佔爲己有。

㈩**有**：指外界事物的存在，有情衆生執著於有，而生煩惱痛苦。

⑪**生**：每一生命個體（個人）的存在。

㈢**老死**：每一個體的衰老和死亡。

在《雜阿含經》卷十二中，對十二因緣作了詳細的解說。十二因緣把人生分為十二個彼此成為條件或因果關係的過程。最先就是「無明」，意指人心的無知，不明事理。由「無明」生「行」，包括心意、口舌、身體的動向。由「行」生「識」。由「識」生「名色」，由「名色」而生六入（六處），由「六入」生「觸」，由觸生「受」，由受生「愛」，由愛生「取」，由取生「有」，由有而「生」，除了個體生命的存在外，還有來世的更生，有生必有「老死」。對十二因緣從因向果來觀證，稱為「順觀」，相反的，從果向因來觀察，稱為「逆觀」，可以說「老死」是「生」的果，「生」是「有」的果，以此逆觀，最後得知如滅「無明」，則無煩惱憂苦及無老死。

換言之，我們如果能夠修習觀十二因緣，使「無明」始生即滅，或根本不生，而生般若智慧，就可以使生與老死及煩惱、憂愁、悲傷等苦陰身心，都如實而滅，臻於涅槃境界。慧遠所謂「至極以不變為性，得性以體極為宗。」之「至極」，即是涅槃，「體極」即體悟至極（涅槃），因為涅槃才是人生究竟的歸宿，是常樂我淨最圓滿的境界。

梵語涅槃原為消散、熄滅的意思，就是斷除痛苦，沒有煩惱，又稱解脫，痛苦得到解脫，獲得安樂，也就是解除慾界，脫離生死煩惱。又涅槃包含有無漏、無染、無礙、清涼、寂靜、圓滿至善、絕對安穩等意義，是一種至樂的境界。只要能夠勘破自我，生不足喜，死不足懼、生死解脫，死後滅度，證入涅槃。

或許有人誤以爲死後才有涅槃，其實不然，佛陀在菩提樹下悟道之後，已入涅槃。涅槃雖然深妙，但簡要說來，貪欲的心掃除乾淨，瞋恨的心清除消盡，無明愚痴的心滅除滌盡，煩惱痛苦的心清除泯盡，就是涅槃，這種最高境界必須自知、自證、自悟、自我實現之。

慧遠援引莊子的觀點，印證他的形神思想，《莊子·大宗師》說：「特犯人之形而猶喜之，若人之形者，萬化而未始有極也，其爲樂可勝計邪！故聖人將遊於物之所不得遯而皆存……夫大塊載我以形，勞我以生，佚我以老，息我以死，故善吾生者，乃所以善吾死也。」。莊子對生老病死，有深切的體悟和達觀，他認爲生死變化，如同晝夜的輪轉，方生方死，方死方生，生命從無中萌生，生生不息，始終循環，生生死死，沒有窮盡。莊子要我們涵養超越的精神，生死兩忘，以生死存亡爲一體，天地與我並生，萬物與我爲一。

慧遠又引《文子·守朴》的話說：「形體雖亡而精神不滅，以不滅不化之神，化爲另一生命體，則變化無窮。」，莊子也認爲生命方生方死，千變萬化，沒有窮盡。由此可知，生命非僅止於一生一世，而是生生世世，輪迴流轉。主張形盡神滅論者，不知「神」（法身）乃靈覺妙物，更不知「神」（法身）有冥傳之功，實在可悲可嘆！

慧遠〈形盡神不滅〉又云：

火木之喻，原自聖典，失其流統，故幽興莫尋，微言遂淪於常教，令談者資之以成疑。向使時無悟宗之匠，則不知有先覺之明，冥傳之功，沒世靡聞。何者？夫情數相感，其化無端，因緣密搆，潛相傳寫，自非達觀，孰識其變？自非達觀，孰識其會？請爲論者驗之以實。火之傳於薪，猶神之傳於形，火之傳異薪，猶神之傳異形。前薪非後薪，則知指窮之術妙，前形非後形，則悟情數之感深。惑者見形朽於一生，便以爲神情俱喪，猶睹火窮於一木，謂終期都盡耳。此由從養生之談，非遠尋其類者也。就如來論，假令神形俱化，始自天本，愚智資生，同稟所受。問所受者，爲受之形邪？爲受之於神邪？若受之於形，凡在有形，皆化而爲神矣，若受之於神，是以神傳神，則丹朱與帝堯齊聖，重華與瞽叟等靈，其可然乎？如其不可，固知冥緣之搆，著於在昔，明暗之分，定於形初。雖靈均善運，猶不能變性之自然，況降茲已還乎？驗之以理，則微言而有徵，效之以事，可無惑於大道。

慧遠以爲「薪火之喻」，源自經論，在中土方面，《莊子．養生主》說：「指窮於爲薪，火傳也，不知其盡也。」。燭薪的燃燒是有窮盡的，火卻可以傳續下去，沒有窮盡的時候，莊子以此比喻人由生而死，只不過是一種轉化，方生方死，方死方生，只要安時處順，哀樂不能入。不論主張「形盡神滅」或「形盡神不滅」之論者，常以莊子「薪火之喻」比喻形神關係，如桓譚、王充、何承天等人主張「形盡神滅」，慧遠主張「形盡神不滅」。

在佛典方面，〈大乘起信論〉云：

又諸佛法，有因有緣，因緣具足，乃得成辦，如木中火性，是火正因，若無人知，不假方便，能自燒木，無有是處。

一切法有內因和外緣兩方面，兩者同時具備，才能成就一切佛法⑱，猶如木材具有燒火的屬性，這是木材燃燒的「內因」，但是，如果我們不了解，不用各種點燃取火的方法，說木材會自己燃燒，決不會有這樣的事情發生。

另外，在《中論卷二·觀然可然品》中說：

> 然可然若異，則不待可然有然。若不待可然，則無相因法，是故不從因緣生。復次，若然異可然，則應當然。若常然者，應離可然別見有然更不須人功。若謂先有薪，燒時名可然者，是事不爾。若離然別有可然者，云何言然時名可然。
>
> 若然異可然，則然不應至可然。何以故？不相待成故。若然不相待成，則自住其體，何用可然？是故不至。若不至則不然可然。何以故？無有不至而能燒故。若不然則無滅，應當住自相，是事不爾。
>
> 若離然有可然，若離可然有然，各自成者，如是則應然至可然，而實不爾。何以故？離然無可然，離可然無然故。

《中論》所謂「然」，就是「火」，所謂「可然」，即是「薪」。如果火和薪相異，即是說不待於薪而有火，如果不待薪而有火，就是無相因法。而且，如果火和薪相異，火就應當永遠燃燒。如果火和薪相異，火就不能到達薪，火不能到達薪，就不會有火燃燒，不燃燒就沒有火，沒有火就沒有滅，沒有滅就是常住。

如果火和薪相異，燃燒就不應當到達薪，爲什麼呢？因爲薪火不相待而成。如果火不相待薪而成，就是自住其體，火就不能到達薪。如果火不能到達薪，就不會使薪燃燒，爲什麼呢？因爲沒有火不到薪而能燃燒的，如果沒有燃燒，就沒有滅，就應當是常住自相，但眞相並非如此。

如果離開火而有薪，如果離開薪而有火，火與薪各自成立，這樣，火才能到達薪，但是，眞相並非如此，爲什麼呢？因爲離開火以外沒有薪，離開薪以外沒有火，火和薪相待而成。

此外，《法句經·生死品》云：

神以身爲名，如火隨形字；著燭爲燭火，隨炭草糞薪。

〈生死品〉認爲精神（神識）居住在形體內，精神依靠色身而被稱爲「神識」，猶如燃燒木材之火而稱「薪火」，燃燒蠟燭而稱「燭火」，燃燒不同東西而有不同名稱，例如燃燒木炭，稱爲「炭火」，以此說明精神（神識）可以出入三界（欲界、色界、無色界）及善與不善共五處，身死神識再轉生。

又據呂澂《印度佛學源流略講》（台北天華出版事業股份有限公司，民國七十一年七月初版，第五十九頁。）指出，印度小乘時期那先比丘以「如火傳薪」的譬喻，將火比喻爲精神，是輪迴的主體，以薪比喻爲形體，說明輪迴三世時，輪迴主體可由此身過渡到彼身。

慧遠以爲世人沒有徹悟之心，不知「神」在冥冥生死流轉中不斷輪迴於六道之中，爲什麼如此說呢？因爲情與物相感召，其變化無窮，各種因緣交互作用，「神」則在冥冥之中不知不覺發生輪轉，如果不是達觀而有所體悟的人，誰能了別其變化？又有誰能知其輪迴？

我們不妨以具體的事例說明一下，火之傳於薪，猶如「神」之傳於「形」，火從此薪傳至彼薪，猶如「神」從此形體輪迴到另一形體，前薪不是後薪，則知薪火相傳之妙，前一形體不是後一形體，則知情識與外物相感召之妙。

那些痴迷不悟的人，看見人死形腐，就以為形神俱滅，就好像看到一塊木材燒光之後，就認為火也熄滅了。如果眞像有些人所主張，人之生，來自於天地自然之氣，凡聖愚智同稟自然之氣，人死以後，形神俱滅，那麼，請問：人生之所稟受，是稟受於「形」呢？還是稟受於「神」呢？如果是稟受於「形」，則父子之形體應該相同或非常相似才對；如果稟受於「神」，則父子之凡聖愚智應該相同或非常相似才對，亦即丹朱（唐堯之子，名朱，封於丹淵，故曰丹朱，不肖，故堯禪位於舜。）應當與唐堯齊聖，虞舜應當與瞽叟（虞舜之父，屢欲殺舜而不成。）同樣凡愚，但是，事實並非這樣。

由此可知，人出生時，其「形」與「神」並不是同時一起稟受的，人死亡時，其形與神也不是同時消滅，而是形盡神不滅。人之生所稟受的「神」是善或惡，是愚或聖，是由前世因緣業報所決定，在生命初成時就已經決定。可知，丹朱之「神」非傳自唐堯，虞舜之「神」非傳自瞽瞍。丹朱稟自惡的神，帝堯稟自善的神，瞽瞍稟自惡的神，虞舜稟自善的神。只有以「形盡神不滅」和「因果業報」的思想去說明形神關係，才合乎歷史事實，又合乎佛理。

從慧遠「形盡神不滅」的思想而言，有以下四點值得吾人注意：

㈠對「神」的詮釋：慧遠借用《易經》：「陰陽不測之謂神」、「神無方而易無體。」及《莊子》：「物物者非物」等思想，把「神」詮釋爲無限之「非物」，「神」非形而下的物質之物，「神」亦非精氣之物。換言之，「神」已是精神性的形而上的存有。

㈡以「神」爲因果報應及輪迴的主體：慧遠結合佛教大小乘對輪迴主體的說法⑲，以「神」爲因果報應及六道輪迴的主體，《梁高僧傳・慧遠本傳》說：

蓋神者，可以感涉而不可以跡求，必感之有物，則幽路咫尺，苟求之無主，則渺茫河津。

「神」雖然沒有形跡可尋，對事物必有感召，如果沒有精神爲之主宰，則人無法臻於西方極樂淨土，所以，要肯定有一個追求極樂淨土的永恆主體，就是「神」的存在。

㈢以形神二元，反駁氣化論：慧遠〈明報應論〉說：

地、水、火、風，結而成身，以爲神宅。

人的形體是由地、水、火、風四種物質因緣和合而成，以作爲「神」居住的宅舍，人因爲無明，更由於貪愛的執著，四大集結而成形體。而「神」亦非精氣之物，形神二元，形神相異，因此，形體雖有生死存亡之滅，而「無生」、「無名」、「非物」之「神」不會化滅，可以脫離形體而獨存，所以，形盡神不滅。

㈣以「生不盡於一化」反駁氣化論：氣化論者認爲形體爲粗氣所化，精神爲精氣所化，人死精粗之氣同時盡滅。慧遠藉用《莊子》方生方死、方死方生的思想，強調「神」並非隨一生的形體之死亡而消滅，而是千變萬化，沒有窮盡的。猶如郭象的《莊子注・齊物論》云：

> 夫死生之變，猶春秋冬夏四時行耳。故死生之狀雖異，其於各安所遇，一也。今生者方自謂生為生，而死者方自謂生為死，則無生矣。生者方自謂死為死，而死者方自謂死為生，則無死矣。無生無死，無可無不可。

郭象認為生死變化好比春夏秋冬四時的變化，雖然生死的變化不同，但是，人應各安所遇。對生者而言生是生，對死者而言生是死，因此，沒有所謂絕對的生，相對的，對生者而言死是死，對死者而言死是生，因此，沒有所謂絕對的死，所以無所謂絕對的生死。換言之，生死是無窮的變化。慧遠認為世人誤解《莊子》之意，不知「生不盡於一化」，因此，形盡神不滅，這與《淮南子・精神訓》所謂「形有摩而神未嘗化者」的思想相近似。

三、〈明報應論〉

慧遠「形盡神不滅」和「因果業報」的思想，亦在其〈明報應論〉中有所論述。〈明報應論〉云：

> 推夫四大之性，以明受形之本，則假於異物，託為同體，生若遺塵，起滅一化，此則慧觀之所入，智刃之所遊也。於是，乘去來之自運，雖聚散而非我，寓群形於大夢，實處有而同無。豈復有封於所受，有係於所戀哉？
>
> 若斯理自得於心，而外物未悟，則悲獨善之無功，感先覺而興懷。於是，思弘道以明訓，故仁

恕之德存焉。若彼我同得，心無兩對，遊刃則泯一玄觀，交兵則莫逆相遇，傷之豈唯無害於神，固亦無生可殺。此則文殊案（按）劍，跡逆而道順，雖復終日揮戈，措刃無地矣。若然者，方將託鼓舞以盡神，運干鏚而成化，雖功被猶無賞，何罪之有耶？若反此而尋其源，則報應可得而明，推事而求其宗，則罪罰可得而論矣。

慧遠認爲以地、水、火、風的性質來說明形體構成的四大因素，就可以知道形體是「神」（法身）寄居的地方，「神」寄居在任一形體都是一樣的。人能超越世俗，泯除生死，就是以智慧觀照無明，以慧劍斬除煩惱。如能生死自如自運，雖有生聚死散，肉體雖有成住壞空，但卻不是眞我的本體，對外界事物的認知如同夢中情景，萬象雖然歷歷在目，實際卻是緣起性空。因此，世間之物又有什麼値得留戀而執著呢？

如果內心明白緣起性空，卻不能放下外物的執著，眞讓人感到悲傷，更使大家尊敬和懷念比我們先悟佛法的僧人。於是，心想弘揚佛法，以明先覺大德的訓勉，心中就懷有仁恕之德。如果能夠消除我法二執，內心不起分別妄念，專心精進，就可以止觀雙修，禪智並行。

〈明報應論〉又云：

夫因緣之所感，變化之所生，豈不由其道哉？無明爲惑網之淵，貪愛爲衆累之府，二理俱遊，冥爲神用，吉凶悔吝，唯此之動。無明掩其照，故情想凝滯於外物；貪愛流其性，故四大結而成形。形結則彼我有封，情滯則善惡有主。有封於彼我，則私其身而身不忘，有主於善惡，則戀其生而生不絕。於是甘寢大夢，昏於同迷，抱疑長夜，所存唯著。是故失得相推，禍福相襲，惡積而天殃自至，罪成則地獄斯罰。此乃必然之數，無所容疑矣。何者？會之有本，則理自冥對，兆之雖微，勢極則發。是故心以善惡爲形聲，報以罪福爲影響。本以情感，而應自來，豈有幽司？由御失其道也。然則罪福之應，唯其所感，感之而然，故謂之自然。自然者，即我之影響耳。於夫主宰，復何功哉？……因茲以談，夫神形雖殊，相與而化，內外誠異，渾爲一體，自非達觀，孰得其際邪？苟未之得，則愈久愈迷耳。凡稟形受命，莫不盡然也。受之既然，各以私戀爲滯。滯根不拔，則生理彌固，愛源不除，則保之亦深。設一理逆情，使方寸迷亂，而況舉體都亡乎？是故同逆相乘，共生讎隙，禍心未冥，則構怨不息。縱復悅畢受惱，情無遺憾，形聲既著，則影響自彰，理無先期，數合使然也。雖欲逃之，其可得乎？

慧遠認爲佛家以「無明」爲迷惑的淵源，以「貪愛」爲煩惱的本源，對於無明和貪愛，必須徹底證悟，因爲人生的吉凶禍福完全在於我們是否一念無明和貪愛。無明蒙蔽了清淨的心性，使人的情感執著於外界的事物，貪愛使人的心性流蕩，遂使地水火風四大結成人的形體⑳。

換言之，由於有情衆生的無明，而有生死流轉，由於貪愛，而有諸多煩惱。由於無明的染污，情滯於外物，由於貪愛的執著，四大集結而成形體。有了活生生的身體，就有物我、主客、彼此、你我等等分別。由於情識滯於外物，則善惡之「業」，就以我身爲承擔果報的主體。因爲有了物我的分別，所以，世人常常自私其身而不忘自私其利。善惡之業有了承擔果報的主體，所以，常常迷戀生命，而使生命生生不絕。

因此，有情衆生往往沉迷於夢境假相而不悟，而人們所造的「業」也在冥冥中招致禍福的報應，不斷的累積惡行，則禍殃自至，造罪則遭地獄的苦罰，這是必然的法則，也是必然的結果，無庸置疑。世人造作善惡諸業，一旦因緣成熟，禍福的報應自然就發生了，這是「自然」的結果㉑，並不需要也沒有什麼司過之神或司命之神對人的賞善罰惡。

有情衆生由地、水、火、風四大結合而成形體，形體是「神」寄居的宅所，「神」是形體之主，形與神雖然有所差別，但二者是合爲一體的，二者結合而有生命。如果不懂這個道理，是不能明白因果業報的。因爲有情衆生常常執迷自身的形體，企望長生不死，貪生怕死的心愈重，恩怨爭執就愈多，禍福報應自然而來。

值得注意的是，慧遠強調善惡報應是自作自受的自然結果，沒有所謂司過之神或司命之神。也就是說，原始佛教報應輪迴思想是因果業報，並無上帝或鬼神的賞罰，或冥府十殿的審判，如《玉曆至寶鈔》。但是，在傳統中土思想中，就有所謂司過之神或司命之神等。葛洪在《抱朴子・微旨》中說：「按《易內戒》及《赤松子經》及《河圖記命符》皆云：天地有司過之神，隨人所犯輕重，以奪其算。算減則人貧耗疾病，屢逢憂患，算盡則人死。」。

葛洪認爲根據一些道書的記載，天地有司過之神，根據世人所犯罪過的輕重，減少他們的壽命，壽命被減少了，人就會遭遇各種貧病憂患，壽命的定數被減完了，人就會死亡。又說人體內有三尸（註：據《諸眞元奧》解三尸之說引《中黃經》云：一者上蟲居腦中，二者中蟲居明堂，三者下蟲居腹胃，名曰彭琚、彭質、彭矯也。」，三尸雖然無形，卻是鬼神之類，三尸希望人早夭，祂們可以脫離人體，自由飄蕩，享用世人祭祀的酒肉，所以，每到庚申這一天，三尸就上天，向司命之神（《宋史‧天文志》云：司命二星在虛北，主舉過行罰滅不詳，又主死亡。）詳告宿主所犯的罪過。又在陰曆每個月的最後一天的夜晚，灶神也會上天稟告這一家人的罪過，罪過大的，減少三百天的壽命，罪過小的，減少三天的壽命。

根據罪過的輕重，司命之神扣除應減的壽命，只有邪惡的心思計謀，而沒有實際去做壞事，扣除三天的壽命，如果做了傷害他人的惡事，則扣掉三百天的壽命。如果應該扣除的日子還沒有扣完而自己死亡，將會禍及子孫，至於搶劫掠奪他人的錢財，有時還要扣除其妻子或家人的壽命，導致親人的死亡，但不會立即兌現。〈微旨〉又說上天對人世間的事無所不知，只要不斷的行善，必能得到吉祥福報。

慧遠〈明報應論〉又云：

夫事起必由於心，報應必由於事。是故自報以觀事，而事可變，舉事以責心，而心可反。推此而言，則知聖人因其迷滯，以明報應之對，不就其迷滯，以爲報應之對也。何者？人之難悟，其日固久，是以佛教本其所由，而訓必有漸。知久習不可頓廢，故先示之以罪福，罪福不可都忘，故使權其輕重。輕重權於罪福，則驗善惡以宅心，善惡滯於私戀，則推我以通物。二理兼弘，情無所繫，故能尊賢容眾，恕己施安，遠尋影響之報，以釋往復之迷。迷情既釋，然後大方之言可曉，保生之累可絕。夫生累者，雖中賢未得，豈常智之所達哉？

慧遠強調報應是由於人的善行或惡行所造成的，而人的善行或惡行是由於「心」的指使，所以，應該從自己所遭受的報應，來觀察反省自己所做的事，再從自己所做的事來捫心省悟，使心從迷惑中反歸正道。由此推知，佛陀了解衆生常有迷惑，所以才說明因果報應的道理，而不是因爲衆生的執著與迷惑而以報應爲懲戒。

因爲衆生執迷不悟，已經很久遠了，所以，佛法依衆生的執著，逐漸施以教化，由於不斷的學習與修行是不可停頓的，因此，佛陀對衆生開示因果報應的道理，使衆生時時不忘，衆生才知道有所爲有所不爲，能夠權衡吉凶禍福的道理，就會反省自己心中的善惡，如果心中仍有私欲迷戀，就應該立刻消除私欲，使心靈寧靜妙空，與萬物爲一體。

只有反省心中的善惡，消除內心的私欲迷情，才能尊賢容衆，愛人如己。深究因果業報的不變法則，消除生死輪迴的迷戀，才能超越因果業報，免除生死輪迴之苦。然而，人生的種種煩惱，對肉體生命的迷戀，雖有中等資質者都難得解脫，更何況是一般世俗凡人呢？因爲一般衆生有了形體，就執著自己的私欲，滿足自己的私欲，而無法解脫。因此，不斷的克己修行，是解脫的法門。

四、戴逵〈釋疑論〉

與慧遠同時代的戴逵㉒，對慧遠「形盡神不滅」及「因果業報」深表懷疑，他在〈流火賦〉中說：

火憑薪以傳焰，人資氣以享年，苟薪氣之有歇，何年焰之恆延？〈全晉文卷一百三十七〉

戴逵以為火憑借薪而燃燒，沒有無薪之火，人死猶如薪盡火滅，人死氣絕，形盡神滅。反對慧遠形盡神不滅的思想。戴逵〈與遠法師書〉說：

弟子常覽經典，皆以禍福之來由於積行，是以自少束脩，至於白首，行不負於所知，言不傷於物類。而一生艱楚，荼毒備經。顧景塊然，不盡唯已。夫冥理難推，近情易纏。每中宵幽念，悲慨盈懷，始知修短窮達，自有定分，積善積惡之談，蓋是勸教之言耳。近作此釋疑論，今以相呈。

戴逵從自己一生自少至老潔身自愛，不作傷天害理的虧心事，可是，一輩子過著艱難困苦的日子，而他經歷「荼毒備經」的遭遇，使他不相信因果報應之說。深信吉凶禍福，自有命定，所謂善有善報、惡有惡報的說法，只是勸人為善去惡的教化而已。

戴逵把〈釋疑論〉寄給慧遠，〈釋疑論〉云：

夫人資二儀之性以生，稟五常之氣以育，性有脩短之期，故有彭殤之殊，氣有精麤之異，亦有賢愚之別，此自然之定理，不可移者也，是以堯舜大聖，朱均是育，瞽叟下愚，誕生有舜，顏回大賢，早夭絕嗣，商臣極惡，令胤克昌，夷叔至仁，餓死窮山，盜跖肆虐，富樂自終，比干忠正，斃不旋踵，張湯酷吏，七世珥貂，凡此比類，不可稱數，驗之聖賢，既如彼，求之常人，又如此，故知賢愚善惡，脩短窮達，各有分命，非積行之所致也。

夫以天地之玄遠，陰陽之廣大，人在其中，豈唯稊米之在太倉，毫末之於馬體哉！而匹夫之細行，人事之近習，一善一惡，皆致冥應，欲移自然之彭殤，易愚聖於朱舜，此之不然，居可識矣。然則積善積惡之談，蓋施於勸教耳，何以言之，夫人生而靜，天之性也，感物而動，性之欲也，性欲既開，流宕莫檢，聖人之救其弊，因神道以設教……（〈全晉文〉卷一百三十七）或（《廣弘明集》卷二十）

戴逵在〈釋疑論〉中，首先認爲佛家的因果報應說，與《易經》所說的「積善之家必有餘慶，積不善之家必有餘殃。」思想相近似㉓，因此，佛教的因果業報思想，得以在中土廣爲流傳。但是，戴逵強調佛教的三世因果業報是一種不能檢驗實證的虛妄之言，因爲如果依照善有善報、惡有惡報的說法，則聖人之家應有善報，惡人之家應有惡報，而且應該歷代皆不移，這就是所謂「善有常門，惡有定族。」，如果是這樣，那麼，後世的修行，就沒有什麼用處了，而佛家既講報應又強調修行，似乎是自相矛盾。更何況，有的人自幼修己行善反受惡報，有的人一生暴虐反得榮華富貴的善報，這又怎麼讓人相信因果報應呢？因果報應不能在實際的生活事例中得到驗證。

戴逵又以先秦兩漢的氣化論和王充的自然命定論思想㉔，說明人稟氣而生，氣有精粗的差別，有人稟精氣而生，有人稟粗氣而生，所以，有賢愚的分別，也有長壽、早夭的差異，這是自然的道理，也是自然的定命，人爲的修行也改變不了，亦非積善或積惡所能改變。

換言之，賢愚善惡，修短窮達，各有定命，這是不可改變的事實，堯有堯的命，丹朱有丹朱的命，瞽叟有瞽叟的命，舜有舜的命，顏回有顏回的命，比干有比干的命，伯夷叔齊有伯夷叔齊的命，張湯㉕有張湯的命，盜跖有盜跖㉖的命。

戴逵強調所謂「積善之家，必有餘慶，積不善之家，必有餘殃。」㉗，只不過是勸人爲善，因爲人性本靜，可是感物而動，而有情感欲望，聖人爲了要預防人性天生的情欲之弊，防治奸惡，因此，提倡善有善報、惡有惡報，鬼神賞善罰惡，不過，這只是神道設教而已。君子爲人處世，只要心存善念，又何必一定要「循教責實，以期報應哉？」，也就是說君子以善德行己處心，不必祈求冥驗的善報。

戴逵〈答周居士難釋疑論〉又說：

至於善惡禍福或有一見，斯自遇與事會，非冥司之眞驗也，何以明之？若其有司，當如之治國，長之一家，善無微而不賞，惡無纖而不罰，使修行者保其素履，極逆者受其酷禍，然後積善之家被餘慶於後世，積不善之家，流殃咎於來世耳。而今則不然，或惡深而莫誅，或積善而禍臻，或履仁義而亡身，或行肆虐而降禍，豈非無司而自有分命乎？（《廣弘明集》卷二十）

戴逵認爲或許有時候看起來好像有「善有善報、惡有惡報」的情形，其實不然，那只是一種偶然的相遇現象而已，偶然相符因果報應，不足以證明確實必有報應，爲什麼這樣說呢？因爲如果認爲有賞善罰惡的「冥司」或所謂上帝，主宰決定善惡報應的事，應當像治國之君、一家之長，無善不賞，無惡不罰，使修行者常存善念與愛心，使不善者受其嚴厲的災禍，然後，積善之家餘慶傳於後世子孫，積不善之家遭受應有的惡報。如今並非如此，社會上還存在著積善而有惡報，作惡多端而沒有惡報，甚至踐仁行義而亡身，肆行暴虐而降福等等現象，由此可知，沒有「冥司」（閻羅王）或上帝，沒有因果業報，吉凶禍福壽夭決定於自然的定命而已。換言之，因果業報只能作爲神道設教，勸人爲善而已。

面對戴逵的質疑，慧遠命周續之㉘撰〈難釋疑論〉答覆戴逵，〈難釋疑論〉云：

福善莫驗，亦僕所常惑，雖周覽六籍，逾深其滯，及睹經教，始昭然有歸……故洗心以懷宗，鍊形以聞道，拔無明之沈根，翳貪愛之滯網，不祈驗於冥中而影響自徵，不期存於應報而慶罰已彰……然則天網恢恢，疏而遂失邪？莫見乎隱，莫顯乎微，但盈換藏於日用，交賒昧乎理緣，故或乖於視聽耳……（〈全晉文〉卷一百四十二）

周續之認爲過去他讀儒家之書，對報應之說也常感迷惑不解，自從看了佛家經典，虔信佛教之後，才體悟報應的道理，所以，潛心學佛，虔誠信佛，希望消除無明與貪愛所帶來的迷惘，如此，冥冥之中，自然彰顯善惡之報應，雖然天網恢恢，其實，疏而不漏，我們不能以耳目視聽爲限，因爲報應超乎今生今世，而是三世因果業報。

戴逵不服，撰〈答周居士難釋疑論〉，周續之撰〈答戴處士書〉，之後，慧遠撰〈三報論〉答覆戴逵，戴逵撰〈答遠法師書〉說：「三報曠遠，難以辭究。」，結束一場思想爭論。

五、〈三報論〉

慧遠〈三報論〉云：

經說有三報，一曰現報，二曰生報，三曰後報。現報者，善惡始於此身，即此身受；生報者，來生便受；後報者，或經二生、三生、百生、千生，然後乃受。受之無主，必由於心，心無定司，感事而應，應有遲速，故報有先後。先後雖異，咸隨所遇而爲對，對有強弱，故輕重不同。斯乃自然之賞罰，三報之大略也。非夫通才達識，入要之明，罕得其門。降茲已還，或有始涉大方，以先悟爲蓍龜。博綜內籍，反三隅於未聞，師友仁匠，習以移性者，差可得而言。

慧遠依據《阿毘曇心論》所謂「若業現法報，次受於生報，後報亦復然，餘則說不定。」的思想，提出〈三報論〉，所謂三報，就是三世因果業報，《涅槃經．憍陳品》說：「善惡之報，如影隨形，三世因果，循環不失。」。因此，《觀無量壽經》要我們深信因果㉙。

因果業報有三種，㈠是現報（現世報）：就是今生今世所造作的諸業，在今生就得到報應，例如不斷學習，不久便見成效，精進信修佛法，不久就能身心獲益，強盜殺人，違法犯罪，不久就遭受法律制裁等。㈡是生報：今生所造作的諸業，要等到來生才得到報應，或今生所受的果報，其因是前世所造的業，換言之，就是：「欲知前世因，今生受者是；欲知來世果，今生作者是。」。㈢是後報：就是今生或宿世所造作的諸業，因為諸緣未具，要經歷二生、三生，乃至百生、千生之後，才會諸緣齊備，果報成熟，才得到報應。不論現報、生報或後報，只要造作業因種子，一定會生出果報。《法句經》偈說：「妖孽見福，其惡未熟，至其惡熟，自受罪酷；禎祥見禍，其善未熟，至其善熟，必受其福。」。我們不能因為看見社會上有善人遭受災禍，惡人享受幸福的不合理現象，就否定因果業報，以「三報論」的觀點，善人遭禍，受的是他前世所作惡業的果報，惡人享福，享的是他前世所作善業的果報。值得注意的是，這種三世因果業報的思想，對中土民心有深遠的影響。

造業受報沒有一定的主宰，而是由自心承受報應，心沒有固定的形狀，而有感應外在事物的能力，感應有時快、有時慢，所以報應有的先、有的後，雖然有先後的差異，都是跟隨衆生的遭遇而產生對應，對應有強有弱，所以，得到的報應也有輕重的差別，這是自然而然的賞善罰惡，沒有冥司或上帝的審判，這是三報的情況。除非具備通達才識的人，很難明白三報的道理。如今，或有博學之士、先知先覺者，他們博通佛家經典，舉一反三，又有師友長老大德的教化，才能徹悟三報的道理。

〈三報論〉又云：

請試論之：夫善惡之興，由其有漸，漸以之極，則有九品之論。凡在九品，非其見（現）報之所攝，然則現報絕夫常類，可知類非九品，則非三報之所攝。何者？若利害交於目前，而頓相傾奪，神機自運，不待慮而發，發不待慮，則報不旋踵而應。此現報之一隅，絕夫九品者也。

又三業殊體，自同有定報，定則時來必受，非祈禱之所移，智力之所免也。將推而極之，則義深數廣，不可詳究，故略而言之，想參懷佛教者，以有得之。

慧遠認爲善或惡是逐漸累積而到極點，共可分爲九品（上上、上中、上下、中上、中中、中下、下上、下中、下下）㉚，因此，報應也可分爲九品，這九品的報應即不是今生所作的業，而是前世所作善惡的報應。然而，衆生爲何不會承受現世的果報？因爲今生所造的業是相互關係，如果利害關係發生在眼前，就會相互傾奪，不待思慮而有所行動，因此，報應不會立刻跟著產生。此外，有情衆生所造作的身、口、意三業，性質雖然不同，各有各的報應，只要因緣具足，屆時都會顯現，必會遭受相對的報應，不是祈禱所能移轉，也不是聰明才智所能避免。

〈三報論〉又云：

世或有積善而殃集，或有凶邪而致慶，此皆現業未就，而前行始應。故曰禎祥遇禍，妖孽見福，疑似之嫌，於是乎在。何以謂之然？或有欲匡主救時，道濟生民，擬步高跡，志在立功，而大業中傾，天殃頓集；或有棲遲衡門，無悶於世，以安步爲輿，優遊卒歲，或時來無妄，運非所遇，世道交淪，於其閑習；或有名冠四科，道在入室，全愛體仁，慕上善以進德，若斯人也，含沖和而納疾，履信順而夭年，此皆立功立德之外變，疑嫌之所以生也。

慧遠認爲人世間或許有人雖積善而遭殃，或有兇惡而得福，這種現象都是由於前世的業報，而今生所應受的報應還沒有顯現，所以才會出現行善反而得禍，行惡反而得福的情形，世人不明白三世因果的業報之道，所以才有積善遭殃、作惡得福這種似是而非的觀點。

或許有匡正君王、救國救民，理想遠大，志在立功立德的人橫遭災禍，或有精通文學、政事、語言、美德善行，愛人如己，兼善天下的人，不幸罹患疾病而英年早逝，或有與世無爭、恬淡高雅、悠遊山水的人時運不佳，這些現象與立功立德背道而馳，使人懷疑報應的眞實性。

〈三報論〉又云：

大義既明，宜尋其對，對各有本，待感而發，逆順雖殊，其揆一耳！何者？倚伏之契，定於在昔，冥符告命，潛相回換。故令禍福之氣，交謝於六府，善惡之報，舛互而兩行。是使事應之際，愚智同惑，謂積善之無慶，積惡之無殃，感神明而悲所遇，慨天殃之於善人，咸謂名教之書，無宗於上，遂使大道翳於小成。以正言爲善誘，應心求實，必至理之無此。原其所由，由世典以一生爲限，不明其外。其外未明，故尋理者自畢於視聽之內，此先王即民心而通其分，以耳目爲關鍵者也。

慧遠認爲既然我們知道有身、口、意三業的報應，就應該找出三業的根源，這個根源就是由個人的感應（情之感召）而產生的，所以，人的吉凶禍福之報應在今世以前就已經決定了，因此，吉凶禍福之命在六道中輪迴。

如果積善不能得到善報，作惡不會得到惡報，將使智者和愚者同感困惑，於是有些人就向神明訴苦，悲嘆積善而遭橫禍，認爲儒家典籍沒有記述報應之道，遂使因果業報的道理不彰顯。我們深究其因，得知其中的原因是儒家典籍、世俗教化，只局限於一生一世，只重視今生今世，惟以耳目見聞為認知的界限，不論生死以外的事，六合之外，存而不論，不知道有來生，不修習超越視聽以外的佛法。一般的知識份子，都以自己的感官知覺為限，感官知覺所得的知識非常有限，無法徹底說明善惡禍福之報應。

〈三報論〉最後一段說：

如今，合內外之道，以求弘教之情，則知理會之必同，不惑眾途而駭其異。若能覽三報以觀窮通之分，則尼父之不答，仲由、顏、冉對聖匠而如愚，皆可知矣。亦有緣起而緣生法，雖預入諦之明，而遺愛未忘，猶以三報為華苑，或躍而未離於淵者也。推此以觀，則知有方外之賓，服膺妙法，洗心玄門，一詣之感，超登上位。如斯倫匹，宿殃雖積，功不在治，理自安消，非三報之所及。因茲而言，佛經所以越名教，絕九流者，豈不以疏神達要，陶鑄靈府，窮源盡化，鏡萬象於無象者哉？

〈三報論〉最後一段，慧遠強調要融通佛教和世俗的教化，以求弘揚佛法，因為兩者必有會通之處。如果能夠明白三報的道理，就可以了解吉、凶、禍、福、窮、通必有因果，因此可知，孔子所謂「未知生，焉知死。」，以及子路、顏回、冉有等人大智若愚都是有原因的，因為儒家重視今生今世的努力，而不論六合以外的道理。

佛家雖然主張緣起性空，弘揚出世之道，並沒有放棄對世人的大愛，尤其以三報論是佛法的精要。

由此而言，出家僧人虔信佛法，心入佛門，證悟緣起性空，像這樣德慧雙修的高僧長老，雖然也遭受諸多災禍苦難，他們依然怡然自得，心安理得，隨緣消業，沒有業障，沒有煩惱，證入涅槃，所以，不受三世因果業報的束縛。依此而論，佛法能夠超越名教，超脫九品的限制，難道不是陶冶心性，證悟法性，探窮本源，不執著貪瞋痴的淨化結果嗎？

綜上所論，可知慧遠在「形盡神不滅」的基礎上，闡論三世因果業報，他認爲人有三業，業有三報，生有三世。因此，不論大小善惡之業，都有報應，並將受報的時間延長至前生前世、後生後世，不只今生今世，而有無數次的輪迴，而且因爲心的感應有快有慢，因此報應有先有後的差別，依此解答戴逵等人所謂一世善惡因果報應不能在實際的生活事例中得到驗證的質疑，難怪戴逵說：「三報曠遠，難以辯究。」。

比較而言，慧遠報應思想，有以下二點特徵：

㈠慧遠強調因爲人的「無明」與「貪愛」，而有報應與輪迴。報應是「心」的自然感應，自然而至，沒有外在的主宰（天、上帝、鬼神、幽司等。）。反觀中土的報應思想，是建立在「天道」、「天命」的基礎上。如：《尚書・皐陶謨》：「天命有德，五服五章哉！天討有罪，五刑五用哉！」，《尚書・伊訓》：「作善降之百祥，作不善降之百殃。」，《詩經・大雅》：「雒此文王，小心翼翼，昭事上帝。」，《詩經・小雅》：「嗟爾君子……好是正直，神之聽之，介爾景福。」，《尚書・湯誓》：「非台小子，敢行稱亂，有夏多罪，天命殛之。」。墨子明鬼，他也認爲鬼神具有賞善罰惡的能力，董仲舒《春秋繁露・必仁且知》說：「災者，天之譴也；異者，天之威也。譴之而不知，乃畏之以威。」，董仲舒天人感應論，強調天具有賞善罰惡的意志。葛洪等道教思想，也有所謂司過之神或司命之神等。換言之，中土的報應思想是由上天鬼神來執行；佛家的報應是由自己的業力所感召。因此，中土的因果報應，重在使人畏果；佛家的因果報應，重在勸人畏因，強調自我約束，終使他律道德轉化為自律道德，使人自覺自願為善慈悲。

㈡慧遠的報應思想，是以個人為善惡報應的主體，是自己一人的報應與輪迴，跟父母祖先或子孫無關。所以，他強調丹朱之「神」非傳自唐堯，虞舜之「神」非傳自瞽瞍。反觀中土的報應思想，一人為善為惡，不僅自己受報，更及於家人和後代子孫。《易經》所謂「積善之家，必有餘慶，積不善之家，必有餘殃。」，這種「餘慶」和「餘殃」思想的發展，就是《太平經》主張的「承負」思想。《太平經》也強調天人感應，《太平經》說：「王者行道，天地喜悅；失道，天地為災異。」。所謂承負報應，是指祖先的行為善惡，會對其後代子孫的吉凶禍福產生影響，祖先為善，子孫獲福，祖先作惡，子孫遭殃。《太平經卷三十九・解師策書訣》說：

承者為前，負者為後。承者，迺謂先人，本承天心而行，小小失之，不自知，用日積久，相聚為多，今後生人反無辜蒙其過謫，連傳被其災，故前為承，後為負也。負者，流災亦不由一人之治，比連不平，前後更相負，故名之為負。負者，迺先人負於後生者也。

「承負」的意思是指後代子孫承受祖先的過失，子孫無辜遭殃，所以祖先有負於子孫。依照承負的思想，一個人的吉凶禍福與其本人的行爲善惡，沒有必然的因果關係，而是由祖先的行爲善惡所影響。不過，値得注意的是，這不表示一個人的今生今世之行爲善惡無關緊要，相反的，由於祖先與子孫之間的承負報應關係。所以，一個人今生今世的善惡行爲顯得非常重要，因爲如此一來，一個人的行善積德有雙重作用，㈠是斷除祖先不好的影響，消滅祖先承負的厄運；㈡是對後代子孫負責，使自己的行爲不給後代子孫帶來災禍。如果不斷積善，能給子孫帶來福報，這種承負思想，不僅可以解釋善有惡報，惡有善報這一不合理現象，可以維護人們對道德實踐的信心，另一方面，強化了道德行爲的意義。由此可知，作爲一種勸善戒惡的作用，承負報應說與佛家三世因果業報頗爲近似，對中土人心影響非常深遠。

總之，慧遠以「法身」及「法性」的思想，詮釋形神關係。他把「法身」視爲獨存之「神」，又由「法性不變」的思想，論證「形盡神不滅」，再從「形盡神不滅」的思想，解說三世因果業報，其思想體系，可謂精密完備。吾人如依吉藏的二諦，慧遠所謂「形盡神不滅」的三報論，是就現實世俗的宗教信仰而說的「俗諦」，依《大乘起信論》而言，形盡神不滅的生死流轉是「生滅門」。什麼才是第一義諦？慧遠所謂「體極爲宗」、「無性之性，謂之法性。」、「即有以悟無」、「反本求宗」、「不以情累其生，則生可滅不以生累其神，則神可冥，冥神絕境，謂之泥洹。」等思想，可謂眞諦。

六、陶淵明〈形影神並序〉

慧遠主張「形盡神不滅」和「三世因果業報」，除了戴逵提出質疑外，陶淵明也表示不同的看法。陶淵明，一名潛，字元亮，潯陽柴桑（今江西九江）人，生於東晉哀帝興寧三年（西元三六五年），卒於南朝宋文帝元嘉四年（西元四二七年），享年六十三歲，死後世人爲他立號，諡號「靖節先生」，表示好廉克己和寬樂令終的品德。

〈形影神並序〉，主要是針對慧遠形盡神不滅的思想，表示陶淵明不同的觀點，他認爲形體和精神既相互有別，又相互依存。強調精神依附於形體，精神不能離開形體而獨立存在，形體與精神最後都是「應盡便須盡」，形神俱滅。

> 貴賤賢愚，莫不營營以惜生，斯甚惑焉；故極陳形影之苦言，神辨自然以釋之。好事君子，共取其心焉。

陶淵明認爲世人無論貴賤賢愚，都想千方百計過度的珍惜自己的生命，過度的養生，其實是非常迷惑的。所以，他要力陳形和影的痛苦，借精神說的話來解釋自然的道理，以消除世人的疑惑。願世人都能體會「一任自然」的精神境界。

> 形贈影：天地長不沒，山川無改時。草木得常理，霜露榮悴之；謂人最靈智，獨復不如茲。適見在世中，奄去靡歸期。奚覺無一人，親識豈相思，但餘平生物，舉目情悽洏。我無騰化術，必爾不復疑。願君取吾言，得酒莫苟辭。

形贈影，是形體對影子所說的話。天地永遠不會消滅，山川也長存不改。草木依循自然的法則，秋霜使它凋萎，春露又使它欣榮。人雖是萬物最靈貴的，卻不能像天地山川長存不改（人不能長生不死），也不能像草木凋萎又欣榮。剛剛還活在世上的人，一會兒很快死去，永遠不能復生（人不能死後更生），人們不會感到世上少了一個人，生前的親友還會思念死者嗎？只有留下生前的遺物，使親人看了悽然淚下。（我）沒有修成神仙不死的法術，生命的終點必定是死亡，形盡神滅，形神俱亡，不必懷疑。願你（影子）聽我（形體）的話，及時行樂，有酒不必推辭。

影答形：存生不可言，衛生每苦拙；誠願遊崑華，邈然茲道絕。與子相遇來，未嘗異悲悅。此同既難常，黯爾俱時滅；身沒名亦盡，念之五情熱。立善有遺愛，胡爲不自竭？酒云能消憂，方此詎不劣！

影答形，是影子回答形體。影子認爲飲酒雖然快樂，但是，和立善（立功、立德、立言）相比較，就差太多了。這是影子針對形體說要及時飲酒行樂，提出立善求名的不同主張。

保養身體的方法，實在沒什麼好說的，想盡辦法去養生，追求長生不死，更是愚蠢而不可信。想去崑崙山、華山學神仙法術，可是，這條路渺茫，根本行不通。（意指沒有神仙存在。）自從我（影子）和你（形體）相遇在一起，彼此同悲共喜。（意指影子和形體密不可分。）形體如果在樹蔭底下休息，影子就暫時消失，如果形體在陽光下，影子和形體始終不分開。

可是，形體和影子不能永遠在一起，生命死亡，形體消滅後，影子也就不再存在。人死後，名聲也會消盡，想起來眞叫人感傷莫名。只有立善（立功、立德、立言。）可以留下不朽的美名，爲什麼不去努力呢？雖然說飲酒快樂又能消憂，但是，跟立善相比較，豈不低俗拙劣！

神釋：大鈞無私力，萬理自森著；人爲三才中，豈不以我故？與君雖異物，生而相依附，結托既喜同，安得不相語？三皇大聖人，今復在何處？彭祖愛永年，欲留不得住。老少同一死，賢愚無復數。日醉或能忘，將非促齡具！立善常所欣，誰當爲汝譽？甚念傷吾生，正宜委運去，縱浪大化中，不喜亦不懼，應盡便須盡，無復獨多慮。

神釋，是精神的主張，也是陶淵明的觀點。形體主張飲酒解憂，及時行樂，而影子主張立功立德立言，立善以求名。精神認爲飲酒行樂和立善求名都是無益。人在宇宙之中，不喜不憂，順其自然造化即可。

自然造化沒有偏私，天地萬物依照自然的法則、一定的規律各自生存發展。天地人三才，人能參贊天地化育，是因爲人有理性和精神。精神與形體雖然不同，但生來就互相依附，精神生於形體之中，形體死亡，精神也不再存在，影子也消失了。

形影神結合在一起，同喜同悲，互爲一體。凡人有生必有死，遠古的三皇，如今又在何處？善於養生的彭祖，想要長生不死，也不能久留人世。無論年老、年少，難免都要死亡，人死不能復生，沒有輪迴轉世更生，陶淵明說：「日月還復周，我去不再陽。」。

每天喝酒或能忘憂解愁，但是，這樣豈不是逼使生命早夭，喝酒無益。追求立善求名，死後誰去稱讚你呢？立善求名也是無用。不斷追求喝酒作樂，立善求名，會傷害身心健康。在宇宙大化中，順其自然造化，人生不喜不憂，生不足喜，死不足懼，生死聽其自然，不必多慮。

我們從〈形影神並序〉這三首詩中，可以了解陶淵明以老莊道家的自然思想，反對佛教和道教。慧遠講形盡神不滅和三世因果業報，陶淵明認爲形體和精神互相依附，人死形盡神滅，沒有輪迴轉世更生。

道教（葛洪）講神仙不死，陶淵明認爲有生必有死，人的生死是自然法則的必然結果，世上根本沒有神仙。所以，陶淵明感慨的說：「人生似幻化，終當歸空無。」，又說：「死去何所知，稱心固爲好。」，人死了什麼都不知道了（人死無知），生前能夠稱心如意最好，死後名不足惜。他說：「天道幽且遠，鬼神茫昧然。」。天道幽遠，鬼神之事渺茫難知。又說：「魂氣散何之？枯形寄空木。」。人死魂氣不知散到那裡去了，只剩下枯槁的屍體放在棺木裡。

慧遠講三世因果報應，陶淵明也提出質疑，他說：

積善云有報，夷叔在西山，善惡苟不應，何事立空言。

伯夷、叔齊，積善行仁，義不食周粟，最後餓死在首陽山，行善和作惡如果沒有報應（善有善報、惡有惡報。），爲什麼還振振有辭，空言報應呢？禍福無門，報應不靈㉛，換言之，陶淵明肯定沒有三世因果報應。

葛洪講神仙不死㉜，陶淵明也提出質疑，他說：

運生會歸盡，終古謂之然。世間有松喬，於今定何間？

有生必有死，自古以來都是如此，傳說中的神仙赤松子和王子喬，如今安在？世上本無神仙。

陶淵明在〈歸去來兮辭〉最後一段，最能表現他的人生觀，他說：

已矣乎！寓形宇內復幾時，曷不委心任去留。胡爲乎遑遑欲何之？富貴非吾願，帝鄉不可期。懷良辰以孤往，或植杖而耘耔。登東皋以舒嘯，臨清流而賦詩。

【註釋】

①佛影是古印度著名的佛教聖地，位於北印度那揭陀國阿那斯山岩以南。傳說佛陀在此石窟感化超度毒龍，因毒龍至誠請求，佛陀在石窟中作十八變，然後躍身坆入石壁，遠望佛陀金身完好，近看則冥然不見，以手觸摸，則唯有石壁，後來，諸天都來供養佛影，佛影亦爲諸天講說佛法。

②法身：佛有三身：法身、報身、應身，爲天台宗所立。法身，就理體言：報身，由智而成：應身，從起用而現也。《勝鬘經》云：「世尊，過於恆沙，不離不脫不思議佛法成就，說如來法身。」，《勝鬘經寶窟》云：「法身者，即是實相眞如法也，此實相法隱，名如來藏實相法顯，故名身。」慧遠在《鳩摩羅什法師大義》（或稱《大乘大義章》，原稱《慧遠問大乘中深義十八科並羅什答》）中的〈第一章初問答眞法身〉，慧遠問：「經說：法身無來無去，沒有起滅，如同涅槃一般，爲何還說法身可見呢？」，羅什答：「佛的法身，如同神通變化一般，神通變化沒有四大（地、水、火、風）五根（眼根、耳根、鼻根、舌根、身根），法身也沒有四大五根。……

對於羅什的各種解答，慧遠有所體悟的說：法身有三種意義：㈠法身是諸法實相，無來無去，如同涅槃一般。㈡法身如同神通變化一般，沒有四大五根，如水中之月，鏡中之像。㈢法性生身是眞法身，能久住於世，猶如太陽照射的光輝。這三種意義各不相同，但統稱為法身。

羅什在〈第二章次重問法身並答〉中，又區分大小乘之法身。羅什說：「小乘部者，以諸賢聖所得無漏功德，謂三十七品、及佛十力、四無所畏、十八不共等，以為法身。又以三藏經顯示此理，亦名法身……大乘部者，謂一切法無生無滅，語言道斷，心行處滅，無痛無為，無量無邊，如涅槃相，是名法身。及諸無漏功德，並諸經法，亦名法身。」。

法身也是南朝大乘佛教空宗各派爭論的問題之一，其實，各派的理解是有所不同的，一般認為，法身是一種無形無相，不可言說名狀，無來無去，不可思議的永恆普遍的精神存在，與眞如、法性、涅槃等相似。昭明太子（蕭統）所著〈解法身義令旨〉（《廣弘明集》卷二十一）即持此觀點，他說：「法身虛寂，遠離有無之境，獨脫因果之外，不可以智知，不可以識識，豈是稱謂所能論辯！將欲顯理，不容默然，故隨從言說，致有法身之稱。天竺云達摩舍利，此土謂之法身。若以當體，則是自性之目；若以言說，則是相待立名。法者，軌則為旨，身者，有體之義，軌則之體，故曰法身……故《涅槃經》說：『如來之身，非身是身，無量無邊，無有足跡，無知無形，畢竟清淨。』，無知清淨而不可為無，稱曰妙有而復非有。離無離有，所謂法身。」。蕭統認為如果以本體來說法身，其性質近似於無生無滅的涅槃境界，非有非無，離有離無，這就是法身。

③ 如來是佛的十種稱號之一。梵語云：多陀阿伽陀，亦云怛他揭多。如來有三種解釋：㈠遍一切處而無有異爲如，不動而至爲來（法身如來），即金剛經所謂無所從來，亦無所去，故名如來。㈡從理名如，從智名來（報身如來），此就知解義而名如來。㈢乘眞如道來成正覺曰如來（應身如來），處處示現成道，爲衆生轉妙法輪，此就說法義而名如來。

④ 據《高僧傳》卷六，〈廬山釋慧遠傳〉記載：慧遠令劉遺民著〈發願文〉曰：「惟歲在攝提秋七月戊辰朔，二十八日乙未，法師釋慧遠，貞感幽奧，宿懷特發，乃延命同志息心貞信之士，百有二十三人，集於廬山之陰，般若雲臺精舍，阿彌陀像前，率以香華敬薦而誓焉……」。阿彌陀佛，是西方極樂世界的教主，淨土宗崇拜的主要對象，能接引念佛者往生西方淨土，所以又名「接引佛」，該佛還有十三種名號：無量壽佛、無量光佛、焰王光佛、清淨光佛、歡喜光佛、智慧光佛、不斷光佛、難思光佛、無稱光佛、超日月光佛、無邊光佛、無礙光佛、無對光佛。

⑤ 自慧遠在廬山結社，同修淨土，到隋唐時道綽、善導正式創宗，成爲中國佛教的淨土宗。淨土宗的宗旨是以信佛者的念佛爲內因，以阿彌陀佛的願力爲外緣，內外相應，往生西方極樂淨土。此宗所依據的主要經典有三部，《無量壽經》、《觀無量壽經》、《阿彌陀經》。

⑥ 念佛可區分爲三種：㈠是稱名念佛（念誦佛名）。㈡是觀想念佛，又可分爲二種：⑴是禪坐入定，觀想佛像；⑵是禪坐入定，觀想佛之三十二相及功德威儀。㈢是實相念佛，諦觀佛的法身是非有非空的中道實相。慧遠所說的念佛是觀想念佛。慧遠強調念佛三昧（禪定）是往生西方極樂淨土的修持方法，是禪

定十念之一。

⑦ 般舟三昧經：又名《佛立三昧》，修此三昧，精進念佛，一心不亂，即能見十方諸佛立於面前。《般舟三昧經・四事品》云：菩薩有四事法，疾逮得三昧……一者所信無有能壞者；二者精進無有能逮者；三者所入智慧無有能及者；四者常與善師從事……一者不得有世間思想，如指相彈頃三月；二者不得臥出三月，如指相彈頃；三者經行不得休息，不得坐三月；除其飯食左右；四者爲人說經，不得望人衣服飲食……一者合會人至佛所；二者合會人使聽經；三者不嫉妒；四者教人學佛道……一者作佛形像若作畫，用是三昧故；二者用是三昧故，持好疋素令人寫是三昧；三者教自貢高人內佛道中；四者常護佛法。《般舟三昧經》強調修此念佛三昧者，九十天之內不要有世俗的想法，不要臥床睡覺，除了吃飯，要不停念佛，爲人講經，不求回報等。

⑧ 三昧，亦云三摩地，義譯爲正定、定、正受、等持、等念、息慮凝心。《大乘大義章》云：「以體寂靜，離於邪亂，故曰三昧。」，意即凝思靜慮，排除一切雜念，遠離邪亂而正（禪）定。《大乘大義章・第十一章次問念佛三昧並答》鳩摩羅什以爲見佛三昧有三種：「一者，菩薩或得天眼、天耳，或飛到十方佛所，見佛難問，斷諸疑網；二者，雖無神通，常修念阿彌陀等現在諸佛，心住一處，即得見佛，請問所疑；三者，學習念佛，或以離欲，或未離欲，或見佛像，或見生身，或見過去未來現在諸佛。是三種定，皆名念佛三昧。」。

⑨ 據《廬山蓮宗寶鑑》卷四云：「義熙乙卯十一月初一日，師（慧遠）入定至十七日出定，見阿彌陀佛紫

磨黃金身遍滿空界。〈龍舒淨土文〉載遠公三睹聖相沉厚不言。」（《大正藏》卷四十七）。劉遺民專心禪坐念佛，經過半年，亦能「定中見佛」，在路上行走，見佛於空中顯相，光照天地，其光金色。（《廣弘明集》卷二十七）

⑩ 龍樹所著《中論卷四・觀涅槃品》說：「所名涅槃者：無得亦無至，不斷亦不常，不生亦不滅，是說名涅槃。無得者，於行於果無所得。無至者，無處可至。不斷者，五陰先來畢竟空故，得道入無餘涅槃時亦無所斷。不常者，若有法可得分別者，則名爲常，涅槃寂滅無法可分別故，可名爲常。生滅亦爾，如是相者，名爲涅槃。復次，經說涅槃非有、非無、非有無、非非有非無，一切法不受，內寂滅名涅槃。」。沒有得，也沒有至；不是斷，也不是常；不是生，也不是滅，這就是涅槃。而且涅槃非有、非無、非亦有亦無、非非有非無，只不過由於我們的妄心存在以上四種妄見，而誤認爲有外境，實際上沒有外境，只要我們滅除內心這四種妄見，就是涅槃。

⑪ 據《大乘大義章・第十三章次問如、法性、眞際並答》所記，慧遠問鳩摩羅什「如」、「法性」、「眞際」三者的含義。鳩摩羅什認爲從根本而言，就是諸法實相（《中論・觀法品》：諸法實相者，心行言語斷，無生亦無滅，寂滅如涅槃。又《大智度論》卷三十二：問曰：如、法性、眞際，是三事是一爲異？若一云何說三，若三今應當分別說。答曰：是三皆是諸法實相異名。），只是依照學佛者體悟的程度不同而有「如」、「法性」、「眞際」這三個名稱。菩薩在未得無生法忍時，觀諸法實相，所體悟的是「如」，得無生法忍，深觀諸法實相，所證悟的是「法性」，到坐道場時，於一切法中普遍證悟法

性，就稱爲眞際。

⑫ 何晏說：「有之爲有，恃無以生。事而爲事，由無以成。」（《列子・天瑞注》引《道論》），又說：「天地萬物，皆以無爲本。」（《晉書・王衍傳》何晏語）；王弼說：「道者，無之稱也，無不通也，無不由也，況之曰道。」（邢昺《論語義疏》卷七引王弼《論語釋疑》）。

⑬ 據吉藏《中觀論疏》云：「一者釋道安明本無義，謂無在萬化之前，空爲衆形之始……安公本無者，一切諸法，本性空寂，故云本無。」。以老莊「無」的思想會通佛家「空」的義理，是所謂格義之理。慧遠亦以莊子思想詮釋佛家「實相」之義；使惑者豁然明曉。

⑭ 慧遠常以老莊之言，詮釋佛家義理。〈沙門不敬王者論〉說：「此所謂知生爲大患。」似（《道德經》第十三章說：「貴大患若身，吾所以有大患者，爲吾有身。」）。〈念佛三昧詩集序〉說：「體寂無爲而無不爲。」似（《道德經》第三十七章說：「道常無爲而無不爲。」）。〈答桓南郡書〉說：「下士聞道，大而笑之。」似（《道德經》第四十一章說：「下士聞道大笑之，不笑不足以爲道。」）。〈答難祖服論〉說：「日損之功易積。」似（《道德經》第四十八章說：「爲學日益，爲道日損。」）。〈沙門不敬王者論〉說：「論者不尋方生方死之說。」似（《莊子・齊物論》說：「方生方死，方死方生。」）。〈沙門不敬王者論〉說：「六合之外，存而不論……六合之內，論而不辯……春秋經世先王之志，辯而不議。」似（《莊子・齊物論》說：「六合之外，聖人存而不論，六合之內，聖人論而不議。春秋經世先王之志，聖人議而不辯。」）。〈沙門不敬王者論〉說：「前薪非後薪，則知指窮之術

妙。」似（《莊子・養生主》說：「指窮於爲薪，火傳也，不知其盡也。」）。〈念佛三昧詩集序〉說：「氣虛則智恬其照。」似（《莊子・人間世》說：「氣也者，虛而待物者也。」）。〈沙門不敬王者論〉說：「大塊勞我以生，息我以死。」似（《莊子・大宗師》說：「夫大塊載我以形，勞我以生，佚我以老，息我以死。」）。〈明報應論〉說：「假於異物，託爲同體。」似（《莊子・大宗師》說：「假於異物，託於同體。」）。〈萬佛影銘〉說：「不物物而兆其端。」似（《莊子・山木》說：「物物而不物於物。」）。〈沙門不敬王者論〉說：「人之生，氣之聚，聚則爲生，散則爲死。若死若生，爲彼徒苦，吾又何患？」似（《莊子・知北遊》說：「人之生，氣之聚也，聚則爲生，散則爲死。若死生爲徒，吾又何患。」）。〈沙門不敬王者論〉說：「既化而爲生，又化而爲死。」似（《莊子・知北遊》說：「已化而生，又化而死。」）等等。

⑮ 法勝作《阿毘曇心論》，解釋說一切有部教法的核心問題。此論共有二百一十五偈，以論證佛家四諦爲序，分成界、行、業、使、賢、聖、智、定、經、雜、論等十品。主張三世實有，法體常存，都有永恆不變的實體。慧遠非常重視《阿毘曇心論》，他在〈阿毘曇心序〉中說：「阿毘曇心者，三藏之要頌，詠歌之微言，管統衆經，領其宗會。」，另外，《三法度論》主張「人我」之說，與《阿毘曇心論》所謂諸法自性實有不變的思想頗爲相符。因爲《三法度論》含有「勝義我」（補特伽羅）的思想。

⑯ 王弼《老子指略》云：「名也者，定彼者也，稱也者，從謂者出。名生乎彼，稱出乎我……名號生乎形狀，稱謂出乎涉求。」。王弼區分名號與稱謂的不同，以表示「道」是「稱謂」而非「名號」，去除名

號所內含的一定形狀和性質，「道」就可以成為吾人談論的對象。而慧遠所論的「神」也是不可以言語論說，與《道德經》第一章：「道可道，非常道。」的「道」，有異曲同工之妙。

⑰《中論・觀十二因緣品》云：「衆生痴所覆，為後起三行。以起是行故，隨行入六趣。以諸行因緣，識受六道身。以有識著故，增長於名色。名色增長故，因而生六入。情塵識和合，以生於六觸。因於六觸故，即生於三受。以因三受故，而生於渴愛。因愛有四取，因取故有有。若取者不取，則解脫無有。從有而有生，從生有老死。從老死故有，憂悲諸苦惱。如是等諸事，皆從生而有。但以是因緣，而集大苦陰。是謂為生死，諸行之根本。無明者所造，智者所不為。以是事滅故，是事則不生。但是苦陰聚，如是而正滅。」。有情衆生（凡夫俗子）因為被「無明」（愚痴）所蒙蔽，沒有般若智慧，這是生死流轉的主要原因，但是，有般若智慧的人，就不受「無明」所蒙蔽，能夠如實正見。因為無明消除了，諸行（身、口、意三業）也就滅除了。因為「因」滅除了，「果」也就消除了。所以，有情衆生如果能夠修習觀十二因緣，使「無明」始生即滅，而生般若智慧，就可以使生與老死及煩惱、憂愁、悲傷等苦陰身心，都如實而滅，不生種種煩惱，此一十二因緣的生滅之義，是小乘聲聞人入第一義道。

⑱《楞伽經》云：「一切法因緣生。」一切事物都由因緣和合而產生。一切事物的發生，直接予以強力者為因，間接助以弱力輔助者為緣，例如：種子是因，土壤、雨露、農夫勤於耕作是緣，如此因緣合和而生五穀。

⑲在小乘佛教有所謂「補特伽羅」作為生死輪迴的主體，而大乘佛教有以「法身」作為世間超越生死的主

體。「補特伽羅」或譯爲人我、數取趣，是輪迴的主體，由於它沒有實體，只是假立的，所以又稱爲「世俗補特迦羅」。世友說：「諸法若離補特伽羅，無從前世轉至後世，依補特伽羅，可說有移轉。」。

⑳ 四大即地、水、火、風。《圓覺經》云：「我今此身四大和合，所謂髮毛爪齒皮肉筋骨髓腦垢色，皆歸於地，唾涕膿血津液涎沫痰淚精氣大小便利，皆歸於水，煖氣歸火，動轉歸風，四大各離，今者妄身，當在何處？」。

㉑ 慧遠以老莊、魏晉道家的「自然」思想，詮釋佛家的「報應」思想。向秀、郭象在《莊子・天地》注云：「動止死生，盛衰廢興，未始有恆，皆自然而然。」。

㉒ 據《晉書・列傳第六十四隱逸》載：戴逵，字安道，譙國人也，少博學，好談論，善屬文，能鼓琴，工書畫，其餘巧藝靡不畢綜……武陵王晞聞其善鼓琴，使人召之，逵對使者破琴曰：戴安道不爲王門伶人！……後王珣爲尙書僕射，上疏復請徵爲國子祭酒，加散騎常侍，徵之，復不至。

㉓ 佛家的報應思想，是個人的三世因果業報，而中土傳統的吉凶禍福之善惡報應，往往是一家人甚至其後代子孫仍遭善惡報應。換言之，佛家的報應是業報，自作善惡自受苦樂。

㉔ 王充的自然命定論認爲人的形體大小、壽命長短、貧賤富貴、吉凶禍福、性善性惡的差異，都取決於元氣厚薄之「命」，《論衡・無形》說：「人稟元氣於天，各受壽夭之命，以立長短之形，猶陶者用埴爲簋廡，冶者用銅爲柈杅矣。器形已成，不可小大，人體已定，不可減增。用氣爲性，性成命定。體氣與形骸相抱，生死與期節相須。形不可變化，命不可減加。」。

㉕張湯，漢朝杜人，武帝時，拜太中大夫，與趙禹共定諸律令，遷御史大夫，治獄務深文刻酷，後爲朱買臣等所構，自殺。

㉖盜跖，春秋魯國柳下惠之弟，從卒九千人，驅人牛馬，取人婦女，侵暴諸侯，橫行天下。

㉗《周易．坤、文言》認爲積善的人家，必定有很多的吉慶，積不善的人家，必定有很多的災禍。很多事不是一朝一夕偶然發生，而是累積而生。

㉘周續之，字道祖，雁門廣武人，居豫章之建昌，師事太守范甯，後入廬山，事釋慧遠。

㉙因果是指原因和結果，佛教以因果說明一切關係。諸法的產生，「因」是能生，「果」是所生，有因必有果。換言之，能夠引生結果者是「因」，由因而生者爲果。就時間先後來說，因在先，果在後，稱爲因果異時，就空間來說，因果相依，存在著廣義的因果關係，稱爲因果同時。佛家以過去、現在、未來三世，解說因果報應之義，謂之三世因果。

㉚佛家有所謂九品惑、九品蓮臺。九品惑又名九品煩惱，貪、瞋、慢、無明四種煩惱，就其粗細而分上上至下下九品。因此，學佛修淨業者有種種差別，所以，往生極樂淨土時所托的蓮華臺座，可分上上至下下九品的差別，稱爲九品蓮臺。

㉛陶淵明對因果報應的質疑，近似司馬遷對天道的懷疑，《史記．伯夷列傳》司馬遷說：「或曰：『天道無親，常與善人。』，若伯夷、叔齊，可謂善人者非邪？積仁絜行如此而餓死……天之報施善人，其何如哉？盜蹠日殺不辜，肝人之肉，暴戾恣睢，聚黨數千人橫行天下，竟以壽終，是遵何德哉……余甚惑

焉，儻所謂天道，是邪非邪？」。即天道對有德者的報答經常出錯，傳統中土稱爲「報施多爽」，西方稱爲「惡的問題」(the problem of evil)，即世間常存在著不公正、不應遭受的苦難現象，也就是善人沒有善報，惡人沒有惡報的問題。

㉜ 葛洪，字稚川，生於西晉武帝時，自號抱朴子，喜好神仙導養之法。如何才能長生和成仙呢？葛洪首先說明人的生命現象，《抱朴子・至理》說：「形須神而立……形者神之宅也。故譬之於堤，堤壞則水不留矣，方之於燭，燭糜則火不居矣。身勞則神散，氣竭則命終。」。葛洪強調形神的密切關係，身體必須要有精神才能立形，形體是精神的宅舍，身體勞累，精神就會渙散不振，神散氣盡，生命就要終亡。人的生命是形、神、氣三者的結合，其中，氣是生命的根本，因爲氣竭則命終。葛洪認爲人之所以死亡，有六種禍患，㈠是由於各種欲望，飲食男女，功名富貴，耗損了人的精氣。㈡是由於自然的老化衰亡。㈢是由於各種疾病的傷害。㈣是由於毒蟲猛獸的咬傷。㈤是由於邪氣（鬼怪）的侵犯。㈥是由於風寒的傷害。如能實踐以下五項，可以避免各種傷害，常保健康，簡要說明如下：

㈠行氣：行氣就是吐故納新，其要點是不要吃太多食物，又忌諱生氣惱怒（參見緒論・第一節十一）。

㈡導引：所謂五禽之戲，就是摹仿虎、鹿、猿、熊、鳥的各種動作，成爲導引之術（參見緒論・第一節十一）。

㈢房中術：《抱朴子・釋滯》說：「房中之法十餘家，或以補救傷損，或以攻治衆病，或以采陰益陽，或以增年延壽，其中要在於還精補腦之一事耳。」。所謂「還精補腦」，就是煉精化氣，煉氣補腦的工夫，也就是男女交接而男不洩精，使寶精（寶貴的精液）上補腦神。根據《醫心方》卷二十八〈還精第十八〉引《玉房指要》，其方法是「交接，精大動，欲出者，急以左手中央兩指卻抑陰囊後大孔前，壯事抑之，長吐氣，並琢齒數十過，勿閉氣也，便施其精，精亦不得出，但從玉莖復還上，入腦中也。」。房中術強調寶精愛氣，主要用於陰陽調和，避免恣情淫亂，伐命傷生，可以延年益壽。

㈣守一：葛洪的守一之道，源於老子的抱一和莊子的養神。守一就是持守形體中的精氣神。葛洪把守一之道，分為守眞一和守玄一兩種方法，守眞一可以刀槍不入，不怕鬼神，遠離毒蟲惡獸，成為神通；守玄一不僅有守眞一的功效，而且還可以修練分形之術，可以分身達到幾十人，分形之後，可以看見自己的三魂七魄，可與天地神靈交遊，山川諸神，聽從使喚。

㈤服食金丹大藥：葛洪認為金丹是成仙的大藥，金丹包括還丹和金液兩種，都是最高妙的仙道之術，最重要的有九鼎神丹、太清神丹和金液，各種神丹，只要吃得一種便能成仙。

葛洪雖然是一位重要的道教學者，但他有意調和儒、道思想，試圖將儒家修德行善與道教的修煉長生融合在一起，《抱朴子・對俗》說：「欲求仙者，要當以忠孝和順仁信為本。若德行不修，而但務方術，終不得長生也，積善事未滿，雖服仙藥亦無益也。」。值得注意的是，根據現代化學的知識與實驗，所謂的金丹，實際上所煉出來的藥物可能含有水銀等劇毒，吃了會使人中毒身亡。不過，由於道教的煉丹，使中土累積相當豐富的化學知識。

第三章　劉宋形盡神滅或形盡神不滅的思想論證

第一節　鄭鮮之〈神不滅論〉

東晉末年，佛教在江南已經相當興盛，朝野普遍信佛，蔚然成爲風氣。後來，劉裕篡晉，是爲劉宋，因爲受到慧遠「形盡神不滅」的影響，與慧遠同時代而稍後的鄭鮮之，撰有〈神不滅論〉一文，自設賓主問答，論證人死神不滅。

一、生平

據《宋書》卷六十四及《南史》卷三十三記載，鄭鮮之，字道子，滎陽開封人，生於東晉興寧二年（西元三六四年），卒於劉宋元嘉四年（西元四二七年），享年六十四歲。

二、〈神不滅論〉的思想淵源

鄭鮮之的〈神不滅論〉，其思想淵源，有以下六點：

㈠崇本息末思想：本、末、有、無、體、用等問題，是魏晉哲學的核心概念，鮮之的思想，深受何、王貴無論及道安本無宗的影響。

鄭鮮之深受何晏、王弼及道安的影響，也從本末的觀點，論證形盡神不滅。〈神不滅論〉說：

生在本則知存，生在末則知滅，一形之用，猶以本末爲興廢，況神爲生本，其源至妙，豈得與七尺同枯？

鄭鮮之認爲神是生命之「本」，形體是生命之「末」，他以肌骨爲本，知痛癢，而爪髮爲末，不知痛癢，說明本末二者並非相同，以此說明人死形神不會俱滅。可知，鄭鮮之繼承王弼等人崇本息末的思想。

㈡《管子》的精氣說：

《管子》認爲人的生命，是由精神和形體結合而成，天出精氣構成人的精神，地出粗氣形成人的形體，精神和形體來自不同的本源，各自獨立。不過，值得注意的是，鄭鮮之所謂的「神」，並非來自於天的精氣。

㈢莊子的「薪火之喻」：

鄭鮮之認為有薪則有火，無薪則無火，薪雖然可以生火，並非火之本，形神相資，也像薪火關係。換言之，「形」非「神」之本，「神理」原本自存，就像火本自在。

㈣《**淮南子》形有摩而神未嘗化**：《淮南子》強調神貴於形，《淮南子・精神訓》說：

心者，形之主也，而神者，心之寶也……夫精神之可寶也……故形有摩而神未嘗化者，以不化應化，千變萬掺，而未始有極，化者復歸於無形也，不化者與天地俱生也。

鄭鮮之所謂「神體靈照，妙統衆形……神理獨絕，器所不鄰。」，近似《淮南子》的「不化者」，「不化者」就是「神」未嘗化，與天地俱生。

㈤〈**更生論〉神之與質，自然之偶**：

羅含認為人的生命，是神與質（形體）自然的偶合，神質合之後必離，離之後必合。此一思想影響鄭鮮之所謂「形神必宅必生，照感為一，自然相濟。」。鄭鮮之認為形神自然結合，自然相資，自然相濟。二者思想相近似。

㈥**慧遠〈形盡神不滅〉**：鄭鮮之的〈神不滅論〉，深受慧遠的影響，鄭鮮之所謂「神理獨絕，器所不鄰。」，近似慧遠所謂「神也者，圓應無生，妙盡無名，感物而動，假數而行，感物而非物，故物化而不滅。」。此外，鄭鮮之所謂「形與氣俱運，神與妙覺同流。」，也是慧遠「形粗而神妙」的進一步發揮。

三、〈神不滅論〉的主要思想

㈠理精於形，神妙於理。

〈神不滅論〉是鄭鮮之站在擁護佛教的立場所作的一篇文章，收錄在《弘明集》卷五。〈神不滅論〉云：

> 多以形神同滅，照識俱盡，夫所以然，其可言乎！十世既以周、孔為極矣，仁義禮教，先結其心，神明之本，絕而莫言，故感之所體，自形已還，佛唱至言，悠悠弗信。余墜弱喪，思拔淪溺，仰尋玄旨，研求神要，悟夫理精於形，神妙於理，寄象傳心，麤舉其證，庶鑒諸將悟，遂有功於滯惑焉。

〈神不滅論〉第一段，鄭鮮之自述撰文的動機與目的，他認為有些人以為人死形盡而神滅，之所以會有這種觀點，主要是因為長久以來，世俗都以儒家學說為極致眞理，經世致用，周、孔之教注重以仁義道德對人心的陶冶教化，不談鬼神，不論神明之本，六合之外存而不論，因此，竟然不相信佛所說的神不滅，佛家教義也不為時人所信，所以，他本著為佛教作見證，撰述此文，期望藉由對形粗神妙的說明，論證人死形盡神不滅，以救拔人心的沈淪，糾正一些人對佛教的誤解。

鄭鮮之自述，〈神不滅論〉是他經過多年的仰尋玄旨、研求神要的心得，證悟出「理精於形，神妙於理。」，以探究神明之本，消解世人「多以形神同滅，照識俱盡。」的看法。鄭鮮之在此文中，先提出五個世人對神不滅論的問難，自設賓主問答的形式，論證形盡神不滅。

㈡神體靈照，妙統眾形。

〈神不滅論〉云：

夫形神混會，雖與生俱存，至於麤妙分源，則有無區異，何以言之？夫形也，五臟六腑四肢七竅，相與爲一，故所以爲生，當其受生，則五常殊授，是以肢體偏病，耳目互缺，無奪其爲生，一形之內，其猶如茲，況神體靈照，妙統眾形，形與氣息俱運，神與妙覺同流，雖動靜相資，而精麤異源，豈非各有其本，相因爲用者耶？近取諸身，即明其理，庶可悟矣。

鄭鮮之認爲「形神結合，與生俱存。」，是我們對生命的直接體驗，因此，造成一般人認爲形神一元，形盡而神滅，其實這是錯誤的看法。形與神，雖然與生俱存，但兩者之間，卻有精粗的差別，「形」粗而「神」精，爲什麼這樣說呢？所謂「形」，有五臟、六腑、四肢、七竅等器官①，各種因緣和合而成軀體，各器官各有所司，所以，即使手足有病，或聾或啞，也不妨礙生命的存在，形體器官尚且如此，更何況「神」之靈妙，統攝軀體，形體與氣息一起運作活動，「神」與靈妙覺照大化流行，雖然「形」動「神」靜相生相成，而「神」精「形」粗卻各有其來源，所以，兩者各有其本源，而相生相因，相互爲用。

值得注意的是，鄭鮮之以形體比四肢重要，整個身體比部份器官重要，類比精神比形體重要，因爲神體靈照，妙統衆形，也就是以「神」統「形」，爲什麼能夠以「神」統「形」呢？因爲「神」精

「形」粗，「神」靜「形」動，兩者的本源不同。換言之，鄭鮮之強調形神二元，反對形神一元論。

㈢神為生本，「神」本「形」末

〈神不滅論〉云：

一體所資，肌骨則痛癢所知，爪髮則知之所絕，其何故哉？豈非肌骨所以為生，爪髮非生之本也。生在本則知存，生在末則知滅，一形之用，猶以本末為興廢，況神為生本，本源至妙，豈得與七尺同枯，户牖俱盡者哉？推此理也，則神之不滅，居可知矣。

鄭鮮之近取諸身，說明形神關係，例如：人的身體器官，肌膚骨肉能夠感覺冷熱，知道痛癢，而指甲、毛髮則毫無知覺作用，為什麼會有這樣的差別呢？因為肌膚骨肉是重要的器官，更是軀體的根本，而指甲、毛髮不是重要的器官，更不是身體的根本，即使把指甲、毛髮去除，也不妨礙健康。同樣是在身體之內，尚有如此差別，更何況「神」是生命的根本，至為靈覺精妙，豈能和形體一樣，同生死而形盡神滅，由此推論，形盡神不滅，不言而喻。

在這一段文中，鄭鮮之以肌膚骨肉與指甲毛髮的輕重意義，強調本末的觀點，主張生在本則知存，生在末則知滅，除了是承繼魏晉哲學的本末觀之外，更以神為生本，神是本是主，形是末是從，反對神滅論者認為精神必須依附形體才能發生作用的看法，他認為本末主從的道理不可顛倒，這種道理，不須外求，只要內心省悟，即可證知。

㈣問難之一：形神皆「有」，形盡神滅。

〈神不滅論〉云：

難曰：子之辨神形盡矣，即取一形之內，知與不知精矣，然形神雖麤妙異源，俱以有為分。夫所以為有，則生為其本，既孰有本已盡，而資乎本者，獨得存乎？出生之表，則廓然冥盡，既冥盡矣，非但無所立言，亦無所立其識矣！識不立，則神將安寄？既無所寄，安得不滅乎？

賓客問難，代表神滅論者的觀點，首先，問難者認為形、神都屬於「有」的範疇，且必立基於「生命」之上，生命一旦終盡，形神應然俱滅。換言之，形與神雖然精粗不同，各有本源，但是，兩者都存在於身體之內，且都以生命為根本，如果人死了，生命已經不存在了，那麼，存在於生命之內的「神」，怎麼能夠獨立存在於身體之外呢？其次，問難者認為「神」是寄託於意識之中而存在，如果人死了，一切廓然幽盡，不但無法言語，意識也消失了，已經毫無知覺，既無意識知覺，「神」將寄存於何處？既無處可寄，如何能夠獨自存在？怎能不消滅呢？可知，問難者認為形與神都以生命為根本，生命是有形、有質的具體存在，人死命終，形神必當腐朽而滅，也就是形盡神滅。

㈤答辯之一：神理獨絕，器所不鄰。

〈神不滅論〉云：

答曰：子之難，辯則辨矣，未本諸心，故有若斯之難乎？夫萬化皆有也，榮枯盛衰，死生代乎，一形盡，一形生，此有生之始終也。至於水火，則彌貫群生，贍而不匱，豈非火體因物，水理虛順，生不自生，而為眾生所資，因即為功，故物莫能竭乎？同在生域，其妙如此，況神理獨絕，器所不鄰，而限以生表冥盡，神無所寄哉？因斯而談，太極爲兩儀之母，兩儀爲萬物之本，彼太極者，渾元之氣而已，猶能總此化根，不變其一，矧神明靈極，有無兼盡者邪？其爲不滅，可以悟乎！

鄭鮮之答辯說：萬物都是一種具體的存在，屬於「有生」的範疇之中，這種具體的存在，變化不斷，所以有榮枯盛衰的生死現象，此謂「萬化皆有」。某一種「有」（有生之物）死亡了，另一種「有」（有生之物）又產生了，所以，萬物生生不息。

至於水火，則是遍佈天地，永不枯竭，水火更是萬物生存的要素，水火與萬物雖然都是「有生之物」，但是，水火並非萬物所生。換言之，水火既然是萬物所賴以生存的必要條件，那麼，水火就不能從「有生之物」之中而生，水火必須是「生不自生」，否則，如果水火自有生的萬物之中而生又成爲萬物生存的必要條件，這種說法將成爲循環論證(Reasoning in a circle)，水火尚且如此，更何況「神」是超絕於有生之物之上，不屬於有形器物的形上存有，不依附於某一有生之物，而問難者卻認爲生命終盡之後，「神」則無所寄存，豈不謬哉！

又比如太極，太極雖然只是渾沌之元氣，但是，太極卻是萬物的根本，太極始終如一的存在，不隨萬物的變化生死而消滅，太極尚且如此，更何況「神」比太極更爲殊勝，神體靈明，妙絕獨存，超乎氣物之上，且超絕於有無相對之上，我們不能說「神」是有，也不能說「神」是無，「神理」不能爲語言文字所表達，不因有形體的生命死亡而消滅，可知，形盡而神不滅。

值得注意的是，鄭鮮之提出「神理獨絕，器所不鄰。」的觀點，他所謂「神理」的觀念，最主要的目的在於說明「神不待形」，他所論「神理」之「理」，是一種本體論上之「理」，是就思想而言的「存有性質之理」，是超絕於現象世界的形上存有，唐君毅在《中國哲學原論導論篇・原理上》中說：

中國哲學史中所謂理，主要有六義。一是文理之理……二是名理之理，此亦可指魏晉玄學中所重之玄理……三是空理之理……四是性理之理……五是事理之理……六是物理之理……名理玄理之理，是由思想名言所顯之意理，而或通於哲學之本體論上之理者②。

(六)問難之二：形神未嘗一時相違

〈神不滅論〉云：

難曰：子推神照於形表，指太極於物先，誠有其義，然理貴厭心，然後談可究也。夫神形未嘗一時相違，相違則無神矣。草木之無神，無識故也。此形盡矣，神將安附，而謂之不滅哉？苟能不滅，則自乖其靈，不資形矣。既不資形，何理與形為生，終不相違？不能相違，則生本是同，斷可知矣。

問難者認為凡是論證，應該合乎情理。形與神必須合而為用，一分一秒不可分離，沒有形體則無神。至於花草樹木，因為沒有知覺，沒有意識，所以沒有「神」。人之所以和花草樹木不同，就是由於人的形神未嘗一時分離，所以有「識」的作用產生。因為問難者認為「神」是寄託在意識之中而存在。形與神必須相互爲用，神必依附形，兩者不可違離。

如果形體毀壞而滅，則神將無所依附，神無所依附則不能自存，如果神能自存，那麼神即不必依附形體而存在，這就違反了「形神不相違」的原則，既然形神不能相違，那麼，形盡神滅是自然之理。從另一個觀點來說，既然形神不相違，那麼，形與神必同屬於「有生之物」的範疇，如果說「神」不屬於「有生之物」的範疇，也就不合情理了，可知，形與神同是一本，也就是形神一元，形盡神滅。

㈦答辯之二：神不賴形，神不待形。

〈神不滅論〉云：

答曰：有斯難也，形神有源，請爲子循本而釋之。夫火因薪則有火，無薪則無火，薪雖所以生火，而非火之本，火本自在，因薪爲用耳。若待薪然後有火，則燧人之前，其無火理乎？火本至陽，陽爲火極，故薪是火所寄，非其本也，神形相資，亦猶此矣。相資相因，生塗所由耳，安在有形則神存，無形則神盡？其本惚恍，不可言矣。請爲吾子廣其類以明之，當薪之在水則火盡，出水則火生，一薪未改，而火前期。神不賴形，又如茲矣。神不待形，可以悟乎！

鄭鮮之答辯說：形神雖然相依不相違背，但必自然相資、相因、相濟、相依爲用，而產生各種作用，如此，得以成就生命。但是，形是神寄存的地方，並不是神存在的根本，形不是神的本源，形與神各有其源，如以薪火爲喻，有薪則有火，無薪則無火，但是，火並不依靠薪而後才能存在，火理早已存在，只是依靠薪而後顯現出來而已，薪雖然可以生火，但不是火的本源，火理原本自存，如果必須依靠薪才有火，那麼，在燧人氏發明鑽木取火之前，豈不是沒有火？

由此可知，鄭鮮之把火分爲兩個存在範疇，一爲依靠薪而顯現的火，一爲火之所以能獨存的「火理」。形神關係猶如薪火關係，形神相因相資，相互爲用，「神」也應有兩個存在範疇，一爲依靠形而顯現的神，一爲神之所以能獨存的「神理」。神雖然依附形，但是，形不是神的根本之源，「神理」原本自存，不能說有形則神存，無形則神滅。

更進一步來說，當薪浸泡在水中時，火暫時熄滅了，再把薪拿出水面，火又燃燒起來，同樣的一把薪，有時能燃燒生火，有時不能燃燒生火，形與神的關係也和薪火一樣。換言之，神不依賴形，形盡神不滅，可知矣。

鄭鮮之的答辯，有三點値得吾人注意：

1. **神不待形**：他提出「神不待形」的觀點，顯然是反對桓譚所謂「火不能獨行於虛空」的說法，因爲如果神不依賴形，當然可以獨行於虛空而不滅。

2. **火理與神理**：鄭鮮之提出「火理」和「神理」的概念，目的在強化「神不待形」的觀點。火可以分辨爲兩個存在範疇，並非有兩種火，神也可以分辨爲兩個存在範疇，並非有兩種神。薪火之「火」是現象界，火理之「火」是本體界；形神之「神」是現象界，神理之「神」是本體界，如此分辨，應然可以形盡神不滅。

3. **形神相資**：形神相資，原是何承天的觀點，他認爲形神相資的意義是「薪弊火微，薪盡火滅。」。換言之，形神相資表示形盡神滅。雖然，鄭鮮之也講形神相資，相資相因，自然相濟，不過，他是從現象界來說的經驗效用，譬如以蠟燭與火爲例，蠟燭與火相資爲用，雖然，蠟燭的存在不一定有火，但是，蠟燭如果不因火爲其效用，蠟燭將失去其存在的意義。換言之，形體如果不以精神爲「用」，生命將失去其存在的意義。

(八)問難之三：形神本不相關

〈神不滅論〉云：

難曰：神不待形，未可頓辨。就如子言，苟不待形，則資形之與獨照，其理常一，雖曰相資，而本不相關。佛理所明，而必陶鑄此神，以濟彼形，何哉？

問難者認爲如果形神各有其源，各自獨立，形神二元，表示兩者互不相關，如何能形神相資相互爲用呢？如果神不依賴形，那麼，與形相結合的「神」，和離開形體而獨存的「神」，應是相同之神，沒有差別的「神」，如此說來，雖然，「神」有時依附於形，兩者相資爲用，但兩者卻毫不相關。然而，佛法又時常告誡世人，要不斷的陶冶我們的「神」，以濟渡我們的「形」，這又怎麼說呢？換言之，如果形神二元，本不相關，那麼，神理之「神」如何與「形」相資爲用？

(九)答辯之三：形神照感爲一，自然相濟

〈神不滅論〉云：

答曰：子之問有心矣。此悠悠之所感，而未暨其本者也。神雖不待形，然彼形必生，必生之形，此神必宅。必宅必生，則照感爲一，自然相濟。自然相濟，則理極爲陶鑄。陶鑄則功存，功存則道行，如四時之於萬物，豈有心於相濟哉？理之所順，自然之所至耳。

鄭鮮之答辯說：形神相資相濟是自然而然的，不是有心故意爲之。神雖然不一定要依附於形而存在，但是，生命因著各種因緣條件必定會產生，一旦形體產生之後，那麼，神必定要寄存其中。既然形體必然會產生，而神又必然寄存在形體之中，那麼，形神二者必然相應、感通而爲一體，自然相資，自然相濟，自然結合成完整的生命。

既然形神自然資濟，那麼，陶冶其神，必然能濟渡其形，猶如天地四時對待萬物，無心相濟而萬物資生，生生不息，形神感通相濟只是順應自然天理而已。

値得注意的是，鄭鮮之所謂「照感爲一，自然相濟。」，是他對形神如何結合爲一？產生各種生命現象所作的說明，但是，實際上，他並沒有清楚的、正面的答覆或論證這個問題，他只是強調「自然」，譬喻四時對待萬物，也是自然相濟，實在令人無法了解其中的眞相爲何？到底形粗神妙如何相濟爲用？

其實，我們不忍苛責鄭鮮之，因爲心物如何相濟爲用？本來就是不易解答的問題，以西洋哲學爲例，笛卡兒(Reme Descartes, 1596-1650)的二元論，認爲心、物爲兩種獨立的存在，心的唯一屬性是思想，思想與身體無關，因爲心爲一種本質 (Substance)；而物也是一種本質，物的唯一屬性是擴延(Extension)。既然心、物的性質截然不同，物無思想，心無擴延，心如何知物？物如何影響心？心物如何相資爲用?笛卡兒提出了松果腺的理論，他認爲松果腺是心物交會之點，是心物(形神)互通的媒介③。

斯賓諾莎爲了解決笛卡兒心物二元的困境，他認爲心不是一種獨立存在的本體，身也不是一種獨立存在的本體。心的屬性是思想，身的屬性是擴延，思想和擴延不是兩個獨立體，而是同一本質的兩面，所以，心與身也不是兩個獨立體，而是同一個有機體的兩面。

斯賓諾莎所謂「心、物(身)是一體之兩面」的說法，近似 國父孫中山先生的「心物合一論」，國父在〈軍人精神教育〉中說:

在中國學者，亦恆言有體有用。何謂體?即物質，何謂用?即精神。譬如人之一身，五官百骸皆爲體，屬於物質;其能言語動作者，即爲用，由人之精神爲之。二者相輔，不可分離。

所謂「心物合一論」，表示物質不能脫離精神而存在，精神也不能脫離物質而存在，譬如人的生命，五官百骸是物質，言語思想是精神，二者相輔相成，不可分離。

(十)問難之四:形或神造作罪福?

〈神不滅論〉云:

難曰:形神雖異，自然相濟，則敬聞矣。子既譬神之於形，如火之在薪，薪無意於火，火無情於寄薪，故能合用無窮，自與化永。非此薪之火，移於彼薪，然後爲火。而佛理以此形既盡，更宅彼形，形神去來，由於罪福。請問此形爲罪，爲是形邪?爲是神邪?若形也，則大冶之一物耳；若神也，則神不自濟，繫於異形，則子形神不相資之論，於此而躓矣！

問難者以佛教輪迴報應來質問：如果以薪火比喻形神，而且，火可以離開薪獨立存在，二者不一定俱生俱滅，然二者又能合而爲用，生生不息，這種說法表示：並非此薪之火，移轉到彼薪之後又生火，而佛法卻說，此形滅後，神轉移到彼形，並依業報輪迴於六道。那麼，生前所作的罪業，是「形」所犯的罪呢？或是「神」所犯的罪呢？

如果是「形」所犯的罪，形只不過是因緣合和的假相而已，本身沒有情識意志，如有犯錯也不算作罪業；如果是「神」所犯的罪，神必須依靠形而後才能行動，可以說是受了形的約束，如何能說神作罪業？到底是形或神造業呢？換言之，何者才是輪迴報應的主體承擔者？

(十一)答辯之四：形神相互爲用，共造罪福。

〈神不滅論〉云：

答曰：宜有斯問，然後理可盡也。所謂形神不相資，明其異本耳。既以爲生，生生之內，各周其用，苟用斯生以成罪福，神豈自妙其照，不爲此形之用耶？若其然也，則有意於賢愚，非忘照而玄會順理，玄會，順理盡形化，神宅此形，子不疑於其始，彼此一理，而性於其終邪？

鄭鮮之認爲所謂「形神不相資」，只是強調形與神各有不同的本源而已，形與神既然同時存在於一個生命體中，就不能互不相關，而必須相互爲用，兩者既各盡其責，又共同作「業」，神必須依賴形而作善惡之「業」，形也必須依靠神而作善惡之「業」，這就是所謂「形神相資」，神以形爲體，形以神為用，兩者融為一體，缺一不可。由此可知，鄭鮮之雖以形粗神妙、神本形末來說明形神關係，可是，他並沒有輕忽形體的重要性，如此說來，近似「心物合一論」的思想。

㈩問難之五：如何知道三世因果業報？

〈神不滅論〉云：

難曰：神即形為照，形因神為用，斯則然矣，悟既由神，惑亦在神，神隨此形，故有賢愚，賢愚非神，而神為形用。三世周迴，萬劫無算，賢愚靡始，而功顯中路。無始之理玄，而中路之功未，孰有在未之功而拔無始之初者耶？若有嘉通，則請從後塵。

問難者認為所謂「形神相資」，意謂神依形而有靈明感照，形因神而有各種功能作用。可知，吾人迷惑的主要原因是神的愚昧，覺悟的主要原因也是神的賢明，這就是「神為形用」。由於三世因果業報，致使有情眾生輪迴於六道之中，無始無終而有賢愚之分、禍福吉凶之別，如何知其始終一貫？換言之，為什麼有人行善而無善報？為什麼有人行惡而無惡報？

㈪答辯之五：罪福往復，自然所生。

〈神不滅論〉云：

答曰：子責其始，有是言矣。夫理無始終，玄極無涯，既生既化，罪福往復，自然所生耳。所謂聰明誠由耳目，耳目之本，非聰明也。所謂賢愚誠應有始，既為賢愚，無始可知矣。夫有物也，則不能管物，唯無物然後能為物所歸。若有始也，則不能為終，唯無始也，然後終始無窮，此自是理所必然，不可徵事之有始，而責神同於事，神道玄遠，至理無言，髣髴其宗，相與爲悟，而自末徵本，動失其統。所以守此一觀，庶階其峰，若肆辯競辭，余知其息矣。洪範說生之本，與佛同矣，至乎佛之所演，則多河漢，此溺於日用耳。商臣極逆，後嗣隆業，顏冉德行，早夭無聞，周孔之教，自爲方內，推此理也，其可知矣。請廣其證，以究其詳，夫稟靈乘和，體極淳粹，堯生丹朱，頑凶無章，不識仁義，瞽瞍誕舜，原生則非所育，求理應傳美其事，若茲，而謂佛理爲迂，可不悟哉！

鄭鮮之認爲一切法因緣生，一切事物都由因緣和合而產生，無始無終，無涯無盡，衆生造「業」，而有罪福的報應。因果業報，自然而生，未知其始，未知其終。如果說有一個開始，必然有一個終點，則是有限，不能無窮。但是，有情衆生輪迴六道是無窮的，可知，沒有一個開始，才沒有一個終點，無始無終，才能無窮。一個形而下的具體之物，不能成爲萬物的主宰，只有形而上的存有（例如：太極、道）才能成爲萬物歸宗。

佛法主張三世因果業報、六道輪迴，這種道理非常玄遠，無法以儒家仁義禮教說明，因爲儒家只講一世，六合之外存而不論，子不語怪、力、亂、神。例如在《論語・雍也》中記載：

哀公問：弟子孰爲好學？孔子對曰：有顏回者好學，不遷怒，不貳過，不幸短命死矣。

伯有疾，子問之，自牖執其手，曰：亡之，命矣乎！斯人也而有斯疾也！斯人也而有斯疾也。

爲什麼顏回好學，不遷怒，不貳過，卻短命而死？爲什麼有好德行的冉伯牛，卻得了麻瘋惡疾？

孔子去看他，從窗口握著他的手，說：眞是沒有道理，這是命吧！這樣有德行的人怎會得到這種病？顯然，孔子也不能理解其中的道理。

又爲什麼賢能的唐堯，會生下不肖的丹朱？爲什麼賢能的虞舜，會有不識仁義、頑劣不善的父親瞽瞍？這些都不是以一世爲限的儒家所能明言，唯有佛理三世因果業報、六道輪迴，才能使人通達覺悟。換言之，唯有佛理可以印證歷史人物的賢愚以及人事的吉凶禍福。

總之，鄭鮮之〈神不滅論〉思想，主要重點除了強調形神各有其本源（形神二元論），兩者相資爲用；此外，形粗而神妙，形末而神本，神主而形從，神理之「神」是超絕於現象世界之上，不屬於經驗界有形物質的形上存有，如此，神不隨形體死亡而消滅，論證形盡神不滅，則無疑義矣。

【註　釋】

①　五臟：心、肝、脾、肺、腎。六腑：膽、胃、膀胱、三焦、大腸、小腸。四肢：人的左右手足。七竅：一口、兩耳、兩目、兩鼻孔。《莊子・應帝王》：「人皆有七竅，以視、聽、食、息。」。

②　參見《中國哲學原論導論篇》第四頁。此外，牟宗三在《中國哲學十九講・魏晉玄學的主要課題以及玄理之內容與價值》中說：「玄學的內容是道家的玄理，進一步發揮道家的玄理，就是魏晉玄學的貢獻。玄理在思想上代表很高的理境……玄理是客觀地講，主觀地講就是玄智。玄理玄智二者合一而不可分，在玄理中所呈現的智慧就是玄智。」。

③ 松果腺，一名腦上腺，內分泌腺之一。所分泌的刺激素，其效用與腦下腺者相反，到某一程度，能防阻心身的發育，以防其早熟。

笛卡兒認為心物（形神）之間，確實存在著相應交互感通的情形。他在《沈思錄》中說：「我不僅依附於自己的身體裡，就像舵手在船上一樣，而且我和此身體緊密地連結和混合在一起，使心靈和身體組成了一個整體。如果不是這樣，則我的身體受傷時，就不會感到痛苦，因為我只是一個思想物，只能藉著理解力知覺這個傷處，就像一個舵手，藉著視覺來察看船上是否有那個部分損壞一樣。」。請參閱Rene Descartes著，錢志純、黎惟東譯：《方法導論·沈思錄》第二三二頁。志文出版社，一九九六年十一月再版。

不過，對於笛卡兒松果腺的說法，以及他對心、物二元論的觀點，遭受衆多的批評，唐君毅說：「唯如笛卡兒之指身體腦髓之某處，為心身互相影響，發生因果關聯之所，則種種極明顯之困難，立即產生……無空間性的心，如何能佔據空間，以與空間性的腦髓之物及外物之物，互相影響，發生因果關聯？空間性的身體之物，又如何能引起在非空間性的心之思維上的效果？」。參閱唐君毅著《哲學概論》下冊第八一九、八二〇頁，台灣學生書局，民國六十三年五月三版。

第二節　慧琳〈均善論〉

一、慧琳生平

據《宋書卷九十七・列傳第五十七》慧琳本傳記載：慧琳，秦郡秦縣人，姓劉氏，年少出家，住冶城寺，有才章，兼外內之學，爲廬陵王義眞所知，嘗著〈均善論〉……論行於世，舊僧謂其貶黜釋氏，欲加擯斥。太祖見論賞之，元嘉中，遂參權要①，朝廷大事，皆與議焉。賓客輻湊，門車常有數十輛，四方贈賂相係，勢傾一時。注《孝經》及《莊子逍遙篇》、文論，傳於世。

〈均善論〉又稱〈均聖論〉或〈白黑論〉，主要闡揚儒、釋、道三家殊途而同歸，可以並行而不悖。不過，對佛家的「來生報應」和「形盡神不滅」的思想有所批評，因而受到當時佛教界的諸多擯斥，謂其貶黜釋氏，引發何承天與宗炳，何承天與顏延之、劉少府等人的爭論。《弘明集》和《廣弘明集》中有不少文章是針對慧琳的〈均善論〉而作的，或與〈均善論〉有關。

二、儒、佛之爭

〈均善論〉設白學先生和黑學道士，白學先生代表周、孔儒家和老莊道家，黑學意指佛學，黑學道士代表尊崇佛法、信仰佛教的人士。

〈均善論〉云：

有白學先生，以爲中國聖人，經綸百世，其德弘矣，智周萬變，天人之理盡矣，道無隱旨，教罔遺筌，聰叡迪哲，何負於殊論哉！有黑學道士陋之，謂不照幽冥之途，弗及來生之化，雖尚虛心，未能虛事，不逮西域之深也。於是白學訪其所以不逮云爾。

慧琳首先指出世人有儒、佛之爭，有一些尊崇周公孔子的人，以爲儒家聖人，經世致用，福國利民，其思想體系博大精深，究盡天人之際，勝於其他學說。但是，有一些信佛的人不以爲然，認爲儒家不論六合之外（經驗視聽所見之外）的事理，不談有情衆生六道輪迴的事。所以，認爲儒家比不上佛法深妙，於是，那些崇尚儒學的人，對佛法提出諸多詰難。

三、空其自性之有，不害因假之體

〈均善論〉云：

白曰：釋氏所論之空，與老氏所言之空，無同異乎？

黑曰：異。釋氏即物爲空，空物爲一，老氏有無兩行，空有爲異，安得同乎！

白曰：釋氏空物，物信空邪？

黑曰：然。空又空，不翅於空矣。

白曰：三儀靈長於宇宙，萬品盈生於天地，孰是空哉？

黑曰：空其自性之有，不害因假之體也。今構群材以成大廈，罔專寢之實；積一豪以致合抱，無檀木之體。有生莫俄頃之留，泰山蔑累息之固，興滅無常，因緣無主，所空在於性理，所難據於事用，吾以爲悞矣。

白曰：所言實相，空者其如是乎？

黑曰：然。

白曰：浮變之理，交於目前，視聽者之所同了邪。解之以登道場，重之以輕異學，誠未見其淵深。

黑曰：斯理若近，求之實遠。夫情之所重者虛，事之可重者實。今虛其眞實，離其浮僞，愛欲之惑，不得不去。愛去而道場不登者，吾不知所以相曉也。

白曰：今析豪空樹，無傷垂蔭之茂②，離材虛室，不損輪奐之美。明無常增其愒蔭（《弘明集》寫爲渴瘾）之情，陳若偏（《弘明集》寫爲苦僞）篤其競辰之慮。貝錦以繁采發揮，和羹以鹽梅致旨，齊侯追爽鳩之藥，燕王無延年之術，恐和合之辯，危脆之教，正足戀其嗜好之欲，無以傾其愛競之惑也。

黑曰：斯固理絕於諸華，墳素莫之及也。

白學先生問：佛法所論的「空」，和老子所說的「空」，是否相同③？

黑學道士答：兩者不同。佛法所說的空，是緣起性空，是從事物本身無自性的觀點說空；老子講「無生有」④，他所講的空與佛法不同。諸法皆空，連「空」本身也是「空」。

白學先生問：天地萬物，森羅萬象，如何說萬物皆空呢？

黑學道士答：佛法所謂「空」，是說萬物因緣而起，沒有自性，雖說諸法皆空，緣起性空，並不妨礙萬物的假相眞實存在，比如大樓是由許多建築材料建造完成，大樓並沒有本身的實體。萬物都是變化無常，念念不住的，沒有自身獨立的自性（實體）。

白學先生問：所謂「空」，是否就像「實相」⑤一樣，是無形相又無所不在？

黑學道士答：正是。

白學先生問：佛法虛玄，世人都能認同嗎？

黑學道士答：佛法雖然玄妙，但是，不違眞實人生。因爲，心識本來就比較虛玄，執虛爲眞，執空爲有，又因爲無明與愛欲，使人喜好外物，佔爲己有，煩惱不斷。所以，除了堅信佛法外，沒有其他方法能夠棄絕無明和愛欲。

白學先生問：佛法講空，諸法皆空，但是，實際上，一點都不影響茂盛的樹木，可以垂蔭，讓人乘涼，也一點都不能改變殿堂的豪華之美，高樓大廈，錦衣華服，山珍海味，酸甜苦辣，一一俱實，如何說「空」⑥呢？齊侯追求神仙不死之藥只是夢幻，燕王最後也得不到延年益壽的仙術，人世間各種神仙法術，宗教信仰，或許只能在思想上滿足人們對生命不朽的夢想，終究不能眞正實現。

黑學道士答：這正表示中土沒有博大精深的宗教，儒家典籍也不談這方面的道理。

四、服義蹈道，從理端心

〈均善論〉云：

白曰：山高累卑之辭，川樹積小之詠，舟壑火傳之談，堅白唐肆之論，蓋盈於中國矣，非理之奧，故不舉以爲教本耳。子固以遺情遺累，虛心爲道，而據事剖析者，更由指掌之間乎？

黑曰：周、孔爲教，正及一世，不見來生無窮之緣。積善不過子孫之慶，累惡不過餘殃之罰，報效止於榮祿，誅責極於窮賤。視聽之外，冥然不知，良可悲矣！釋迦關無窮之業，拔重關之險，陶方寸之慮，宇宙不足盈其明，設一慈之救，群生不足勝其化。敘地獄則民懼其罪，敷天堂則物歡其福，指泥洹以長歸，乘法身以遐覽，神變無不周，靈澤靡不覃。先覺翻翔於上世，後悟勝翥而不紹，坎井之局，何以識大方之家乎！

白曰：固能大其言矣，今效神光無徑寸之明，驗靈變罔纖介之異，勤誡者不睹善救之貌，篤學者弗剋陵虛之實，徒稱無量之壽，孰見期頤之叟？咨嗟金剛之固，安覿不朽之質？苟於事不符，宜尋立言之指，遺其所寄之說也。且要天堂以就善，曷若服義而蹈道，懼地獄以救身，孰與從理以端心。禮拜以求免罪，不由祗肅之意，施一以徼百倍，弗乘無吝之情。美泥洹之樂，生耽逸之慮，贊法身之妙，肇好奇之心，近欲未弭，遠利又興，雖言菩薩無欲，群生固以有欲矣。

甫救交敝之氓，永開利競之俗，澄神反道，其可得乎？

黑曰：不然，若不示以來生之欲，何以權其當生之滯？物情不能頓至，故積漸以誘之。奪此俄頃，要彼無窮，若弗勤春稼，秋穡何期？端坐井底，而息意庶慮者，長淪於九泉之下矣。

白學先生問：佛法所說一切法生滅無常，刹那無常，念念無常，是身無常，無常迅速等許多思想，其實在中土古籍中都有，比如說滄海桑田，言喻世事無常。佛法所謂三學、五戒、八正道，實際上都可以從日常生活做起，這樣更加簡明易行。

黑學道士答：周、孔儒教，僅言一生一世，不知道有無窮的來生來世。儒家說善惡報應，只說「積善之家，必有餘慶，積不善之家，必有餘殃。」（《周易·坤·文言》）。善報只是榮華富貴，子孫賢孝，惡報也只是窮困貧賤，對於經驗視聽以外的道理，一無所知，眞是可悲。相較而言，佛法精深遠闊，不僅一生一世，更有三世因果業報和六道輪迴。談地獄之苦，讓人因害怕受到那種惡報懲罰而不敢作惡；說天堂之樂，讓人因往生淨土福報而行善，指出涅槃常樂我淨以爲究竟解脫，佛法博大精深，非一般世俗人士所能理解。

白學先生問：佛教中有不少神奇怪說，比如說「無量壽」⑦、「無量光」，但是，有誰看過呢？再說，佛教提倡天堂福報，使人因嚮往天堂至樂而爲善去惡，實際上，與其用天堂之樂作爲果報，以勸人爲善去惡，不如像儒家那樣教化人們心悅誠服拳拳服膺仁義道德，而遵守社會規範；與其用地獄之苦作爲惡報，使人害怕地獄慘況，警惕人們去惡爲善，不如教化人們遵守人倫綱常，以端正人心。

企圖以禮拜佛像，求取神的保佑，免除罪過，企圖以花果供佛，求取升官發財，根本是不足取的行爲。

依上述白學先生的觀點而言，佛教是他律道德，儒家才是自律道德。何謂他律道德？何謂自律道德？茲以康德的道德哲學簡述之。康德在《道德形上學的根本原理》(Fundamental Principles of the Metaphysic of Morals)一書中，論假然律令和定然律令。康德以爲一個人的意志(will)必須遵從客觀原則的強制性，就稱爲「理性的命令」，而此命令的公式叫做律令(Imperative)⑧，一切律令都以「應當」(ought)這個字來表示，所以，所謂律令，只是一種公式，它表示客觀法則對於一切有理性者（人）的意志之關係。

所有的一切律令，分爲兩類，一爲假然的或稱有待的(Hypothetical)，另一爲定然的或稱無待的(Categorical)。一個假然律令是假設某條件於先，而後再服從之的義務者，即假如要達到某個目的，一定要做某事，例如「你想往生西方極樂世界，必須爲善去惡。」，以西方極樂世界爲目的，故是有條件的（有待的）。另一是定然律令(Categorical Imperative)，又稱「直言命令」，或作「無上命令」（絕對無條件的），或叫「無待令式」，它是說一件行爲是客觀必須要力行的，其必然性非爲達到某一目的，它自身就是應當去實踐。

換言之，意志不僅是受法則的支配，不只單純地服從於法則，而是被認爲意志本身即是其服從之法則的制定者，這種自己頒布法則而自己服從的原則，叫做「意志自律」(Autonomy)的原則，就是說，每一有理性者的意志，是成立普遍法則的意志，這種自身就是最高立法者的意志，是不能依於任何興趣或利益上的；基於性好、興趣、或利害關係的稱爲「他律」(Heteronomy)，因此，意志自律原則是道德的最高原理。

依牟宗三先生的思想，意志自律的特性恰如宋明陸王所謂「心即理」⑨。人除了有理性之外，還受感性的影響，因此，有種種動機的存在，所以，純粹由理性決定的事情就不一定會實現，康德此一思想，恰如孔、孟仁義之道及宋明儒天理人欲之說，純依理性而行，即是存天理、致良知、行仁義；若依感性而動，受動機、性好、興趣的影響，則無道德可言，因爲只有意志自律纔是道德的基礎。

黑學道士答：如果不示以來生的果報，說天堂之樂，地獄之苦，如何能使有情衆生放棄眼前對物欲的執著，因爲人的欲望，不可能一下子全部放棄，必須誘導之，逐漸捨棄愛欲，最後才能斷盡世俗的一切欲望。

五、周孔敦俗，老莊陶風，謹守性分

〈均善論〉云：

白曰：異哉！何所務之乖也。道在無欲，而以有欲要之，北行求郢，西征索越，方長迷於幽都，永謬滯於昧谷。遼遼閩楚，其可見乎？所謂積漸者，日損之謂也。當先遺其所輕，然後忘其所重，使利欲日去，諄白自生耳。豈得以少要多，以粗易妙？俯仰之間，非利不動，利之所蕩，其有極哉？乃丹青眩媚綵之目，土木夸好壯之心，興糜費之道，單九服之財，樹無用之事，割群生之念，致營造之計，成私樹之權，務勸化之業，結師黨之勢，苦節以要厲精之譽，護法以展陵競之情，悲矣夫！道其安寄乎？是以周孔敦俗，弗關視聽之外，老莊陶風，謹守性分而已。

黑曰：三遊本於仁義，盜跖資於五善，聖跡之敝，豈有內外？且黃老之家，符章之僞，水祝之誣，不可勝論，子安於彼，駭於此，玩於濁水，違於清淵耳。

白曰：有跡不能不敝，有術不能無僞，此乃聖人所以桎梏也。今所惜在作法於貪，遂以成俗，不正其敝，反以爲高耳。至若淫妄之徒，世自近鄙，源流蔑然，固不足論。

黑曰：釋氏之教，專救夷俗，便無取諸華邪？

白學先生問：修道的人應該是少私寡欲，淡泊清靜，爲道日損，損之又損，以至於無欲⑩，而佛教卻以天堂之樂利來引誘人，這豈不是想去郢都（春秋時楚國的都城，現今湖北省江陵縣。）卻往北走，想去越國而往西行，南轅北轍嗎？

況且，佛教界很多事都跟利益有關，比如佛像都畫得色彩鮮豔亮麗以眩耀信衆，佛寺都建得十分壯觀以爲誇耀。佛教自傳入中土以來，耗費許多人民的財物，造成不少弊端，眞正的佛法安在？相較而言，周、孔儒教，以敦厚民俗，教化人心爲要務，六合之外，存而不論，至於老莊思想，也只是教人生活樸實，少私寡欲，虛靜恬淡，使人過簡樸、自然、知足、寧靜的生活而已。

黑學道士答：儒家聖賢，雖以仁義爲本，淳化民俗爲要務，但是，社會上仍然存在許多的惡，像盜跖那樣的惡人，仍然橫行天下，奪人婦女，侵暴諸侯，而逍遙法外。聖人教化的弊端，儒、釋、道三家都有，像老莊道家，後來衍生神仙道教，出現許多喝符水治病，咒語消災，神仙不死等邪術，民衆對這些邪術還信以爲眞，而儒家之徒對有些佛理存疑，並多所批評，是不公平的。

白學先生問：儒、釋、道三家都有其局限性，舉凡道術都不是絕對的眞理，所以，各有其弊端，即使像周、孔儒教也不能盡善盡美。然而，佛教的問題是，以滿足人們內心追求無憂、至樂、不朽的理想，並以達此理想爲最大利益，誘人信佛，如果意志照此「他律」而行，必使貪欲求利成爲風氣，如此，不僅不能救其積弊，反而使人覺得追求利益、滿足私欲是正當的行爲。至於那些狂妄之徒，鄙陋無知，不受儒家教化者，另當別論。

黑學道士答：照你所說，難道佛教只適用於夷狄之邦，而不適用於中土華夏嗎？

六、六度與五教並行，信順與慈悲齊立

〈均善論〉云：

白曰：曷爲其然。爲則開端，宜懷屬緒，愛物去殺，尚施周人，息心遺榮華之願，大士布兼濟之念，仁義玄一者。何以尚之？惜乎幽旨不亮，末流爲累耳。

黑曰：子之論善殆同矣，便是盡於生乎？

白曰：幽冥之理，固不極於人事矣。周、孔疑而不辨，釋迦辨而不實，將宜廢其顯晦之跡，存其所要之旨，請嘗言之：夫道之以仁義者，服理以從化，帥之以勸戒者，循利而遷善。故甘辭

興於有欲，而滅於悟理，淡説行於天解，而息於貪僞。是以示來生者，蔽虧於道，釋不得已，杜幽暗者，冥符於姬、孔閉其兑。由斯論之，言之者未必遠，知之者未必得，不知者未必失，但知六度與五教並行，信順與慈悲齊立耳，殊途而同歸者，不得守其發輪之慧也。

白學先生問：其實，佛家與儒家有相近似的地方，佛教主張五戒、三學、八正道、慈悲喜捨，普度衆生，這與儒家的仁義愛人，是有相通之處。

黑學道士答：佛家與儒家確有相通之處，可是儒家只限於一生一世，而佛教則有來生來世，這是兩者最大的不同。

白學先生問：佛教所謂六道輪迴、三世因果業報，這種幽冥玄遠的道理，很難以眞實的人生來印證。所以，周、孔疑而不辨，而佛家辨而不實。其實，眞正佛法教化的要旨，應該強調正面的大義，比如說五戒、八正道、六度，而不要談天堂地獄的報應。應該像儒家一樣，以仁義禮智⑪教人，推己及人，仁民愛物⑫，遷善改過。尤其孟子強調仁義內在，仁義本是良知良能，仁義才是「自律」道德，提倡仁義才有眞正的教化意義，孟子說：

人之所不學而能者，其良能也，所不慮而知者，其良知也。孩提之童，無不知愛其親也，及其長也，無不知敬其兄也。親親，仁也；敬長，義也。無他，達之天下也。（《孟子．盡心》）

可知，佛家所謂三世因果報應、六道輪迴等幽冥玄遠的思想，實在是一種不得已的權宜之說，可謂神道設教。由此看來，言之者未必遠，知之者未必得，不知者未必失。佛家所說的「六度」⑬，儒家所說的「五教」⑭，兩者是可以並行不悖的，儒家的仁義之道與佛家的慈悲喜捨是可以相通並存的，佛家與儒家殊途而同歸。

〈均善論〉白學先生所謂「禮拜以求免罪」，認爲佛教勸人以禮拜佛像，求取神明的保佑，免除罪業，又勸人以花果珍寶供佛，獲取各種利益，這種現象，是宗教信仰的行爲現象之一⑮，在某些佛經中確有其事。以深受信仰，普遍流傳，影響廣大民間深遠的《地藏本願經》即爲一例。《地藏本願經・閻浮衆生業感品第四》云：

> 未來世中，若有男子女人，不行善者，行惡者，乃至不信因果者，邪淫妄語，兩舌惡口者，毀謗大乘者，如是諸業衆生，必墮惡趣，若遇善知識，勸令一彈指間，歸依地藏菩薩，是諸衆生，即得解脱三惡道報。若能志心歸敬，及瞻禮讚歎，香華衣服，種種珍寶，或復飲食，如是奉事者，未來百千萬億劫中，常在諸天，受勝妙樂。若天福盡，下生人間，猶百千劫，常爲帝王，能憶宿命，因果本末。

《地藏本願經・利益存亡品》云：

> 是故，長者，閻浮衆生，若能爲其父母，乃至眷屬，命終之後，設齋供養，志心勤懇，如是之人，存亡獲利。

《地藏本願經・地神護法品》云：

> 世尊，我觀未來及現在衆生，於所住處，於南方淸潔之地，以土石竹木，作其龕室，是中塑畫，

乃至金銀銅鐵作地藏形像，燒香供養，瞻禮讚歎，是人居處，即得十種利益。何者爲十？一者土地豐壤；二者家宅永安；三者先亡生天；四者現存益壽；五者所求遂意；六者無水火災；七者虛耗辟除；八者杜絕惡夢；九者出入神護；十者多遇聖因。

《地藏本願經·囑累人天品》云：

佛告虛空藏菩薩：諦聽，諦聽！吾當爲汝分別說之。若未來世，有善男子、善女人，見地藏形像，及聞此經，乃至讀誦，香華飲食，衣服珍寶，布施供養，讚歎瞻禮，得二十八種利益……復次，虛空藏菩薩，若現在未來天龍鬼神，聞地藏名，禮地藏形，或聞地藏本願事行，讚歎瞻禮，得七種利益。

《地藏本願經·稱佛名號》云：

世尊，現在未來一切眾生，若天若人，若男若女，但念得一佛名號，功德無量，何況多名。是眾生等，生時死時，自得大利，終不墮惡道。

《地藏本願經》又稱《地藏菩薩本願經》，分上下兩卷，計有十三品。本經文多次敘說眾生供養，讚歎瞻禮地藏菩薩及念誦《地藏菩薩本願經》可以得到各種功德⑯與利益，同時也細說眾生的罪業惡行所感召的苦報，以及地獄恐怖的相狀。

又〈均善論〉白學先生認爲佛教以地獄之苦，勸人去惡，以天堂之樂利，誘人信佛行善，必使貪欲求利成爲風氣，此說似不諦，因爲佛家強調以慈悲普渡眾生，如《地藏本願經·閻羅王眾讚品》云：

是故，地藏菩薩，具大慈悲，救拔罪苦眾生，生人天中，令受妙樂。是諸罪眾，知業道苦，脫得出離，永不再歷。

佛法自度度他，如言功德利益，也是自利利他，如《華嚴經》所謂十地，初地至五地，可謂自利，七地到十地，可謂利他。

再從受戒與持戒來說，佛教的根本精神，是佛弟子對戒律的尊重與遵守，《華嚴經》說：「戒是無上菩提本。」。持戒的目的是戒貪和除欲，約可分爲在家戒和出家戒，在家戒共有四種：㈠是三歸戒；㈡是五戒；㈢是八關戒齋；㈣是菩薩戒。出家戒共有五種：㈠是沙彌及沙彌尼戒；㈡是式叉摩尼戒；㈢是比丘尼戒；㈣是比丘戒；㈤是菩薩戒⑰。

總之，信佛持戒，總持四弘誓願的精神：㈠眾生無邊誓願度；㈡煩惱無盡誓願斷；㈢法門無量誓願學；㈣佛道無上誓願成。

慧琳的〈均善論〉受到當時眾僧擯斥，此時，反佛派的代表人物，御史中丞何承天，遂把〈均善論〉寄給宗炳，何承天在〈與宗居士書〉中說：

近得賢從中郎書，說足下勤西方法事，賢者志其大，豈以萬劫爲奢，但恨短生，無以測冥靈耳。冶城慧琳道人作白黑論，乃爲眾僧所排擯，賴蒙值明主善救，得免波羅夷耳⑱……

七、人形至粗，人神實妙，以形從神，豈得齊終？

宗炳以〈答何衡陽書〉回應何承天，〈答何衡陽書〉云：

所送琳道人〈白黑論〉，辭清致美，但吾闇於照理，猶未達其意。既云：「幽冥之理，不盡於人事，周、孔疑而不辨，釋氏辨而不實。」。然則人事之教，幽闇之理，爲取廓然唯空，爲猶有神明邪？若廓然唯空，衆聖莊、老，何故皆云有神？若有神明，復何以斷其不實如佛言？今相與共在常人之域，料度近事，猶多差錯，以陷患禍，及博奕麤藝，注意研之，或謂生更死謂死實生。近事之中，都未見有常得而無喪者，何以決斷天地之外，億劫之表，冥冥之中，必謂所辨不實耶？

若推據事不容得實，則疑之可也，今人形至粗，人神實妙，以形從神，豈得齊終？心之所感，崩城隕霜，白虹貫日，太白入昴，氣禁之醫，心作水火，冷暖輒應，況今以至明之智，至精之志，專誠妙徹，感以受身，更生於七寶之土⑲，何爲不可實哉！

宗炳首先對〈白黑論〉（即〈均善論〉）所謂「幽冥之理，不盡於人事，周、孔疑而不辨，釋氏辨而不實。」提出不同的看法。他以爲聞見之外的事理，到底是廓然唯空，一無所有呢？還是確實有神明的存在呢？如果說六合之外一無所有，爲什麼周、孔儒家以及老、莊道家，都說有神？如果說確實有神明存在，爲什麼斥責佛教所論「形盡神不滅」以及「三世因果業報」辨而不實？

就以我們日常生活中的許多事來說，這些事雖然都是聞見所知，但是，我們在判斷近在眼前的事卻時常發生錯誤，以致遭受各種料想不到的禍患。再如下棋，看似活棋，其實已經死棋，看似死棋，其實還是活棋。

我們對眼前所見，聞見所知的判斷，尙且不能非常的準確，如何能確定佛教所說有關六合之外，億劫之久⑳，冥冥之中的道理是辨而不實呢？

就以人的生命來說，人的形體至粗，而人的心神卻非常精妙，人死以後，形體消亡，神識不滅。很多事實證明，心神眞誠的感召，甚至可以崩城隕霜，太白入昴，白虹貫日，人心與各種自然天象，都會相互感應，何況，精妙至虛之神，爲什麼不能感應業報，輪迴六道，或更生於七寶極樂佛國呢？

八、天人相應

値得注意的是，宗炳以漢人「天人相應」的思想，說明人的精妙之神感應業報，而輪迴於六道之中，《無量壽經》說：

當知眾生業因果報，不可思議。

「天人相應」源於《尙書・洪範》，〈洪範〉認爲天子是天之子，因此，天子與天相感應，天有各種徵兆，就是下雨、晴天、溫暖、寒冷、刮風以及適時的天氣。各種氣象如果都照著應當發生的次序發生，那麼，一切動植物都繁盛了。每一種氣象太多了，那是凶兆，例如下雨太多，每一種氣象太少了，也是凶兆，例如下雨太少。

天人相應好的徵兆是：天子如果態度嚴肅，就會有及時適量的下雨，天子如果有治理天下的才幹，就會及時適當的晴朗，天子如果明智，就會有及時適當的溫暖，天子如果有謀略，就會有及時適當的寒冷，天子如果明達，就會有及時適量的刮風。天人相應不好的徵兆是：天子如果狂妄，就會久雨不止，天子如果有過錯，就會一直出太陽不下雨，天子如果好享安樂，就會過度溫暖，天子如果嚴酷急切，就會常久寒冷，天子如果愚昧無知，就會經常刮風。

「天人相應」思想，傳至漢代，董仲舒集其大成，《春秋繁露》以天人相應爲思想核心，董仲舒的天人相應有三種意義，第一種意義是人的身體結構與天相應，他在《春秋繁露·人副天數》中認爲天地的精華之氣是用來生長萬物的，萬物以人最爲高貴，人受天命而生，所以最靈，只有人能行仁義，也只有人能與天地相應合。所以，天地陰陽在人的身體表現出來，人的身體猶如天，命運與天相連。天以一年的數目，來形成人的身體，身體大的關節有十二，與一年的月數相應合。身體外部有四肢，跟四季的數目相應合，人有耳目，天有日月，人的身體，每一方面都與天地相應合，情感也與天相應合。

董仲舒天人相應的第二種意義是人的行爲要效法天，他在《春秋繁露·陰陽義》中認爲春天是喜氣，所以生長萬物，秋天是怒氣，所以誅殺萬物，夏天是樂氣，所以養育萬物，冬天是哀氣，所以儲藏萬物，這四種喜怒哀樂之氣，是天和人所共同具有的，以此而言，天和人是相同的。因此，做君王的人，要效法天地之道，使自己的喜怒一定要合於仁義才表現出來，就像四季一定合於時節而不亂，使仁德多於刑罰，猶如陽氣比陰氣盛多。

董仲舒天人相應的第三種意義是天以「災異」向人示警，他在《春秋繁露．必仁且智》中認為天地萬物有不尋常的變化，叫做「怪異」，小的稱為「災害」。災害往往先發生，之後怪異隨之而來。災害是上天的譴責，怪異是上天的威力，上天譴責君王，如果他還不知道，就用「怪異」的威力使他畏懼，《詩經》所謂「畏懼上天的神威之力。」就是這個意思。大凡災異發生的原因，是由於君王有過錯而產生的，國家施政的錯失剛發生，上天就以災害來譴告，譴告之後還不知悔改，上天就以怪異來驚嚇，驚嚇之後還不知悔改，禍害甚至敗亡就發生了，由此可知上天的仁愛之心，是愛民而非害民。

漢人所謂「天人感應」之說，受到王充的批判，《論衡．感虛》正是批判漢人宣揚人的精誠能夠感動上天鬼神的虛妄。王充所謂「感虛」就是說「天人感應」是虛妄的，他在〈感虛〉中舉了十五個事例，逐一批判其虛妄，說明自然界有其自身的自然法則和運動規律，絕不以人的情感意志之精誠而改變。

王充認為白虹貫日、太白蝕昴，只是自然界的現象而已，然而說荊軻為燕太子丹謀刺秦王嬴政，精誠之心感動上天，天為之變成白虹貫日，這是虛妄的。王充所謂的傳書，指的是「史記」。《史記．魯仲連鄒陽列傳》說：

昔者，荊軻慕燕丹之義，白虹貫日，太子畏之。衛先生為秦畫長平之事，太白蝕昴，而昭王疑之。

集解：應劭云：燕太子丹質於秦，始皇遇之無禮，丹亡去，故厚養荊軻，令西刺秦王，精誠感天，白蝕爲之貫日也。如淳曰：白虹兵象，日爲君。《列士傳》云：荊軻發後，太子自相氣，見虹貫日不徹，曰：吾事不成矣。後聞軻死，事不立，曰：吾知其然也。古人認爲白虹象徵兵器，太陽代表君王，白虹貫日象徵君王要遭到殺害。太子丹看到白虹沒有完全貫穿太陽，就知道荊軻刺殺秦王沒有成功。《史記》所謂「太白蝕昴」，是指秦趙長平之戰，秦將白起在長平坑殺趙軍四十餘萬人，白起在長平大捷後，想乘勝追擊滅趙，於是，派衛先生回秦國請求昭王增派兵糧，傳說此時白起的精誠感動上天，出現太白蝕昴的星象，因爲古人認爲太白星（即金星）是天將，因位於西方，象徵秦國，而趙國位於昴宿（廿八宿之一㉑）之下，漢人認爲「太白蝕昴」象徵秦國將要消滅趙國。白起後與應侯范睢有隙，免官，復賜死。

此外，宗炳所謂「崩城」一事，是指杞梁氏之妻得知丈夫戰死而痛哭，城牆在哭聲中崩塌。據劉向《說苑・立節》所述，杞梁是春秋時代齊國大夫，陪侍齊莊公攻伐莒國，杞梁英勇殺敵，後來戰死，其妻聞知杞梁戰死，哭倒城牆，此事後來演變成爲戲劇孟姜女哭倒長城。

不過，另據《左傳・襄公二十三年》記載，齊國攻莒，杞梁被擒，齊莊公（齊侯）率軍回朝，遇見杞梁之妻於郊外，派人去弔慰她，杞梁之妻以爲不合禮節而不受，齊侯便到她家中去慰問，未有哭倒城牆之事。

王充認爲杞梁妻對著城牆而哭，或許是事實，然而說城牆被她哭倒塌了，則是虛妄，兩者沒有因果關係。因爲城牆是土石砌成的，土石沒有情感意識，怎麼能夠被人的痛哭所感動而倒塌呢？假如精誠的哭聲能夠感動城牆而倒塌，那麼，他對著草木痛哭，能使草木折斷嗎？對著水火痛哭，能使大水湧出，使大火熄滅嗎？可知，杞梁妻不能哭倒城牆是很明白了。或許杞梁妻對著城牆哭，恰巧城牆自己倒塌，後人好虛，不究眞實，所以使杞梁妻哭倒城牆之事，至今流傳而不滅。

另外，宗炳所謂「隕霜」一事，是說鄒衍蒙冤而嘆，致使夏天降霜，此事見於《後漢書・劉瑜傳》注引《淮南子》。王充以爲史書上說鄒衍無罪而蒙冤，被拘禁在燕國（鄒衍是戰國時代齊國人，陰陽五行家的代表人物。），當時是夏曆五月，仰天長嘆，上天感動，爲此降霜。此說與杞梁之妻哭倒城牆一事，同樣是虛妄的。

鄒衍的冤屈，並沒有超過曾子、伯奇、申生、伍子胥等人，曾子被猜疑而悲嘆，伯奇因後母進讒言，被父親放逐而悲嘆，申生因受後母驪姬讒言，被迫自殺身亡，伍子胥也因遭人讒害而刎頸身亡，上天不爲這四人的冤屈而感動，爲何獨爲鄒衍之冤而感動？其實，氣候的寒溫變化有其自然的法則，例如夏天也會下冰雹，或許只是鄒衍仰天長嘆時，霜恰巧降下，降霜並非鄒衍所感召。

九、泥洹以無樂爲樂，法身以無身爲身

〈答何衡陽書〉云：

夫心不貪欲，爲十善之本，故能俯絕地獄，仰生天堂，即亦服義蹈道，理端心者也。今內懷虔仰，故禮拜悔罪，達夫無常，故情無所吝。委妻子而爲施，豈有邀於百倍？復何得乃云不由恭

肅之意，不乘無吝之情乎？泥洹以無樂爲樂，法身以無身爲身。若本不希擬，亦可爲增耽逸之慮，肇好奇之心，若誠餐仰，則耽逸稍除而獲利於無利矣，又何關利競之俗乎？

又云：「道在無欲，而以有欲要之，俯仰之間，非利不動。」何誣佛之深哉！夫佛家大趣，自以八苦皆由欲來，明言十二因緣，使高妙之流朗神明於無生耳。欲此道者，可謂有欲於無欲矣。至於啓導粗近，天堂地獄皆有影響之實，亦由于公以仁活招封，嚴氏以好殺致誅。畏誅而欲封者，必舍殺而修仁矣。厲妙行以希天堂，謹五戒以遠地獄，雖有欲於可欲，實踐日損之清塗，此亦西行而求郢，何患其不致哉！

宗炳認爲〈白黑論〉所謂「要天堂以就善，曷若服義而蹈道，懼地獄以敕身，孰與從理而端心。」是對佛法不諦之言。實際而言，佛家戒貪㉒，使人心不貪欲，是十善的根本㉓，自然可以避免遭受地獄的惡報，而生於天堂，這不就是「服義蹈道、以理端心」嗎？

〈白黑論〉又說佛教「禮拜以求免罪，不由祇肅之意，施一以邀百倍，弗乘無吝之情。」也是不諦，佛教徒因爲內心虔誠信佛，所以能常禮拜誦經以悔罪過，怎麼說佛教徒之禮拜誦經是不由祇肅之意呢？因爲了解諸法無常的道理，所以不爲情欲所滯困。出家學佛的比丘，都已經捨棄世俗之人最重視的妻兒子女，又如何能說信佛是爲了「施一以邀百倍」、「不乘無吝之情」呢？

〈白黑論〉又說：「美泥洹之樂，生耽逸之慮，贊法身之妙，肇好奇之心，近欲未弭，遠利又興。」。宗炳認爲此說更是不諦。佛教所謂涅槃，是以無樂爲至樂，而法身則以無身爲身，如果信佛不是出於眞心誠意，而是出於某些不善良的動機企圖，或許可能變爲增耽逸之慮，肇始好奇之心，如果信佛是出於眞心誠意，則耽逸之慮既不存在，而且能夠在不是只爲了追求個人利益之下，獲得自度度他的大功德，這與利欲之競是沒有什麼關係的。

〈白黑論〉又說：「道在無欲，而以有欲要之，俯仰之間，非利不動。」宗炳以爲此說誣衊佛家甚深，佛家的主要思想，認爲人生八苦㉔，都是由欲望（無明）而來，所以倡言十二因緣㉕，使信佛者都能戒欲以斷無明，而崇尙無欲無生，眞正追求佛道的人，可以說都是致力於無爲無欲無生，而不執著於世俗的享樂。

至於佛教所說的因果業報、天堂地獄之說，都有史實依據，像漢朝的于公㉖，善決冤獄，廣積陰德，子孫賢孝，其子定國，貴爲丞相，封侯傳世。又如嚴延年則因用刑好殺而致誅㉗。如果人們害怕被誅殺的惡報，一定不敢濫殺無辜而力行仁義，以種種善行陰德希望往生極樂佛國，遵守五戒以遠離地獄的惡報，雖然看似有所求，但實際上是漸損其欲望，以致於無欲。

至於那些不相信佛法及其因果業報的人，自然談不上修德而遷善，既然信佛，就應該像耆域、犍陀勒、夷陀蜜、竺法乘、帛法祖、竺法護、于法蘭、竺法行、于道邃、佛圖澄、尸梨蜜、郭文舉、釋道安、支道林、慧遠和尙等高僧大德那樣，他們深悟佛法，德行高潔，當不在慧琳之下，你（何承天兄）怎麼捨高就低，牽強附會慧琳不實之論呢？

十、形神相資，雖有其妙，豈能獨傳？

宗炳作〈答何衡陽書〉之後，何承天作《答宗居士書》以爲回應，〈答宗居士書〉云：以爲佛經者，善九流之別家，雜以道墨，慈悲愛施，與中國不異。大人君子，仁爲己任，心無憶念，且以形像彩飾，將諧常人耳目，其爲靡損尚微，其所弘益或著，是以兼而存之。論云：衆聖老莊，皆云有神明，復何以斷其不如佛言？答曰：明有禮樂，幽有鬼神，聖王所以爲教，初不昧其有也。若果有來生報應，周孔寧當緘默而無片言耶？若夫嬰兒之臨坑，凡人爲之駭怛，聖者豈獨不仁哉？

又云：人形至麤，人神實妙，以形從神，豈得齊終？答曰：形神相資，古人譬以薪火，薪弊火微，薪盡火滅，雖有其妙，豈能獨傳？

又云：心之所感，崩城隕霜，白虹貫日，太白入昴，氣禁之醫，冷煖輒應，專誠妙感以受身，更生七寶之土，何爲不可哉？答曰：崩城隕霜，貫日入昴，不明來生之譬，非今論所宜引也。

又見水火之禁，冀其能生七寶之鄉，猶觀大冶銷金，冀其能自陶鑄，終不能亦可知也。

又云：泥洹以無樂爲樂，法身以無身爲身，若誠能餐仰，則耽逸稍除，獲利於無利矣。答曰：泥洹以離苦爲樂，法身以接苦爲身，所以使餐仰之徒，不能自絕耳，果歸於無利，勤者何獲？而云獲於無利耶？此乃形神俱盡之證，恐非雅論所應明言也。

首先，何承天以爲佛教慈悲喜捨，救度衆生，與中國文化差異不大，因爲儒家也主張以仁爲己任，己立立人，己達達人，大人君子修齊治平。佛教雖然注重佛像的莊嚴，寺廟的華麗，其實所費的財力尙微，卻對人心的善化，助益甚大，所以能在中土流傳。

其次，何承天認爲禮樂、鬼神是聖人教化人心的道理，聖人也不昧（隱藏）言鬼神之事。但是，如果有來生報應，周、孔應該不會緘默而不言。換言之，聖人雖論及鬼神，然而，未曾論及來生報應。可知，應該沒有來生報應。爲什麼沒有來生報應呢？因爲形神相資，猶如薪火，薪盡火滅，因此，人死形盡神滅。

値得注意的是，何承天承認聖人不昧言鬼神，既有鬼神，應當就是神不滅，因爲人死神不滅而爲鬼神，不過，何承天卻強調形盡神滅，似乎有所矛盾，唯一可理解的原因，是他反對因果報應和六道輪迴，他以爲不能舉中土所謂天人感應的思想，來證明一定會有來生報應，更不能說只要信佛守戒，就可以往生極樂佛國。

顯然，何承天不了解佛家所謂「三界所有，唯有一心。」（《華嚴經》），《法句經》說：「心爲法本。」，《大乘起信論》說：「三界虛僞，唯心所作。」，《維摩結經》也說：「若菩薩欲得淨土，當淨其心。隨其心淨則佛土淨。」，也就是說天堂地獄都是心之所作，天堂地獄並非眞實獨立的存在，只是隨其心淨則生天堂，隨其心不淨則生地獄，由此可知，土之淨不淨由人心之淨不淨而朗現。

就輪迴來說，信佛守戒而清心潔情，就能感生於無憂至樂之境；貪欲惡行則永淪於三不淨道，這都是心之自作，也是由於個人的爲善助人或爲惡害人，引發心靈的淨或不淨，所感生的業報。所以，宗炳在〈明佛論〉中說：

故佛經云：一切諸法，從意生形，又云：心爲法本，心作天堂，心作地獄，義由此也。是以清心潔情，必妙生於英麗之境，濁情滓行，永悖於三塗之域。

再從上文何承天〈答宗居士書〉最後一段看來，何承天並不了解佛家所謂樂、利，及如來法身之義。佛家所謂眞正的樂、利或功德，是斷絕一切根本煩惱、滅一切苦，《勝鬘經・法身章》說：

所言苦滅者，名無始無作，無起無盡，離盡常住，自性清淨，離一切煩惱藏。

再者，若要明白如來法身之義，應要了解如來藏的思想，如來藏是佛法大乘義理的重要思想，諸經所說不盡相同，大致可以歸納爲三方面來說：

㈠**爲如來藏所攝**：意指如來的眞如理體含藏一切法，也含藏一切衆生，此說強調佛性存在的普遍性及人人具有佛性，人人可以成佛。

㈡**爲如來藏所纏**：又名如來藏在纏，意指如來法身被纏在無量煩惱之中，衆生之所以爲衆生，是因爲他們有煩惱，而如來法身又含藏在煩惱之中，因爲衆生本有佛性，所以，一旦破除煩惱，如來得以顯現，即爲如來法身。

㈢**爲如來藏能攝**：如來眞如雖在煩惱的裏藏之中，但仍具備無量功德，即佛應具足的一切功德被藏在如來藏中，一旦破除煩惱，如來顯出，即無量功德具足。

十一、神非形之所作，無形而神存，法身常住

何承天作〈答宗居士書〉之後，宗炳又作〈答何衡陽書〉，宗炳再一次強調「神」非「形」之所生，主張形神二元，無形而神存，回應何承天「薪盡火滅，形盡神滅。」，宗炳說：

又云：形神相資，古人譬之薪火，薪弊火微，薪盡火滅，雖有其妙，豈能獨存？夫火者，薪之所生，神非形之所作，意有精麤，感而得，形隨之，精神極，則超形獨存，無形而神存，法身常住之謂也。（《弘明集》卷三）

宗炳認爲以薪火喻形神是不諦的，因爲火是薪之所生，所以，薪盡火滅，然而，神非形之所生，而且，形粗神妙，精妙至虛之神可以超形獨存，因此，形盡神不滅。

慧琳的〈均善論〉及宗炳與何承天的論辯，驚動了當時的宋文帝，《弘明集》記載宋文帝對此爭論的態度，宋文帝對侍中何尚之說：

吾少不讀經，比復無暇，三世因果，未辨致懷，而復不敢立異者，正以前達及卿輩時秀，率皆敬信故也。范泰謝靈運每云：六經典文，本在濟俗爲治耳，必求性靈眞奧，豈得不以佛經爲指南耶？顏延年之折達性，宗少文之難白黑論，明佛法汪汪尤爲名理，並足開獎人意，若使率士之賓，皆純此化，則吾坐致太平，夫復何事！（《弘明集》卷十一．答宋文帝讚揚佛教事）

宋文帝的這一段話，反映了四個現象：㈠朝野信佛，佛教興盛，知識份子大都對佛教「率皆敬

信」，因此，宋文帝對佛教也「不敢立異」。㈡一般人認為儒家是「濟俗為治」，要追求「性靈眞奧」，要以佛經為指南。㈢宋文帝贊同顏延之和宗炳等人對何承天的〈達性論〉、〈報應問〉及慧琳的〈均善論〉的辯駁詰難。㈣何承天的反佛，處境艱難，大環境對他極為不利，何承天秉持儒者的道德勇氣，值得吾人敬佩。

以上是慧琳〈均善論〉及其所引發宗炳與何承天爭論有關神滅或不滅與輪迴報應問題，大致已詳論於前述。何承天另著〈達性論〉與〈報應問〉，反對佛家神不滅與輪迴報應思想，因而引起顏延之與劉少府的辯駁，有關此爭論，第四節論述之。

【註　釋】

① 據《宋書·列傳第三十三》顏延之本傳云：「……時沙門釋慧琳，以才學為太祖所賞愛，每召見，常升獨榻，延之甚疾焉。因醉白上曰：昔同子參乘，袁絲正色，此三台之坐，豈可使刑餘居之。」。顏延之不滿慧琳的〈均善論〉及其言行，斥慧琳為「刑餘」，刑餘是奄人（宦者）、赦徒之意。

② 《宋書·列傳第五十七》：「無□垂蔭之茂」，另據《弘明集》卷三，宗炳〈答何衡陽書〉：「無傷垂蔭之茂」，依文句之義，應為「傷」。

③ 以老子的「無」類比佛家的「空」，即以道家思想詮釋佛教義理，近似中土格義佛教「本無宗」的思想。據吉藏《中觀論疏》云：「一者釋道安明本無義，謂無在萬化之前，空為衆形之始……安公本無

者，一切諸法，本性空寂，故云本無。」。又據《名僧傳抄・曇濟傳》云：「曇濟著《七宗論》，第一本無宗，曰：夫冥造之前，廓然而已。至於元氣陶化，則群象稟形，形雖資化，權化之本，則出於自然。自然自爾，豈有造之者哉？由此而言，無在元化之前，空爲衆形之始，故爲本無，非爲虛豁之中，能生萬物也。」。本無宗以爲「無」在萬化之前，「空」爲衆形之始，即以「無」或「空」先於天地萬物，而爲萬物的本體。

④ 老子主張萬物生於「有」，「有」生於「無」，「無」是形上的道體，「有」是宇宙渾沌之氣。老子以爲「無」是天地的開始，「有」是萬物的源頭，從無到有是說明形上道體落實現象界而產生天地萬物的歷程。「有」和「無」不僅是形上學的問題，在現象界中，有和無也是相對的兩個觀念。例如：任何的車輛、器皿或房子的形成，都由「有」和「無」結構而成，「有」是外在的架構，「無」是中空的部份，某物因爲中空，才能使用，才有它的功能。

⑤ 《涅槃經》云：「無相之相，名爲實相。」。實相是指萬有的本體，與法性、眞如、實性、眞諦等異名而同義。〈均善論〉以實相比喻「空」，近似本無宗所謂「空爲衆形之始」。

⑥ 湯用彤在《漢魏兩晉南北朝佛教史・佛教之南統》中說：「〈白黑論〉首辯佛家空無之義，止言及人生無常之虛幻，而未了本性空寂之深意……此蓋由琳未達佛學實相空虛之義，而妄以樹空相比，辭句雖麗，意旨全乖，由此言之，琳比丘者，究爲長於製作之文士，而非妙測幽微之哲人。」。

⑦ 據《阿彌陀經》云：「彼佛何故號阿彌陀？舍利佛，彼佛光明無量，照十方國，無所障礙，是故號爲阿

彌陀。又舍利弗，彼佛壽命，及其人民無量無邊僧祇劫，故名阿彌陀。」釋迦牟尼佛說：爲什麼西方極樂世界的那尊佛叫做「阿彌陀」呢？因爲這尊佛能發出無限的光明，照亮十方世界，又因爲這尊佛及西方極樂世界的人壽命無窮，所以，稱他爲阿彌陀佛、無量壽。

⑧ Imperative 一字，中文有幾種翻譯，唐鉞先生譯《道德形上學探本》第四十一頁稱「令式」；謝扶雅先生譯《道德形上學根本原理》第四十八頁稱「訓條」；牟宗三先生譯注《道德形上學之基本原則》第四十三頁稱「律令」。

⑨ 依牟宗三先生譯注《康德道德底形上學之基本原則》第八十五頁上說：「意志自律的特性恰如宋明陸王所謂心即理。」。

⑩ 人生的修養是一種「爲道日損」的工夫，老子說：「爲學日益，爲道日損，損之又損，以至於無爲。」（《道德經》第四十八章）。修道的工夫是內在精神的體驗，要逐漸消除私欲，把私欲減少到最低，達到無爲和無欲，無爲是沒有私欲的作爲，有私欲的作爲是妄爲。莊子在〈庚桑楚〉中認爲人生的修養，要消除意志的悖亂，打通大道的障礙，高貴、富有、顯耀、權威、名望、利祿六者，擾亂我們的意志，容貌、舉動、顏色、名理、氣度、情意六者，約束我們的心靈，厭惡、欲望、喜好、生氣、哀愁、快樂六者，是德性的負擔，去捨、從就、取、與、知、能六者，妨礙大道，這些世俗的人情反應，如果能夠不在胸中擾亂，我們的內心就能平和正直，內心平和正直就能寧靜，寧靜就能清明，清明就能空靈，空靈就能順其自然，無爲而無不爲。

⑪ 孟子認為惻隱之心、羞惡之心、辭讓之心、是非之心，是人生固有的四個善端，唯君子能擴而充之。他強調仁義內在，仁義禮智皆根於心，如順其本心之善而涵養之，即可成為善人。所以，孟子說：「乃若其情，則可以為善矣，乃所謂善也。若夫為不善，非才之罪也。」（《孟子・告子》）。

⑫ 孟子說：「君子之於物也，愛之而弗仁；於民也，仁之弗親，親親而仁民，仁民而愛物。」（《孟子・盡心》）。君子推己及人，先親愛自己的親人，推及到仁愛百姓，再推及到愛惜禽獸草木。以仁愛之心，教化百姓，澤及萬物。

⑬ 六度，就是能使人度過生死苦海，到達安樂涅槃的六種方法：㈠布施：可分三種：財施、法施、無畏施。㈡持戒：持守戒律，最基本的戒律是五戒（不殺生、不偷盜、不邪淫、不妄語、不飲酒。）㈢忍辱：忍辱是不瞋恚，瞋是動怒，恚是懷恨。㈣精進：不懈怠，意志堅定。㈤禪定：禪定是專心一志，保持安定，本心不亂。㈥般若：般若是不愚痴，不邪見，對事物有最徹底的覺悟。

⑭ 五教是五常之教，《尚書・堯典》：帝曰：「契，百姓不親，五品不遜，汝作司徒，敬敷五教，在寬。」。又《春秋左傳・文公十八年》：「使布五教于四方，父義、母慈、兄友、弟恭、子孝，內平外成。」。另據王充《論衡・問孔》：「五常之道，仁、義、禮、智、信也，五者各別，不相須而成。」。或以佛家五戒配儒家五常。不殺生配仁，不偷盜配義，不邪淫配禮，不妄語配信，不飲酒配智。

⑮ 依人類學的觀點，世界各民族普遍都有宗教信仰及其活動，我們可以大約歸納宗教信仰的七種行為現象：㈠皈依：順從某一種宗教，在行為上參加宗教組織，成為正式的教徒，眞正的皈依，必會犧牲部份

世俗的享有，持守各種戒律。(二)虔誠：所謂虔誠，是對信仰的對象無條件的絕對服從。(三)崇拜：承認信仰對象至高無上的偉大，由衷的表示無限的尊敬，並且有具體的行爲表現，如跪拜、上香、供果等。(四)敬畏：對信仰對象有敬畏之心，消極而言，以不違背教規戒律爲自我要求，積極而言，修己立德，自我實現。(五)懺悔：眞正的懺悔，不僅是對外在罪行的悔改，更要對內心潛在的惡念誠心戒除。(六)祈禱：祈禱是對神明或上帝的感恩和祈求，除了祈求神明或上帝的恩典外，還有祈求神明或上帝寬恕個人的罪愆。(七)祭祀：祭祀是人類盛行久遠的宗教行爲，通常以花果食物爲祭品，當今在台灣各地廟會常有上千斤的大豬公，非常壯觀盛大。

⑯ 以佛法深層意義而言，功德一詞似乎較利益一詞爲佳。據《勝鬘經．寶窟》云：「惡盡言功，善滿曰德；又德者得也，修功所得，故名功德。」又據《大乘義章》云：「功謂功能，善有資潤福利之功，故名爲功，此功是善行家德，名爲功德。」。

⑰ 參閱聖嚴法師著《戒律學綱要》第廿五頁。所謂三歸戒是皈依佛、法、僧三寶。所謂八關戒齋是(一)不殺生；(二)不偷盜(三)不非梵行（不婬）；(四)不妄語；(五)不飲酒；(六)不著香華鬘，不香油塗身，不歌舞倡伎，不故往觀聽；(七)不坐臥高廣大床；(八)不非時食。所謂菩薩戒的內容，是三聚淨戒：(一)持一切淨戒，無一淨戒不持；(二)修一切善法，無一善法不修；(三)度一切衆生，無一衆生不度。

⑱ 波羅夷，梵語，佛法戒律極重的罪名。《戒經》謂之棄，即爲佛法所棄。《四分律》謂之斷頭，不能再爲比丘，如斷頭不能再生，又謂之無餘，意即永棄於僧衆，不共住。《俱舍論》謂之他勝，意即爲惡法

所勝。何承天與宗炳的爭論，皆見於《弘明集》卷三。

⑲ 七寶之土，即西方極樂世界，又名無量壽佛國，《無量壽經》云：「又其國土，七寶諸樹，周滿世界。金樹、銀樹、琉璃樹、玻璃樹、眞珠樹、硨磲樹、瑪瑙樹，或有二寶、三寶、四寶、五寶、六寶、七寶轉共合成，根莖枝幹，此寶所成，華葉果實，他寶化作。」

⑳ 億劫，一劫的一億倍，言其時間之極長久。

㉑ 據《淮南子・天文訓》云：「天有九野……五星、八風、二十八宿、五官、六府、紫宮、太微、軒轅、咸池、四守、天阿。」。廿八宿分東方（蒼龍七宿），北方（玄武七宿），西方（白虎七宿），南方（朱鳥七宿）。

㉒ 貪是三毒之一，貪毒是貪婪之心，瞋毒是忿恚之心，痴毒是愚昧之心。《大乘義章》云：「此三毒通攝三界一切煩惱，能害衆生，猶如毒蛇毒龍，故名爲毒。」。

㉓ 十善：㈠不殺生，㈡不偷盜，㈢不邪淫，㈣不妄語，㈤不兩舌（兩舌云離間語），㈥不惡口（又云惡語），㈦不綺語（又云雜穢語）㈧不貪欲，㈨不瞋恚，㈩不邪見（邪見謂不信因果）。十善順於正理，爲受樂報之業因，故亦云十善業，受持十善而不犯者，曰十善戒。

㉔ 《涅槃經》云：「八相爲苦，所謂生苦、老苦、病苦、死苦、愛別離苦、怨憎會苦、求不得苦、五盛陰苦。」。

㉕ 十二因緣把人生分爲十二個彼此成爲因果關聯的環節。從無明到老死，是從因向果來觀察或推演，這是

「順觀」，另外還有「逆觀」，就是從果向因來觀察或推演，可以說「老死」是「生」的果，「生」是「有」的果，依次類推，最後得到如滅無明，則無老死及諸多煩惱（八苦）的結論。《雜阿含・四六八經》云：「無明無故行無，無明滅故行滅，行滅故識滅，識滅故名色滅，名色滅故六入處滅，六入處滅故觸滅，觸滅故受滅，受滅故愛滅，愛滅故取滅，取滅故有滅，有滅故生滅，生滅故老病死、憂悲惱苦滅，如是如是純大苦聚滅。」

十二因緣說明了人生的由來以及生命的流轉，稱爲「流轉門」，一切衆生都是依從十二因緣而流轉於生死苦海的無窮輪迴之中。然而，佛陀對十二因緣的感悟，還包括「還滅門」，此一永遠斷滅生死苦惱的過程，《長阿含經・大本經》論之甚詳，〈大本經〉云：「於時，菩薩復自思惟：何等無故老死無？何等滅故老死滅？即以智慧觀察所由，生無故老死無，生滅故老死滅；有無故生無，有滅故生滅；取無故有無，取滅故有滅；愛無故取無，愛滅故取滅；受無故愛無，受滅故愛滅；觸無故受無，觸滅故受滅；六入無故觸無，六入滅故觸滅；名色無故六入無，名色滅故六入滅；識無故名色無，識滅故名色滅；行無故識無，行滅故識滅；痴無故行無，痴滅故行滅。是爲，痴滅故行滅，痴無故行無，行滅故識滅，識滅故名色滅，名色滅故六入滅，六入滅故觸滅，觸滅故受滅，受滅故愛滅，愛滅故取滅，取滅故有滅，有滅故生滅，生滅故老死憂悲苦惱滅。菩薩思惟：苦陰滅時，生智、生眼、生覺、生明、生通、生慧、生證。爾時，菩薩逆順觀十二因緣，如實知、如實見已，即於座上成阿耨多羅三藐三菩提。」。

㉖據《漢書・于定國傳》云：于公，漢朝郯人，爲縣獄史，善決冤獄，曾雪東海孝婦之冤，東海孝婦少寡

無子，事姑甚孝。其姑不欲以年老累之，自經死，姑之女誣告孝婦殺姑，太守捕考之，誣服論殺，于公爭之不得。旋郡中枯旱三年，後太守至，詢其故，于公直言孝婦不當死，太守乃祭其冢，表其墓，天立大雨。

後閭門壞，父老方共治之，于公曰：「少高大，令容駟馬車蓋；我治獄多陰德，子孫必有興者。」至子定國，貴爲丞相，封侯傳世。

㉗ 嚴延年，漢朝下邳人，字次卿，少學律法，昭帝末，官侍御史。時霍光廢昌邑王尊，立宣帝（武帝曾孫）。宣帝初即位，延年刻霍光擅行廢立，亡人臣禮，奏雖寢而朝廷肅然。後累遷至河南太守，其治務在摧折強暴，扶助貧弱，以是豪彊脅息，野無行盜，惟疾惡過甚，用刑刻急，冬月論囚，流血數里，河南號曰屠伯。其母自東海來，適見決囚，大驚，責之曰：「天道神明，人不可獨殺，我不意當老見壯子被刑戮也。」。後歲餘，延年坐怨望誹謗，棄市。

第三節　宗炳〈明佛論〉

一、生　平

據《宋書・列傳第五十三》記述：宗炳，字少文，南陽涅陽人，祖父宗承，宜都太守，父親繇之，湘鄉令，母同郡師氏，聰辯有學義，教授諸子，妙善琴書，精於言理，每遊山水，往輒忘歸。征西長史王敬弘每從之，未嘗不彌日也。乃下入廬山，就釋慧遠考尋文義。

妻羅氏，亦有高情，與宗炳協趣，羅氏沒，宗炳哀之過甚，既而輟哭尋理，悲情頓釋，謂沙門釋慧堅曰：死生之分，未易可達，三復至教，方能遣哀。元嘉二十年，宗炳卒，享年六十九歲。

宗炳是隱逸之士，終身不仕，也是信佛的居士，深受慧遠的影響，東晉安帝元興元年，慧遠與宗炳等人，結社念佛，共同發願往生西方極樂淨土。當時，慧琳作〈均善論〉，爲衆僧所排擯，得到何承天的賞識，並把〈均善論〉送給宗炳，宗炳與何承天數次論辯。宗炳又作〈明佛論〉（《弘明集》卷二），抒發自己的觀點，〈明佛論〉又稱〈神不滅論〉，可知其要旨在說明形盡神不滅思想。

二、精神不滅，人可成佛

〈明佛論〉云：

夫道之至妙，固風化宜尊，而世多誕佛，咸以我躬不閱，遑恤于後。萬里之事，百年以外，皆不以爲然，況須彌之大，佛國之偉。精神不滅，人可成佛，心作萬有，諸法皆空，宿緣綿邈，億劫乃報乎？此皆英奇超洞，理信事實，黃華之聽，豈納雲門之調哉？世人又貴周、孔、書、典，自堯至漢，九州華夏，曾所弗暨，殊域何感，漢明何德，而獨昭靈彩。凡若此情，又皆牵附先習，不能曠以玄覽，故至理匪遐，而疑以自沒。悲乎！中國君子，明於禮義，而闇於知人心，寧知佛心乎？今世業近事，謀之不臧，猶興喪及之，況精神作哉！得焉則清升無窮，失矣則永墜無極，可不臨深而求，履薄而慮乎！夫一局之奕，形算之淺，而奕秋之心，何嘗有得，而乃欲率井蛙之見，妄抑大猷，至獨陷神於天穽之下，不以甚乎！今以茫昧之識，燭幽冥之故，既不能自覽鑒於所失，何能獨明於所得，唯當明精闇向，推夫善道，居然宜修，以佛經爲指南耳。彼佛經也，包五典之德，深加遠大之實，含老、莊之虛，而重增皆空之盡。高言實理，肅焉感神，其映如日，其清如風，非聖誰說乎！謹推世之所見，而會佛之理爲明。

宗炳以爲佛法是至妙之道，應受世人所尊崇，但卻有一些人毀謗佛法，主要原因是佛法談論經驗視聽以外的道理，而世人都以六合之內眼見耳聞爲眞實，而萬里之外，百年以後，不能眼見耳聞者，認爲不眞實，何況像須彌山之大①，佛國之偉②，世人無法理解。

至於佛教所說的神不滅，人人有佛性，人人可成佛，心作萬有，萬法唯識，諸法皆空，緣起性空，三世因果報應，歷劫得報等思想，世人更難理解和接受。世人又特別尊崇周公、孔子之道，重視儒家經典，自堯至漢，中土華夏，都不曾有佛，漢明帝何德何能，能夠感召佛法③！況且，中土之士喜歡作務實的言論，不喜歡冥想玄思，所以，不易接受佛法。

其實，佛經不僅包含了五典之德④，又有方外玄遠之理，不僅包括老、莊的虛靜，又有性空的思想，思想體系，博大精深，若非大聖，誰能論說。僅就世俗所見，會通佛理，稱〈明佛論〉（又名神不滅論）。

三、周、孔所述，一生之內耳

〈明佛論〉云：

論曰：今自撫踵至頂，以去陵虛，心往而勿已，則四方上下皆無窮也。生不獨造，必傳所貲，仰追所傳，則無始也。奕世相生而不已，則亦無竟也。是身也，既日用無垠之實，親由無始而來，又將傳於無竟而去矣。然則，無量無邊之曠，無始無終之久，人固相與陵之以自敷者也，是以居赤縣於八極，曾不疑焉。今布三千日月，羅萬二千天下，恆沙閱國界，飛塵紀積劫，普冥化之所容，俱眇末其未央，何獨安我而疑彼哉？夫秋毫處滄海，其懸猶有極也，今綴彝倫於太虛，爲藐胡可言哉！故世之所大，道之所小，人之所遐，天之所邇。所謂軒轅之前，遐哉邈矣者，體天道以高覽，蓋昨日之事耳。《書》稱知遠，不出唐虞，《春秋》屬辭，盡於王業，《禮》、《樂》之良敬，《詩》、《易》之溫潔。今於無窮之中，煥三千日月以烈照，麗萬二千天下以貞觀，乃知周、孔所述，蓋於蠻觸之域，應求治之麤感，且寧乏於一生之內耳，逸乎生表者，存而未論也。若不然也，何其篤於爲始形而略於爲終神哉！登蒙山而小魯，登太山而小天下，是其際矣。且又墳典已逸，俗儒所編，專在治跡，言有出於世表，或散沒於史策，或絕滅於坑焚。若老子、莊周之道，松喬列眞之術，信可以洗心養身，而亦皆無取於六經，而學者唯守救麤之闕文，以書、禮爲限斷，聞窮神積劫之遠化，炫目前而永忽，不亦悲乎！嗚呼！有似行乎層雲之下，而不信日月者也。

宗炳以爲宇宙浩瀚，四方上下皆無窮無盡，生命從何而來？沒有人知道它的開始，生命生生不息，也沒有窮盡，生命並非獨生獨滅，必有所傳承，但是，每一個人的生命必處於一定的時間和空間之內。所以，中國人對於自己所處的時空未曾懷疑，然而，對於佛家所謂三千大千世界就覺得不可思議⑤。人在宇宙中，實在非常渺小⑥，猶如一根毛髮放在汪洋大海之中。我們認爲巨大的東西，在佛法看來，也是非常渺小。我們認爲很遙遠的地方，在佛法天界來說，卻是近在咫尺，猶如軒轅黃帝之前，我們認爲很久遠，但是，從宇宙天道來說，只是昨天的事。

中土古籍中，《尚書》的記載不超出唐虞之世，《春秋》所記也只是王霸的史事，包括《禮》、《樂》、《詩經》、《易經》這些相傳爲周、孔所述的儒家經典，都是記述一些修身治國，內聖外王的道理，並且，僅限於一生一世，至於一生一世以外，視聽弗屆的事，存而不論，只講述入世的生活實務，修齊治平之道，不談終極關懷，不論生死、鬼神、天堂地獄、神不滅等。較爲遠古的三墳五典都已失傳⑦，即使有出世的方外言論，或沒失在史策中，或遭秦始皇所焚毀。還有老子、莊子思想，赤松子、王子喬⑧等神仙道術，相信可以修煉養生，但亦非出自六經（詩、書、禮、樂、易、春秋），有些學者僅以六經爲限，不了解佛家所說的「神不滅」和「三世因果報應」，擯斥爲異端邪說，眞是可歎！

四、神非形作，合而不滅

〈明佛論〉云：

今稱一陰一陽之謂道，陰陽不測之謂神者，蓋謂至無爲道，陰陽兩渾，故曰一陰一陽也。自道而降，便入精神，常有於陰陽之表，非二儀所究，故曰陰陽不測耳。君平之說一生二，謂神明是也。若此二句皆以明無，則以何明精神乎？然群生之神，其極雖齊，而隨緣遷流，成麤妙之識，而與本不滅矣。今雖舜生於瞽，舜之神也，必非瞽之所生，則商均之神，又非舜之所育，生育之前，素有麤妙矣。既本立於未生之先，則知不滅於既死之後矣。

若使形生則神生，形死則神死，則宜形殘神毀，形病神困，據有腐敗其身，或屬纊臨盡，而神意乎全者，及自牖執手，病之極矣，而無變德行之主，斯殆不滅之驗也。

若必神生於形，本非緣合，今請遠取諸物，然後近求諸身，夫五嶽四瀆謂無靈也，則未可斷矣，若許其神，則嶽唯積土之多，瀆唯積水而已矣，得一之靈，何生水土之麤哉！而感託巖流，肅成一體，設使山崩川竭，必不與水土俱亡矣。神非形作，合而不滅，人亦然矣。

《周易》以爲天地的化育，由太極而來，太極是宇宙變易的本體，太極沒有始終，絕對而無待，它是一個總名稱，包括宇宙萬物一切的變化。太極就存在而言，它是永久的存有，太極不是空無，它包含萬理，遍在一切，又超越一切，太極就化生宇宙萬物而言，具有生物的德性。太極變化而產生天地，天和地相互遇合，促使天下萬物欣欣向榮，光明美好。天地不斷的變化，形成春夏秋冬四季的運行，天地這種春夏秋冬的轉變，有一定的節度，所謂節度，就是一定的自然法則，春來冬去，春去夏來，春夏秋冬運行不休。

有天地然後萬物生長不息，天地代表兩種氣，天爲陽，地爲陰，天地陰陽二氣相互纏綿，交密會合，使萬物感通，雌雄男女，形體交接，陰陽相感，萬物化生。凡是天地之間兩種相對的現象，例如：晝夜、剛柔、強弱、成敗、男女、雌雄等，都喻稱爲陰陽，一陰一陽相對相生，運行不息，爲宇宙萬物生死存亡的根本，就是「道」。

自「道」而降，便入精妙之神。天地現象，常有超乎自然而非兩儀所能究明者，所以說：陰陽不測之謂神。（〈繫辭上傳第五章〉），老子所謂：道生一，一生二，二生三，三生萬物。（《道德經》第四十二章），表示萬物的精妙之神生生不息，因爲萬物的精妙之神，都是隨緣遷流，而成或精或粗的神識，而此神識是不滅的。

雖然舜生於瞽，舜的神必非瞽所生，而商均的神⑨，也不是舜所生。在生育之前，人的神早已存在，既然在出生之前，神就已經存在，可知，在形體死亡之後，神是不滅的。換言之，精妙之神是不隨形體的腐朽而消滅。

宗炳強調如果說形生則神生，形體死了，神也死了，那麼，應該是形殘而神毀，形病而神困。然而，有些人雖然形體病得很嚴重，但是，他的神志卻非常清明，高尚美好的德行也沒有絲毫改變，這就是神不滅的明證。我們舉曾子的事例來說明，《論語‧泰伯》記載：曾子在病中，仍然戒愼恐懼，深恐身體髮膚，受到毀傷。在《禮記‧檀弓上》中，還記述曾子臨終易簀的感人事蹟。

《禮記‧檀弓上》記載：曾參臥病在床，病得很嚴重，曾參的弟子樂正子春坐在床下，曾參的兒子曾元和曾申坐在腳旁，還有一個小孩坐在房間的角落裡，拿著火燭，小孩子說：好華麗好光亮的席子，那是大夫用的席子吧！樂正子春說：不要講話。曾參聽見了，突然驚醒過來，嘆了一口氣，小孩子又說：好華麗的席子，那是大夫用的席子吧！曾參說：是的，那是魯國大夫季孫送的，我沒有力氣把它換掉，曾元，站起來把席子換掉。

曾元說：您的病已經很危急了，不可以移動床席，等到明天早上再把它換掉。曾參說：你愛我的心意，還比不上那個小孩子，君子愛一個人，要成全那個人的美德，小人愛一個人，只是姑息，苟且偷安，我現在還有什麼奢求嗎？我只希望死得正正當當，規規矩矩，不逾越自己的身份地位而已。於是，他們把曾參抬起來，把席子換掉，還來不及放得安穩時，曾參就死了。可知，曾子雖然形體病得很嚴重，但是，他的精妙之神卻很清明。

如果說「神」一定生於形體，並非因緣所合，我們再舉自然界的現象來說明，例如，五獄四瀆等山河大地⑩，如果說名山大川沒有神靈，恐怕過於獨斷。如果承認名山大川有神靈，然而，高山只是由土石堆積而成，大川只是衆水匯集而成，即使有朝一日，高山崩塌，河川枯竭，其神靈必然不與水土流失而俱亡⑪。可知，神並非由形體所生，人的形體死亡以後，精妙之神並不會隨之消滅。

五、神也者，妙萬物而爲言矣

〈明佛論〉云：

神也者，妙萬物而爲言矣，若資形以造，隨形以滅，則以形爲本，何妙以言乎？夫精神四達並流無極，上際於天，下盤於地，聖之窮機，賢之研微……周公郊祀后稷，宗祀文王，世或謂空以孝，即問談者，何以了其必空？則必無以了矣。苟無以了，則文稷之靈，不可謂之滅矣。齋三日，必見所爲齋者，寧可以常人之不見，而斷周公之必不見哉？嬴博之葬曰：骨肉歸於土，魂氣則無不之，非滅之謂矣。夫至治則天，大亂滔天，其要心神之爲也。

堯無理不照，無欲不盡，其神精也。桀無惡不肆，其神悖也，桀非不知堯之善，知己之惡，惡己亡也，體之所欲，悖其神也，而知堯惡亡之識，常含於神矣。

宗炳強調神是絕對精妙的，神雖然空寂，但非死寂，能夠圓融周備，感應萬物，即是「圓應無生」，就是所謂妙萬物。如果說神隨形體死亡而滅，生命則以形體爲根本，何妙之有？其實，精妙之神流轉無窮，上天下地，無所不在，可以說「神」是超越物質相對世界的存有。

宗炳又以周公郊祀后稷，宗祀文王，說明神靈確實存在。《孝經．聖治章》特別推崇周公的大孝，周公姓姬，名旦，他是文王之子，武王之弟，成王之叔，武王死後，輔佐成王，攝理大政，制定郊祀之禮。自古以來，只有周公將祖先配祀上帝，他在祭天的時候，把周朝的始祖后稷配祀上帝，后稷是虞舜時代的農官，教民耕種，封於邰，是周朝的始祖，傳十五世，至周武王而有天下。

周公又在明堂祭祀的時候，配祀他的父親文王，因此，全國的諸侯，各盡他們的職責，一起幫助周公，參與祭祀，周公的孝行，無人能比。祭祀是孝道的表現，子女祭祀祖先是補充生前未能盡孝的奉養，而延續孝敬父母的行爲。因此，孝子事親有三個原則：生前敬養，壽終則喪葬及服喪，喪畢則祭祀，祭祀要誠敬齋戒和按時。

祭祀應有的態度是誠敬，《禮記．祭統》強調賢者祭祀，必致其誠信和忠敬，奉以祭物，行其禮節，用純潔的心進行，絕對沒有其他的要求，這才是祭祀中所謂孝子的精神。

齋戒也是祭祀應有的態度之一，《禮記．祭義》主張祭祀之前，先要調攝身心，排除外面的雜務，隔絕交際，避免各種娛樂，清除內心的雜慮。齋戒的時候，時常想念死者生前起居、笑語、意願、志業，以及他的嗜好，他的歡樂等情形，親情流露，點滴在心頭，如此，三天之後，死去的親人就能活現在祭祀者的心中。

到了祭祀的時候，進入宗廟，好像看見親人的模樣，祭拜之後，彷彿聽到親人的聲音，不忘他的心志，彷彿可以直接和祖先交談，彷彿祖先正在享用那些祭品，這些都是孝子敬愛父母的孝心表現。

值得注意的是，《禮記・祭義》所謂「庶或饗之」，彷彿祖先正在享用祭品，這只是表示孝子祭祀祖先的心意，並不是說眞的看到祖先在享用祭品。祭祀只是孝道的表現，我們不必明確表示是否眞的看到祖先。換言之，周公郊祀后稷，宗祀文王，也只是表示周公的大孝，以傳統儒家的祭祀思想來說，不能證明神靈的存在，不過，孝子之心，當然希望祖先能夠享用祭品。

宗炳又舉《禮記・檀弓下》所謂「骨肉歸於土，魂氣則無不之」說明神不滅。延陵季子（季子是吳公子季札，延陵是他的封邑。）到齊國聘問，在回程途中，他的長子死了，就在齊國的嬴邑和博邑之間下葬。孔子說：延陵季子是吳國最知禮的人。於是，前往觀看他爲兒子所辦的葬禮，看見墓穴的深度，還沒挖到有地下水的地方，給死者穿的壽衣，也只是日常穿的衣服，埋葬以後還在墓上積了土堆，積好土堆以後，他露出左臂，向右邊繞著土堆走，號哭了三次，說：骨肉又回到泥土裡去，這是命，至於你的魂氣則無所不在，無所不在。哭喊完後就起程上路，孔子說：延陵季子所行的葬禮是合乎情理的。

〈檀弓下〉所謂「骨肉歸復于土，命也，若魂則無不之也，無不之也。」，似同於〈禮運〉所說

「體魄則降，知氣在上。」及〈郊特牲〉所說「魂氣歸于天，形魄歸于地。」。〈禮運〉的知氣，就是〈郊特牲〉的魂氣，因爲古人認爲人死以後，魂氣上升於天，形魄埋藏於地下。換言之，人死魂魄離散。

宗炳把《禮記》的「魂氣歸于天」視爲神不滅，似不諦，因爲「魂氣」仍然屬於氣物的範疇，如果以朱子理氣二元論的觀點而言，氣是形而下之器，是生成萬物的質料(matter)，終將毀壞，故不能不滅。

六、無生則無身，無身而有神，法身之謂也

〈明佛論〉云：

夫生之起也，皆由情兆，今男女構精，萬物化生者，皆精由情構矣，情構於己，而則百眾神受身大似，知情爲生本矣。至若五帝三后，雖超情窮神，然無理不順，苟昔緣所會，亦必循俯入精化，相與順生，而敷萬族矣。況今以情貫神，一身死壞，安得不復受一身，生死無量乎！識能澄不滅之本，稟日損之學，損之又損，必至無爲，無欲欲情，唯神獨照，則無當於生矣。無生則無身，無身而有神，法身之謂也。

宗炳以爲眾生皆因情而生，誠如《周易．繫辭下傳第五章》所謂「天地絪縕，萬物化醇，男女構精，萬物化生。」。陰陽（雌雄男女）因「情」而自然感通，相互感應，有情眾生源源不斷的化生。

尤其是人類，因爲有情有識，故能感物甚深，而有貪愛執取，因爲有貪愛執取，而輪迴於六道，受苦無盡，可知，「情」是生命輪迴的根源。

衆生因「情」感通相應而有「識」，宗炳說：「夫億等之情，皆相緣成識，識感成形，其性實無也。」（〈明佛論〉）。「識」是「神」在形體中的作用，宗炳所謂「以情貫神」。換言之，「識」隸屬於「神」，而「神」是永恆不滅的，且能感物不已，因此，「識」也是隨之而不滅，有情衆生因「識」不滅而「情」亦無窮，因情、識不盡而輪迴於六道之中。

所以，就宗炳的觀點而言，輪迴的主體是「識」而不是神，宗炳此一思想，近似《大乘起信論》的「業識」，業識依止於根本無明的力量，而產生的不覺之心動。「業識」是一切有情衆生生死流轉於六道的根本識。

《大乘起信論》說：「所謂一切境界，唯心妄起故有。」換言之，一切法，皆從心起，妄念而生，而有「人我見」和「法我見」，「人我見」亦稱人我執、我執，把由五蘊假合而成的人身，執爲實有；「法我見」亦稱「法我執」、法執，把現象世界的一切無常、無自性的事物，執著爲恆常實有。因「人我見」和「法我見」，執妄爲有，《大乘起信論》稱爲「妄有」，宗炳稱爲「僞有」，他說：

僞有累神，成精麤之識，識附於神，故雖死不滅……然群生之神，其極雖齊，而隨緣逆流，成粗妙之識，而與本不滅矣。

宗炳以爲神本至虛，因受「人我見」和「法我見」之外緣僞有所蔽而產生識。換言之，精妙之

「神」滯於形體之中，形神相與爲用，而有愚聖之別，愚者執妄爲有，聖者去執，悟妄爲空，漸之以空，臻於泥洹（涅槃）境界。

七、神妙形粗，相與爲用

〈明佛論〉云：

或問曰：神本至虛，何故沾受萬有，而與之爲緣乎？又本虛既均，何故分爲愚聖？又既云心作萬有，未有萬有之時，復何以累心，使感而生萬有乎？

答曰：今神妙形麤，而相與爲用，以妙緣麤，則知以虛緣有矣。

宗炳強調「神」妙「形」粗，神本至虛，然而，精妙之神必須與粗質之形結合，相互爲用，唯形無用，唯神亦無用，形神合而爲用，始成生命。誠如慧遠所說：精妙至虛之神落於情數相感之中而爲滯本之神。宗炳則把「滯本之神」詮釋爲「識」，神受妄有所蔽而有識，妄有本無自性，即是空。妄有之所以蒙蔽精妙之神，乃因凡夫執著，執妄有以爲實有，只要吾人徹底去執，無爲無欲，徹悟妄有（僞有）無生無性⑫，就可以使「神」恢復空寂圓應，精妙至虛的本性，唯神獨照，此「神」宗炳稱爲「法身」。

法身，梵文 Dharmakāya，佛的三身之一⑬，所謂法身，依般若學的觀點，法身就是實相或眞如，意指佛教所謂最高的精神本體，而宗炳之師慧遠所詮釋的法身，則是聖人成佛之「神」，是證得法性之「神」。慧遠在〈萬佛影銘序〉所說的是佛影法身「不物物而兆其端，不圖終而會其成。」，實則是論述「神不滅」，凡聖愚智同稟之「神」，只不過凡愚俗夫爲情欲所困，爲形體所限，智且聖者不爲情、欲、形所困擾，故能感應法身。

換言之，慧遠把法身視爲「靈應」之所在，把法身視爲獨存之神。宗炳受此思想影響，對慧遠這種「神即法身」的思想進一步發揮，宗炳說：「無生則無身，無身而有神，法身之謂也。」（〈明佛論〉），他又說：「無形而神存，法身常住之謂也。」（《弘明集卷三・答何衡陽書》）。法身是如來眞身，《大乘起信論》詮釋如來法身，亦名爲如來藏，《大乘起信論》云：

從本已來，性自滿足一切功德。所謂自體有大智慧光明義故，遍照法界義故，眞實識知義故，自性清淨心義故，常樂我淨義故，清涼不變自在義故，具足如是過於恆沙、不離、不斷、不異、不思議佛法，乃至滿足無有所少義故，名爲如來義，亦名如來法身……

若心有動，非眞識知，無有自性，非常非樂，非我非淨，熱惱衰變，則不自在，乃至具有過恆沙等妄染之義。對此義故，心性無動，則有過恆沙等諸淨功德相義示現，若心有起，更見前法可念者，則有所少。如是淨法無量功德，即是一心，更無所念，是故滿足，名爲法身、如來之藏。

如來法身充滿一切無漏功德，具有清淨無染，清涼不變，自在的本性，具有常、樂、我、淨四德，這種難以名狀的妙勝境界，能滿足一切，普照四大法界⑭，無少欠缺，所以又叫做「如來藏」。如果清淨無染的心動了妄念，就是雜染而無自性，也沒有常、樂、我、淨四德，產生各種熱惱和衰變⑮，不能得到大自在，生起無數的虛妄污染。

宗炳說：「佛經云，一切諸法，從意生形。又云：心爲法本，心作天堂，心作地獄，義由此也。是以清心潔情，必妙生於英麗之境，濁情滓行，永悖於三塗之域。」（〈明佛論〉）。因此可知，心性無動，心性不起，也就是說清淨之心，不起妄念，清淨之心寂然不動，就有無數的清淨功德之相顯現出來。清淨之法具有無量功德，就是清淨之心所顯現的相狀，沒有妄念，圓滿具足，故名法身或如來之藏。

宗炳把法身詮釋爲「無身而有神」及「無形而神存」，表示「神」是可以無身而常存，無形而獨照，也就是超越形而下的物質世界，而爲形而上不可思議的普遍存在，宗炳以此一思想而說神不滅，似無不當，然而，形而上普遍存在的神，應該不能做爲輪迴的主體，宗炳遂以「識」做爲輪迴的主體。

七、孔、老、如來，習善共轍

〈明佛論〉云：

或問曰：孔氏之訓，無求生以害仁，有殺身以成仁，仁之至也，亦佛經說菩薩之行矣。老子明無爲，無爲之至也，即泥洹之極矣，而曾不稱其神通成佛，豈孔、老有所不盡與？明道欲以扇物，而掩其致道之實乎？無實之疑，安得不生？

答曰：教化之發，各指所應，世蕲乎亂，洙泗所弘，應治道也，純風彌凋，二篇乃作，以息動也……儒以弘仁，道在抑動，皆以撫教得崖，莫匪爾極矣。雖慈良無爲，與佛說通流，而法身泥洹無與盡言，故弗明耳。且凡稱無爲而無不爲者，與夫法身無形，普入一切者，豈不同致哉？是以孔、老、如來，雖三訓殊途，而習善共轍也。

宗炳以爲或許有些人會有疑問，孔子說：「無求生以害仁，有殺身以成仁。」⑯，這種仁道精神，不就是佛法所說的「菩薩乘」⑰之行嗎？老子講無爲⑱，無爲至極，不就是佛法所說的涅槃⑲？但是，在佛經中，未曾說過孔子、老子具有神通⑳及可以成佛，難道說孔子和老子的思想不盡理想嗎？

宗炳回答說：諸子百家的學說，都有其時代性。當亂世時，儒家提倡道德教化的治世之道，以治亂世；當民風凋蔽，老子遂作《道德經》，以息人心的妄動。儒家提倡仁義，道家主張無爲，儒、道兩家思想已達極限。

其實，儒家所提倡的仁義孝道，與佛家頗有相通之處，慧琳〈均善論〉就說：「但知六度與五教並行，信順與慈悲齊立耳。」。而道家所說的「無爲而無不爲」，與佛家「法身無形，普入一切。」的思想也有近似之處。所以說：孔子、老子、如來三家，殊途而同歸，皆臻於至善的境界。

八、諸法自在，何爲不曜光儀於當今

〈明佛論〉云：

或問曰：若諸佛見存，一切洞徹，而威神之力，諸法自在，何爲不曜光儀於當今，使精麤同其信悟，灑神功於窮迫，以拔冤枉之命？而令君子之流，於佛無睹，故同其不信，俱陷闡提之苦。秦趙之眾，一日之中，白起、項籍坑六十萬。夫古今彝倫，及諸受坑者，誠不悉有宿緣大善，盡不睹無一緣而悉積大惡。而不睹佛之悲一日俱坑之痛，愸然畢同坐視窮酷而不應，何以爲慈乎！緣不傾天，德不邀世，則不能濟，何以爲神力自在，不可思議乎！

或許又有人問：如果眞的有諸神、佛，能夠洞察一切且具六神通，法力無邊，何不在當今現身說法，大顯神通法力，讓眾生心悅誠服的皈依佛法，使窮困眾生得到拯救，讓冤枉的人獲得解脫，以免君子對於佛法視若無睹，人民也不太相信，大家都陷於闡提之苦㉑。

再說，戰國時代的白起㉒，一天之內坑殺趙國降卒四十萬人，難道這些遭受坑殺的人，都積了同樣的大惡，要同時接受這種惡報嗎？也不見如來對這些受難者有一點憐恤，如何說佛有慈悲呢？更不見如來對這些受難者施以拯救，又如何說佛有神通、佛法無邊呢？爲什麼佛不以其神通法力感化白起殘忍的心？幾十萬人同遭坑殺，不曾看見如來有所反應，這又教人如何理解佛法呢？

九、神不可滅，所滅者身也

〈明佛論〉云：

夫萬化者，固各隨因緣，自作於大道之中矣。今所以稱佛法云諸法自在，不可思議者，非曰爲可不由緣數，越宿命而橫濟也。蓋眾生無量，神功所導，皆依崖曲暢，其照不可思量耳。譬之洪水，四凶，瞽、頑、象、傲，皆化之固然，堯、舜弗能易矣，而必各依其崖，洚水流凶，允若克諧，其德豈不大哉……豈可以己之不曜於光儀，而疑佛不見存哉！

夫天地有靈，精神不滅，明矣！今秦、趙之眾，其神與宇宙俱來，成敗天地而不滅，起、籍二將，豈將頓滅六十萬神哉！神不可滅，則可滅者身也。豈不皆如佛言，常滅群生之身，故其身受滅，而數會於起、籍乎？何以明之？夫乾道變化，各正性命，至於雞豬犬羊之命，皆乾坤六子之所一也。民之咀命充身，暴同蛛蝥爲網矣。鷹虎非搏噬不生，人可飯蔬而存，則虐已甚矣。天道至今，所布者命，寧當許其虐命，而抑其冥應哉！

今六十萬人，雖當美惡殊品，至於忍咀群生，恐不異也。美惡殊矣，故其生之所享固可實殊，害生同矣，故受害之日固亦可同……

若在往生，能聞于道，敬修法戒，則必不墜長平而受坑馬服矣。及在既墜，信法能徹，必超今難。若緣釁先重，難有前報，及戒德後臻，必不復見坑來身矣。所謂灑神功於窮迫，以拔冤枉之命者，其道如斯，慈之至矣……

今世之所以慢禍福於天道者，類若史遷感伯夷而慨者也。夫孔聖豈妄說也哉？稱積善餘慶，積惡殊殃，而顏、冉夭疾，厥胤蔑聞，商臣考終，而莊則賢霸。凡若此類，皆理不可道。然理豈有無通者乎？則納慶後身，受殃三塗之說，不得不信矣。雖形有存亡，而精神必應，與見世而報，夫何異哉？但因緣有先後，故對至有遲速，猶一生禍福之早晚者耳！然孔氏之訓，資釋氏而通，可不曰玄極不易之道哉！

〈明佛論〉最後一段，是宗炳對因果報應，形盡神不滅所提出的觀點。宗炳認爲有情衆生的生死，都個自隨其因緣而化行，如來雖有神通法力，也不能違背因緣之理，宿世報應之命。例如：洪水、乾旱、四凶㉓、瞽（舜之父）、象㉔等，皆因緣之化，雖堯、舜等聖王亦不能改變，只是順其自然，然後再疏洪、流放惡人，這就是堯舜的大德，孔子也非常讚賞堯舜的大德㉕，如來也是這種大德，不可以因爲如來不及時顯現神通法力，而懷疑他的存在。

至於白起、項羽所坑殺的人，他們的神與宇宙同在，永存於天地之間，自起、項羽豈可一日之內殺滅六十萬人的神靈，人的神靈是不可殺滅的，所殺滅的只是形體，如佛所言，衆生的肉身必將滅亡，只不過剛好都集中在同一個時候罷了。

凡人常以有情生命（禽獸）的肉體爲食物，這是非常殘忍的事，不像有些肉食動物非以獵殺其他生物不可，人可以不吃肉，可以蔬果米飯維生。因此，人類以殺生爲食，常吃禽獸的肉，較之肉食動物（如虎、狼、獅子）更爲殘暴。

天道是公正的，怎能容忍衆生殘害有情生命而不給以相對的報應呢？那被坑殺的六十萬人，雖然善惡各有不同，但就殺生一事，沒有什麼差別，因爲個人的德行善惡有別，所以，每一個人一生的際遇都不相同，但是，有一個共同的惡行就是殺生，因此，在同一天遭受坑殺。

如果這些被坑殺的人在前世能夠信佛持戒，則今生絕不會遭到坑殺之禍，即使這些人已遭坑殺的報應，來生若能信佛持戒，就不會再遭受殘酷的惡報，這就是佛法濟度衆生的慈悲。

宗炳認爲世人常感嘆天道不公，常有惡人得福，善人得禍的情形，誠如司馬遷在《史記卷六十一・伯夷列傳》中的感嘆：爲什麼伯夷、叔齊這樣仁善的人會餓死，顏回早夭，冉求惡疾，盜蹠殺人而壽終，這些善惡報應似乎於理不通。其實，因緣有先後，報應有遲速，慧遠有〈三報論〉之說，不得不信矣。雖然形體有存亡，但精妙之神必定有所受報，《周易》所謂「積善之家，必有餘慶，積不善之家，必有餘殃。」，與佛法因果報應、六道輪迴，兩者契合相通，都是玄極不易的道理。

【註釋】

① 須彌山，又稱妙高山，蘇彌盧山，須彌樓等。依照古代印度的宇宙觀，須彌山是宇宙的中心，所有山河大地日月星辰，都圍繞它而環繞排列。須彌山高八萬四千由旬（由旬是梵語，古印度帝王一日行軍的里程，因各地山川不同，而有大中小三等，《維摩經》注：上由旬六十里，中由旬五十里，下由旬四十里。），由金銀琉璃等衆寶裝成。山上有諸多天神居住，山頂爲帝釋天，四面山腰爲四天王天，帝釋天所在的天高四萬二千由旬，其宮殿也是衆寶嵌鑲而成，非常壯麗。四天王天以外是七香海，七香海再往外是七金山。七香海爲內海，七金山之外是鹹海，鹹海外是鐵圍山所繞，鹹海中有四大部洲，八中洲和無數小洲。鐵圍山所環繞的範圍內就是一世界區域，此一世界中，須彌山最爲高大。

②　佛國，佛所住的國土，及所化的國土。凡佛之所化，不論淨土或穢土，皆謂佛國，如娑婆世界為釋迦佛的佛國。

③　據湯用彤著《漢魏兩晉南北朝佛教史‧第二章永平求法傳說之考證》說：「漢明帝永平年中，遣使往西域求法，是為我國向所公認佛教入中國之始……漢明求法之說，毋寧謂語多增飾，不可即斷其全屬子虛烏有也……至若佛教之流傳，自不始於東漢初葉。明帝雖曾獎勵此新來之教，然其重要，亦自不如後日所推尊之甚。」。

④　《尚書‧堯典》云：「愼徽五典，五典克從。」。五典之德即父義、母慈、兄友、弟恭、子孝。另據《左傳昭公十二年》云：「王曰：是良史也，子善視之，是能讀三墳、五典、八索、九丘。」。杜注：「皆古書名。」。正義曰：「孔安國尚書序云：少昊、顓頊、高辛、唐、虞之書，謂之五典，言常道也。」。五典被奉為儒家經典，實際上並無五典之書，或已失傳。

⑤　三千大千世界，略稱三千世界，謂一佛教化的世界，一世界的中央，有須彌山，七山八海交互繞之，海中有四大洲，七山八海外，更包以大鐵圍山，是曰一小世界，合小世界一千，曰小千世界，合小千世界一千，曰中千世界，合中千世界一千，曰大千世界。其成立及破壞，皆屬同時，而大千世界之上，更冠以三千者，示此大千世界，由小千中千大千之三種千而成。天台宗的智顗在《摩訶止觀卷五上》說：「夫一心具十法界，一法界又具十法界，百法界，一界具三十種世間，百法界即具三千種世間，此三千在一念心，若無心而已，介爾有心，即具三千……若從一心生一切法者，此則是縱，若心一時含一切法

者，此即是橫，縱亦不可，橫亦不可，祇心是一切法，一切法是心故。」。智顗一念三千的思想，表示心即一切法，一切法即心。換言之，心即三千大千世界，三千大千世界即心。所謂十法界，是指地獄、餓鬼、畜生、阿修羅、人間、天上、聲聞、緣覺、菩薩、佛。

⑥ 四方上下曰宇，往古今來曰宙，宇宙含有空間及時間無限連續的意思。狹義而言，是指物質世界的總體，廣義而言，是指整個有秩序，且可解釋的體系、就目前人類所知天文學的觀點而言，宇宙的空間中，至少有10^{10}（十億）個星系（銀河），每個星系（銀河）大約有10^{10}（十億）個恆星。又依據科學的宇宙論（霹靂說），宇宙始於一百五十億年前的大爆炸，而地球形成於四十五億年前。宇宙不是靜止不動，而是不斷地膨脹之中。一九二〇年赫伯利用光譜量測許多遙遠星系的運動速度，結果發現它們都在遠離我們，而且距離愈遠的星系，奔離的速度愈大。他注意到奔離速度V與距離d的關係可寫成赫伯定律：V = Hod

⑦ 《左傳‧昭公十二年》：「是能讀三墳、五典、八索、九丘。」杜注：「皆古書名。」正義曰：「孔安國尚書序云：『伏犧、神農、黃帝之書，謂之三墳，言大道也。』」。

⑧ 據劉向《列仙傳》說：赤松子是神農時代管雨的神仙。他服食水晶成仙，並把這種修煉神仙的方法傳授給神農。赤松子能夠在火中燃燒自己。王子喬是周靈王太子，道士浮丘公把他帶到嵩山三十多年，後來有人到山上找他，他對柏良說：轉告我的家人，七月七日在緱氏山頂等我。屆時，王子喬乘白鶴在山頭，可望而不可及，後乘白鶴昇仙。

⑨ 商均，虞舜子，名均，封於商，故曰商均。

⑩ 據《爾雅・釋山》云：泰山爲東嶽，華山爲西嶽，霍山爲南嶽，恆山爲北嶽，嵩山爲中嶽。又據《爾雅・釋水》云：江、河、淮、濟爲四瀆，四瀆者，發源注海者也。

⑪ 宗炳認爲名山大川都有神靈，也就是相信宇宙萬物都有神靈，這種泛靈的信仰，稱爲萬物有靈論(animism)。劉向《說苑・辨物》說：「山川之靈，足以紀綱天下者，其守爲神。」。《說苑》認爲有些山川足以興雲致雨，這些山川的主管者爲神。

⑫ 五蘊等現象，雖是構成色、心二法的基本要素，但是，也是妄念所生，無自性。無生、無性，即是不生、沒有自性。「不生」是大乘佛教的核心思想之一，不生，當作形容詞時，謂指沒有產生的，沒有創造的等意思；當作名詞時，是指不造、無生等意思。不生並不是與生生相反的一個概念，而是表示一個更高的、超越存在與非存在、生與死等等二元論的境界，因此，可以與無二或無自性等互用。（因爲眞如本體的本性是沒有分別，遠離一切虛妄差別的相狀，所以叫做無二。）。

⑬ 如來三身爲分段身、應身及法身。分段身就是肉身，即是釋迦一生在人世間所有的丈六老比丘相；應身則爲應他機緣所化現的佛身，在菩薩前現無量相好身爲應身；法身即是如來眞身，虛空無生，而又具無量數功德。《大乘起信論》說佛之三身爲如來法身、應身和報身。《大乘起信論》說：「謂諸佛如來，唯是法身，智相之身，第一義諦，無有世諦境界，離於施作，但隨衆生見聞得益，故說爲用。此用有二種，云何爲二？一者依分別事識。凡夫、二乘心所見者，名爲應身。以不知轉識現故，見從外來，取色

分齊，不能盡知故。二者依於業識。謂諸菩薩從初發意乃至菩薩究竟地，心所見者，名爲報身。身有無量色，色有無量相，相有無量好，所住依果亦有無量。種種莊嚴，隨所示現，即無有邊，不可窮盡，離分齊相。隨其所應，常能住持，不毀不失。如是功德，皆同諸波羅密等無漏行薰，及不思議薰之所成就，具足無量樂相，故說爲報身。又爲凡夫所見者，是其粗色。隨於天道各見不同，種種異類，非受樂相，故說爲應身。」。

諸佛如來，只有法身、本覺智慧之身，全依第一義諦（又稱眞諦，只有諸佛菩薩等聖人才能掌握的眞理。）理解，沒有世諦（又稱俗諦，指謂世俗之人所認識的眞理。）境界，遠離人爲施作，但隨衆生見聞差異，說法不一，而有「應身」和「報身」。一是凡夫、聲聞與緣覺所見的佛身，叫「應身」，或稱「化身」，梵語 Nirmanakaya，意指佛爲了渡脫六道衆生而隨機顯現的不同形相。二是依業識（或稱根本識），諸菩薩從初發心到十地，所能見到的佛身，稱爲「報身」，或稱「受用身」，此一報身具有無數的色身，種種莊嚴的形相，隨著菩薩的不同階位而顯現，不可窮盡。如此業用功德，皆因修習各種波羅密（波羅密，意指從生死流轉的此岸到達菩提涅槃的彼岸的方法，大致有六種波羅密：布施、持戒、忍辱、精進、禪定、般若，或稱六度。《大乘起信論》把六度的禪定和般若合爲止觀門，而說修行有五門，一者施門，二者戒門，三者忍門，四者進門，五者止觀門。）的無漏薰習。（《大乘起信論》所謂薰習的意義，就像凡夫的衣服，本來沒有什麼氣味，如果我們以最好的香不斷的薰，衣服就會有香氣。法的薰習也是這樣，眞如清淨之法，本來沒有任何雜染，只因無明的薰習，產生各種雜染的相狀，無明的雜染之法，本來沒有清淨的善業，但由於眞如的不斷薰習，則有清淨的功用。），以及眞如不可思議的淨薰所成就的，具足無量快樂的相狀，故叫「報身」。

⑭ 四法界爲華嚴宗所立。一事法界：衆生色心等法，一一差別，各有分限。二理法界：衆生色心等法，雖有差異，而體性是一。三事理無礙法界：理由事顯，事攬理成，理事互融，不相障礙。四事事無礙法界：一切事法，性本融通，一多相即，大小互融，重重無盡。

⑮ 熱惱：焦灼苦惱。《法華經・信解品》說：「以三苦故，於生死中受諸熱惱。」。所謂三苦，是苦苦、壞苦、行苦。由寒熱饑渴等苦緣所生之苦曰苦苦；由樂境壞時所生之苦稱壞苦；由一切有爲法無常遷動而生的苦，名行苦。

⑯ 《論語・衛靈公》子曰：「志士仁人，無求生以害仁，有殺身以成仁。」。孔子以仁道爲核心思想，仁不僅是人的內在精神與人格世界，更是人之所以爲人的本質，也是道德的總歸結點。儒家以仁義爲教化，《中庸第廿章》說：「爲政在人，取人以身，修身以道，修道以仁。仁者，人也，親親爲大。義者，宜也，尊賢爲大。親親之殺，尊賢之等，禮所生也。」。

⑰ 菩薩乘，五乘之一，廣修六度萬行而上求佛果者。其他四乘有：一人乘，持五戒善法而生人道者。二天乘，修上品十善而生天上者。三聲聞乘，聞佛聲教，悟四諦理而得阿羅漢果者。四緣覺乘，即辟支佛乘，自觀十二因緣，生空智，斷煩惱，而得辟支佛果者。菩薩，梵文Bodhisattva，音譯是「菩提薩埵」，意譯是「覺有情」，覺是覺知、覺悟，有情是衆生，衆生是諸緣和合而生。然而，諸緣和合而生的衆多

生命之中，有的是沒有情性及情愛的植物、礦物等；有的是有情性及情愛的動物，尤其，人類是有情衆生之最靈者。而「覺有情」含有兩種意義：一種是發心上求無上覺（佛）道的有情衆生，並且發心啓化一切有情衆生皆得無上學（佛）道；另一種是自己已經悟見了覺（佛）的本性，同時也要使得一切有情衆生都能悟見各自本具的覺（佛）性。換言之，上求佛道以自覺，下化衆生以覺他，即是菩薩的意義。

⑱ 無爲是老子哲學的人生修養工夫，《道德經》第四十八章說：「爲道日損，損之又損，以至於無爲。」。老子以爲修道的工夫，是內在精神的體驗，要把私欲滅到最低，逐漸消滅私欲，達到無爲和無欲，無爲是沒有私欲的作爲，有私欲的作爲是妄爲，《道德經》第六十三章說：「爲無爲，事無事，味無味。」。人生的修養要無爲而自然，無事而清靜，無味而恬淡。無爲就是一種「致虛極，守靜篤。」的工夫表現，《道德經》第十六章說：「致虛極，守靜篤，萬物並作，吾以觀復，夫物芸芸，各復歸其根，歸根曰靜，是謂復命，復命曰常，知常曰明，不知常，妄作凶。」。虛是空靈，靜是寧靜，致虛和守靜的工夫，主要針治私欲的紛擾，由於私欲作遂，使得人的內在精神不能安頓。所以，隨時隨地戮力於致虛和守靜，使我們的心靈寧靜，可以妙覺萬物生生不息和自然不斷循環的法則，萬物的生長繁盛熱鬧，春天百花齊開，蟲鳴鳥叫，但終歸回到它的寧靜與和諧。例如當我們走到森林中，對森林的感覺總是寧靜與和諧，這是自然正常生態，了解自然常態的法則，並且遵守這些法則，就不會破壞自然生態，傷害萬物的生命，可知，無爲之道，將與天地萬物爲一體。

⑲ 泥洹亦即涅槃，義譯爲圓寂、滅度。可分爲有餘涅槃和無餘涅槃。所謂有餘涅槃，意指惑業已盡，猶餘

有漏之身；無餘涅槃，意謂自此永無生死。涅槃之說，大小乘各家不一，小乘以入無餘涅槃爲身智永亡；而大乘如天台、華嚴諸家，謂一切衆生，畢竟成佛，故無實滅之無餘涅槃，但息幻歸眞，從化返本，謂爲無餘涅槃。

⑳ 神通，又稱神通力，一種凡夫不可思議的能力。有所謂六神通，一是神足通，能隨意變化，任意往來。二是天眼通，能看見一切世界種種形色，如衆生在六道中的生死。三是天耳通，能聽見一切聲音。四是他心通，能知道他人內心所想的事。五是宿命通，能知道自己及衆生累世的命運。六是漏盡通，能斷盡一切煩惱，解脫生死輪迴。但是，佛陀並不強調神通，他總是勸人要靠智慧來開悟。

㉑ 闡提，又稱一闡提，亦稱阿顚底迦，是梵語一闡提迦之略。是不信佛法，沒有善根不能成佛的人。劉宋的竺道生認爲，既然說一切衆生皆有佛性，一闡提之人也是人，爲何無佛性？因此，他主張一闡提也有佛性。

㉒ 白起，戰國時代秦國的名將，郿人，善於用兵，因戰功封爲武安君，長平之戰，曾坑殺趙國降卒四十萬，後與范雎有隙，被免官賜死。

㉓ 《尙書・堯典》云：「流共工于幽洲，放驩兜于崇山，竄三苗于三危，殛鯀于羽山，四罪而天下咸服。」。把共工流放到幽洲，把驩兜流放到崇山，迫使三苗逃到三危山，把鯀流放到羽山，對這四凶（四個罪犯）這樣處置，天下人都很佩服。《左傳・文公十八年》云：「舜臣堯，賓于四門，流四凶族渾敦、窮奇、檮杌、饕餮，投諸四裔，以禦螭魅。」。據考證，渾敦即驩兜，窮奇即共工，檮杌即鯀，

饕餮即三苗，皆爲舜所流放。

㉔ 象，舜同父異母弟，舜母死，父瞽叟再娶，生象，性傲，常欲謀殺舜，及舜爲天子，封象於有庳。

㉕ 孔子相當讚賞堯、舜的大德，《論語・泰伯》子曰：「大哉堯之爲君也，唯天爲大，唯堯則之，蕩蕩乎，民無能名焉，巍巍乎，其有成功也，煥乎，其有文章。」，又曰：「禹吾閒然矣，菲飲食而致孝乎鬼神，惡衣服而致美乎黻冕，卑宮室而盡力乎溝洫，禹，吾無閒然矣。」。

第四節　何承天〈達性論〉

一、生平

據《宋書・列傳第二十四》及《南史・列傳第二十三》記載：何承天，東海郯人（今山東省郯城縣西南），生於東晉廢帝太和五年（公元三七〇年），卒於劉宋文帝元嘉廿四年（公元四四七年），享年七十八歲。

有關何承天的著作，據《宋書》本傳記載：「先是禮論有八百卷，承天刪減並合，以類相從，凡爲三百卷，並前傳、雜論、纂文、論並傳於世。又考定元嘉歷，語在律歷志。」

有關何承天論證形盡神滅的文章，除了〈報應問〉收錄在《廣弘明集卷二十》外，其餘都收錄在《弘明集》中，〈與宋居士書〉、〈答宗居士書釋均善難〉、〈答宗居士書〉在《弘明集卷第三》；〈達性論〉、〈答顏光祿〉、〈重答顏光祿〉在《弘明集卷第四》。

二、思想淵源

㈠王充疾虛妄的經驗主義：由於何承天深受王充疾虛妄的經驗主義的影響，又因長期從事天文曆算的研究，考定元嘉曆，使他注重耳目見聞，強調經驗事實的思想特質。《論衡・知實》說：

他在〈報應問〉中說：

> 夫欲知日月之行，故假察於璇璣；將伸幽冥之信，宜取符於見事。

何承天認爲要知道宇宙天體的運行，必須透過天文儀器的觀測，要想知道幽冥之道，必須取決於日用所見的經驗事例說明之，才能驗證。換言之，以可見的經驗事實證明不可見的理論，也就是說，經驗事例的檢證是判斷眞理的標準。

㈡周孔仁義之教：從何承天與宗炳、顏延之、劉少府等人的爭論文獻而言，他是根據先秦儒家思想的立場來排斥佛教，以儒家的道德精神反對佛教的報應思想，以儒家的仁義內在思想對抗佛教的衆生慈悲觀念，以儒家重視現實人生的成德之教，反對佛家六道輪迴、寄望來生的宗教信仰。

何承天標舉孔孟仁義之道，反對佛家的因果業報、六道輪迴。孟子強調仁是人心，義是人路。換言之，仁義內在，仁義非但俱屬於人的內在精神與人格世界，更是人之所以爲人的本質，也是道德的總歸結點。所以，弘道在己，由仁義行。實踐仁義，不僅是實踐客觀的人倫規範，更是自我的實現，自己成就道德人格。因此，孔子說：爲仁由己。也就是說，道德的實踐，是本心本性的自律與自覺。更進一步說，苟能立志力行仁義，雖遭造次顚沛，唯有殺身成仁，捨身取義。「殺身成仁，捨身取義。」表現生命的無限存在，成就了仁義的最高意義，生命誠可貴，仁義的價值更高，志士仁人就是從有限的生命中，創造無限的仁義價值，朗現了實踐道德的最高精神。因此，何承天反對佛教天堂地獄之說，他在〈答宗居士書釋均善難〉中說：

華戎自有不同，何者？中國之人，稟氣清和，含仁抱義，故周孔明性習之教。外國之徒，受性剛強，貪欲忿戾，故釋氏嚴五戒之科。來論所謂聖無常心，就物之性者也。懲暴之戒，莫苦乎地獄，誘善之勸，莫美乎天堂，將盡殘害之根，非中庸之謂。周孔則不然，順其天性，去其甚泰，淫盜著於五刑，酒辜明於周誥，春田不圍澤，見生不忍死，五犯三驅，釣而不綱，是以仁愛普洽，澤及豚魚，嘉禮有常俎，老者得食肉。

何承天強調華戎自有不同，佛教以天堂樂利誘善，以地獄苦痛恫惡，將殘害本心本性之善，不是中庸之道，不適合稟氣清和、有仁有義的中國之人，只適合稟性剛強的外國之徒。孔孟之教是順其天性，中庸之道，無過與不及，以仁義推恩，親親而仁民，仁民而愛物，這是本心的自然發展，其愛自有先後厚薄的差等，最先敬愛自己的父母兄弟姊妹，再從此推恩擴充，澤及萬物衆生⑤。

㈢**桓譚、王充的神滅思想**：何承天的形盡神滅思想，主要淵源於桓譚、王充等人的神滅思想。

何承天所謂「生必有死」，淵源於桓譚所說「生之有長，長之有老，老之有死，若四時之代謝矣。」（《新論．祛蔽》），王充繼承桓譚的思想，指出凡有血脈的動物，有生必有死。

何承天再以「薪盡火滅」譬喻「形神相資」、「形斃神散」，由薪盡火滅，推論出形盡神滅。這種以薪（燭）火喻形神，而成神滅論者，也淵源於桓譚等人。

桓譚所謂「火燭俱盡」，就是何承天所說的「薪盡火滅」；桓譚所謂「火不能獨行於虛空」，就是何承天所說的「雖有其妙，豈能獨傳？」。王充在《論衡‧論死》中也說：

天下無獨燃之火，世間安得有無體獨知之精？

楊泉在《物理論》中也說：

死，猶澌也，滅也，譬如火焉，薪盡而火滅，則無光矣。故火滅之後，無遺炎矣；人死之後，無遺魂矣。

何承天等人，都是神滅論者，強調人死形盡神滅，沒有獨知之精，沒有遺魂，更沒有輪迴轉世。

三、〈達性論〉

何承天基於儒家思想及桓譚、王充等人的神滅論而排佛，除了就〈均善論〉與宗炳有數次的論辯外，又著有〈達性論〉與〈報應問〉，反對佛家神不滅與因果業報、六道輪迴。而顏延之就〈達性論〉提出質疑，何、顏數次論辯。此外，劉少府就〈報應問〉，作〈答何衡陽書〉提出質疑。

㈠人非眾生

何承天〈達性論〉云：

夫兩儀既位，帝王參之，宇中莫尊焉，天以陰陽分，地以剛柔用，人以仁義立。人非天地不生，天地非人不靈，三才同體，相須而成者也，故能稟氣清和，神明特達，情綜古今，智周萬物，妙思窮幽賾，制作侔造化，歸仁與能，是為君長，撫養黎元，助天宣德，日月淑清，四靈來格，祥風協律，玉燭揚輝，九穀芻豢，陸產水育，酸鹹百品，備其膳羞，棟宇舟車，銷金合土，絲紵玄黃，供其器服，文以禮度，娛以八音，庇物殖生，罔不備設。夫民用儉則易足，易足則力有餘，力有餘則志情泰，樂治之心於是生焉，事簡則不擾，不擾則神明靈，神明靈則謀慮審，濟治之務於是成焉。故天地以儉素訓民，乾坤以易簡示人，所以訓示慇懃若此之篤也，安得與夫飛沈蠉蠕並爲衆生哉？

〈達性論〉第一段論述人與天、地是三才之道，《周易・繫辭下傳第十章》說：

易之爲書也，廣大悉備，有天道焉，有人道焉，有地道焉。兼三才而兩之，故六，六者，非它也，三才之道也。

《周易》這一部書，凡天道、人道、地道，無所不包，可謂廣大完備。天道有晝夜，地道有水陸，人道有男女。又《周易・說卦傳第二章》說：

昔者聖人之作易也，將以順性命之理。是以立天之道曰陰與陽，立地之道曰柔與剛，立人之道曰仁與義。兼三才而兩之，故易六畫而成卦，分陰與陽，迭用柔剛，故易六位而成章。

天地人三才之道，各有其秉持的道理，立天的道理分爲陰與陽，立地的道理，分爲柔與剛，立人的道理，分爲仁與義。換言之，陰陽、柔剛、仁義是天、地、人所以存在的本質。依此而言，人不同於其他的萬物。簡單的說，人有仁義的道德本質，而禽獸只有動物本能，禽獸沒有仁義的道德行爲，所以，人與禽獸不同，人不是與禽獸爲伍的有情衆生。誠如荀子在〈非相〉中說：

夫禽獸有父子，而無父子之親，有牝牡而無男女之別。

人除了具有道德的優越性，最重要的是，人與禽獸衆生的稟氣不同，人的稟氣清和，神明特達；禽獸衆生的稟氣混濁，只有本能。因爲人具有稟氣的優越性，所以，也具有才智的優越性，情綜古今，智周萬物。更具有創造文化的優越性，利用天然資源，改造天地自然，組織人群社會，創造人類文化，也就是何承天所說的「妙思窮幽賾，制作侔造化。」。

值得注意的是，何承天基於儒家的人禽之辨，提出人非衆生的觀點，因爲佛家主張個體輪迴，認爲人與畜生平等，都是衆生，而且可以互相轉化，也認爲畜生可爲前生的父母，如此一來，足以泯滅人禽之別，這是重視人禽之辨的儒家思想所不許⑥。

人禽之辨是孟、荀思想重點之一，人和其他禽獸是否相同？這是每一個人應該愼思的重要課題。《荀子・王制》說：

水火有氣而無生，草木有生而無知，禽獸有知而無義，人有氣有生有知亦且有義，故最爲天下貴也。

人和其他生物有何差異？生物之間又有什麼不同？荀子以爲水火只有氣體而沒有生命現象，花草樹木只有生命現象而沒有知覺，禽獸只有本能的感官知覺而沒有禮義，僅有人類有呼吸之氣，有生命現象，有感官知覺情感欲望，又有禮義道德，所以，人爲最靈，貴於萬物。

人禽之辨更是孟子的三辨之一（其他二辨是義利之辨和王霸之辨。），《孟子・離婁下》說：

人之所以異於禽獸者幾希，庶民去之，君子存之。

孟子又說：

從其大體爲大人，從其小體爲小人。曰：鈞是人也。或從其大體，或從其小體，何也？曰：耳目之官不思，而蔽於物，物交物則引之而已矣。心之官則思，思則得之，不思則不得也。此天之所與我者，先立乎其大者，則其小者弗能奪也，此爲大人而已矣。（《孟子・告子上》）

孟子的人禽之辨，猶如大人小人之別，其關鍵在於人心能否自覺反省，能自覺反省的心，就是吾人的良心四端。同時，這個良知本心是「天之所與我者」，所以，仁義並非外在的「他律」制約，而是內在本心的「自律」，這就是孟子所謂「仁義內在」⑦，由仁義行，非行仁義。

換言之，孟子的人禽之辨，以仁義爲人的本質，彰顯人的存在價值與尊嚴，人是人，人不是某種動物。就何承天的思想來說，他反對佛家將人與禽獸都視爲衆生，何承天認爲人非天地不生，天地非人不靈，人與禽獸的本質不同，所以，人不能輪迴更生爲禽獸，由此可知，沒有六道輪迴。

㈡取之有時，用之有道

〈達性論〉云：

若夫衆生者，取之有時，用之有道，行火俟風暴，畋漁候豺獺，所以順天時也，大夫不麛卵，庶人不數罟，行葦作歌，霄魚垂化，所以愛人用也。庖廚不邇，五犯是翼，殷后改祝，孔釣不綱，所以明仁道也。

〈達性論〉第二段，何承天主張人對禽獸，取之有時，用之有道，中土孔孟不禁殺生。孟子在〈梁惠王〉中以爲，只要不耽誤人民耕種的時候，五穀豐收，糧食吃不完。細密的魚網，不要在魚池內捕撈魚蝦，魚蝦自然吃不完。也要按照時令，砍伐所需木材，木材自然用不盡。五穀、魚蝦、木材享用不盡，是讓人民養生送死沒有悔恨，人民養生送死沒有遺憾悔恨，這是王道的開始。使人人有五畝的住宅，屋旁的空地栽種桑樹，以桑葉養蠶，五十歲以上的老人，都可以穿綢帛，飼養雞犬豬鴨，使七十歲以上的老人，平時就有肉可吃。並且加強各級教育，教導人民孝親敬長之道，老吾老以及人之老，幼吾幼以及人之幼，這才是中土「正德利用厚生」之道。

孟子以爲君子對於禽獸，看見牠活生生的，就不忍再見牠被宰殺，聽見牠臨死的哀鳴，就不忍心吃牠的肉，所以，君子遠庖廚，以培養「親親而仁民，仁民而愛物。」的仁愛之心，先親愛自己的親人，推恩到仁愛百姓，再由仁愛百姓，推恩到愛護珍惜禽獸草木⑧。可知，中土聖賢並沒有教民禁止殺生，即使孔子也曾「釣而不綱，弋不射宿。」（《論語・述而》），這就是孔孟的仁義之道。

㈢生必有死，形斃神散

〈達性論〉云：

至於生必有死，形斃神散，猶春榮秋落，四時代換，奚有於更受形哉？

〈達性論〉第三段，何承天深受桓譚、王充等人的影響，把生死現象視爲生命的自然本性與規律，有生必有死，生無不死，何承天把這種對於生死的了解，稱爲「達生死之變」⑨或「明天地之性」⑩，他認爲生必有死，形斃神散，是自然的法則，沒有一個例外，以此觀點反對神仙道教的「長生不死」及佛家的「形盡神不滅」。

何承天主張有生必有死，人死則形盡神散，他所謂「神散」，意謂氣的消散，人死氣即消散，故說形斃神散，也就是形盡神滅。既然人的生命本質不同於禽獸衆生，人死當無更生爲禽獸，也就沒有所謂六道輪迴。生命的生老病死，還有後代的子子孫孫，代表生命的不絕，猶如花草，春榮秋落，亦猶如春夏秋冬，四時代換，自然而已。

何承天再以薪火譬喻形神相資，論證形盡神滅。他在〈答宗居士書釋均善難〉中說：

形神相資，古人譬以薪火，薪弊火微，薪盡火滅，雖有其妙，豈能獨傳？

何承天強調形神相資，說明人的精神和形體相互依賴，二者不能分離而獨存，即使精神比形體較爲精妙，終究必須與形體共生死，共存亡，譬如薪火，薪盡火滅，由此證成形盡神滅。

㈣弘道在己，求福不回

〈達性論〉云：

詩云：愷悌君子，求福不回，言弘道之在己也。三后在天，言精靈之升遐也。若乃內懷嗜欲，外憚權教，慮深方生，施而望報，在昔先師，未之或言，余固不敏，罔知請事焉矣。

〈達性論〉最後一段，何承天以爲中土儒士，弘揚仁道⑪，仁以爲己任⑫，自律而愛人，仁民愛物，不求福報，死而後已。聖王死後，精靈升天，《詩經．大雅》說：「三后在天。」，三后就是周朝大王、王季、文王三位聖王，他們死後，魂靈在天上，關照其子民。

值得注意的是，何承天沒有否定聖王死後魂靈的存在，只是不認爲有六道輪迴而已。反觀佛教，他認爲佛教以欲利教人爲善去惡，以天堂之樂、地獄之苦爲權教，施善而望報，這種「內懷嗜欲，外憚權教。」的他律教誡，實無義理內涵可言，也不具眞正的道德意義，凡此種種，皆爲古聖先師所未言。

四、〈釋達性論〉

何承天的〈達性論〉，受到顏延之〈釋達性論〉的質問。

據《宋書．列傳第三十三》云：顏延之，字延年，琅邪臨沂人也。曾祖含，右光祿大夫，祖約，零陵太守，父顯，護軍司馬。延之少孤貧，居負郭，室巷甚陋。好讀書，無所不覽，文章之美，冠絕當時……孝建三年，卒，享年七十三歲。

㈠凡有情識者皆爲衆生

〈釋達性論〉云：

足下云：同體二儀，共成三才者，是必合德之稱，非遭人之目。然總庶類同號衆生，亦含識之名，豈上哲之謚，然則議三才者無取於氓隸，言衆生者亦何濫於聖智，雖情在序別，自不患亂倫……

顏延之〈釋達性論〉第一段以爲《周易》所謂天地人三才之說並不違背佛法，只是他的看法與何承天有所差異而已。他認爲能夠「同體二儀，共成三才，與天地合德。」的人，是上等的聖人，而非氓隸（一般百姓），一般百姓不可能參贊天地之化育⑬，只有聖人才能參贊天地之化育，可以與天地參，方能與天地合德。聖人可不與禽獸並爲衆生，可是，一般百姓卻是衆生之一。顏延之認爲他這樣的說法，既兼顧三才論，也符合衆生說，同時也解決了「人是否與飛沈蠉蠕同爲衆生」的爭執。

顏延之認爲，稱庶類爲衆生，是因爲它們「含識」，具有對事物進行了別並作出反應能力。所謂衆生，只是概括的名稱，沒有褒貶的意思。佛家所說的衆生，又名有情，凡是有情識、情愛的，皆爲衆生，一切禽獸都是衆生⑭，依顏延之的說法，既然一般百姓是衆生，當可輪迴於六道之中。

値得注意的是，顏延之視聖人可不與禽獸並爲衆生的說法，違背了「含識之類，皆號衆生。」的立場，又將一般百姓摒除於三才之外，輕視了人人可以爲堯舜的潛能。

㈡情嗜不禁，天理將滅。

〈釋達性論〉云：

且大德曰生，有萬之所同，同於所萬，豈得生之可異，不異之生，宜其爲眾，但眾品之中，愚慧群差，人則役物以爲養，物則見役以養人。雖始或因順，終至裁殘，庶端萌起，情嗜不禁，生害繁慘，天理鬱滅，皇聖哀其若此，而不能頓奪所滯，故設候物之教，謹順時之經，將以開仁育識，反漸息泰耳。與道爲心者，或不剸此而止，又知大制生死，同之榮落，類諸區有，誠亦宜然……

〈釋達性論〉第二段，顏延之解釋聖王不禁殺生，只是因為不能一時完全禁止百姓殺生，所以，教民取之有時，用之有道，數罟不入洿池，斧斤以時入山林，所謂「正德利用厚生」，使百姓逐漸息欲，終至止殺。

《周易・繫辭下傳第一章》說：

天地之大德曰生，聖人之大寶曰位，何以守位？曰仁，何以聚人？曰財。理財正辭，禁民為非曰義。

可知，天地的大德，在於使萬物生生不息⑮，《周易・繫辭上傳第五章》說：

生生之謂易。

《論語・陽貨》孔子說：

天何言哉？四時行焉，百物生焉，天何言哉？

既然天地的大德是使萬物生生不息，我們就可以相信佛家禁止殺生是正確的，佛家完全禁止殺生，比儒家更為澈底究竟。禁止殺生的意義，是要禁止我們無窮的物欲和情嗜，情嗜不禁，任意殘害萬物，天理終將毀滅。

顏延之基於佛家「衆生平等」、「人是衆生」的宗教信仰，主張慈悲為懷，禁止殺生。何承天基於儒家「人貴於物」、「人非衆生」的思想，先仁民而後愛物，重視現實人生，反對完全止殺。

㈢三后粹善，報在生天

〈釋達性論〉云：

然神理存沒，儻異於枯荄變謝，就同草木，便當煙盡，而復云三后升遐，精靈在天，若精靈必在，果異於草木，則受形之論，無乃更資來說，將由三后粹善，報在生天耶，欲毀後生，反立升遐，當毀更立，固知非力所除，若徒有精靈，尚無體狀，未知在天當何憑以立？吾怯於庭斷，故務求依做，而進退思索，未獲所安：

〈釋達性論〉第三段，顏延之就何承天〈達性論〉中的自相矛盾提出質疑，如果何承天承認「三后升遐，精靈在天」，則應當承認「形盡神不滅」，而不應該說「形斃神散」。顏延之又以爲就「三后在天」引申而論，可以說是輪迴報應，因爲《詩經．大雅》所說「三后在天」，表示周朝的大王、王季、文王三位聖王，因爲勤政愛民，而得到善報，生在天道，而其他未升遐的精靈，也應當有其業報，輪迴於六道之中。何承天的「神滅」思想實不澈底，他既主張「形斃神散」，又說「三后在天」，所以讓顏延之有機可乘。

㈣施報之道，必然之符

〈釋達性論〉云：

凡氣數之內，無不感對，施報之道，必然之符，言其必符，何猜有望，故遺惠者無要，存功者有期，期存未善，去惠乃至。人有賢否，則意有公私，不可見物或期報，因謂樹德皆要，且經世恆談，貴施者勿憶，士子服義，猶惠而弗有，況在聞道要，更不得虛心，而動必懷嗜，事盡憚權耶？

〈釋達性論〉第四段，顏延之以爲有感召必有對應，有因必有果，有施必有報，都是必然符合的。佛家所說輪迴業報只是把這個因果關係的必然性說出來而已，並不是以嗜欲要人，以威權憚人。但是，因爲人有賢愚之分，賢者服膺仁義，仁以爲己任，弘道在己，不求福報，所以，賢者可以不因有善惡之報而爲善去惡。愚者常有私欲，因爲嗜欲天堂之樂、懼憚地獄之苦而爲善去惡，這兩種人的差異，完全是人心之病而非佛法的缺失。

五、〈答顏光祿〉

何承天針對顏延之〈釋達性論〉，又提出〈答顏光祿〉作爲答辯，〈答顏光祿〉收錄在《弘明集》卷四。

㈠聖人與我同類，皆非眾生

〈答顏光祿〉云：

足下所謂共成三才者，是必合德之稱，上哲之人，亦何爲其然。夫立人之道，取諸仁義，惻隱爲仁者之表，恥惡爲義心之端，牛山之木，剪性於鑾斧，恬漠之想，汩慮於利害，誠宜滋其萌櫱，援其善心，遂乃存而不算，得無過與？又云議三才者無取於氓隸，言眾生者亦何濫於聖智，既已聞命，猶未知二塗當以何爲判？將伊顏下麗，寧僑札上附，企望不倦，以祛未了，必令兩籍俱舉，宮和符合，豈不盡善？……人生雖均被大德，不可謂之眾生，譬聖人雖同稟五常，不可謂之眾人，奚取於不異之生，必宜爲眾哉！

〈答顏光祿〉第一段，何承天重覆強調人非眾生，反對顏延之認爲聖人可不與禽獸並爲眾生，因爲凡人都有惻隱、羞惡、辭讓、是非之心。孟子認爲沒有憐憫傷痛的心，不能算是人，沒有羞恥憎惡的心，不能算是人，沒有辭謝推讓的心，不能算是人，沒有辨別是非的心，不能算是人。憐憫傷痛的心，是仁的發端，羞恥憎惡的心，是義的發端，辭謝推讓的心，是禮的發端，辨別是非的心，是智的發端。一個人有這四個善端，猶如身上有手足四肢一樣。依孟子的思想，聖人與我同類⑯，既然聖人與一般百姓同類，由此可知，聖人與我皆非眾生。既然人非眾生，人不與禽獸淪於六道輪迴。

既然聖人與一般百姓同類，爲何有聖賢、愚劣之分？都因爲人心陷溺於情欲之嗜，何承天舉「牛山之木」爲喻。孟子在〈告子〉中說，齊國牛山的樹木，從前是很茂盛的，只因爲鄰近都城的郊外，百姓常去砍伐，怎能常保它的茂密呢？這山上日夜所生長的，雨露所滋養的，並不是沒有新芽長出來，可是，牛羊隨時吃掉它，所以就成爲光禿禿的一座山。人們見山光禿禿的，以爲牛山從來沒有生長樹木，這難道是山的本性嗎？在人身上，難道眞的沒有仁義之心嗎？人之所以迷失他的良心，如同牛山之木一樣。換言之，孟子強調人有善端，只因人們陷溺於情欲之嗜，迷失良善之心，所以，要培養至善本心，孟子所謂存養平旦之氣，至爲重要。

由上可知，何承天依孟子「人有善端」、「牛山之木」及「聖人與我同類」的思想，質疑顏延之如何分判聖智與氓隸。換言之，人只有一類，沒有聖智與氓隸兩類。

(二)君子遠庖廚

〈答顏光祿〉云：

來告云：人則役物以爲養，物則見役以養人，大判如此，便是顧同鄙議，至於情嗜不禁，害生慘物，所謂甚者泰者，聖人固已去之。又云：以道爲心者，或不劑此而止，請問不止者，將自己不殺耶？令受教咸同耶？若自己不殺，取足市廛，故是遠庖廚意，必欲推之於編户，吾見雅論之不可立矣。

〈答顏光祿〉第二段，何承天認爲聖人主張對禽獸草木，要取之有時，用之有道，禁止濫捕濫伐，做好環境維護和生態保育，防止自然資源的浪費和生態的破壞，如此，對情嗜而言，已是去甚去泰⑰，不必完全禁止殺生，因爲站在人道的立場，基於養生送死的需要，有限的享用自然資源（草木、禽獸）是可以的。對一般人而言，只要自己不殺生，不任意殘害生物，到市場購買家畜肉品，也符合儒家「君子遠庖廚」⑱的道理，想完全禁止殺生，要每一個人不吃肉，完全素食，恐怕辦不到，所以說，完全禁止殺生並不可行。

(三)死後不更受形

〈答顏光祿〉云：

又云：若同草木，便當煙盡，精靈在天，將何憑以立？夫神魄惚恍，遊魂爲變⑲，發揚悽愴，亦于何不之。仲由屈於知死，賜也失於所問，不更受形，前論之所明言……

〈答顏光祿〉第三段，何承天依《禮記》鬼神之說，不否認有鬼神的存在，但是，否認佛家所謂六道輪迴。

《禮記》以爲鬼神是神道設教的極則，因爲凡生之物，有生必有死，死後屍體必歸於土，這就是所謂的鬼。骨肉在地下腐爛而化爲塵土，但它的氣卻往上飄揚，成爲可聞的氣味、可見的光景，和使人感動，這就是生命的精靈，人們尊此精靈爲至高無上的「神」，作爲百姓崇拜的對象，以使萬民畏服。《禮記．檀弓下》也說：

骨肉歸復于土，命也。若魂則無不之也，無不之也。

由上可知，何承天認爲有游魂神靈的存在，只是沒有更生輪迴而已。

㈣士子服義

〈答顏光祿〉云：

又云：經世恆談，施者勿憶，士子服義，惠而弗有，誠哉斯言。微恨設報以要惠，說徒之所先，悅報而爲惠，舉世之常務，疑經受累劫之罪，勤施獲積倍之報，不似吾黨之爲道者，是以怏怏耳。知欲引之上濟，亦甚所不惜，但丈夫處實者，頗陋前識之華，故不爲也。若乃施非周急，惠存功譽，揆諸高明，亦有恥乎！此吾率其恆心，久而不化，內慚璩子，未暇有所誚也。

〈答顏光祿〉第四段，何承天以輪迴設教，強調因果業報，所以，信佛的人都因爲希望往生極樂淨土⑳，因此，努力佈施，多積功德善因，期望得到最大的福報。不若儒家志士，拳拳服膺仁義，強調義利之辨，孔子說：

君子喻於義，小人喻於利。（《論語．里仁》）

孟子說：

生亦我所欲也，義亦我所欲也，二者不可得兼，舍生而取義也。（《孟子．告子上》）

荀子說：

義勝利者爲治世，利克義者爲亂世。（《荀子．大略》）

董仲舒說：

正其誼不謀其利，明其道不計其功。（《漢書．董仲舒傳》）

儒家直接肯定道德內在的意義，相較之下，其流弊較佛家爲小。換言之，何承天認爲佛家的輪迴報應之說，以天堂之樂誘人爲善，以地獄之苦恫人去惡，這種基於他律所產生的爲善去惡的行爲，依康德的道德哲學，只是「合乎義務」，而非「發自義務」(From duty)的行爲，不具有眞正的道德價值。

康德認爲人們的行爲，大致上可分爲三類：一是違反義務，二是合乎義務，三是發自義務(From duty)。但是，有時候要分辨合乎義務或發自義務的行爲卻很困難㉑。康德提出道德的三大命題，第一命題是：行爲要有道德價值，必須發自義務，從義務而行。第二命題是：發自義務的行爲所以有道德價值，並不是因爲它所求達的目的，而是在於決定這個行爲的準則(Maxim)，所以，這種價值不是靠著行爲目的之實現，只是在於行爲發生所依據的立意原則，絕不顧及欲望的任何對象。第三命題是：義務是由尊敬法則而行的必然行動㉒。換言之，這種對於實踐法則的尊敬而產生的必然行動，就構成義務。

根據康德的道德三大命題，康德意謂：吾人的行爲不只是要依照義務而被作成，更須由義務而行。此說恰似孟子所說的「由仁義行，非行仁義。」。

六〈重釋何衡陽〉

顏延之針對何承天〈答顏光祿〉一文，又作〈重釋何衡陽〉（《弘明集》卷四）。

㈠除聖人外，皆爲眾生

〈重釋何衡陽〉云：

若惻隱所發，窮博愛之量，恥惡所加，盡祐直之正，則上仁上義，吾無間然，但情之者寡，利之者眾，預有其分，而未臻其極者，不得以配擬二儀耳。今方使極者爲師，不極者爲資，扶其敬讓，去其忮爭，令鑾斧鑄刃，利害寢端，驅百代之民，出信厚之塗，則何萌不滋，何善不援，而誣以不算，未值其意，三才等列，不得取偏才之器，眾生爲號，不可濫無生之人。故此去氓隸，彼甄聖智，兩籍俱舉，旨在於斯，若僑札未能道一皇王，豈獲上附，伊顏猶其賴化，宜乎下麗，二塗之判，易於頣指……

上文〈答顏光祿〉，何承天依儒家「聖人與我同類」的觀點，質疑顏延之如何分判聖智與氓隸？顏延之在〈重釋何衡陽〉第一段中認爲，雖然人人皆有惻隱、羞惡之心，但也只是仁義之端而已。孟子認爲人有四個善端（仁義禮智），還說自己不能做善事，便是自暴自棄，自己殘害天性善端。凡是知道這四個善端是在自己本心上，就知道盡量的推廣它、充實它，如果能擴充這四個善端，就能夠保有天下，如果不能擴充，都無法孝順父母。可知，仁義之端要不斷的充實、推廣與推恩。

顏延之認爲如果不能把仁義之端擴充到上仁上義，仍不能與天地合德，也就不能參贊天地之化育，就不能德配天地，稱天地人三才。換言之，依顏延之的觀點，唯有極少數臻於至仁至義者才能稱爲聖人，其他人都在衆生之列，這就是聖智與氓隸分判之所在，所以，即使賢若伊尹顏回等人㉓，都屬於氓隸，氓隸就是一般百姓，都是衆生，都將與禽獸淪於六道輪迴。

㈡大慈大悲不殺生

〈重釋何衡陽〉云：

凡動而善流，下民之性，化而裁之，上聖之功，謹爲坦防，猶患踰盜，況乃罔不備設，以充侈志，方開所泰，何議去甚，故知慘物之談，不得與薄夫同憂，樂殺意偏，好生情博，所云與道爲心者，博乎生情，將使排虛率遂，跖實莫反，利澤通天，而不爲患，庸適恩止麛卵，事法豺獺耶？推此往也，非唯自己不復委咎市廛乎庖廚，且市庖之外，非無御養。

〈重釋何衡陽〉第二段，顏延之以爲佛家完全禁止殺生，而有素食的主張，是爲了培養人的慈悲心，也就是推己及人，對一切衆生的同情心㉔，因爲不忍心自己被人殺害，所以，知道他人以及一切衆生，都有不忍被殺害的心理，因此，完全戒殺，梁武帝說：「常懷殺心，斷大慈種。」㉕。戒殺是佛家五戒之一，持守五戒的不殺生，是不得親自殺生，不得勸他人或教他人殺生，所以，自己不得宰殺雞鴨家畜，其實，購買已經殺好的家畜肉品，並不在五戒的禁忌之列。

因此，長久以來，中土信佛者常有一個疑問，持守殺戒，是否必須素食？依照五戒或比丘戒的內容而言，並沒有素食的要求，素食是中土大乘佛教的美德之一，素食是戒殺精神的具體表現，更是慈悲心的發揚光大。例如《楞伽經·斷食肉品》認爲一切衆生從無始來，於生死中輪迴不息，曾經互爲父母、兄弟、男女、眷屬及親朋好友，其中或生三惡道中而爲禽獸畜生等，如何可食禽獸畜生的肉？一切肉都是從有情衆生而來，如何可食？一切衆生都是親屬，大慈大悲，視之如同子女，所以，不應噉食一切肉品。

佛陀又對大慧菩薩說明，諸善男女，寂靜修行，或持慈悲，或求解脫，或修大乘行，如果吃肉，種種修行不能成功，所以菩薩爲了自利利他，不應食肉。食肉者看見肉的形色，已生貪求滋味之心，一切衆生如同己身，如何見之而想吃肉？所以，菩薩不應食肉。爲了護衛衆生，令其不生食肉的欲望，所以，一切修清淨行者，不應食肉。我（佛陀）已斷除一切煩惱，已經洗滌一切習氣，大悲平等，普觀一切衆生猶如自己子女，如何會允許弟子吃自己子女的肉，更不會自己吃肉。

㈢遊魂更生

〈重釋何衡陽〉云：

精靈草木，果已區別，遊魂之答，亦精靈之說，若雖有無形，天下寧有無形之有？顧此惟疑，宜見正定，仲尼不答，有無未辨，足下既辨其有，豈得同不辨之答，雖子嗜學，懼未獲所附……

〈重釋何衡陽〉第三段，顏延之認爲何承天在〈答顏光祿〉第三段，不否認有鬼神的存在，但否認佛家的六道輪迴，是矛盾的。雖然，孔子對鬼神存而不論，對死後有無知覺沒有肯定回答，對生死鬼神不答不辨。可是，既然何承天認爲有鬼神，鬼神就不應該只是遊魂而已。依佛家思想，遊魂應該再稟受另一個形體而更生，當然，不一定再更生爲人，或許是畜生、餓鬼，依業報而定。

㈣善惡之報，如影隨形

〈重釋何衡陽〉云：

報施首稱氣數者，以爲物無妄然，各以類感，感類之中，人心爲大……孫卿曰：報應之勢，各以類至，後身著戒，可不敬與，慈護之人，深見此數，故正言其本，非邀其末，長美過惡，反民大順，濟有生之類，入無死之地……常善以救，善亦從之，勢由影表，不慮自來，何言乎要惠悅報，疑罪勤施……

〈重釋何衡陽〉第四段，顏延之強調因果報應如影隨形，不慮自來，種瓜得瓜，種豆得豆，是自然的結果。《涅槃經·憍陳品》說：

善惡之報，如影隨形，三世因果，循環不失。

善惡之報，猶如因果律(Law of Causality)，有因必有果，有果必有因，同樣的因，必生同樣的果。換言之，善因有善果，惡因有惡果，是自然的法則。眞正深信佛法的人，才有這種正見，或許，一般百姓對佛法沒有正信者，才有可能「要惠悅報，疑罪勤施。」，貪得極樂淨土而行善，怕入地獄受苦而佈施。

七、〈重答顏光祿〉

何承天針對顏延之〈重釋何衡陽〉，又作〈重答顏光祿〉以爲回應。

㈠人非眾生

〈重答顏光祿〉（《弘明集》卷四）云：

夫陰陽陶氣，剛柔賦性，圓首方足，容貌匪殊。惻隱恥惡，悠悠皆是，但參體二儀，必舉仁義爲端耳……夫特靈之神，既異於眾，得生之理，何嘗暫同生本於理，而理異焉，同眾之生，名將安附。若執此生名，必使從眾，則混成之物亦將在例耶！

何承天仍依孟子「仁義內在」思想，在〈重答顏光祿〉第一段文中，強調人人皆有惻隱、羞惡、恭敬、是非之心，因此，人人可以爲堯舜，聖人與我同類，人人可以成爲聖人。仁義禮智是人人本來就有的，仁義禮智根於心，然而，禽獸畜生卻沒有仁義禮智等道德，所以，人非禽獸畜生，人非衆生。

㈡為了孝親祭祀，不能禁止殺生

〈重答顏光祿〉云：

夫禋瘞薦栗，宗社三牲，膮膷豆俎，以供賓客，七十之老，俟肉而飽，豈得唯陳列草石，取備上藥而已，吾所憂不立者，非謂洪論難持，退嫌此事不可頓去於世耳。

〈重答顏光祿〉第二段，何承天強調不論事奉父母或祭祀，都必須使用肉品，所以，不能完全禁止殺生，也不能完全素食。依《孟子．梁惠王》孟子的意思，家畜不失其時，七十歲以上的長老可以有肉吃。年老體衰者，平日應以肉類補充營養，這是子女事奉父老的孝道。再從祭祀而言，更需要家畜的肉，供爲祭品。根據《禮記．祭統》的主張，供祭的物品要齊全，才算盡心盡意，素的醃菜，葷的肉醬，這些小菜備齊了，還有牛羊豕三盤肉，八碟素的菜，此外，另有可以吃的昆蟲和水果鮮花，凡是天地所生長的東西，可以供作祭品的，全都陳列出來，表示祭品豐盛，以示誠敬之意。由此可知，完全禁止殺生並不可行。

㈢以鬼神爲教，祭祀天地，敬拜祖先

〈重答顏光祿〉云：

昔人以鬼神爲教，乃列於典經，布在方策，鄭僑吳札，亦以爲然，是以雲和六變，實降天神，龍門九成，人鬼咸格，足下雅秉周禮，近忽此義，方詰無形之有，爲支離之辯乎……

何承天認爲鬼神思想是神道設教的極則，是由孝道與祭祀所衍生出來。聖人設教，透過祭祀禮儀而使生者可以由誠心的感恩而回想死者生前的種種德澤，因此，儒家祭祀的眞義在彰顯祭者知恩報德、返本歸源的主觀情志，所以，孔子說：「祭如在，祭神如神在。」（《論語・八佾》）孔子重視的是祭祀者內心的誠敬，而不在於所祭祀的對象。換言之，所祭者（即鬼神）的存在，是透過祭祀者內心的誠敬，希望所祭祀的對象（尤其是祖先）能顯現存在，而與祭者的誠心一體朗現，一旦祭者沒有誠心，便無鬼神來享之義。儒家這種由祭祀者內心的誠敬肯定所祭者來享祭品的鬼神觀，實不同於信佛者主張形盡神不滅之「神」。

何承天肯定儒家祭祀天地、敬拜祖先的教化，他的〈天讚〉、〈地讚〉，表示對生養萬物的天地由衷的禮讚，他在〈社頌〉中，對社稷之神，更是表達「是奉是遵」、「萬代不泯」的感恩與尊敬㉖。從思想淵源而言，除了儒家思想之外，何承天深受王充思想的影響。王充在《論衡・祀義》中說：

祭祀之意，主人自盡恩懃而已，鬼神未必歆享之也。何以明之？今所祭者報功，則緣生人爲恩義耳……社稷，報生穀物之功。萬物生於天地，猶毫毛生於體也。祭天地，則社稷設其中矣，人君重之，故復別祭……宗廟，己之先也。生存之時，謹敬供養，死不敢不信，故修祭祀，緣生事死，示不忘先。

王充在《論衡・祭意》中又說：

社稷，報生萬物之功，社報萬物，稷報五穀……凡祭祀之義有二：一曰報功，二曰修先。報功以勉力，修先以崇恩。力勉恩崇，功立化通，聖王之務也。

王充認為祭祀的意義，只是祭者盡到殷勤地報答所祭者的恩德的心意而已，祭祀的目的是為了報答所祭者的功德，遵照活人報答恩義的方法而已。人們祭祀社稷之神㉗，是為了報答土地神和穀神生育穀物的功德。宗廟之祭，表示不敢忘記祖先的恩惠與德澤。所以，王充主張祭祀的意義有二：一是報功，二是崇敬祖先。

㈣以仁義為己任，成己成物

〈重答顏光祿〉云：

若據外書，報應之說，皆吾所謂權教者耳……足下論仁義，則云情之者少，利之者多，言施惠，則許其遺賢忘報，在情既少，孰能遺賢，利之者多，曷云忘報。若能推樂施之士，以期欲仁之疇，演忘報之意，引向義之心，則義實在斯，求仁不遠。至於濟有生之類，入無死之地，慶周兆物，尊冠百神，斯旨宏誕，非本論所及……君子之處心也，何必陋積善之延祚，希無驗於來世，生背當年之眞懽，徒疲役而靡歸，繫風捕影，非中庸之美，慕夷眩妖，違通人之致，蹲膜揖讓，終不並立，竊願吾子捨兼而遵一也。

〈重答顏光祿〉最後一段，何承天以為佛家報應之說，也只是一種教人行善去惡的「權教」而已，並沒有所謂三世因果業報、六道輪迴，因為幽遠冥深，難以明辨，不能實證。此外，樂善好施之士，如果能夠以仁義為己任，施善而忘報，不僅己所不欲，勿施於人，更積極的是己立立人，己達達人，推己及物，成己成物，內聖外王矣㉘。

君子處心，何必寄望於來世，捕風捉影，非中庸之道，願汝捨兼佛家，遵行孔孟之道。

以上是何承天與顏延之反覆論辯的主要內容，可分為四個問題：㈠人是否為衆生的問題，人如果不是衆生，那麼，人死就不應淪入六道輪迴，因為人與禽獸畜生不同種類，反之則當淪入六道輪迴，何承天強調人非衆生，顏延之主張人是衆生。㈡殺生的問題，人如果是衆生，那麼，殺生視同殺人，將受惡報，人如果不是衆生，為了孝道與祭祀，不需要禁止殺生，殺生也不受惡報，何承天主張仁民愛物，不必完全禁止殺生，顏延之強調禁止殺生。㈢形盡神滅或形盡神不滅，何承天主張形斃神散，沒有因果業報，沒有六道輪迴；顏延之主張形盡神不滅，因果業報，六道輪迴。㈣儒家與佛家有關道德實踐（為善去惡）是道德自律或他律的問題，何承天強調仁義內在，以仁義為己任，儒學教化重視義利之辨，是道德自律；顏延之強調善惡之報，如影隨形，信佛行善，無關樂利之欲。

八、〈報應問〉

何承天除了與顏延之反覆論辯外，又作〈報應問〉，質疑佛家的報應思想，劉少府作〈答何衡陽書〉以為回應。

〈報應問〉云：

> 西方說報應，其枝末雖明，而即本常昧，其言奢而寡要，其譬迂而無徵，乖背五經，故見棄於先聖，誘掖近情，故得信於季俗。

夫欲知日月之行，故假察於琁璣㉙，將申幽冥之信，宜取符見於事，故鑑燧㉚懸而水火降，雨宿離而風雲作，斯皆遠由近驗，幽以顯著者也。

夫鵝之爲禽，浮清池，咀春草，衆生蠢動，弗之犯也。而庖人執焉，尠有得免刀俎者，燕翻翔求食，唯飛蟲是甘，而人皆愛之，雖巢幕而不懼，非直鵝燕也。

群生萬有，往往如之，是知殺生者，無惡報，爲福者，無善應，所以爲訓者，如彼所以示世者，如此，余甚惑之，若謂燕非蟲不甘，故罪所不及，民食芻豢，奚獨嬰辜，若謂禽豸無知，而人識經教，斯則未有經教之時，畋漁網罟，亦無罪也，無故以科法入中國，乃所以爲民陷阱也，彼仁人者，豈其然哉？

故於謂佛經但是假設權教，勸人爲善耳，無關實敘，是以聖人作制，推德翳物，我將我享，實膺天佑，固獲三品，賓庖豫焉，若乃見生不忍死，聞聲不食肉，固君子之所務也，竊願高明，更加三思。（《廣弘明集》卷二十）。

何承天之所以強調「人非衆生」與「不禁殺生」，其目的在於從理論上割斷佛教報應思想的因果關係，企圖從根本上否定報應思想。他認爲佛教講因果報應，沒有明確的事實證明，完全是一種假設，只是一種勸人爲善去惡的教化而已，背離中土五經，爲古聖先賢所見棄。但以天堂之樂誘人，又以地獄之苦嚇人，所以得到世俗百姓的信仰。

值得注意的是，何承天批判報應思想之前，已有多人對報應思想提出質疑，東晉的戴逵，他在〈釋疑論〉中說：「積善積惡之談，蓋施於勸教耳。」，東晉義熙年間，釋道恆作〈釋駁論〉，設客、主問答，客曰：

且世有五横，而沙門處其一焉，何以明之？乃大設方便，鼓動愚俗，一則誘喻，一則迫愶。云行惡必有累劫之殃，修善便有無窮之慶。論罪則有幽冥之伺，語福則有神明之祐，敦厲引導，勸行人所不能行，逼強切勒，勉人所不能爲。（《弘明集》卷六）

這是批判佛教的報應思想，以利誘、脅迫鼓動愚俗，勸人行善去惡，並非眞有因果報應的事實㉛。

此外，慧琳的〈均善論〉，白學先生說：

且要天堂以就善，曷若服義而蹈道，懼地獄以敕身，孰與從理以端心。

〈均善論〉中的白學先生認爲，佛教提倡天堂福報，勸人爲善去惡，比不上儒家「仁義內在」的教化，以地獄之苦使人害怕，不如教化人們遵守人倫綱常，以端正人心。

何承天舉例說，我們想知道日月天象，必須使用測量天文的琁璣，欲知幽冥之道，必須取日用所見的事例證明之，這個道理，稱爲「遠由近驗，幽以顯著。」，要有實證才足以使人信服。

以禽獸衆生來說，在池塘裡悠游自得其樂的鵝，牠只是吃草不吃肉，素食而不殺生，可是，等牠長大了，就被人宰殺。反觀燕子，築巢在屋樑上，以小昆蟲爲生，人們都以爲吉祥而喜愛之。萬有衆生，往往如是，由此可知，殺生者無惡報，不殺生者無善報。換言之，爲惡者無惡報，爲善者無善報。又如牛、羊等家畜，只吃牧草、穀類，不吃肉類，牠們也是素食者，完全沒有殺生，可是，牛、羊和鵝一樣，長大就被人宰殺。

此外，世俗有一些人，爲惡而有善報，爲善而有惡報，凡此種種，令人困惑不解。所以，何承天認爲佛家所謂因果報應，只是一種假設的說法，只是勸人爲善去惡的「權教」而已，無法以生活實例究論。雖然如此，君子仍應培養不忍人之心，對衆生慈悲惻隱，力踐仁義之道，拳拳服膺孔孟儒學。

經由以上〈達性論〉與〈報應問〉的論述，吾人大致可以了解何承天的報應思想，乃根據儒家的義理，反對佛家的輪迴報應。析論之，有以下四點依據：

㈠儒家的宗教信仰與宗教精神顯較佛家淡薄，而其人文精神又較佛家濃厚，因此，對於生活上所遭遇的苦難，皆求當下的解決，而不重玄想死後的快樂和幸福，爲之報償。

㈡儒家人倫道德，反對追求個人的快樂幸福，所以，純粹出於保存自己幸福快樂于死後而求神拜佛者，遠不如追求保存其幸福于子孫者之多。故求保存幸福于自己子孫，又遠較自己追求虛渺的死後幸福，更有把握，故愛子孫之念濃，而求個人靈魂不朽之念自淡㉜。

㈢儒家的人生觀，重視現實生活的努力，追求現實生命的存在價值與意義，而不重視對死後世界的玄想。《荀子・大略》子貢向孔子發牢騷，表示從夫子問學，心力疲倦，不願再學事君，不願再學事親，不願再學與妻子相處之道，不願再學與朋友交往之道，不願再學農事耕種。孔子認爲事君、事親、與妻子相處、與朋友交往、農事耕種等，都是人生重大的事，也都不是容易處理的事，人生在世，豈可不做事而休息，子貢慨然而言，難道無處可以休息嗎？孔子望著丘墓，那是人生永息之地。子貢大聲悲嘆的說：大哉！死乎！君子息焉，小人休焉。

㈣儒家重視祭祀的人文精神，荀子在〈禮論〉中認爲祭祀是志意思慕之情，表示對被祭者（祖先）的忠信愛敬，只有聖人知道祭祀的眞義，君子安而行之，官員以爲職守，百姓以爲風俗習慣。君子以爲祭祀是人道之所當然（其在君子，以爲人道也），而百姓則以爲祭祀是鬼神之事（其在百姓，以爲鬼事也）。所以，荀子認爲事死如事生，事亡如事存，祭祀足以成就人文禮義之道。

九、〈答何衡陽書〉

針對何承天的〈報應問〉，劉少府作〈答何衡陽書〉（《廣弘明集》卷二十）以爲回應，〈答何衡陽書〉云：

足下據見在之教，以詰三世之辨，奢迂之怪，固不待言，若許因果不謬，猶形之與影，徵要之效，如合符也，若日月之行，幽明之信，水火之降，風雲之作，皆先因而後果，不出感召之道……一切諸法，從緣起滅耳……報由三業，業有遲疾……善惡之業，業無不報，但過去未來，非耳目所得，故信之者寡，而非之者衆耳……勸人爲善，誠哉斯言，然權者謂實，非假設也……

針對何承天以鵝、燕爲例，強調「殺生者無惡報，爲福者無善應。」的說法，劉少府依佛家的報應思想，提出他的反駁，他認爲吃草不吃肉的鵝，今生被人宰殺，是由於前世的惡業所得的報應，而現世殺生的人和燕子，來生來世之中也會遭到不好的報應。

劉少府的報應思想，顯然受到慧遠〈三報論〉的影響。劉少府認爲因果報應，如影隨形，自然而生，不慮自來，先因而後果，有因就有果。一切諸法因緣而生，因果報應皆由身、口、意三業而來，善業有生善果的力用，惡業有生惡果的力用，業報有快慢，有過去、現在、未來三世，但是，過去與未來，非耳目所聞見，無法由感覺經驗認知與判斷。所以，相信三世因果業報的人少，而批評的人多。雖然是勸人爲善的教化，但非只是假設的說法，而是可以在日常生活實例中驗證的眞理。

值得注意的是，因爲人類社會常有不正義的行爲發生，例如：詐欺、搶劫、謀殺、謀財害命、姦殺等等，因此，善有善報、惡有惡報的報應思想，是人心對最後正義之實現的至深期望。換言之，在現實社會中，善良百姓受種種不公平的待遇與冤屈，因此，不能不希望有一主持正義的至善之神存在，以賞善罰惡於未來，或死後，或來生，由此，人們不能不希望人有死後的生命，以實現最後的正義。所以，唐君毅先生說：

以苦痛爲罪惡之懲罰或罪惡之結果，以顯一宇宙之正義或大法，乃世界各大宗教之所同然㉝。

反觀何承天傳承儒家的義理，強調仁義內在，仁義內在的特質是人的主體性(Subjectivity)和內在道德性(Inner morality)㉞，在儒者的心目中，本心良知才是人文價値的最高主宰，王陽明所謂心即理，吾心之良知就是天理，或說心之本體就是天理，王陽明強調良知是吾人自家的準則，他說：「千聖皆過影，良知乃吾師。」㉟。當儒者實踐道德時，只問是或非，只問善或惡，只問義或不義，而不顧利或不利，甚至殺生成仁，捨身捨義。換言之，儒家的成德之教，注重道德實踐的純粹性與圓滿至善，而不問一切的利害與功利，誠如張載在〈西銘〉中說：

富貴福澤，將厚吾之生也；貧賤憂戚，庸玉女於成也。存，吾順事；歿，吾寧也。

〈西銘〉總持儒家倫理思想的精神，盡括古來聖賢的人生哲學，在日常生活中實踐道德，躬行而不可須臾離也，這就是何承天所謂「弘道在己」、「求福不回」的精神。

【註釋】

① 據《南史卷三十三》徐廣列傳記載：徐廣家世好學，至廣尤精。百家數術，無不研覽。家貧，未嘗以產業爲意，妻中山劉謐之女忿之，數以相讓，廣終不改。如此十數年，家道日弊，遂與廣離。

② 由於何承天博覽儒史百家，使得他博見古今，爲一時所重，無人能及，《南史》本傳有一段精采的記載：張永嘗開玄武湖，遇古冢，冢上得一銅斗，有柄。文帝以訪朝士，承天曰：此亡新威斗，王莽三公亡，皆賜之，一在冢外，一在冢內。時三台居江左者，唯甄邯爲大司徒，必邯之墓。俄而永又啓冢內，更得一斗，復有一石，銘「大司徒甄邯之墓」。難怪當時文帝每有疑議，必先訪之。

③ 由於何承天剛毅直言的性格，讓人覺得他剛愎偏執，《南史》說他「爲性剛愎，不能屈意朝右，頗以所長侮同列。」又說：「承天性褊促，嘗對主者厲聲，曰：天何言哉？四時行焉，百物生焉。文帝知之，應遣先戒曰：善候何顏色，如其不悅，無須多陳。」。

④ 何承天任衡陽內史，時人以「何衡陽」稱之，何承天與顏延之、劉少府、宗炳等人對形盡神滅或不滅的

論辯，都以「何衡陽」相稱，由此推測，論辯時間應在何承天任衡陽內史之際。

⑤ 基於孟、荀的人禽之辨，王陽明論儒家仁愛與墨家兼愛的差異。王陽明說：「父子兄弟之愛，便是人心生意發端處，如木之抽芽，自此而仁民，而愛物，便是發幹生枝生葉。墨氏兼愛無差等，將自家父子、兄弟與途人一般看，便自沒了發端處。」（〈傳習錄上〉）。仁者雖以天地萬物爲一體，而道理自有厚薄。王陽明答厚薄之先後，喻之曰：「惟是道理自有厚薄，比如身是一體，把手足捍頭目，豈是偏要薄足手，其道理合和此。禽獸與草木同是愛的，把草木去養禽獸，又忍得；人與禽獸同是愛的，宰禽獸以養親，與供祭祀、燕賓客，心又忍得？至親與路人同是愛的，如簞食豆羹，得則生，不得則死，不能兩全，寧救至親，不救路人，心又忍得？這是道理合該如此。及至吾身與至親，更不得分別彼此厚薄，蓋以仁民愛物皆從此出，此處可忍，更無所不忍矣。大學所謂厚薄，是良知上自然的條理，不可踰越，此便謂之義；順這個條理，便謂之禮，知此條理便謂之智，終始是這條理，便謂之信。」（〈傳習錄下〉）。何承天基於人禽之辨，強調人非衆生，因此，宰禽獸以養親，與供祭祀等，這是道理合該如此，他反對佛家視人與禽獸皆爲衆生，近似王陽明論儒家仁愛與墨家兼愛的差異。

⑥ 唐君毅在《中國文化之精神價值》中說：「印度之個體輪迴之說，假定人與畜生，可以互相轉化，亦假定畜生可爲前生之父母。此則無形中，足以泯人禽之別。此乃重辨人禽之別之中國思想所不許。」見三四一頁。

⑦孟子以「仁義內在」分辨人禽之異，其實，孟子的中心思想，只有仁義二字，藏之於心稱爲仁，施之於事叫做義。茲從《孟子》一書中，探其要旨。

《孟子・盡心》說：「仁也者，人也，合而言之，道也。」仁是人之所以爲人的本質之理。〈告子〉說：「仁，人心也；義，人路也。」仁就是人的本心，義就是人的大路，朱子註說：「義者，行事之宜，謂之人路。」。

孟子說：「人皆有所不忍，達之於所忍，仁也。人皆有所不爲，達之於所爲，義也。人能充無欲害人之心，而仁不可勝用也。人能無穿窬之心，而義不可勝用也。」（《孟子・盡心》）孟子認爲人都有所愛，不忍加惡者，把這個不忍的心，推到他忍心的地方，就是仁；人都有不肯做的事，把不肯做的事推到他所肯做的事，就是義。人能擁有不害人的心，仁就用不完了；人能擁有不偷盜的心，義就用不完了。

孟子說：「親親，仁也；敬長，義也。」（《孟子・盡心》）。孟子以爲仁之實，事親是也，事親就是親親，義之實，從兄是也，從兄就是敬長。所以，《中庸第二十章》說：「仁者，人也，親親爲大，義者，宜也，尊賢爲大。」。

孟子說：「言非禮義，謂之自暴也，吾身不能居仁由義，謂之自棄也。仁，人之安宅也；義，人之正路也。」（《孟子・離婁》）

有一次，王子墊（齊王之子）問孟子說：「士做什麼事？」孟子說：「崇高自己的心志。」王子墊問：「什麼叫做崇高自己的心志？」孟子說：「仁義而已矣。殺一無罪，非仁也；非其有而取之，非義也。

居惡在？仁是也；路惡在？義是也。居仁由義，大人之事備矣。」（《孟子．盡心》）。居仁由義，就是由仁義行，非行仁義。孟子說：「惻隱之心，人皆有之；羞惡之心，人皆有之；恭敬之心，人皆有之；是非之心，人皆有之。惻隱之心，仁也；羞惡之心，義也；恭敬之心，禮也；是非之心，智也。仁義禮智，非由外鑠我也，我固有之也；弗思耳矣。」（《孟子．告子》）仁義禮智，是每一個人本來就有的，不是外在的道德規範，所以，孟子說：「君子所性，仁義禮智根於心。」仁義禮智都是君子所稟受的天性，都是每一個人內心原具有的本性。

⑧《孟子．盡心》說：「君子之於物也，愛之而弗仁，於民也，仁之而弗親。親親而仁民，仁民而愛物。」孟子認為君子對於禽獸草木，只應愛護珍惜，不應對牠們仁慈，對於百姓，應當對他們仁愛。

⑨何承天〈答宗居士書釋均善難〉，《弘明集》卷三。

⑩何承天〈答宗居士書〉，《弘明集》卷三。

⑪《論語．衛靈公》孔子說：「人能弘道，非道弘人。」。

⑫《論語．泰伯》曾子說：「士，不可以不弘毅，任重而道遠，仁以為己任，不亦重乎！死而後已，不亦遠乎！」士要把弘揚仁道作為自己的職志，以此為終身之志。

⑬《中庸》第二十二章說：「唯天下至誠，為能盡其性，能盡其性，則能盡人之性，能盡人之性，則能盡物之性，能盡物之性，則可以贊天地之化育，可以贊天地之化育，則可以與天地參矣。」。依儒家思想而言，人人可以為堯舜，依學庸思想而言，只要以至誠之道，格物、致知、誠意、正心、修身、齊家、

治國、平天下，即能內聖外王，可以贊天地之化育，可以與天地參矣。換言之，可以與天地合德。

⑭ 衆生，又譯有情，梵語薩埵，《大乘義章》說：「依於五陰和合而生，故名衆生。」五陰又稱五蘊，即是色、受、想、行、識。《大乘義章》又說：「多生相續，名曰衆生。」《般若燈論》也說：「有情者數數生，故名衆生。」。

⑮ 朱熹說：「天地別無勾當，是以生物爲心。一元之氣，運轉流通，略無停閒，只是生出許多萬物而已。」（《朱子語類》），又說：「天地以生物爲心者也，而人物之生，又各得夫天地之心以爲心者也，故語心之德，雖其總攝貫通，無所不備，然一言以蔽之，則曰仁而已矣。」（《朱子大全卷六十七・仁說》）。

羅光先生說：「儒家哲學思想的中心是爲生生，由生生而有仁。從這個中心點，上溯《易經》的宇宙變易之道，進而入到萬有的性理和人的心，下而到人生之道的仁義禮智信，上下連貫，形上和形下相通。」（《中國哲學的展望・自序》）。

⑯ 《孟子・告子》孟子說：「富歲子弟多賴，凶歲子弟多暴，非天降才爾殊也，其所以陷溺其心者然也……故凡同類者，舉相似也。何獨至於人而疑之？聖人與我同類者……故曰：口之於味也，有同耆焉。耳之於聲也，有同聽焉。目之於色也，有同美焉。至於心，獨無所同然乎？心之所同然者，何也？謂理也，義也。聖人先得我心之所同然耳。故理義之悅我心，猶芻豢之悅我口。」。孟子強調聖人與我同類，只是先得我心之所同然耳，心之所同然者，理、義是也。

⑰《道德經》廿九章說：「是以聖人無爲，故無敗，無執，故無失……是以聖人去甚、去奢、去泰。」。

⑱《孟子・梁惠王》孟子說：「君子之於禽獸也，見其生，不忍見其死；聞其聲，不忍食其肉，是以君子遠庖廚也。」。

⑲《周易・繫辭上傳第四章》說：「易與天地準，故能彌綸天地之道。仰以觀於天文，俯以察於地理，是故知幽明之故，原始反終，故知死生之說，精氣爲物，游魂爲變，是故知鬼神之情狀。」。

⑳淨土，就是莊嚴清淨，沒有五濁污染的極樂世界。中國佛教淨土宗，就是以往生西方極樂淨土爲目的，專修往生阿彌陀淨土的法門。

㉑康德認爲有時候要分辨合乎義務或發自義務的行爲很困難，例如：商人不可對無經驗的買主抬高售價，這永遠是個義務。一位聰明的商人做買賣總是童叟無欺，因此，生意興隆，雖然，他誠實地對待顧客，但是，還不足以使我們確信這位商人如此做是發自義務，由義務心而做成，並依誠實的原則而這樣做。或許，是他自己私人的利益心要他如此做的，若是如此，這商人所做的行爲，既不是發自義務，從義務而作成，只是依於自利的目的罷了。

㉒康德的道德三大命題的說明，參閱唐鉞先生譯道德形上學探本第二十一頁，牟宗三先生譯註康德的道德哲學第二十四頁，謝扶雅先生譯康德的道德哲學第一部份道德形上學根本原理第三十四頁。

㉓孟子認爲伊尹是聖人中最負責任的，《孟子・萬章》說：「伯夷，聖之清者也。伊尹，聖之任者也。」伊尹輔佐成湯，伐桀滅夏，遂王天下，伊尹之功爲多。

㉔《大乘義章》說：「愛憐名慈，惻愴曰悲。」佛家以慈心視衆生，欲令其普得利樂；以悲心視衆生，欲令其拔於苦難。佛家常說大慈大悲，大慈與一切衆生樂，大悲拔一切衆生苦。

㉕梁武帝〈斷酒肉文四首〉（《廣弘明集》卷三十）說：「經言食肉者，斷大慈種。何謂斷大慈種？凡大慈者，皆令一切衆生同得安樂，若食肉者，一切衆生皆爲怨對，同不安樂……常懷殺心，斷大慈種，凡食肉者，自是可鄙。」。

㉖何承天的〈社頌〉，收錄在《全上古三代秦漢三國六朝文・全宋文》卷二十四。

㉗社稷之神，是古代帝王所祭的土地神和穀神，祭祀土地神在於報答土地生長萬物，祭祀穀神在於報答它帶給人們五穀的恩惠。《白虎通・社稷》云：「王者所以有社稷何？爲天下求福報功。人非土不立，非穀不食。土地廣博，不可遍敬也；五穀衆多，不可一一祭也。故封土立社示有土尊，稷，五穀之長，故立稷而祭之也。」。

㉘所謂內聖外王，意指由己而人，從內達外之道。內聖之道，自孔孟仁義始立，其學以彰顯道德的本性，而爲道德實踐所達成的最高理想境界；外王之道，在客觀的政治方面，以王道治國平天下。換言之，內聖以天地萬物一體爲宗，以成己成物爲用；外王以天下爲公爲宗，以人道爲用。

㉙琁璣是古代測天文之器。

㉚鑑燧是古代取水火於日月之器。

㉛釋道恆在〈釋駮論〉中，針對客方的質疑，他回答說：「云一則誘喻，一則迫脅，且衆生緣有濃薄，才

有利鈍，解有難易，行有淺深，是以啓誨之道不一，悟發之由不同，抑揚頓挫，務使從善，斯乃權謀之警策，妙濟之津梁，殊非誘迫之謂也。」。

㉜ 參閱唐君毅《中國文化之精神價值》第三二二頁。

㉝ 參閱唐君毅《中國文化之精神價值》第三二二頁。

㉞ 牟宗三先生在《中國哲學的特質》中說：「中國哲學特重主體性(Subjectivity)與內在道德性(Innermorality)。」

㉟ 參閱王陽明全書㈣第一四九頁。正中書局印行。

第四章　齊梁形盡神滅或形盡神不滅的思想論證

第一節　范縝〈神滅論〉

一、生平

齊梁之際，形盡神滅或形盡神不滅問題，又爆發了一次更激烈的論辯，那就是由范縝〈神滅論〉所引發的爭論。值得一提的是，正式使用「神滅」一詞者，始於范縝，他所反對的人物，顯然就是慧遠等人所主張的「形盡神不滅」。

據《梁書》卷四十八及《南史》卷五十七記載：范縝，字子眞，南鄉舞陰人（現今河南省泌陽縣西北）。約生於公元四五〇年（宋文帝元嘉二十七年），約卒於公元五一五年（梁武帝天監十四年）。

齊建武年間，蕭衍起兵，軍隊路過南州時，范縝以喪服迎接，蕭衍與范縝爲舊識，相見甚歡，遂任爲晉安太守，范縝爲官清廉，沒有什麼儲蓄，要與親戚禮尙往來的錢都沒有。遷爲尙書左丞。天監四年，范縝爲前尙書令王亮辨護，引生梁武帝不悅，被貶官到廣州②。兩年後還京，任中書郎、國子博士，後卒於任上。《梁書》本傳說有文集十卷，《南史》本傳說有文集十五卷，現已失散。

二、不信因果

據《南史》本傳記載：

> 嘗侍子良，子良精信釋教，而縝盛稱無佛。子良問曰：君不信因果，何得富貴貧賤？縝答曰：人生如樹花同發，隨風而墮，自有拂簾幌墜於茵席上，自有關籬牆落於糞溷之中。墜茵席者，殿下是也，落糞溷者，下官是也。貴賤雖復殊途，因果竟在何處？子良不能屈，然深怪之。退論其理，著神滅論。

竟陵王蕭子良，是齊武帝二子，深信佛教，齊武帝永明五年，他任司徒，居雞籠山邸，招致佛教名僧和名門士族，講論佛法，如：沈約、王融、僧佑、蕭衍、范縝等人。據《廣弘明集》卷二十七記載：蕭子良自名淨住子，著有《淨住子淨行法門》二十卷，他認爲如來對衆生是一律平等的，可是，有些人不能修得正果，反墮入惡道受苦，其原因在於自己不能堅定志向，去除煩累。所以，必須從身、口、意三方面加以淨化，使各種煩惱、欲念，永久清除，一心歸信佛法，終能成就正果③。

蕭子良問范縝，你不信因果，爲什麼人世間有人生而富貴？有人生而貧賤？蕭子良提出這個問題，其目的是爲了說明佛家的因果業報和神不滅思想。范縝回答說：人的出生，猶如一棵樹同一根樹枝上開的花朵，當風一吹來，花瓣紛紛隨風飄落，有些花瓣被吹落在富貴人家大廳堂的蓆子上，有些花瓣被籬笆牆擋住，掉落在廁所糞坑裡。如殿下生在富貴人家，身爲司徒，像我出身貧窮，一生清寒。社會上有的人富貴，有的人貧賤，只不過是偶然的遭遇而已，沒有什麼因果報應。

值得注意的是，范縝認爲人生如同一樹花，俱發於一枝，此一譬喻，近似王充的元氣自然論的思想，表示一切人生同源於一自然的氣化而已。花瓣隨風飄落，此風意指人的逢遇，王充在《論衡・逢遇》中說：

> 操行有常賢，仕宦無常遇。賢不賢，才也，遇不遇，時也。

《論衡・幸偶》又說：

> 凡人操行有賢有愚，及遭禍福，有幸有不幸；舉事有是有非，及觸賞罰，有偶有不偶。

王充認爲人的禍福遭遇，都是因爲「有幸有不幸」，「有偶有不偶」，都具有偶然性，這種偶然性，蘊含了自然命定論的思想，因爲把一切現象歸於偶然，很容易走向宿命論的觀點。由上可知，范縝深受王充思想的影響，他也是偶然論者(Accidentalism)。不過，偶然論不能科學地解釋社會上貧富不均、禍福不應的現象。換言之，社會上種種不合理的現象，有其主、客觀的條件與環境，包括：國家的因素、社會的因素、制度的因素、地理的因素、個人的因素、教育文化的因素、宗教信仰的因素等等。

范縝的偶然論，並不能從思想上根本的駁斥佛家的因果報應，僅表示個人的反佛態度，更何況因果報應的思想基礎是神不滅論，所以，范縝再作〈神滅論〉，徹底反佛④。

《南史》卷五十七記載：

此論出，朝野諠譁，子良集僧難之而不能屈。太原王琰乃著論譏縝曰：「嗚呼！范子曾不知其先祖神靈所在。」欲杜縝後對。縝又對曰：「嗚呼！王子知其先祖神靈所在，而不能殺身以從之。」其險詣皆此類也。子良使王融謂之曰：「神滅既自非理，而卿堅執之，恐傷名教，以卿之大美，何患不至中書郎，而故乖剌為此？可便毀棄之。」縝大笑曰：「使范縝賣論取官，已至令僕矣，何但中書郎邪！」。

范縝〈神滅論〉一發表，震驚朝野，蕭子良集僧徒及文人撰文反駁，如沈約撰寫〈難范縝神滅論〉、〈神不滅論〉、〈形神論〉、〈因緣義〉、〈均聖論〉等文，但不能使范縝屈服。太原王琰從儒家孝道的立場，譏諷范縝不孝，主張神滅，表示不相信神靈，就是不知道先祖神靈所在。范縝反駁王琰說，你既然知道自己先祖的神靈所在，為什麼不殺身去侍奉祖先，以盡孝道？

蕭子良再派王融去遊說范縝，王融對范縝說，你所堅持的神滅論有傷教化，更違逆當權者的意思，對你自己有什麼好處呢？如果你願意放棄神滅論的說法，憑你的才學多識，擔任中書郎應是不成問題的。范縝大笑說：要我賣論求官辦不到。

梁武帝天監三年，定佛教為國教，在《敕捨道事佛》中說：

道有九十六種，唯佛一道是於正道，其餘九十五種皆是外道，朕捨外道以事如來……公卿百官侯王宗室，宜反僞就眞，捨邪入正……（《全梁文》卷四）

范縝身處在朝野深信佛教的環境中，梁武帝更以帝王的命令強迫百姓放棄其他思想信仰，並且把中國的聖人老子、周公、孔子視爲如來的弟子。爲了維護儒家的教化，爲了挽救社會的向下沈淪，以及佛教造成的時弊，范縝從政治、經濟、軍事、文化、道德、風俗、孝道、哲學思想等各方面而反佛，他的〈神滅論〉不隨世俗潮流，不顧個人安危，不受高官利誘，勇敢的表明自己與衆不同的看法，這種知識份子的道德勇氣，確實難能可貴，更是令人敬佩的人格典範。

三、〈神滅論〉的主要思想

㈠形神相即

據《梁書》卷四十八〈神滅論〉云：

或問予云：神滅，何以知其滅也？

答曰：神即形也，形即神也，是以形存則神存，形謝則神滅也。

問曰：形者，無知之稱；神者，有知之名，知與無知，即事有異，神之與形，理不容一。形神相即，非所聞也。

答曰：形者，神之質；神者，形之用，是則形稱其質，神言其用，形之與神，不得相異也。

問曰：神故非質，形故非用，不得爲異，其義安在？

答曰：名殊而體一也。

范縝〈神滅論〉全文用問答體寫成，這種一問一答的體裁適合步步深入，詳細論述自己的思想，並逐條反駁對方的觀點。范縝自設問題，表示神不滅論者的質問，自己回答，表示他的神滅思想。〈神滅論〉開宗明義，就闡述形神關係，是「即」和「不異」的意義。

問：所謂形盡神滅，怎麼知道神滅呢？

答：神就是形，形就是神。所以，形體存在，精神就存在，形體消亡，精神就消滅了，精神離不開形體。

由此可知，范縝〈神滅論〉的主要思想是形神相即，形神相即就是形神一元論，表示形神一體，形神一如，形與神是一體的兩面。〈神滅論〉其餘的推論，都由形神相即而推演。

問：形體是沒有知覺的名稱，精神是有知覺的名稱，有知覺和沒有知覺顯然有別，根本就是不同的，不可混爲一談。所以，形體和精神自然不能沒有差異。形就是神，形體和精神不可分離，從來沒有聽說過這種說法。

答：形體是精神的物質實體，精神是形體的功能作用，形體和精神是體用關係，不能把形神分開爲二。換言之，形體和精神不能看作兩種不同的存在。

值得注意的是，范縝以質用關係說明形與神，他的「形質神用論」把人的精神活動，視爲形體的功能和作用，顯然是受到魏晉哲學的影響，王弼在《道德經注》第三十八章中說：

萬物雖貴，以無爲用，不能捨無以爲體也。捨無以爲體，則失其爲大矣，所謂失道而後德也。

王弼認爲萬物以「無」爲本體，不能離開「無」這個本體自以爲用，而各種形色的萬物，都是「無」的現象、表現或功用。王弼以體用論證有無⑤，蘊含一個重要的思想，就是體用不二，後來，天台宗主張體用不二、體用一如。

郭象注《莊子》，又提出質與用的關係範疇，他說：

鵬之所以高飛者，翼大故耳。夫質小者，所資不待大，則質大者，所用不得小矣。

郭象以質用關係詮釋大鵬鳥高飛與翼大的關係。後來，范縝充分發揮體用關係、質用關係，以質用不二來說明形質神用的關係，形與神是名殊而體一。因此，范縝說：

形者，神之質；神者，形之用。

質有體質、形質、本質的意義，引生爲主體、實體；用就是功能作用。形體是精神所賴以演生的實體，精神是形體的功能作用。質與用相互依賴，形神相即相依，形神一源，顯微無間，形神一體不二，形神關係，名異而體一。換言之，形神未嘗相離，形神並舉，所無偏廢。

范縝強調，沒有形體，精神無以爲用；沒有精神，形體無所措。形神缺一不可，有形則有神，有神則有形。有形而無神，其形爲死物；有神而無形，其神無所依。說形神，其實只是一體，就是一個人的生命。所以，范縝說：

形稱其質，神言其用。

這個「其」字，就是指一個人的生命，也就是《墨子．經上》所謂：

生，刑（形）與知處也。

墨子認爲人的生命，是形體和知覺的結合，形體有耳目手足等器官，知覺則有視聽言動心等思慮，感官是對外界的認知，而心的主要功能是思慮，如《墨子．經上》說：

聞，耳之聰也……言，口之利也。

《墨子．尚同》說：

使人之心，助己思慮。

顯然的，范縝〈神滅論〉是順著墨子「生，刑（形）與知處也。」這個思想而來。不過，還需要注意的一點，就是形與神的主從關係。依范縝，以形爲主，以神爲從，所以說「形謝而神滅」，不可說「神滅而形謝」，如當今醫學所謂「腦死」者，他的形體尙可存活。

㈡利刃之喻

〈神滅論〉云：

問曰：名既已殊，體何得一？

答曰：神之於質，猶利之於刃，形之於用，猶刃之於利，利之名非刃也，刃之名非利也。然而捨利無刃，捨刃無利，未聞刃沒而利存，豈容形亡而神在。

范縝再以鋒利與刃的比喻，進一步論證形質神用的一體關係。刃是刀器鋒利的地方，「刃」之所以稱爲「刃」，必然能「利」，否則就不能稱之爲「刃」，所以蕭琛〈難神滅論〉所謂「鈍刃」是不當的說法，只有「鈍刀」，沒有所謂「鈍刃」。刃既然已經鈍了，就不能稱爲「刃」。

范縝以爲鋒利是神用，刃是形質。神之與質的關係，猶如鋒利之與刃的關係；形之與用，猶如刃之與鋒利的關係。雖然鋒利不是刃，刃不是鋒利，但是，沒有刃，則無其鋒利，沒有鋒利就不能稱爲刃。未曾聽過沒有刃了，還有其鋒利，所以，豈能在形體死亡之後，精神還能存在？換言之，以利刃喻形神，說明形體是一切精神活動的主體和本源基礎，精神是形體的屬性和功能作用。可知，精神絕對不能脫離形體而獨立存在，沒有形體，精神也就沒有了，兩者不可分離，名殊而體一。

㈢質的差異與變異

〈神滅論〉云：

問曰：刃之與利，或如來說，形之與神，其義不然，何以言之？木之質無知也，人之質有知也，人既有如木之質，而有異木之知，豈非木有其一，人有其二邪？

答曰：異哉言乎！人若有如木之質以爲形，又有異木之知以爲神，則可如來論也。今人之質，質有知也，木之質，質無知也，人之質非木之質也，木之質非人質也，安在有如木之質而復有異木之知哉！

問曰：人之質所以異木質者，以其有知耳。人而無知，與木何異？

答曰：人無無知之質，猶木無有知之形。

問曰：死者之形骸，豈非無知之質邪？

答曰：是無人質。

問曰：若然者，人果有如木之質，而有異木之知矣。答曰：死者有如木之質，而無異木之知，生者有異木之知，而無如木之質也。

范縝進一步分辨「木之質」和「人之質」的差異性，因爲人有「知」，而「知」由「形」所生，所以，爲「形」之「質」；而木之「形」沒有「知」的功能作用，所以，木之「無知」就是木之「質」。

問：形神關係不同於刃與鋒利的關係。人既有如樹木那樣沒有精神知覺的物質實體（其形質如指甲毛髮），又有異於樹木而有精神知覺的物質實體（其形質如肌膚感官），如此，豈非樹木只有一種形質，而人有兩種形質？

答：人的形質，本來就是有精神知覺的，而樹木的形質，本來就是沒有精神知覺的。人的形質，不同於樹木的形質，人只有一種形質，並沒有兩種形質，並不是人有像樹木無知的形質，又有不同於樹木的精神知覺。

問：人有精神知覺的形質，所以，異於樹木的形質，人的形質如果沒有知覺，那麼，與樹木有何差異？

答：人無沒有精神知覺的形質，如同樹木無有精神知覺的形質。

問：死者的形骸，其形質豈不是如同樹木的形質一樣沒有精神知覺？

答：死者的形質已經不是活人的形質。

問：果眞如此，豈不是人具有與樹木一樣沒有精神知覺的形質，又具有與樹木不一樣而有精神知覺的形質嗎？

答：死者的形質有如樹木的形質，是沒有精神知覺的，而活生生的人具有精神知覺的形質，人只要還活著，其形質就與樹木不同。

以上說明，表示范縝認清每一種事物的本質各有不同，例如動物和植物就有本質上的差異。雖然，人的本質相同，可是，人由生而死，本質已經產生變化。換言之，活人的質和死人的質不相同，只有活人的質才具有精神知覺的功能作用或屬性，而死人的質就沒有精神知覺的功能作用或屬性。

㈣先榮後枯

〈神滅論〉云：

問曰：死者之骨骸，非生者之形骸邪？

答曰：生形之非死形，死形之非生形，區已革矣，安有生人之形骸，而有死人之骨骸哉？

問曰：若生者之形骸，非死者之骨骼，非死者之骨骼，則應不由生者之形骸，不由生者之形骸，則此骨骼從何而至此邪？

答曰：是生者之形骸，變爲死者之骨骼也。

問曰：生者之形骸，雖變爲死者之骨骼，豈不因生而有死，則知死體猶生體也。

答曰：如因榮木變爲枯木，枯木之質，寧是榮木之體！

問曰：榮體變爲枯體，枯體即是榮體，絲體變爲縷體，縷體即是絲體，有何別焉？

答曰：若枯即是榮，榮即是枯，應榮時凋零，枯時結實也。又榮木不應變爲枯木，以榮即枯，無所復變也。榮枯是一，何不先枯後榮，要先榮後枯，何也？絲縷之義，亦同此破⑥。

范縝再說明特定的形質，有特定的屬性，並產生特定的功能作用，並以樹木先榮後枯，論述生死之變。

問：死者的骨骸難道不是生者的形骸嗎？

答：生者的形質不同於死者的形質，死者的形質已非生者的形質，生者的形骸怎麼會是死者的骨骼呢？

問：如果生者的形骸，不是死者的骨骼，那麼，死者的骨骼從何而來呢？

答：是生者的形骸，變爲死者的骨骼。

問：生者的形骸變爲死者的骨骼，豈非因生而有死？可知，死者的形體猶如生者的形體。

答：生命由生至死的變化，猶如樹木由榮變枯，枯死的樹木難道與生長中的樹木一樣嗎？

問：樹木由生而死，由榮體變爲枯體，看起來，枯體就是榮體，猶如蠶吐絲，再紡成線縷，縷體就是絲體，有何差別嗎？

答：如果枯木（枯死的樹木）就是榮木（活著的樹木），榮木就是枯木，那麼，樹木枯死以後應該還會開花結果，如果枯木就是榮木，那麼也無所謂由生而死的變化。如果枯木就是榮木，那麼，樹木能否先枯而後榮，爲什麼一定要先榮而後枯？至於蠶絲和線縷是同時存在著的，不能作爲生死榮枯的比喻，其關係另當別論。

值得注意的是，范縝以「先榮後枯」爲譬喻，來論證人的生死，有時間的先後，先有「生」，而後有「死」，就好像樹木是先榮而後枯，榮木和枯木雖然都是木，可是在本質上已經有了變化，前者以「榮」爲「形質」，後者以「枯」爲「形質」，因此，枯木已非榮木，同理，人之生有「知」的形質，人之死沒有「知」的形質，所以，「死者」已非「生者」，在本質上已經產生變異。

㈤是非之慮，心器所主

〈神滅論〉云：

問曰：生形之謝，便應豁然都盡，何故方受死形，綿歷未已邪？

答曰：生滅之體，要有其次故也。夫欻而生者必欻而滅，漸而生者必漸而滅。欻而生者，飄驟是也，漸而生者，動植是也。有欻有漸，物之理也。

問曰：形即是神者，手等亦是神邪？

答曰：皆是神之分也。

問曰：若皆是神之分，神既能慮，手等亦應能慮也？

答曰：手等亦應能有痛癢之知，而無是非之慮。

問曰：知之與慮，爲一爲異？

答曰：知即是慮，淺則爲知，深則爲慮。

問曰：若爾，應有二慮，慮既有二，神有二乎？

答曰：人體惟一，神何得二。

問曰：若不得二，安有痛癢之知，復有是非之慮？

答曰：如手足雖異，總爲一人，是非痛癢雖復有異，亦總爲一神矣。

問曰：是非之慮，不關手足，當關何處？

答曰：是非之慮，心器所主。

問曰：心器是五臟之心，非邪？

答曰：是也。

問曰：五臟有何殊別，而心獨有是非之慮乎？

答曰：七竅亦復何殊，而司用不均。

問曰：慮思無方，何以知是心器所主？

答曰：五臟各有所司，無有能慮者，是以知心爲慮本。

問曰：何不寄在眼等分中？
答曰：若慮可寄於眼分，眼何故不寄於耳分邪？
問曰：慮體無本，故可寄之於眼分，眼自有本，不假寄於佗分也。
答曰：眼何故有本而慮無本，苟無本於我形，而可徧寄於異地，亦可張甲之情，寄王乙之軀，李丙之性，託趙丁之體，然乎哉？不然也。
問：生物死亡，應該是立即死亡，爲何死亡大多有一個漸進的過程呢？
答：萬物的生死，各不相同，有些生物頓時而生，其死也是頓時而亡。有些生物逐漸出生，其死也是逐漸而亡。大多數的動植物都是逐漸而生，逐漸而死，生死有頓有漸，這是萬物生死之理本然如此。
問：如果說形體就是精神，精神就是形體，那麼人的手足也是精神嗎？
答：人的手足也是精神的一種。
問：如果人的手足也是精神的一種，精神能思慮，手足也能思慮嗎？
答：手足有痛癢的知覺，而沒有是非的思慮。
問：知覺與思慮是否相同？
答：大體而言，知覺就是思慮，從性質差異來說，淺的爲知覺，深的爲思慮。
問：如上所說，那麼，人應有兩種思慮。思慮既有兩種，精神也有兩種嗎？

答：人只有一個形體，怎麼會有兩種精神。

問：如果人只有一種精神，怎麼既有痛癢的知覺，又有是非的思慮呢？

答：如同手和足，雖然有別，然而同是一人的手足，是非思慮和痛癢知覺雖然有別，但總是一個人的精神所統管。

問：是非思慮，與手足無關，那麼，是非思慮由何者所管？

答：是非思慮，是由心所主管。

問：心是五臟中的心臟嗎？

答：是的。

問：五臟有何差別？爲什麼只有心獨有是非思慮？

答：不但五臟各有其功能作用，七竅亦各有其功能作用。

問：怎麼知道是非思慮是由心所主管？

答：五臟各有其功用，除了心之外，沒有其他的器官能夠思慮，所以知道心是思慮之本。

問：怎麼知道思慮不是由眼睛所主管？

答：如果思慮由眼睛所主管，那麼，視力何不由耳朵主管呢？

問：因爲思慮無方無所，所以，可以寄託於眼睛，視力自有其依托之本，所以，不必寄托於耳朵。

答：爲什麼說思慮無本而視力自有其依托之本呢？如果思慮不本於某個人的形體，那麼，張三的情感思慮，可以寄托在李四的形體之中，王五的性情，也可以寄托在趙六的身體之中，可以這樣嗎？當然不可以。

范縝特別強調五臟各有所司，人體的任何一種器官，都有專門的功能作用，眼睛的功能作用是「視覺」(Sense of sight)，眼睛爲視覺器官，外界物體反射的光線，通過角膜和三個透明體（水樣液、水晶體、玻璃體）映像在網膜時，刺激視神經而傳達到大腦的皮質部，產生感覺。視覺分光覺和色覺，色覺依光覺而後顯。耳朵的功能作用是「聽覺」(Sense of hearing)，耳朵接受外界聲波的刺激，由聽神經傳到大腦所產生的感覺。鼻子的功能作用是「嗅覺」(Olfactory sensation)，外界氣體進入鼻內，刺激黏膜間的嗅細胞，嗅神經末稍爲之興奮，傳入中樞而生的感覺。可知，感官的知覺都有相應的生理器官爲基礎。

范縝認爲是非思慮，由心器所主管，以現代醫學而言，應是大腦(Cerebrum)，大腦是精神作用的器官，有理解、判斷、記憶的功用，分爲左右兩半，左腦掌管邏輯、判斷、分析、文字、數字等，右腦掌管空間、顏色、大小、形態等。人的智能中樞在前頭葉，專司理解、判斷等。視覺的中樞在後頭葉，所以，大腦某一局部受損，某些知覺或運動就有障礙。范縝所謂「心器」，正是「唯物論」的基本立場。

㈥凡聖之殊

〈神滅論〉云：

問曰：聖人之形猶凡人之形，而有凡聖之殊，故知形神異矣。

答曰：不然，金之精者能昭，穢者不能昭，有能昭之精金，寧有不昭之穢質。又豈有聖人之神而寄凡人之器，亦無凡人之神而託聖人之體。是以八采、重瞳，勛、華之容，龍顏、馬口，軒、皞之狀，此形表之異也。比干之心，七竅列角，伯約之膽，其大若拳，此心器之殊也。是知聖人定分，每絕常區，非惟道革群生，乃亦形超萬有。凡聖均體，所未敢安。

問曰：子云聖人之形必異於凡者，敢問陽貨類仲尼，項籍似大舜，舜、項、孔、陽，智革形同，其何故耶？

答曰：珉似玉而非玉，雞類鳳而非鳳，物誠有之，人故宜爾。項、陽貌似而非實似，心器不均，雖貌無益。

問曰：凡聖之殊，形器不一，可也，聖人圓極，理無有二，而丘、旦殊姿，湯、文異狀，神不侔色，於此益明矣。

答曰：聖同於心器，形不必同也，猶馬殊毛而齊逸，玉異色而均美。是以晉棘、楚和，等價連城，驊騮、騄驪，俱致千里。

問：聖人的形體，與凡人的形體並沒有什麼差別，而心智上卻有凡聖之分，可知，形神並非一體。

答：其實不然。精純的金子能夠照映出光亮，不精純的金子不能照映出光亮，能照映出光亮的精純金子，怎麼會有雜質呢？因此，凡人的形體不會有聖人精妙的精神，聖人的形體也不會有凡人的精神。因此，唐堯眉分八采⑦，虞舜重瞳⑧，軒轅龍顏⑨，皋陶馬口，這些都是古代聖人的異相。而比干的心，七竅並列⑩，伯約的膽大如拳頭，他們的心臟與凡人不同。可知，聖人的形質與凡人不同。

問：聖人的形質，一定不同於凡人的形質嗎？為什麼陽貨貌似孔子，項籍貌似虞舜。孔子與陽貨，虞舜與項籍，他們的形體相似，德行與心智卻有天淵之別，這是什麼原故呢？

答：珉石似玉而不是玉⑪，鶢鶋似鳳而非鳳⑫，人也有貌似的現象，陽貨雖然貌似孔子，項籍雖然貌似虞舜，但心智德行不同，雖然貌似而無益。

問：凡聖殊異，形神不同，或可理解，如果都是聖人，其形質不應有異。但是，孔子與周公面貌不同，商湯與周文王容貌各異，由此可知，精神不是附著於形體的屬性。

答：聖人的心智大致相同，但其形質不一定完全相同，例如馬的毛雖然有所不同，但是，馬都善於奔跑。又如玉有各種顏色，但都非常亮麗美觀，楚國的和氏璧，晉國的垂棘之璧⑬，都是價值連城的美玉，驊騮、騄驪⑭，都能一日奔跑千里的駿馬。

由於范縝唯物論的思想，他認為聖人之所以為聖人，是因為聖人具有凡人沒有的「心器」，心器的差別決定凡聖的因素，沒有凡人之「形」而具聖人「心器」的可能，也沒有聖人之「形」而具凡人「心器」的可能，因為「形即神，神即形。」，兩者不可分，是一體的兩面。范縝此一觀點，不同於儒家思想，孟子認為人人可以為堯舜，荀子也以為「塗之人可以為禹。」，人在本質上是相同的，能不能成為聖人，在於個人的努力與否。而范縝強調凡聖的差別，在於「心器」的良莠，就是唯物論的觀點。

㈦神道設教

〈神滅論〉云：

問曰：形神不二，既聞之矣，形謝神滅，理固宜然，敢問經云：爲之宗廟，以鬼饗之。何謂也？

答曰：聖人之教然也，所以弭孝子之心，而厲偷薄之意，神而明之，此之謂矣。

問曰：伯有被甲，彭生豕見，墳素著其事⑮，寧是設教而已邪？

答曰：妖怪茫茫，或存或亡，強死者衆，不皆爲鬼，彭生、伯有，何獨能然，乍爲人豕，未必齊、鄭之公子也。

問曰：易稱：故知鬼神之情狀，與天地相似而不違。又曰：載鬼一車其義云何？

答曰：有禽焉，有獸焉，飛走之別也，有人焉，有鬼焉，幽明之別也。人滅而爲鬼，鬼滅而爲人，則未之知也。

問：形神不二，如上所述，形盡神滅，理所當然。敢問《孝經．喪親》說爲之宗廟，以鬼享之，春秋祭祀，以時思之。

這是什麼意思？

答：這是聖人神道設教。其實，祭祀是教化人心的孝道。《孝經》第十六章說：宗廟致敬，不忘親也。

子孫到宗廟祭祀，表達敬意，以示不敢忘掉祖先的恩德，何謂孝道？《孝經・紀孝行》子曰：

孝子之事親也，居則致其敬，養則致其樂，病則致其憂，喪則致其哀，祭則致其嚴。

又《孝經・喪親》說：

生事愛敬，死事哀戚，生民之本盡矣，死生之義備矣，孝子之事親終矣。

可知，祭祀祖先，只是孝道的表現而已，不能由祭祀而推論鬼神的存在。

問：伯有死後變爲厲鬼，彭生死後變爲豬⑯，這些都是《春秋左傳》的記載，難道也是神道設教嗎？

答：自然現象，千奇百怪，所謂妖怪⑰，或有或無，實難定論。所謂不得善終的強死者變爲厲鬼，也難定論，因爲不得善終而死的人很多，比干、子晳等等，何獨彭生、伯有爲厲？其他強死者不爲厲呢？

問：《周易・繫辭上傳第四章》說：

易與天地準，故能彌綸天地之道，仰以觀於天文，俯以察於地理，是故知幽明之故。原始反終，故知死生之說，精氣爲物，游魂爲變，是故知鬼神之情狀。

《易經》不是說有鬼神嗎？

答：自然界有飛禽、走獸的差別；天地間有人、鬼的差異。人處光明世界，陽光普照，人死曰鬼，幽暗不明，不知其情狀。因此，孔子對鬼神存而不論。如果說人死爲鬼，鬼又變爲人，我不相信佛家所謂報應輪迴之說。

范縝秉持孔子「敬鬼神而遠之」的態度，對鬼神存而不論，基於孝道與祭祀之禮，沒有完全否定鬼神的存在。依傳統而言，人死曰鬼，何況人未能經歷死亡，如何知道鬼神是否存在？范縝主要的目的在否定更生輪迴之說，反對佛家的報應輪迴。

(八)浮屠害政，桑門蠹俗

〈神滅論〉云：

問曰：知此神滅，有何利用邪？

答曰：浮屠害政，桑門蠹俗，風驚霧起，馳蕩不休，吾哀其弊，思拯其溺。夫竭財以赴僧，破產以趨佛，而不卹親戚，不憐窮匱者何？良田厚我之情深，濟物之意淺。是以圭撮涉及貧友，吝情動於顏色，千鍾委於富僧，歡意暢於容髮。豈不以僧有多稌之期，友無遺秉之報，務施闕於周急，歸德必於在己。又惑以茫昧之言，懼以阿鼻之苦，誘以虛誕之辭，欣以兜率之樂⑱。故捨逢掖，襲橫衣，廢俎豆，列缾鉢，家家棄其親愛，人人絕其嗣續。致使兵挫於行間，吏空於官府，粟罄於惰遊，貨殫於泥木。所以，姦宄弗勝，頌聲尚擁，惟此之故，其流莫已，其病無限。若陶甄稟於自然，森羅均於獨化，忽焉自有，怳爾而無，來也不禦，去也不追，乘夫天理，各安其性。小人甘其壟畝，君子保其恬素，耕而食，食不可窮也，蠶而衣，衣不可盡也，下有餘以奉其上，上無爲以待其下，可以全生，可以匡國，可以霸君，用此道也。

〈神滅論〉最後一段，范縝沈痛的說明他的用意，佛教的興盛，已經造成了嚴重的文化、政治、經濟、社會各方面的危機。爲了文化的傳承和國家的存亡，范縝顯得理直氣壯、義無反顧，堅決的反佛。

范縝直接而明確的指出，浮屠害政，佛門敗壞善良風俗，佛教興起，使得社會動蕩不安，我衰痛佛教的弊端，想拯救百姓於水火之中。當今之世，百姓竭財討好僧人，破產以信佛，而不體恤親友，不憐愍貧窮困苦人家，爲什麼會這樣呢？因爲對佛教有所奢求，而認爲濟助貧困親友沒有什麼好的報應，而以財物供佛，則有不可思議的功德利益。

況且，佛教以茫昧思想迷惑百姓，以地獄苦痛嚇人，以兜率天的快樂誘人，使社會各階層爭相信佛，家家戶戶棄其親人，人人絕其後嗣，致使士兵和官吏大量減少，士兵在戰爭中挫敗，官吏不在政府機關辦公，物資被僧尼消耗殆盡，財物都被用於修建寺院佛像，爲害之大，不能說盡。

如果百姓都能服從天理，遵守禮教，安分守己，親親、仁民、愛物，農夫安於耕作養蠶，則豐衣足食，養生送死而無憾，國泰民安，在上位者恬淡寡欲，無爲而治，其樂也融融。

以上是范縝〈神滅論〉的主要思想內容，范縝只見世俗信佛可能的流弊而反佛，又爲了道統的維護，爲了社會的興衰，而以儒學義理反佛，對佛學眞諦的形上思想沒有契入，〈神滅論〉似乎有些偏執。范縝應開闊心胸，融通儒、佛眞諦才是學術正途。對於范縝激烈而澈底的神滅思想，篤信佛教的梁武帝蕭衍，態度開明，他作〈敕答臣下神滅論〉示王公大臣和名僧，表示他不贊同范縝的神滅思想，命臣下就〈神滅論〉進行論辯。當時，信佛的大臣中，有蕭琛、曹思文、沈約等，撰文論辯。梁武帝另作〈立神明成佛義記〉及〈淨業賦〉等文，明示「形盡神不滅」及成佛的思想。

四、〈敕答臣下神滅論〉

梁武帝〈敕答臣下神滅論〉云：

> 位現致論，要當有體，欲談無佛，應設賓主，標其宗旨，辨其短長，來就佛理，以屈佛理，則有佛之義既躓，神滅之論自行……孟軻有云：人之所知，不如人之所不知，信哉！觀三聖設教，皆云不滅，其文浩博，難可具載，正舉二事，試以為言。祭義云：唯孝子為能饗親。禮運云：三日齋，必見所祭，若謂饗非所饗，見非所見，違經背親，言語可息，神滅之論，朕所未詳。

（《弘明集》卷十）。

梁武帝開宗明義表示他反對范縝的神滅思想，他認為儒釋道都主張神不滅。並以《禮記・祭義》有關祭祀情境，推論神不滅，在思想論證上，邏輯性稍嫌不足，因為《禮記》有關祭祀的內容，多據一般人緬懷親人的精神狀態，以解釋祭拜鬼神（祖先）的行為，使得祭祀行為具有倫理孝道及人文精神的價值。換言之，祭祀只是表達孝道而已，只是希望祖先能夠享用那些豐盛的祭品，只是希望能夠看見祖先，只是希望祖先能夠和親人交談，無法證明或保證鬼神（祖先）一定存在。從另一個觀點而言，梁武帝以祭祀推論神不滅，表示他所謂佛性，就是神明，就是世俗所謂輪迴之鬼魂⑲。

《禮記・祭義》以爲祭祀之前要隔絕交際應酬，調攝身心。時刻想念將被祭祀的親人，生前起居、歡笑、意志、喜愛和嗜好的情形，如此，三天之後祭祀，才能使被祭祀的親人，活生活的出現在孝子的心裡。孝子的祭祀，盡其虔誠的心而表現爲虔誠的行爲，盡其誠摯的信念而相信有祖先的魂神，盡其孝敬的心意和祖先交談，彷彿相信祖先能夠享用豐盛的祭品，這只是孝子祭祀的心志，所以，《禮記・祭統》說：

祭者，所以追養繼孝也……孝子之事親也，有三道焉：生則養，沒則喪，喪畢則祭。

五、〈立神明成佛義記並沈績序〉

眞正表現梁武帝神不滅及成佛思想者，是〈立神明成佛義記〉，可分兩部分，本文和沈績序注。

(一)〈立神明成佛義記〉沈績序注

沈績序云：

夫神道冥默，宣尼固已絕言，心數理妙，柱史又所未說。非聖智不周，近情難用語遠故也。是以先代玄儒，談遺宿業，後世通辯，亦論滯來身，非夫天下之極慮，何得而詳焉，故惑者聞識神不斷，而全謂之常，聞心念不常，而全謂之斷。云斷則迷其性常，云常則惑其用斷，因用疑本，謂在本可滅，因本疑用，謂在用弗移，莫能精求，互起偏執，乃使天然覺性，自沒浮談。聖王稟以玄符，御茲大寶，覺先天垂則，觀民設化，將恐支離詭辯，搆義橫流，徽紋繁絲，伊誰能振，釋教遺文，其將喪矣！是以著斯雅論，以弘至典。績早念身空，棲心內教，每餐法音，用忘寢食，而闇情難曉，觸理多疑，至於佛性大義，頓迷心路，既天誥遠流，預同撫覿，萬夜獲開，千昏永曙，分除之疑，朗然俱澈。竊惟事與理亨，無物不識，用隨道合，奚心不辨？故行雲徘徊，猶感美音之和，游魚踴躍，尚賞清絲之韻，況以入神之妙，發自天衷，此臣所以舞之蹈之而不能自已者也。

敢以膚受，謹爲注釋，豈伊錐管，用窮天奧，庶幾固惑，所以釋焉。

沈績認爲神道幽冥玄奧，因此，孔子對鬼神存而不論，心識問題也極爲玄妙難測，所以，老子未曾談論。不談論鬼神之道和心識問題，並非智識不夠，而是難以世俗的情理去說明玄妙之道。尤其古聖先賢很少談論累世業報，當今學者也不知道來世之事。除非具有高深智慧的人，怎麼能夠知道生死鬼神、報應輪迴的事呢？

有一些迷惑的人，聽說佛教關於神識不斷的義理，就以爲佛教是主張神識常住不斷，這種觀點，稱爲常見⑳；又有一些迷惑的人，聽說佛教關於心識是念念不住的，就以爲佛教是主張神識斷滅無常，這種看法，稱爲斷見㉑。說斷滅的人，不懂得眞性常住；談眞性常住的人，不了解事物是變化無常的。眞確的說，應是《中論．觀因緣品》所謂：

不生亦不滅，不常亦不斷，不一亦不異，不來亦不出。

沒有生，也沒有滅；沒有常，也沒有斷；沒有同一，也沒有相異；沒有來，也沒有出，佛說這「八不」的原因，是爲了消除各種戲論。

《中論‧觀因緣品》說：

萬物無生。何以故？世間現見故。世間眼見劫初穀不生。何以故？離劫初穀不可得。若離劫初穀有今穀者則應有生，而實不爾，是故不生。

問曰：若不生，則應滅？

答曰：不滅。何以故？世間現見故。世間眼見劫初穀不滅，若滅，今不應有穀，而實有穀，是故不滅。

問曰：若不滅，則應常？

答曰：不常。何以故？世間現見故。世間眼見萬物不常，如穀芽時種則變壞，是故不常。

問曰：若不常，則應斷？

答曰：不斷。何以故？世間現見故。世間眼見萬物不斷，如從穀有芽，是故不斷，若斷不應相續。

《中論》以爲不常不斷就是不生不滅。爲什麼說「不常」呢？因爲我們可以在人世間看到萬物沒有常住不滅的。例如穀子生芽時，種子就變壞了，所以說沒有「常」。爲什麼又說「不斷」呢？因爲我們可以在人世間看到萬物沒有斷。例如從穀子生芽，花開結果，又有新的穀子，所以說沒有斷。

衆生或迷於常見，或迷於斷見，遂使本然覺悟之性爲邊見所埋沒。聖王（梁武帝）融通儒、釋、道各家要旨，以及古聖先賢的垂訓，又善於教化人心，因爲擔心佛法要義爲邪說謬論所誤，於是撰此大作，弘揚佛法。

沈績早就信佛，往往沈醉於佛法的玄奧而廢寢忘食，但對於許多佛理仍然不甚理解。自從恭讀聖上大論後，迷惑頓消，手舞足蹈悅樂不已。凡天下事物，只要能從現象與本質、本體與功用合而爲一的觀點去理解，就能洞悉一切的眞理。敢以膚淺，妄加序注。

㈡〈立神明成佛義記〉

梁武帝〈立神明成佛義記〉云：

夫涉行本乎立信，信立由乎正解。解正則外邪莫擾，信立則內識無疑。然信解所依，其宗有在。何者？源神明以不斷爲精，精神必歸妙果。妙果體極常住，精神不免無常。無常者，前滅後生，剎那不住者也。若心用心於攀緣，前識必異後者，斯則與境俱往，誰成佛乎？

經云：心爲正因，終成佛果。又言：若無明轉，則變成明。案此經意，理如可求，何者？夫心爲用本，本一而用殊，殊用自有興廢，一本之性不移。一本者，即無明神明也。尋無明之稱，非太虛之目，土石無情，豈無明之謂？

故知識慮應明，體不免惑，惑慮不知，故曰無明。而無明體上，有生有滅，生滅是其異用，無明心義不改。將恐見其異用，便謂心隨境滅，故繼無明名下，加以住地之目，此顯無明即是神明，神明性不遷也。

何以知然？如前心作無間重惡，後識起非想妙善，善惡之理大懸，而前後相去甚迴，斯用果無一本，安得如此相續？是知前惡自滅，惑識不移，後善雖生，闇心莫改。故經言：若與煩惱諸結俱者，名爲無明，若與一切善法俱者，名之爲明。豈非心識性一，隨緣異乎？故知生滅遷變，酬於往因，善惡交謝，生乎現境，而心爲其本，未曾異矣。以其用本不斷，故成佛之理皎然，隨境遷謝，故生死可盡明矣。（《弘明集》卷九）

梁武帝的佛教思想，主要是涅槃和般若學，《涅槃經》主張一切衆生都有佛性，《般若經》主張諸法性空，無生無滅。蕭衍認爲人的行爲和修行，主要來自於他的信念和信仰㉒，而正確的信念和信仰，來自於正確的見解。有了正確的見解，各種異端邪說就不能迷惑他，而正信確立之後，內心就沒有疑惑了㉓。

然而，堅定的信仰和正確的見解依據什麼呢？那就是佛家所說的「不斷滅的神明」，這種今生來世前後相續不斷滅的「精妙之神」，必定能夠成佛，成就涅槃妙果。涅槃妙果是體極而常住的，但衆生「不斷滅的神明」是無常的。所謂無常，是說一切有爲之法，刹那刹那有生、住、異、滅的變化，猶如人生，生死事大，無常迅速，前滅後生，念念不住。如果心專注於外境而變動，則前識必不同於後識，如此，神識與外境俱化，何者去成佛呢？

佛經上說：「心爲正因，終成佛果。」又說：「若無明轉，則變成明。」。根據佛經上所說的，我們可以知道心是各種現象的根本。《華嚴經·十地品》說：「三界所有，唯是一心。」又說：「十二有支，皆依一心。」三界所有的一切，都是心所變現的，或謂之心法。依《大乘百法明門論解》的說法，心具有六種意義：㈠專指阿賴耶識為心，阿賴耶識藏有一切事物的種子，導致各種現象的產生。㈡心屬於前七識，能薰染阿賴耶識，形成新的有染污的種子。㈢心指思慮，心可以以「心」自身為思慮對象，也可以以外境事物為思慮對象。㈣心就是識，因為兩者都是思慮，能夠分辨對象外物。㈤心是意，指連續無間斷的意識活動。㈥第八阿賴耶識專稱為「心」，第七末那識專稱為「意」，前六識專稱為「識」，三者都是心的不同表現。

可知，心只有一個，而外在的現象各有不同，各種現象雖然有生、住、異、滅的變化，但作為其根本的「心」卻是不移的，這個根本的心，也稱為「無明神明」，無明非指太虛、土石等無情識之物。至於有情識的衆生，其心識本應清明，湛然常靜，但因外境所染污而有迷惑，故稱無明㉔。心識是有情衆生的「體」，而衆生的生、住、異、滅是其用，用有興廢，體無生滅㉕。作為有情衆生本體的心識並不會隨死亡而消滅，慧遠稱為「形盡神不滅」，有些人看到有情衆生生死無常，便以為「形盡神滅」。所以，特別對「無明」加以詮釋說明，無明就是神明，神明本性不遷不斷，不會隨形體死亡而消滅㉖。

値得注意的是，梁武帝強調心是本，或言心是體，心的本性應明，但因煩惱污染，不免有惑，這就是無明神明。梁武帝所謂「無明神明」，近似部派佛教所說的「心性本淨，為客塵煩惱所染。」，而所謂心為本，生滅為用，又近似《大乘起信論》分心為眞如、生滅二門，於眞如又言不變隨緣之義。

《大乘起信論》主張「衆生心」含融染與淨，不覺與覺兩方面，即一心有二門，「心眞如門」和「心生滅門」，二門是體用關係，互不相離。「心眞如」是爲本體，自淨清靜，不生不滅；然而，心眞如不守清淨自性，心動念起而妄生，就叫無明，而有生、住、異、滅的變化。眞如和無明是「二而不二」的關係。眞如是淨法，無明是染法，但無明沒有自性，依心眞如而起，是眞如不變而隨緣引起的，猶如大海的海水與波浪，互不相離，所以說心眞如門與心生滅門是相即不離，二而不二的關係㉗。

怎麼知道神性不遷不斷（形盡神不滅）呢？譬如有人前心作無間重惡，後識生起非想妙善，前惡後善相差懸殊，如果沒有一個共同的根本依據，怎麼會前惡後善如此相續呢？可見，前惡妄念雖然消失了，但是，產生這個惡念的心識並沒有消失，之後雖然又生善念，然其本體仍是原來的心識。所以，佛經上說：「心識爲煩惱遮蔽，名爲無明；心識與諸善法俱在，名爲明。」。梁武帝在〈淨業賦〉中說：

禮云：人生而靜，天之性也，感物而動，性之欲也。有動則心垢，有靜則心靜，外動既止，內心亦明，始自覺悟，患累無所由生也。（《全梁文》卷一）

這就是說，心識是一個如如不動的本體，湛然常靜，就其用言，感物而動，隨著不同的因緣而顯現各種現象。所以，有情衆生的形體是生、住、異、滅，生死輪迴，遷流不息，但是，作爲本體的心識是不滅的。因此，衆生可以成佛的道理是不言自明的，這就是蕭衍所說的「神明以不斷爲精，精神必歸妙果。」。

以上是范縝的〈神滅論〉及梁武帝的〈立神明成佛義記〉。范縝是形神一元論者，他認爲形是質、是體，神是用、是派生的。換言之，神是形的屬性(Attribute)、功能、作用，因此，形盡而神滅。梁武帝表示反對，他認爲心是本、是體，生滅是用，作爲本體的心識相續不斷，因此，有情衆生的形體生、住、異、滅輪迴不息，但作爲本體的心識是不滅的，所以說形盡神不滅。

除了梁武帝外，還有蕭琛、曹思文、沈約等人撰文反對范縝。

五、范縝〈神滅論〉的影響

范縝〈神滅論〉具有承先啓後的時代意義，他繼承了自荀子、桓譚、王充、何承天以來「形盡神滅」的思想，並提出了「形神相即」、「形質神用」、「利刃之喩」等新的觀點和譬喩，對佛教展開全面性的批判，對後世產生深遠的影響，例如：劉孝標、朱世卿、邢邵、胡適等人。

㈠劉峻〈辨命論〉

劉峻，字孝標，與范縝同時而稍後，約生於公元四六二年（宋武帝大明六年），約卒於公元五二一年（梁武帝普通二年）。劉峻自幼好學，家貧，寄人籬下，自課讀書，從夕達旦。據《梁書》卷五十，劉峻本傳記載：

高祖招文學之士，有高才者，多被引進，擢以不次。峻率性而動，不能隨衆沉浮，高祖頗嫌之，故不任用。峻乃著辨命論以寄其懷曰：

主上嘗與諸名賢言及管輅，歎其有奇才而位不達。時有在赤墀之下，預聞斯議，歸以告余，余謂士之窮通，無非命也，故謹述天旨，因言其略云：

臣觀管輅天才英偉，珪璋特秀，實海內之髦傑，豈日者卜祝之流，而官止少府丞，年終四十八。天之報施，何其寡歟？然則高才而無貴仕，饕餮而居大位，自古所歎，焉獨公明而已哉？……夫道生萬物，則謂之道，生而無主，謂之自然。自然者，物見其然，不知所以然，同焉皆得，不知所以得。鼓動陶鑄而不爲功，庶類混成而非其力。生之無亭毒之心，死之豈虔劉之志。墜之淵泉非其怒，昇之霄漢非其悅。蕩乎大乎，萬寶以之化，確乎純乎，一化而不易，化而不易，則謂之命。命也者，自天之命也，定於冥兆，終然不變……嗚呼！福善禍淫，徒虛言耳……然所謂命者，死生焉，貴賤焉，貧富焉，理亂焉，禍福焉，此十者天之所賦也，愚智善惡，此四者人之所行也……斯則邪正由於人，吉凶存乎命……積善餘慶，立教也，鳳凰不至，言命也……

修道德，習仁義，敦孝悌，立忠貞，漸禮樂之腴潤，蹈先王之盛則，此君子之所急，非有求而爲也。然則君子居正體道，樂天知命，明其無可奈何，識其不由智力，逝而不召，來而不距，生而不喜，死而不惑，瑤臺夏屋，不能悅其神，土室編蓬，未足憂其慮，不充詘於富貴，不遑遑於所欲……

劉峻作〈辨命論〉，是因爲他自己懷才不遇，有感而發。他在〈辨命論〉中指出，梁武帝曾與諸賢士談到管輅，管輅是三國時代魏國人，自幼嗜好天文，善於占卜，卜筮多奇驗，曾任少府丞，自知壽命不過四十八，果然卒於四十八歲。劉峻認爲君子窮達，無關才學高低，吉凶禍福，都是自然命定，沒有所謂因果報應。從歷史人物而言，才學之士不顯貴，無才庸人居大位，這是歷史上常見的事，並非只有管輅一人而已。

劉峻這種自然命定論，顯然受到老、莊道家自然思想的影響。《道德經》第五十一章說：

> 道生之，德畜之，長之育之，亭之毒之，養之覆之。生而不有，爲而不恃，長而不宰，是謂玄德。

《道德經》認爲「道」創生萬物，「德」養育萬物，萬物表現各種生態，形成自然界的生態環境。萬物以道爲尊，以德爲貴，道和德所以尊貴，在於對萬物不予強制命令，而是順從萬物自然成長，使萬物安定發育，開花結果。道和德生成萬物卻不佔爲己有，大有作爲卻不自恃能力，養育萬物卻不自以爲主宰。不過，要注意的是，道生萬物，不是具體的生產，也不是女性或雌性的生產，而是萬物自生自化，是一種無爲而無不爲[28]。

劉峻認爲萬物一旦生化而成，就永遠不可改變，例如猴子永遠是猴子，猩猩永遠是猩猩，人永遠是人，有的人富貴，有的人貧窮，就謂之「命」，這種「命」不以人的賢愚而改變，是自然命定的。例如：孔子絕糧於陳蔡，顏回短命而死，帝堯之世，洪水淹沒山頂，商湯之世，大旱爲害等等，這些現象都不存在有什麼福善禍淫的報應，所謂因果報應，只是虛言。

所謂命者，生與死，貴與賤，貧與富，禍與福，吉與凶，美與醜，都得之於自然之命，而與一個人的聰明才智是沒有關係的。不過，劉峻強調一個人的善惡（道德行爲的好壞）和賢明或愚蠢，並不是命定，而是由個人自己造成的，這就是善惡邪正在於人，禍福吉凶在於命。《易經》所謂「積善之家，必有餘慶。」，只是勸人爲善的教化而已。換言之，一個人的道德行爲，是善或惡，由自己造就，由自己負責；而一個人的富貴貧賤，在古代社會，往往是由當時的環境所造成的；外在環境的力量，個人往往無法改變。

雖然生死有命，富貴在天，然而，君子仍急於修道德，習仁義，敦孝悌，立忠貞，接受儒家禮樂教化，效法古聖先賢偉大的典範。努力修習仁義道德不是爲了追求榮華富貴，對於榮華富貴得之不喜，失之不憂。君子樂天知命，居正體道，生而不喜，死而不慼，安於生死，生死無憾。

(二)朱世卿〈性法自然論〉

劉峻之後，陳朝的朱世卿，著〈性法自然論〉，也主張自然命定論，沒有因果報應。〈性法自然論〉云：

> 夫萬法萬性，皆自然之理，夫惟自然，故不得而遷貿矣。故善人雖知善之不足憑也，善人終不能一時而爲惡；惡人復以惡之不足誡也，惡人亦不能須臾而爲善。又體仁者不自知其爲善，體愚者不自覺其爲惡，皆自然而然也。…夫哀樂喜怒，伏之於情，感物而動，窮達脩短，藏之於命，事至而后明，妍媸盈減，著之於形，有生而表見，愚智善惡，封之於性，觸用而顯徹，此八句

者，總人事而竭焉，皆由自然之數，無有造爲之者……蓋聖人設權巧以成教，借事似以勸威，見強勇之暴寡怯也，懼刑戮之弗禁，乃陳禍淫之威，傷敦善之不勸也，知性命之不可易，序福善以獎之，故聽其言也，似若勿爽，徵其事也，萬不一驗……

故鶡冠子曰：夫命者，自然者也，賢者未必得之，不肖者，未必失之，斯之謂矣……譬如溫風轉華，寒飆颺雪，有委溲糞之下，有累玉階之上，風飆無心於厚薄，而華霰有穢淨之殊途。天道無心於愛憎，而性命有窮通之異術……

故榮落死生，自然定分，若聖與仁，不能自免……（《廣弘明集》卷二十五）

朱世卿也是自然命定論者，他主張「萬法萬性」，萬物都有自己的本性，這是自然之理，不可改變。因此，善人不能變成惡人，惡人也不能變爲善人。善人不自知其爲善，惡人不自知其爲惡。顯然的，他繼承戴逵、范縝、劉峻等人的自然命定思想。他以爲一個人的生死、壽夭、貴賤、窮達，都是自然命定，與其善惡的行爲無關。

朱世卿認爲人體的美醜胖瘦，人情的喜怒哀樂，人性的愚智善惡，人命的窮達壽夭，都是自然形成的，沒有什麼主宰或造物主，也沒有福善禍淫的因果報應，因爲報應之說，與歷史事實不符。相反的，行惡不得惡報，行善反而遭禍害的情形，十分普遍，這表示人的吉凶禍福，都是自然命定，與人的賢愚善惡無關。

〈性法自然論〉的結論是：生死榮辱，都是自然命定，不因聖與仁的道德修養而改變。針對〈性法自然論〉，陳末隋初的釋眞觀提出〈因緣無性論〉，他認爲萬法無性，各隨因果業報而變化，〈因緣無性論〉云：

若行善而望報，去善更遙，修德以邀名，離德逾遠，若必挺珪璋之性，懷琬琰之心，本無意於名聞，曾不欣乎富貴，而英聲必孱，雅慶方臻……

如王莽篡逆，則懸首漸臺，董卓凶殘，則曝屍都市，晉侯殺趙，朔感陷廁之悲，齊王害彭生，有墜車之痛，夏祚顚覆，桀之罪也，殷宗殄喪，紂之過焉。故知因果之義，陸離難准，業報之理，參差不定，所謂生報、現報及後報也。（《廣弘明集》卷二十五）

釋眞觀強調如果行善懷有私心，就不是眞正的善，行善而希望得到善報，則善報不至，修德以邀名，則離道德逾遠，必須擯除福祿壽的欲念，方能獲得雅慶福報。値得注意的是，佛家的業報論，特別重視意念在造業方面的重要性，因此，如果行善而無報，並非業報理論有問題，而是行善者的動機不純，以此推論，如果行善者能夠無私無我的行善，即使未獲善報，也能達到至善的境界。

釋眞觀認爲很多歷史人物都應驗善有善報，惡有惡報的道理，只是業報之理，有生報、現報和後報的差別，例如：王莽篡漢，世稱新莽，最後被商人杜吳所殺，自稱帝至滅亡，僅十五年。又如東漢的董卓，誅宦官，廢少帝，弒何太后，自爲相國，淫亂凶暴，毒害朝野，後爲呂布刺殺，籍家滅族。又如齊襄公殺彭生，後來，齊襄公被亂賊弒殺。又如夏桀無道，爲商湯所滅；商紂無道，爲周武王所滅。這些事例，驗證因果業報，實非虛言。

㈢胡適由拜神到無神

胡適在《四十自述・從拜神到無神》中記述：某一天，胡適正在溫習朱子的小學，讀到一段司馬溫公的家訓，其中有論地獄的話：形既朽滅，神亦飄散，雖有剉燒舂磨，亦無所施……胡適再讀了這幾句話，突然的，高興的跳起來。目連救母㉙、玉歷鈔傳㉚等書裡的地獄慘狀，都呈現在眼前，但不覺得害怕了……有一天，胡適讀到資治通鑑第一百三十六卷，記載范縝反對佛教的故事，說：縝著神滅論，以爲「形者神之質，神者形之用也。神之於形，猶利之於刃。未聞刃沒而利存，豈容形亡而神在哉？」此論出，朝野諠譁，多人責難他，仍不能使范縝屈服。

胡適覺得司馬光和范縝講得非常明白，非常有理。司馬光的話使他不信地獄，范縝的話使他走上了無鬼的路，從小胡適不知不覺的成爲無鬼無神的人。

可知，胡適深受范縝〈神滅論〉思想的影響。

【註　釋】

① 三禮就是《周禮》、《儀禮》、《禮記》，南北朝時，學者多研三禮。

② 據《梁書》王亮本傳記載：天監四年，梁武帝在光華殿宴請群臣，對群臣說：「朕日昃聽政，思聞得失，卿等可謂多士，宜各盡獻替。」尚書左丞范縝起曰：「司徒謝朏，本有虛名，陛下擢之如此，前尚

書令王亮，頗有治實，陛下棄之如彼，是愚臣所不知。」，高祖（梁武帝）變色曰：「卿可更餘言。」縝固執不已，高祖不悅。

③《廣弘明集》卷二十七〈淨住子淨行法・開物歸信門並頌〉云：「一切劇苦衆生，敬禮十方一切三世諸佛，求哀懺悔。既悔已後，常行柔軟調和心，堪受心，不放逸寂滅心，眞正心，不雜心，無貪吝心，勝心，大心，慈悲安樂心，善歡喜心，度一切心，守護衆生心，無我所心，如來心。發如是等廣勝妙心，專求多聞，修離欲定，奉戒清淨，念報恩德，常懷悅豫，不捨衆生。」。

④湯用彤在《漢魏兩晉南北朝佛教史》第四七三頁說：「范縝神滅論最後主旨，即在崇自然，破因果。」

⑤王弼注《道德經》第十一章說：「言無者，有之以爲利，皆賴無以爲用也。」牙含章、王友三主編《中國無神論史・第九章范縝》說：「范縝在理論上吸收了王弼和僧肇的體用一如的思想，並把這種思想移植到唯物主義的基礎之上，建立了以物質爲基礎，以精神爲物質派生的唯物主義一元論和以形爲質，以神爲用的形神一元論。」（參閱該書第四四二頁）

牟宗三在《中國哲學十九講》第二五一頁中說：「范縝的〈神滅論〉，這是佛教傳入後，爲對抗佛教而有的唯物論思想。神滅論針對的是輪迴，是阿賴耶識永久不滅的識之流。若神滅則那有輪迴、那有來生呢？但阿賴耶識這不滅的識之流仍不同於西方基督教所謂的靈魂不滅(immortality of soul)。依佛教的觀點，阿賴耶識雖不滅，但可以轉化，即要轉識成智，雖然將識轉化爲智，但神、心靈仍永恒常在。中國沒有個體靈魂不滅的觀念……范縝藉刃與刀的關係來說明神與氣的關係，這當然是唯物論的思想。這種思路最簡單淺顯，因此，容易為一般人所接受。」。

⑥《梁書》卷四十八作「絲縷之義，亦同此破。」，《弘明集》卷九〈難神滅論〉作「絲縷同時，不得為喻。」。

⑦《孔叢子》：「昔堯身修十尺，眉分八采。」。

⑧重瞳，目中有兩眸子。《史記・項羽本紀》太史公曰：「吾聞之周生曰舜目蓋重瞳子，又聞項羽亦重瞳子。」。

⑨龍顏，指眉骨圓起。《史記・高祖本紀》：「高祖為人，隆準而龍顏。」。

⑩《史記・殷本紀》：「紂愈淫亂不正……比干曰：為人臣者，不得不以死爭，迺強諫紂，紂怒曰：吾聞聖人心有七竅，剖比干觀其心。」心有七竅，只是傳聞。

⑪《荀子・法行》：「子貢問於孔子曰：君子所以貴玉而賤珉者，何也？為夫玉之少，而珉之多邪？」。珉石似玉而非玉。

⑫據《梁書》卷四十八范縝〈神滅論〉：「雞類鳳而非鳳。」另據《弘明集》卷九蕭琛〈難神滅論〉：「鶥類鳳而非鳳。」。據《爾雅・釋鳥》：「鸒斯，鵯鶋。」郭注：「雅烏也，小而多群，腹下白，江東亦呼為鵯烏。」。

⑬據《春秋左傳・僖公二年》：「晉荀息請以屈產之乘與垂棘之璧，假道於虞以伐虢。」垂棘是地名，垂棘所出產的美玉，稱垂棘之璧。

⑭據《梁書》卷四十八范縝〈神滅論〉：「驊騮．騄驪，俱致千里。」，另據《弘明集》卷九蕭琛〈難神滅論〉：「驎騮盜驪，俱致千里。」，又據《史記．秦本紀》：「造父以善御，幸於周繆王，得驥、溫驪、驊駵、騄耳之駟。」這些馬都是駿馬，日行千里。

⑮《春秋左傳．昭公七年》：鄭人相驚以伯有，曰伯有至矣。則皆走不知所往。鑄刑書之歲二月，或夢伯有介而言，曰：壬子，余將殺帶也。明年壬寅，余又將殺段也。及壬子，駟帶卒，國人益懼。齊燕平之月，壬寅，公孫段卒，國人愈懼。其明月，子產立公孫洩及良止以撫之，乃止。

伯有是春秋鄭國大夫良宵，字伯有，貪愎而多欲，子皙，駟帶攻伐他，伯有戰死，死後成為厲鬼，有人夢見伯有，伯有說他要殺死駟帶和公孫段。後來，駟帶和公孫段果然死了，大家都很害怕，子產就立公孫洩和良止（伯有的兒子）做大夫，安撫大家的不安。子產說：鬼有了歸宿，就不會為害人間了。（伯有之亂，見〈襄公三十一年〉。）。

王充對「伯有為厲」不以為然。《論衡．死僞》說：「伯有強死能為鬼，比干、子胥不為鬼？……子皙在鄭，與伯有何異？死與伯有何殊？俱以無道為國所殺，伯有能為鬼，子皙不能，強死之說通於伯有，塞於子皙。」。

據《春秋左傳．昭公二年》記載，鄭大夫子皙（公孫黑）謀反，作亂未遂，子產清算子皙三大罪狀，子皙被迫上吊自殺。王充以為如果伯有不得善終而變為厲鬼，為什麼比干．子胥卻沒有變為厲鬼。又說伯有能變為厲鬼，為什麼上吊自殺的子皙就不能變為厲鬼？可知，「伯有為厲」的說法是不正確的。

⑯ 據《春秋左傳・桓公十八年》記載：桓公十八年，夏，四月丙子，齊襄公設宴款待魯桓公，派齊大夫公子彭生爲桓公駕車，而殺桓公，桓公死在車上。魯國人通告齊國說：「桓公爲修兩國舊好而喪命，請殺彭生來雪除魯國喪君恥辱。」於是，齊國就殺了彭生。到了冬天十二月，齊襄公到貝丘打獵，看見一隻大野豬，侍從說：「這是公子彭生。」襄公生氣，說：「彭生竟敢顯現！」於是，拔箭射去，野豬像人站立啼叫，襄公害怕，從車上摔了下來，腳受傷，鞋子也掉了，逃回宮中，後來被亂賊弑殺。

⑰ 王充不信人死變鬼，但他相信有所謂陽氣變成的妖象。《論衡・紀妖》說：「蓋妖祥之氣像人之形……鬼之類人，則妖祥之氣也。」。

⑱ 據《法華經・普賢菩薩勸發品》：「若有人受持、讀誦，解其義趣，是人命終爲千佛授手，令不恐怖，不墮惡趣，即往兜率天上彌勒菩薩所。彌勒菩薩有三十二相，大菩薩衆所共圍繞，有百千萬億天女眷屬而於中生。」。兜率天是欲界六天的第四天。兜率義譯爲知足、喜足、妙足，謂受樂知足而生喜足心。彌勒菩薩住兜率內院，常說法教化諸天人。

⑲ 參閱湯用彤《漢魏兩晉南北朝佛教史》第七一〇頁。

⑳ 常見，又稱有見，佛教反對的二邊見之一。認爲人的身心，過去、現在、未來三世常住不滅，永無間斷。

㉑ 斷見，又稱無見，佛家反對的二邊見之一。認爲人的身心死後斷滅，不再更生轉世、六道輪迴。

㉒ 信仰是宗教行爲的首要條件，《華嚴經》說：「信爲道源功德母，長養一切諸善根。」，《大智度論》說：「佛法大海，唯信能入。」。可知，信仰是一切力量的源頭活水。信仰的價值，不僅能使思考集

中，思想統一，亦能使人安心立命，使生命有依靠，能解脫煩惱，更能使前途光明，因為有了信仰，人生就有目標，向著目標努力前進。所以，國父孫中山先生在《孫文學說・自序》說：「吾心信其可行，則移山塡海之難，終有成功之日，吾心信其不可行，則反掌折枝之易，亦無收效之期也。」。另據《新約聖經・希伯來書第十一章》說：「他們因著信，過紅海如行乾地。」又〈羅馬書〉第一章說：「義人因信得生。」。

㉓ 依佛家語，信、解合言，謂聞佛說法深信無疑義。《法華經》云：「種種信解，種種相貌。」。分而言之，信破邪見，解破無明，鈍根為信，利根為解。

㉔ 梁武帝所謂「故知識慮應明，體不免惑，惑慮不知，故曰無明。」，此說近似《大乘起信論》：「所謂心性常無念故，名為不變。以不達一法界故，心不相應，忽然念起，名為無明。」。《大乘起信論》認為如來藏的自性清淨心湛然常靜常寂，沒有虛妄雜念，所以稱為「不變」。因為染心不能與如來藏清淨心相應，不達眞如的本體，忽然生起妄念，就是「無明」。所謂無明，又名智礙。

㉕ 〈立神明成佛義記〉沈績注曰：「既有其體，便有其用，語用非體，論體非用，用有興廢，體無生滅者也。」。

㉖ 湯用彤在《漢魏兩晉南北朝佛教史》七〇九頁中說：「武帝佛性之眞義，實即可謂之為常人所言之靈魂。就心理現象而執有實物，其所陳義固甚淺顯。」。

㉗ 《大乘起信論》曰：「所言法者，謂眾生心，是心則攝一切世間法、出世間法……顯示正義者，依一心

法有二種門。云何爲二？一者心眞如門，二者心生滅門。是二種門，皆各總攝一切法。此義云何？以是二門不相離故。」。

㉘《道德經》這種萬物自生自化，無欲、無爲、無名的主張，相當符合現代環境保護、生態保育的精神。人類總是站在自己的本位主義上，對萬物妄加善惡的價值判斷，就是一種欲求和妄爲。站在萬物整體的立場，沒有所謂善惡分別，沒有益鳥，沒有害蟲，只有生態的共生與平衡而已。

㉙胡適在本文中，談到目連救母，此故事應源自佛教的《佛說盂蘭盆經》，此經被稱爲佛教的孝經，影響中土非常深遠。南北朝時，梁朝大同四年，多次捨身佛寺的梁武帝蕭衍，根據《佛說盂蘭盆經》，在同泰寺設盂蘭盆齋。從此以後，上下仿效，每年七月十五日，歷代帝王及百姓都舉辦此活動，成爲風俗。後來，盂蘭盆會成爲寺院中的重要活動，只是隨著歷史的演變，原來供佛供僧的涵義，逐漸減少而成爲超度亡魂的法會。

㉚胡適談到《玉歷鈔傳》，應是《玉歷至寶鈔》，該書是淡痴假借進入冥府所抄撰，淡痴是遼國道士，此書撰於遼聖宗太平十年（西元一〇三〇年），之後，勿迷道人在北宋神宗熙寧元年（西元一〇六八年）遇見淡痴而得此書，勿迷道人第一次刊書，在北宋哲宗紹聖五年（西元一〇九八年）流傳至今，民間寺廟仍然可見此書，影響民間信仰非常深遠。

從思想淵源而言，該書結合了中國傳統善惡報應、鬼神思想和佛教六道輪迴。所描述十殿亡魂生前犯罪情事，充分反應北宋當時人民的日常行爲、善惡價值和道德判斷，以宗教的最後審判作爲善惡的賞罰，以達到罰惡勸善的教化作用，看似活生生的神道設教。其思想大要，如該書所言：「大道無爲，清淨一眞，六道衆生，皆因妄成，緣妄造業，善惡攸分，因果不爽，毫釐分明，心念纔動，業相已形，人雖不見，神鬼早明，勿謂暗室，果報難遁。」。

第二節　蕭琛〈難神滅論〉

范縝是蕭琛的內兄，范縝作〈神滅論〉，蕭琛作〈難神滅論〉辯之，見於《弘明集》卷九，並存有范縝〈神滅論〉全文，本節僅述蕭琛詰難之文，范縝神滅思想已述於本章第一節。

一、形神並非一體，存滅各異

〈難神滅論並序〉云：

內兄范子縝著〈神滅論〉以明無佛，自謂辨摧眾口，日服千人，予意猶有惑焉，聊欲薄其稽疑，詢其未悟。論至今所持者形神，所訟者精理，若乃春秋孝享，爲之宗廟，則以爲聖人神道設教，立禮防愚。杜伯關弓，伯有被介，復謂天地之間，自有怪物非人死爲鬼。如此，便不得詰以詩書，校以往事，唯可於形神之中，辨其離合，脫形神一體，存滅罔異，則范子奮揚蹈厲，金湯邈然，如靈質分途，興毀區別，則予剋敵得儁，能事畢矣。又予雖明有佛，而體佛不與俗同爾，兼陳本意，係之論左焉。

此爲〈難神滅論〉序文，蕭琛以爲范縝〈神滅論〉，主張人死形盡神滅，主要論述形神關係，自稱辯才無礙。對於宗廟祭祀，認爲是聖人神道設教，只是一種教化，表現孝道而已，並非眞有鬼神。

既然如此，不得不以《詩經》、《尚書》的話去詰難他，並且驗諸歷史事例，才能清楚論證形與神的關係，證明形神並非一體，形神亦非同源，存滅各異。換言之，人死形體消亡而神不滅。

二、以夢爲例，形神不得共體

難曰：今論形神合體，則應有不離之證，而直云神即形，形即神，形之與神，不得其異，此辨而無徵，有乖篤喻矣。予今據夢以驗，形神不得共體，當人寢時，其形是無知之物，而有見焉，此神遊之所接也。神不孤立，必憑形器，猶人不露處，須有居室，但形器是穢闇之質，居室是蔽塞之地。神反形內，則其識微惛，惛故以見爲夢，人歸室中，則其神暫壅，壅故以明爲昧。夫人或夢上騰玄虛，遠適萬里，若非神行，便是形往耶！形既不往，神又弗離，復焉得如此？若謂是想所見者，及其安寐，身似僵木，氣若寒灰，呼之不聞，撫之無覺。既云神與形均，則是表裡俱倦，既不外接聲音，寧能內興思想，此即形靜神馳，斷可知矣……

范縝〈神滅論〉說「形即神，神即形。」，蕭琛認爲范縝這種形神一體（形神一元）的說法過於武斷，應該要有神離不開形的證據，如果說形和神沒有差別，是荒誕不經的比喻。

蕭琛進一步以夢爲例，說明形神並非一體，神可以離開形。當人睡覺作夢時，人的形體是沒有知覺的，但是，人在睡夢中可以看到許多景物，這是離開形體之神所看見的。衆生都有形和神，神不孤立獨存，必定寄於人的形體之中，神寄居於形體時，其心識有時不甚清明，所以產生睡夢這種現象。

當人作夢時，或飛上雲霄，或飛行萬里，這個時候，形體靜如枯木，呼叫不醒，觸摸而無知覺，由此可知，睡夢是形體靜止歇息，而精妙之神的遨遊。換言之，形非神，神非形，形神並非相即不離，形神亦非一體（一元）。

值得注意的是，蕭琛以作夢證明神可以離開形，形非神，神非形，形神是二而非一，此一說明是不諦的①，因為夢境的空間不同於現實生活的空間，也就是說夢中的世界不同於現實生活的世界，我們所處的現實世界具有客觀眞實性，而夢中世界不具有客觀眞實性。

再以現代心理學的觀點而言，作夢只是意識受到身體內外各種刺激，而現出快樂、悲傷、恐懼等種種的幻象，若以佛洛伊德對夢的分析而言，作夢是由於受壓抑的願望之表現，日常生活中，個人所生起的願望都受到意識的監督，若為國家禮法所不容許，或為個人道德人格所不容許，則此願望即被壓制，當在睡眠中，急欲尋求強烈表現，因而作夢。再以中醫經典《黃帝內經・靈樞・淫邪發夢篇》的觀點而言，各種夢境的發生，與臟腑的功能和組織器官的虛實有關。由於邪氣滋擾內臟，而與營、衛之氣一起流行，以致魂魄飛揚，精神不安，而生各種夢境。

三、刃利既不俱滅，形神則不共亡

難曰：夫刃之有利，砥礪之功，故能水截蛟螭，陸斷兕虎，若窮利盡，必摧其鋒鍔，化成鈍刃，如此，則利滅而刃存，即是神亡而形在，何云捨利無刃，名殊而體一耶？刃利既不俱滅，形神則不共亡，雖能近取譬，理實乖矣。

蕭琛認爲刀刃之所以鋒利，因爲磨礪的關係，所謂刀刃就是刀子鋒利的地方。如果刀刃使用過度，將成爲鈍刀，鈍刀的鋒利不復存在，但刀子仍然存在。范縝怎能說：「捨利無刃，捨刃無利。」呢？怎麼能說：「形即神，神即形。」呢？刀刃與鋒利既然不會同時消失，形與神不會同時滅亡的道理就可以理解了。

依范縝〈神滅論〉的觀點，鋒利是刃的屬性，鋒利必須附屬在刀刃上，范縝以此比喻形神，說明神爲形的屬性，雖然這種說法非常明確。但是，范縝不應該說「捨利無刃」，而可以說「捨刃無利」，沒有刃就沒有鋒利，然而，刀子卻不因爲鋒利消失而不存在。范縝也不應該說「神即形，形即神。」，而可以說「形者，神之質；神者，形之用。」。神只是形的屬性，依此而言，范縝可以說：「形存則神存，形盡而神滅。」。

而蕭琛依據「捨刃無利，利滅而刃存。」，說明刀刃與鋒利沒有同時消亡，進而說「形神不共亡」，形與神也不會同時消亡。但是，蕭琛的詰難並不能破除范縝的觀點，因爲，由「利滅而刃存」可以推論出「神亡而形在」，卻不能論證「形亡而神在」。更何況，刃沒有鋒利，就不能稱爲「刃」，蕭琛不應該說「若窮利盡……化成鈍刃。」。只有鈍刀，沒有所謂「鈍刃」。

四、神留則形立，神去則形廢

難曰：論云：人之質有知也，木之質無知也，豈不以人識涼燠，知痛癢，養之則生，傷之則死耶？夫木亦然矣，當春則榮，在秋則悴，樹之必生，拔之必死，何謂無知？今人之質，猶如木也。神留則形立，神去則形廢。立也，即是榮木，廢也，即是枯木，子何以辨此非神知，而謂質有知乎？

凡萬有皆以神知，無以質知者也。但草木昆蟲之性，裁覺榮悴生死；生民之識，則通安危利害。何謂非有如木之質以爲形，又有異木之知以爲神耶？此則形神有二，居可別也。但木稟陰陽之偏氣，人含一靈之精照，其識或同，其神則異矣。骨骼形骸之論，死生授受之說，義既前定，事又不經，安用曲辨哉？

范縝〈神滅論〉以爲人之質有知，木之質無知。蕭琛反對木之質無知，他認爲樹木春天生長，秋天凋謝，栽培則生，拔除則死，怎麼能說樹木無知呢？人的形質，也和樹木一樣，神在則形立，神去則形廢。形立就是榮木，形廢就是枯木，怎麼能說樹木之質沒有神知？樹木只是稟受較差的陰陽偏氣，而人稟受最好的陰陽精氣，人爲萬物之靈，人和樹木的「識」或許是相同的，然而，二者的「神」不可能相同。〈神滅論〉所說人之質不同於木之質可休矣。

由上得知，蕭琛以佛家所說「有情衆生」的觀點，反對范縝「人之質有知，木之質無知。」的說法。佛家以爲一切生物都有情識，稱爲「有情衆生」，所謂生物，是指植物和動物的總稱。換言之，自然物有生命，能生長者，如鳥獸草木之類，都是生物，都是有情衆生。

而范縝以一般世俗的觀點，認爲樹木雖有生命的成長，但沒有像人一樣的知覺思慮，所以說「木之質無知」。但是，樹木仍是一個生命體，樹木的生死，由榮木變爲枯木，猶如人的生死，由活人變爲死人，其中的變化是異質的變化，即是由生命體變爲無生命體，所以，不可以絲縷爲喻，因爲絲和縷都是無生命之物，由絲變爲縷，還是同性質的改變而已。

五、神與形離，形傷神不害

難曰：論云：形神不殊，手等皆是神分。此則神以形爲體，體全即神全，體傷即神缺矣。神者何？識慮也。今人或斷手足，殘肌膚，而智思不斷，猶孫臏刖趾，兵略愈明，膚浮解腕，儒道方謐。此神與形離，形傷神不害之切證也。但神任智以役物，託器以通照，視聽香味各有所憑，而思識歸乎心器。譬如人之有宅，東閣延賢，南軒引景，北牖招風，西櫺映月，主人端居中霤，以收四事之用焉。若如來論，口鼻耳目，各有神分，一目病，即視神毀，二目應俱盲矣。一耳疾，即聽神傷，兩耳俱應聾矣，今則不然，是知神以爲器，非以爲體也。

蕭琛認爲如果依照范縝的說法「形即神，神即形，手等皆是神分。」，那麼，形體受了傷害，精妙之神也就殘缺不全才對。但是，從經驗得知，如果把某人的手或腳砍斷，他依然可以神志不亂，並不影響他的思慮，例如孫臏、司馬遷等人，雖然形體受到傷害，仍然有很高的成就，這就是形與神分離不一，形非神、神非形的例證。

又如〈神滅論〉所說「手等皆是神分。」，表示口鼻耳目各有其神主管，各是精妙之神的部份，那麼，當一個眼睛生病時，應該兩個眼睛全盲，因爲視力之神毀壞之故。同樣，一個耳朵生病聽不見，應該兩個耳朵都聽不見，因爲聽力之神毀傷之故。但是，事實並非如此，一個眼睛受傷生病看不見，另一個眼睛還看得見。由此可知，神不以形爲體，神只是寄居於身體的裡面而已，神以形爲器物。精妙的心識之神寄居於形體，猶如人居住於宅內，住宅分東西南北，有客廳、廚房、廁所、臥室、陽台等，各有其用，主人則居住在主臥室裡，總管住宅並享受住宅的各種功能作用。

由上可知，蕭琛依「形神二元」的立場，批評范縝「形神一元」的觀點，依范縝而言，形有耳、目、手、足、心等，耳主聽，目主視，手足知痛癢，心能思慮，各有各的功能，集合統稱爲神，而神是形的屬性。耳目手足的殘缺，只會影響自己部份的功能，並不影響其他部份的功能。

六、神理均妙，識慮齊功

又云：心爲慮本，慮不可寄之他分，若在於口眼耳鼻，斯論然也。若在於他，心則不然矣。耳鼻雖共此體，不可以相雜，以其所司不同器，器用各異也。他心雖在彼形，而可得相涉，以其神理均妙，識慮齊功也。故書稱啓爾心，沃朕心。詩云：他人有心，予忖度之，齊桓師管仲之謀，漢祖用張良之策，是皆本之於我形，寄之於他分。何云張甲之情，不可託王乙之軀，李丙之性，勿得寄趙丁之體乎？

蕭琛認爲耳目口鼻各有其功用，其神不可混雜，耳有耳神，目有目神，口有口神，鼻有鼻神，不可替代。但心則不同，心雖寄於不同的形體之中，其識慮神妙。所以，人與人之間可以相互溝通，傳達思想與情感。又依佛家輪迴思想，衆生心識不斷，張三心識之神更生於李四之軀，王五心識之神更生於趙六之體，人死非斷，形盡神不滅。

七、形神殊別，明暗不同

難曰：論云：豈有聖人之神，而寄凡人之器，亦無凡人之神，而託聖人之體。今陽貨類仲尼，項籍似帝舜，即是凡人之神，託聖人之體也。珉玉鵾鳳，不得爲喻，今珉自名珉，玉實名玉，鵾號鵾鵾，鳳曰神鳳。名既殊稱，貌亦爽實。

今舜重瞳子，項羽亦重瞳子，非有珉玉二名，唯覩重瞳相類，又有女媧蛇軀，皋陶馬口，非直聖神入於凡器，遂乃託於蟲畜之體，此形神殊別，明暗不同，茲益昭顯也。若形神爲一，理絕前因者，則聖應誕聖，賢必產賢，勇怯愚智，悉類其本，既形神之所陶甄，一氣之所孕育，不得有堯睿朱嚚，瞍頑舜聖矣……

范縝〈神滅論〉認爲「豈有聖人之神，寄於凡人之體？亦無凡人之神，寄托聖人之體。」，范縝這幾句話是不當的，因爲這些話表示人各有形、神，形神分而爲二，與范縝強調神是形的屬性，是矛盾不合的。所以，蕭琛加以詰難。

蕭琛認爲陽貨似孔子，項籍像虞舜，這就是凡人之神，寄於聖人之體。又如女媧蛇身，皋陶馬口，這不僅表示聖人之神可以寄於凡人之形體，還可以寄於禽獸之體。由此可知，形神殊別，形非神，神非形，形神爲二非一。如果說形神爲一，那麼，聖人應生聖人，賢人應生賢人，如果眞是這樣，堯不應該生丹朱，瞽叟不應該生舜。換言之，人的形體並沒有凡聖的差別，而子女稟受之神亦非來自父母，所以，堯才生下丹朱，瞽叟才生下舜。

八、佛之立教，本以好生惡殺，修善務施

子云：釋氏蠹俗傷化，費貨損役，此惑者爲之，非佛之尤也。佛之立教，本以好生惡殺，修善務施，好生非止欲繁育鳥獸，以人靈爲重，惡殺豈可得緩宥逋逃，以哀矜斷察？修善不必贍丈六之形，以忠信爲上，務施不苟使殫財土木，以周給爲美。若悉絕嗣續，則必法種不傳，如並起浮圖，又亦播殖無地，凡人且猶知之，況我慈氏，寧樂爾乎？……

今悖逆之人，無賴之子，上罔君親，下虐儔類，或不忌明憲，而乍幽司，憚閻羅之猛，畏牛頭之酷，遂悔其穢惡，化而遷善，此佛之益也。又，罪福之理，不應殊於世教，背乎人情。若有事君以忠，奉親唯孝，與朋友信，如斯人者，猶以眚掩德，蔑而棄之，裁犯蟲魚，陷於地獄，斯必不然矣……

〈難神滅論〉最後一段，蕭琛反駁范縝〈神滅論〉說「佛教蠹俗害政，有傷教化，勞民傷財。」。

蕭琛以爲佛教提倡好生戒殺，佈施濟人，修德行善，怎麼會蠹俗害政，有傷教化呢？好生戒殺不僅是不殺害禽獸，尤其不可濫殺無辜百姓，因爲人是萬物之靈，戒殺也不是反對國家刑罰，妨礙聖王的治理。修德行善也不是只教人拜佛念經，尤以忠信至上，孝道第一。佈施也不是讓人傾家蕩產以建佛寺、佛像，而以濟人利他爲先。有些人不懂佛法眞諦，不肯佈施助人，棄苦難親友而不顧，只是建佛寺，造佛像，這些人是不會得到福報的，我也表示反對。

社會上有些罪逆、無賴惡徒，不怕國家刑罰，卻很怕得到惡報，下地獄，佛教能夠使這些罪逆去惡爲善，這是佛教的大利益之一。而且佛教善有善報、惡有惡報的報應思想，與中土人倫親情，儒家教化也不相違背。如果能夠以忠事君，以孝事親，對朋友講信，以仁義之道爲人處事，這種人必有福報，不會遭受下地獄的惡報。

所以，個人與佛教的關係，應該力行五戒，好生戒殺，佈施濟人，修德行善，弘揚佛法，而不是只顧個人的利益，如果能夠做到這樣，雖然不一定拜佛念經，其實，這種人已經是佛的境界了。

【註　釋】

①王符《潛夫論・夢列》云：「本所謂之夢者，困不了察之稱，而憒憒冒名也，故亦不專信以斷事。」。王符認爲夢是一種困倦不清楚的事物之名稱，是昏亂不明的事物之代名詞，所以，不可以專憑作夢來對事物做出判斷。人們對所策劃的事情，努力去做，尚且不能成功，何況是在恍惚昏亂的夢境中的事，又

怎能應驗呢？

第三節　曹思文〈難神滅論〉

曹思文撰〈難神滅論〉一文，詰難范縝〈神滅論〉的思想，范縝撰〈答曹舍人〉一文回辯曹思文所提的問題，而曹思文又撰〈重難神滅論〉①，詰難范縝說法的缺點。

一、形亡而神不亡

〈難神滅論〉云：

論曰：神即形也，形即神也。是以形存則神存，形謝則神滅也。

難曰：形非即神也，神非即形也。是合而爲用者也，而合非即矣。生則合而爲用，死則形留而神逝也。何以言之？昔者趙簡子疾，五日不知人。秦穆公七日乃寤，並神遊於帝所，帝賜之鈞天廣樂，此其形留而神逝者乎！若如論言形滅則神滅者，斯形之神，應如影響之必俱也。然形既病焉，則神亦病也，何以形不知人，神獨遊帝而欣歡於鈞天廣樂乎？斯其寐也，魂交，故神遊蝴蝶，即形與神分也，其覺也形開，蘧然周也，即形與神合也，然神之與形，有分有合，合則共爲一體，分則形亡而神逝也。是以延陵窆子而言曰：骨肉歸復於土，而魂氣無不之也，斯即形亡而神不亡也，然經史明證，灼灼也如此，寧是形亡而神滅者也。

曹思文〈難神滅論〉第一段文，他強調形和神合而爲用，是生命的具體表現，人死之後，神離開形體，而形體腐朽，反對范縝形神相即的說法。此外，他以作夢爲例，說明形神分離，神可以在作夢時離開形體，此一說明近似蕭琛〈難神滅論〉所說。

曹思文舉趙簡子爲例，從前，趙簡子生病，昏睡了五天，不省人事。秦穆公一覺睡了七天七夜，還神遊於天帝御所，天帝賜他鈞天廣樂，這就是形留而神遊的例證。又如莊周夢蝴蝶，神遊而化爲蝴蝶，神與形分離，夢醒時，神又與形合，所以說，形與神，有分有合，神可以離開形體，形不是神，神不是形。

曹思文以作夢說明形神是二而非一，類似蕭琛的說法，如第二節所述，夢中的空間不同於現實生活的空間，現實生活的空間有眞實性，花草樹木、飛禽走獸，一一具體存在，而夢境的空間沒有眞實性，即使夢見自己在路上撿到很多錢，夢醒仍是一場空。所以，不能將夢中神遊天帝御所，與莊周夢蝴蝶，做爲神離開形體，形神爲二的例證。換言之，以作夢論證形神二元是不諦的。

更何況，莊周夢蝴蝶，只是描寫莊子逍遙無待的精神境界，是一種「天地與我並生，萬物與我爲一。」（《莊子．齊物論》）及「道通爲一」的精神境界。莊子所謂「物化」，意指我與萬物的界限完全消解，萬物與我爲一的精神境界。

曹思文又舉《禮記．檀弓下》記述吳公子季札埋葬兒子時所說：「骨肉又回到泥土裡面，這是生死有命，至於魂氣則無不之也。」，說明形體雖亡而神魂不亡，他認爲古籍經史對於形亡而神不滅有很多記載，怎麼說形亡而神滅呢？

二、若形神俱滅，復誰配天乎？復誰配帝乎？

論曰：問者曰：經云：為宗廟，以鬼饗之。通云：非有鬼也，斯是聖人之教然也，所以達孝子之心，而厲渝薄之意也。

難曰：今論所云，皆情言也，而非聖旨。請舉經記，以證聖人之教。《孝經》云：「昔者周公郊祀后稷以配天，宗祀文王於明堂以配上帝。」。若形神俱滅，復誰配天乎？復誰配帝乎？且無神而為有神。宣尼云：「天可欺乎？」。今稷無神矣，而以稷配，斯是周旦其欺天乎？果其無稷也，而空以配天者，既其欺天矣，又其欺人也。斯是聖人之教，教以欺妄也。設欺妄以立教者，復何達孝子之心，厲渝薄之意哉？

〈難神滅論〉云：

原尋論旨，以無鬼為義。試重詰之曰：孔子菜羹瓜祭，祝其祖禰也。記云：樂以迎來，哀以送往，神既無矣，迎何所迎？神既無矣，送何所送？迎來而樂，斯假欣於孔貌，送往而哀，又虛涙於丘體，斯則夫子之祭禮也，欺僞滿於方寸，虛假盈於廟堂，聖人之教，其若是乎？而云聖人之教然也，何哉？

范縝〈神滅論〉認為宗廟祭祀，只是聖人的教化，所謂神道設教，只是孝道的表達而已。曹思文不以爲然，他認爲這是范縝個人的意見，並非聖人的意思。例如：《孝經・聖治》說：「周公郊祀后稷以配天，宗祀文王於明堂以配上帝。」。如果人死形盡神滅，周公以什麼來配天呢？又以什麼來配上帝呢？也就是說，如果文王、后稷形盡神滅，周公不僅欺天，也是欺騙百姓。

《論語・了罕》記述：孔子生病，子路使門人用家臣的名義預備孔子的喪事。後來，孔子的病好了，他說：「子路的詐僞使我痛心，我沒有官職，也沒有家臣，假裝有家臣的樣子，我欺騙誰呢？我欺騙天嗎？」。孔子所謂「吾誰欺？欺天乎？」的「天」，應是道德法則的天，而非至高尊神或主宰之神的「天」②。

曹思文又舉孔子以菜羹瓜果祭祀③，《禮記》也說：「以樂迎之，以哀送之。」，說明鬼神的存在。如果眞的沒有鬼神，何所迎？何所送？何所哀？何所樂呢？孔子豈不是虛僞嗎？聖人之教眞是如此嗎？由此可以證明人死形盡神不滅。否則，聖人之教只是虛僞，欺騙百姓而已。

三、若形神合而爲用，不合則無用

針對曹思文〈難神滅論〉的詰難，范縝作〈答曹舍人〉以爲回應，〈答曹舍人〉云：

難曰：形非即神也，神非即形也，是合而爲用者也，而合非即也。

答曰：若合而爲用者，明不合則無用，如蛩駏相資，廢一則不可，此乃是滅神之精據，而非存神之雅決，子意本欲請戰，而定爲我援兵耶！

曹思文〈難神滅論〉認爲形神爲二，有分有合，並非形即神，也不是神即形。形神合而爲用與形神相即爲一是完全不同的。合是兩者相合，形神相合爲用而有生命。

范縝〈答曹舍人〉認爲形神既然合而爲用，說明形神不合則無用，所以，形體滅亡，那麼，神則無用，例如蛩蛩駏驉，相資爲用，缺一不可。

值得注意的是，神無用並不能充分證明神滅，也就是說，神無用並不表示神滅，所以，這不是范縝所謂「神滅之精據」，相反的，范縝如果認爲形神相合爲用，反而是肯定了形神爲二而非一，反而否定自己的觀點。

四、神無所闕，何故憑形以自立

〈答曹舍人〉云：

難曰：昔趙簡子疾，五日不知人，秦穆公七日乃寤，並神遊於帝所，帝賜之鈞天廣樂，此形留而神逝者乎？

答曰：趙簡子之上賓，秦穆公之遊上帝，既云耳聽鈞天，居然口嘗百味，亦可身安廣廈，目悅玄黃，或復披文繡之衣，控如龍之轡。故知神之須待，既不殊人，四肢七竅，每與形等，隻翼不可以適遠，故不比不飛，神無所闕，何故憑形以自立？

范縝認爲如果秦穆公的神眞的遊歷天帝御所，耳聽鈞天廣樂，口嘗美味，表示他的神也有耳目口鼻、四肢七竅，和他的形沒有兩樣，既然神和形沒有什麼不同，那麼，神就不必依附形體而可以自立存在了，違反曹思文自己所說形神合而爲用的論點。

五、神遊蝴蝶，是眞作飛蟲耶？

難曰：其寐也魂交，故神遊於蝴蝶，即形與神分也，其覺也形開，蘧蘧然周也，即形與神合也。

答曰：此難可謂窮辯，未可謂窮理也。子謂神遊蝴蝶，是眞作飛蟲耶？若然者，或夢爲牛，則負人轅輈，或夢爲馬，則入人跨下，明旦應有死牛死馬，而無其物，何也？……豈莊生實亂南園，趙簡眞登閶闔耶？外弟蕭琛，亦以夢爲文句，甚悉，想就取視也。

〈答曹舍人〉云：

曹思文〈難神滅論〉舉莊周夢蝴蝶，說明形與神可分可合，范縝不以爲然，他認爲是強辯，不能說明形神可分可合。因爲莊周夢蝴蝶，只是夢幻虛假，莊周眞的變成蝴蝶了嗎？蝴蝶眞的變成莊周了嗎？其實不然，例如有人晚上睡覺，夢爲牛，幫人拉車，有人夢爲馬，給人騎乘，明天早上起床應有牛、馬在床，事實並沒有，由此可知，作夢只是夢幻虛假而已。趙簡子、秦穆公眞的登上天庭了嗎？夢境的景物是不眞實的，蕭琛〈難神滅論〉也以作夢爲例，說明形神二元，可分可合，都是不諦的。

六、形銷於下，氣滅於上

〈答曹舍人〉云：

難曰：延陵窆子而言曰：骨肉歸復於土，而魂氣無不之也。斯即形亡而神不亡也。

答曰：人之生也，資氣於天，稟形於地，是以形銷於下，氣滅於上。氣滅於上，故言無不之，無不之者，不測之辭耳，豈必其有神與知耶？

曹思文〈難神滅論〉舉延陵季子埋葬兒子的話：「骨肉復歸於土，而魂氣無不之。」，說明形體滅亡而神魂不亡。換言之，曹思文以「魂氣」爲「神」，認爲人有如「氣」一般的「魂」，可以千古不朽，「魂」先「形」而存在，「形」因「魂」而有生命現象，人死形滅而魂氣不亡。范縝表示反對，他認爲「氣」只是天地自然的產物，人的生命，稟氣於天，稟形於地，所以，人死形滅於地下，氣消於上而亡，因爲有氣則生，無氣則死，死後豈有神識與知覺？④

七、宗廟郊社，聖人之教跡，彝倫之道

〈答曹舍人〉云：

難曰：今論所云：皆情言也，而非聖旨，請舉經記以證聖人之教。孝經云：昔者周公郊祀后稷以配天，宗祀文王於明堂以配上帝，若形神俱滅，復誰配天乎？復誰配帝乎？

答曰：若均是聖達，本自無教，教之所設，實在黔首，黔首之情，常貴生而賤死，死而有靈，則長畏敬之心，死而無知，則生慢易之意，聖人知其若此，故廟祧壇墠以篤其誠心，肆筵授幾

以全其罔已，尊祖以窮郊天之敬，嚴父以配明堂之享。且忠信之人，寄心有地，強梁之子，茲焉是懼，所以聲教照於上，風俗淳於下，用此道也。故經云：爲之宗廟，以鬼享之，言用鬼神之道，致茲孝享也。春秋祭祀，以時思之，明厲其追遠，不可朝死夕亡也。子貢問死而有知，仲尼云：吾欲言死而有知，則孝子輕生以殉死，吾欲言死而無知，則不孝之子棄而不葬。子路問事鬼神，夫子云：未能事人，焉能事鬼？適言以鬼享之，何故不許其事耶？死而有知，輕生以殉，是也。何故不明言其有，而作此悠漫以答耶？研求其義，死而無知，亦已審矣，宗廟郊社，皆聖人之教跡，彝倫之道，不可得而廢耳。

曹思文〈難神滅論〉認爲周公郊祀后稷以配天，宗祀文王於明堂以配上帝，如果形盡神滅，根本沒有后稷、文王之神的話，周公不僅欺天，而且欺人。換言之，曹思文以祭祀證明神的存在。然而，范縝秉持儒家精神，以爲祭祀只是孝道的表現，儒家對生死鬼神的問題，基本上是採取存而不論的態度，例如死人到底有沒有知覺？《禮記・檀弓上》認爲送死而認定死者無知，這是不仁，沒有愛心；送死而認定死者仍有知覺，這又太缺乏理智⑤。《說苑・辨物》記載子貢問孔子：死人有知覺或無知覺？孔子說：如果說死者有知覺，恐怕孝子賢孫不願意再生活下去，而去陪葬死者，也就是殉葬，作爲陪伴和侍奉死者而犧牲隨葬；如果說死者無知，恐怕不肖子孫不顧死者而不予安葬。要想知道死人有知覺或無知覺，自己死了就知道⑥。

范縝強調宗廟祭祀，只是聖人立教，以達孝子之心，愼終追遠，敦厚民俗而已，並非眞有鬼神，而聖人如此立教，也非欺妄，只要有益人心教化，就不是欺妄，所以，〈答曹舍人〉說：

苟可以安上治民，移風易俗，三光明於上，黔黎悅於下，何欺妄之有乎？……郊丘明堂，乃是儒家之淵府也，而非形神之滯義，當如此何耶？

須知，儒家自始自終就把重點放在如何教化百姓成賢成聖的道德實踐上，至於是否有鬼神的存在，對儒家而言，已經是第二義上的事，對於人死後的世界也不值得今生去枉尋，范縝堅持儒家的精神，值得吾人敬佩。

值得注意的是，范縝和曹思文對祭祀的詮釋有所不同，已經不是純粹的理性思辯，而是牽涉到文化思想的層面。從文化思想上而言，「神滅或神不滅」的爭論，本來就是儒家和佛家思想爭論的一個重要問題，范縝自認站在儒家的立場對抗佛教，因此，吾人對儒家祭祀的意義，應有進一步的說明。《禮記・祭統》認爲祭祀祖先是補充生前未能盡孝的奉養，而延續孝敬父母的行爲。所以，孝就是累積而來的敬養，順乎人道，而不悖逆人倫之常。因此，孝子事親有三原則：生前敬養，沒則喪葬及服喪，喪畢則祭祀⑦。

祭祀是孝道的表現，在儒家典籍中多處可見，如《中庸》第十九章認爲周武王和周公是天下最盡孝的人。所謂孝道，是能善於繼承先人的遺志，完成先人的志業。春秋兩季祭祀的時候，修繕祖廟，陳列祖先珍藏的器物，陳設祖先穿過的衣服，供奉應時的食物。宗廟祭祀之禮，要排列親疏遠近，父子長幼的人倫次序。站在排定的地方，舉行祭祀之禮，演奏祭祀的音樂，敬拜應該尊重的祖先，愛護那些應該親近的親屬，事死如事生，事亡如事存，這是孝道的極致。祭祀天地之禮，是為了事奉上天，宗廟之禮，是為了祭祀祖先，明白祭祀天地之禮，以及宗廟祭祀，治理國家，就很容易了⑧。

王充在《論衡．祭意》中認為祭祀有兩個意義：㈠是報功，㈡是敬奉祖先。報功是為報答對人群有貢獻的人，嘉勉他們盡心努力造福人群，修先是敬奉祖先，尊崇祖先的恩德。盡心努力造福人群的人得到勉勵，祖先的恩德受到尊崇，使功業建立，讓教化普及，這是聖王的職責。所以，凡是有功於國家、社會或人民者，都應祭祀，如果祭拜不應該祭祀的鬼神，稱為「淫祀」，意指多餘而不必要的祭祀，根本沒有意義，而且是一種無恥的媚求，誠如孔子所說：「非其鬼而祭之，諂也。」（《論語．為政》）⑨。

因此，《禮記．祭法》認為凡有功於人民，因公務而死，有安邦定國的功勞，為人民防災阻禍，保護人民避免受苦，凡是這些人逝世以後，都要祭祀。另外，日月星辰是人民賴以見識天文，區分季節，利於農耕，還有山林川谷丘陵，是人民賴以生活的地方，也都值得感恩祭祀，除此之外，不能祭祀⑩。

又根據大清「嘉慶會典」的規定，官廟祭祀的原則是：「社稷神祇則以祀，崇功報德則以祀，護國佑民則以祀，忠義節孝則以祀，名宦鄉賢則以祀。」。「嘉慶會典」與《禮記．祭法》的思想大致相同，祭祀的對象是一致的。值得注意的是，中國文化的傳統，不以祭祀為純粹的宗教行為，而是政府重要的慶典，一直到現在，政府仍然每年舉行祭孔大典，祭拜黃陵，祭祀先烈等祭祀，以示對古聖先賢的崇敬與感恩，一般民衆清明節掃墓祭祖，年節祭拜祖先，以示對祖先尊敬與感恩，表示不忘本。

針對范縝的〈答曹舍人〉，曹思文又作〈重難神滅論〉以爲回應。

八、蛩蛩駏驉，形神合用之證

〈重難神滅論〉云：

> 論曰：若合而爲用者，明不合則無用，如蛩駏之相資，廢一則不可。此乃是滅神之精據，而非存神之雅決。……論又云：形之於神，猶刃之於利，未聞刃沒而利存，豈形亡而神在？難曰：蛩蛩駏驉是合用之證耳，而非形滅即神滅之據也。何以言之？蛩非驉也，驉非蛩也。今滅蛩蛩，而駏驉不死；斬駏驉，而蛩蛩不亡，非相即也。今引此以爲形神俱滅之精據，又爲救兵之良援，斯倒戈授人，而欲求長存也。悲夫！斯則形滅而神不滅之證一也。

范縝〈答曹舍人〉認爲形神關係，猶如蛩蛩和駏驉的關係，相互依存，相資爲用，缺一不可。然而，蛩蛩和駏驉是兩個獨立的個體，范縝用此來比喻形神關係，違反他強調形神相即、形質神用的立場，只是授人把柄而已，所以，曹思文詰難之。

曹思文認爲蛩蛩和駏驉確實是相資合用的例證，但不能以此例證說明形盡神滅，爲什麼呢？因爲蛩蛩不是駏驉，駏驉不是蛩蛩⑪。如果把蛩蛩打死，駏驉並不會死；如果把駏驉斬殺，蛩蛩也不會死亡，可見蛩蛩和駏驉是兩個獨立的個體，不是相即爲一，這是形盡神不滅的明證之一。

九、神之與形，二物之合用

論云：形之與神，猶刃之於利，未聞刃沒而利存，豈容形亡而神在？雅論據形神之俱滅，唯此一證而已，愚有惑焉。何者？神之與形，是二物之合用，即論所引蛩駏相資是也。今刃之於利，是一物之兩名耳。然一物兩名者，故捨刃則無利也，二物之合用者，故形亡則神逝也。今引一物之二名，以徵二物之合用，斯差若毫釐者，何千里之遠也？斯又是形滅而神不滅之證二也。〈重難神滅論〉云：

范縝以刀刃與鋒利，比喻形與神的關係，形與神是「質」與「用」的關係，也就是形是實體，神是屬性。刃與鋒利是一物之二名，因爲只是一物，所以，捨刃而無鋒利可言。

但是，曹思文認爲形與神，是二物之合用，不是一物之二名。所以，曹思文以爲范縝引一物之二名（即刃與鋒利）來論證二物之合用（曹思文主張形與神是二物之合用）實是差之毫釐，失之千里，這是形盡而神不滅的明證之二。

范縝引延陵葬子的話，指出形體滅於下，而魂氣消散於上。曹思文認爲如果依范縝所說「形即神，神即形。」那麼，神應該消散在形體之中，怎麼又說形滅於地下，而魂氣消散於上呢？可見，范縝的話是矛盾的，這是形盡而神不滅的明證之三。

此外，范縝認爲周公郊祀后稷以配天，宗祀文王於明堂以配上帝，雖然形盡神滅，並非欺天，亦非欺人，猶如商湯放桀，周武伐紂，並非弑君。或許周公因時值亂世，借此神道立教，以治當時之亂。但是，唐、虞時代並非亂世，有虞氏王天下時，也曾祭黃帝而祀祖先，如果沒有鬼神，又何必有各種的祭祀呢？這是曹思文主張形盡而神不滅的明證之四。

值得注意的是，曹思文以祭祀證明形盡神不滅，近似墨子明鬼的思想。墨子認爲從前，周武王滅殷誅紂後，命諸侯分掌祭祀，同姓者主殷祀，祀紂先王，異姓之國祭山川。可見，周武王一定認爲是有鬼神存在，如果眞的沒有鬼神，武王何必要分派諸侯祭祀呢？所以，墨子說：祭祀的意義，並不是把祭品倒掉，而是上可以邀鬼神之福，下可以連絡宗親情感，如果鬼神眞的存在，那就是把我們逝世的父母祖先請來聚餐，這不是天下很好的一件事嗎？⑫

【註　釋】

① 曹思文〈難神滅論〉、〈重難神滅論〉及范縝〈答曹舍人〉諸文均見於《弘明集》卷九。

② 《論語》出現「天」字，共有十九次，意義不一，簡要分述，可得以下諸義：

㈠「天將以夫子爲木鐸。」（〈八佾〉），「堯曰：咨爾舜，天之曆數在爾躬。」（〈堯曰〉），這兩個「天」字，都含有道德及超越的意義。

㈡「子曰：天何言哉！四時行焉，百物生焉，天何言哉！」（〈陽貨〉），此「天」是天道流行之義。

㈢「天之將喪斯文也，後死者不得與於斯文也。」，「死生有命，富貴在天。」（〈顏淵〉），這兩個

「天」字，含有天命之義。

㈣「夫子之不可及也，猶天之不可階而升也。」（〈子張〉），此「天」是自然之天。

㈤「天喪予！天喪予！」（〈先進〉），此爲孔子感嘆之詞。

㈥「獲罪於天，無所禱也」（〈八佾〉），此「天」意謂不可違逆的天理。

㈦「大哉堯之爲君，巍巍乎唯天爲大。（〈泰伯〉）、「天生德於予，桓魋其如予何？」（〈述而〉），此是天德至大之天。

㈧「子貢曰：固天縱之將聖。」（〈子罕〉），此是天命於人之義。

㈨「子曰：不怨天，不尤人，下學而上達，知我者其天乎！」，此是孔子踐仁、知天，天人合一之義。可知，《論語》言天有不同的意義，然而，孔子心目中的天，其眞義是一個道德法則，同時也是一個宇宙法則，含有天道思想，《論語・公冶長》：「子貢曰：夫子之文章，可得而聞也，夫子之言性與天道，不可得而聞也。」。

③《論語・鄉黨》：「雖疏食，菜羹，必祭，必齊如也。」。

④唐君毅在《中國哲學原論導論篇》第五八一頁上說：「今推范縝之著神滅論之意，其答曹舍人『人之生也，資氣於天，稟形於地，是以形銷於下，氣滅於上。』實則同王充之言人稟天地之形氣以生，亦與之俱化之說。」。

⑤《禮記・檀弓上》：孔子曰：「之死而致死之，不仁而不可爲也，之死而致生之，不知而不可爲也。」。

⑥《說苑・辨物》:子貢問孔子,死人有知無知也?孔子曰:吾欲言死者有知也,恐孝子順孫妨生以送死也;欲言無知,恐不孝子孫棄不葬也。賜欲知死人有知將無知也,死徐自知之,猶未晚也。」。《說苑》的編著者是漢朝的劉向,這則孔子與子貢的對話,應代表儒家的思想。

⑦《禮記・祭統》云:「祭者,所以追養繼孝也。孝者,畜也。順於道不逆於倫,是之謂畜。是故,孝子之事親也,有三道焉:生則養,沒則喪,喪畢則祭。養則觀其順也,喪則觀其哀也,祭則觀其敬而時也。盡此三道者,孝子之行也。」。

⑧《中庸》第十九章云:「子曰:武王周公其達孝矣乎!夫孝者,善繼人之志,善述人之事者也。春秋,脩其祖廟,陳其宗器,設其裳衣,薦其時食。宗廟之禮,所以序昭穆也,序爵,所以,辨貴賤也…郊社之禮,所以事上帝也,宗廟之禮,所以祀乎其先也。明乎郊社之禮,禘嘗之義,治國其如示諸掌乎!」。

⑨《論衡・祭意》云:「凡祭祀之義有二:一曰報功,二曰修先。報功以勉力,修先以崇恩。力勉恩崇,功立化通,聖王之務也…宗廟先祖,己之親也,生時有養親之道,死亡義不可背,故修祭祀,示如生存。」。

⑩《禮記・祭法》云:「夫聖王之制祭祀也:法施於民,則祀之;以死勤事,則祀之;以勞定國,則祀之;能禦大菑,則祀之,能捍大患,則祀之…及夫日月星辰,民所瞻仰也,山林川谷丘陵,民所取材用也。非此族也,不在祀典。」。

⑪劉向《說苑・復恩》云:「孔子曰:北方有獸,其名曰蟨,前足鼠,後足兔。是獸也,甚矣其愛蛩蛩、

巨虛也，食得甘草，必齧以遺蛩蛩、巨虛，蛩蛩、巨虛見人將來，必負蟨以走。蟨非性之愛蛩蛩、巨虛也，爲其假足之故也。二獸者亦非性之愛蟨也，爲其得甘草而遺之故也。夫禽獸昆蟲猶知比假而相有報也，況於士君子之欲與名利於天下者乎？」。所謂巨虛，就是駏驉。北方有一種野獸，名字叫蟨，牠的前腿短，後腿長。蟨特別喜歡蛩蛩和巨虛，蟨吃到甘草，一定咬碎給蛩蛩和巨虛吃。蛩蛩和巨虛如果看見有人接近，就揹著蟨逃走。蟨並不是喜愛蛩蛩和巨虛，而是爲了要借助牠們，這兩種野獸，也不是喜愛蟨，而是爲了分食蟨所得到的甘草。

⑫《墨子．明鬼下》云：「昔者，武王之攻殷誅紂也，使諸侯分其祭曰：使親者受內祀，疏者受外祀。故武王必以鬼神爲有，是故攻殷伐紂，使諸侯分其祭，若鬼神無有，則武王何祭分哉？……是故子墨子曰：今吾爲祭祀也，非直注之汙壑而棄之也，上以交鬼之福，下以合驩聚衆，取親乎鄉里，若神有，則是得吾父母兄弟而食之也，則此豈非天下利事也哉？」。

第四節　沈約〈難范縝神滅論〉

梁朝反對范縝〈神滅論〉比較重要者，除了梁武帝、蕭琛、曹思文外，還有沈約。沈約著有〈難范縝神滅論〉、〈神不滅論〉、〈形神論〉、〈因緣義〉、〈均聖論〉、〈六道相續作佛義〉、〈佛知不異衆生知義〉等文①。

一、若形即神，則七竅百體，無處非神

〈難范縝神滅論〉云：

來論云：形即是神，神即是形。又云：人體是一，故神不得二。若如雅論，此二物不得相離，則七竅百體，無處非神矣。七竅之用，既異百體，所營不一，神亦隨事而應，則其名亦應隨事而改。

神者，對形之名，而形中之形，各有其用，則應神中之神亦應各有其名矣。今舉形則有四肢百體之異，屈伸聽受之別，各有其名，各有其用，言神唯有一名，而用分百體，此深所未了也。

若形與神對，片不可差，何則形之名多，神之名寡也？

這一段文，是沈約對范縝「形即神，神即形，形神即一。」所提出的第一點詰辯。「形即神，神

即形。」是范縝〈神滅論〉的語病，言語上確有瑕疵。其實，他把神解釋爲形體的功能屬性，才是重點。范縝認爲四肢所主爲知覺，心器所主是思慮，知覺思慮各是神分，而總爲一神。

沈約的詰辯，說明如下：

假設：形即神，神即形，形神是一。

前提：凡物用別體分則各有其名，七竅各有其名。

推論：若形神是一，形即神，神即形，則七竅無處非神。已知七竅各有其用，各有其名。那麼，神也應隨形而各有其名，例如耳朶有耳神，鼻子有鼻神，嘴有嘴神才對。但是，人只有一個神而已。換言之，人之神唯有一名，所以，沒有所謂耳神、鼻神。因此，假設錯誤。可知，形神非一，形非神，神非形。

二、形之與神，豈可妄合

〈難范縝神滅論〉云：

若如來論，七尺之神，神則無處非形，形則無處非神矣。刀則唯刃猶利，非刃則不受利名，故刀是舉體之稱，利是一處之目，刀之與利既不同矣，形之與神，豈可妄合耶？

這一段是詰難范縝刃與鋒利的比喻，但是，沈約的詰難並不恰當。因爲范縝的比喻是刃與鋒利，而不是刀子與鋒利，刀子是舉體之稱，也就是整支刀子都叫刀子，但是，刃卻不然，刃是刀子鋒利的地方，刀子唯刃處才有鋒利，那麼，刃與鋒利當然符合一致。沈約誤會范縝刃與利的比喻，誤以為是刀子與鋒利的關係，刃只是刀子鋒利的部份，當然，整支刀子不完全鋒利，刀與鋒利當然不合。

三、天人之道或異，往識之神猶傳

〈難范縝神滅論〉云：

又，昔日之刀，今鑄為劍，劍利即為刀利，而刀形非劍形，於利之用弗改，而質之形已移，與夫前生為甲，後生為丙，天人之道或異，往識之神猶傳，與夫劍之為刀，刀之為劍，有何異哉？

這一段是沈約以范縝刀刃與鋒利的比喻說明輪迴，以前的刀子，現在鑄為劍，劍利即是刀利，刀子已經變成劍，刀形已非劍形，形質已經改變，鋒利仍然不改，猶如六道輪迴轉世，前世為甲，輪迴轉世為丙，或許前世為畜生，今生轉世為人，六道各不相同，心識之神仍傳。不過，范縝可以不必認同劍利即是刀利，鋒利附屬於不同形質的個體，必然造成不同程度的鋒利，例如某甲和某乙雖然都有知覺思慮，但是，某甲的知覺思慮並不相同於某乙的知覺思慮，畜生的感官知覺也不相同於人類的感官知覺，因此，范縝可以不必承認一定有六道輪迴。

四、不得以刀之為利，譬形之與神

〈難范縝神滅論〉云：

又，一刀之質分爲二刀，形已分矣，而各有其利，今取一牛之身，而剖之爲兩，則飲齕之生即謝，任重之用不分，又何得以刀之爲利，譬形之與神耶？

沈約指出把刀子一分爲二，形質已經分開，而仍然各有其鋒利。但是，把一隻牛一分爲二，牛的生命立即死亡。換言之，刀子是沒有生命的無機體，而人類、牛、馬卻有生命，以刀刃和鋒利比喻人的形與神，顯然是錯誤類比(The fallcy of Weak Analogy)。其實，以燭火比喻形神，或以刀刃和鋒利比喻形神，都是錯誤類比。

五、刀若舉體是利，神用隨體則分

〈難范縝神滅論〉云：

來論謂：刀之與利，即形之有神，刀則舉體是一利，形則舉體是一神。神用於體，則有耳目手足之別，手之用不爲足用，耳之用不爲眼用。而利之爲用無所不可，亦可斷蛟蛇，亦可截鴻雁，非一處偏可割東陵之瓜，一處偏可割南山之竹，若謂利之爲用亦可得分，則足可以執物，眼可以聽聲矣。若謂刀背亦有利，兩邊亦有利，但未鍛而銛之耳。利若偏施四方，則利體無處復立，形方形直，並不得施利，利之爲用，正存一邊毫毛處耳。

神之與形，舉體若合，又安得同乎？刀若舉體是利，神用隨體則分，若使刀之與利，其理若一，則胛下亦可安眼，背上亦可施鼻，可乎不可也？若以此譬爲盡耶？則不盡。若謂本盡耶？則不可以爲譬也。

此段主要詰難范縝以刀、利比喻形神的不當。沈約指出，如果依照范縝所言神爲形之用，而形之用有耳、目、口、鼻、手、足的分別，手之用不能爲足用，耳之用不能爲眼用。而利爲刀之用，但是，利之用不可分，如果利之用可分，那麼，形之用必發生混淆，眼睛可以聽聲音，足可以執物，耳可以視物。但是，沈約的詰難並不恰當，因爲依照范縝〈神滅論〉的觀點，神之用在手足同爲知覺，其他感官如眼能視、耳能聞也是知覺，可謂感官知覺，他如心所主的是思慮，范縝也認爲知覺就是思慮，只是知覺淺，思慮深而已，那麼，神之用猶如刀利一樣不可分，沈約的詰難並不恰當。

再者，沈約以爲形乃舉體是神，刀非舉體都是利，如刀背、刀柄都沒有鋒利，這一點是沈約對范縝的誤會，范縝是說刀刃與鋒利的關係，不是刀子與鋒利的關係，刀刃舉體是鋒利，有何不可，因爲刃就是刀子鋒利的部份。

六、形本非神，神本非形，形神非一

〈難范縝神滅論〉云：

若形即神，神即形，二者相資，理無偏謝，則神亡之日，形亦應消，而今有知之神亡，無知之形在，此則神本非形，形本非神，又不可得強令如一也。若謂總百體之質謂之形，總百體之用謂之神，今百體各有其分，則眼是眼形，耳是耳形，眼形非耳形，耳形非眼形，則神亦隨百體而分，則眼有眼神，耳有耳神，耳神非眼神，眼神非耳神也。

而偏枯之體，其半已謝，已謝之半，事同木石，譬彼僵尸，永年不朽，此半同滅，半神既滅，半體猶存，彌所駭惕。若夫二負之尸，經億載而不毀，單開之體，尚餘質於羅浮。神形若合，則此二士不應神滅而形存也。

來論又云：欻而生者，欻而滅者，漸而生者，漸而滅者。請借子之衝以攻子之城。漸而滅，謂死者之形骸始乎無知，而至於朽爛也。若然，則形之與神，本爲一物，形既病矣，神亦告病，形既謝矣，神亦云謝。漸之爲用，應與形俱。形以始亡未朽爲漸，神獨不得以始末爲漸耶？

以上三段，都是沈約依「形神二元論」的觀點，詰難范縝的「形神一元論」。沈約認爲如果依照范縝所謂「形即神，神即形，形神爲一。」，那麼，人死神亡，形也應該滅，但是，當人死亡，有知之神已逝，而無知之形猶存，這就說明了形本非神，神本非形，形神非一。因爲形如果等同於神，神等同於形，猶如一物等同於其自身，那麼，其中之一滅亡，另一也應滅亡，因爲根本只是一物，而非二物，如此，形滅則神滅，神滅形也應隨之而滅，但是，神滅，形並不隨之而滅，所以，范縝的說法實有語病。

但是，如果依照范縝把神視爲形的功能屬性的說法，那麼，人死神滅，只是知覺思慮（有知之神）功能的喪失。只是有知之神的喪失，形並不必隨之而滅，如木乃伊能夠常保屍體之不壞，並不是不可能。

第三段，沈約以爲人之將死，形始乎無知（以現代醫學而言彌留。」），而漸於腐爛，但是，神卻倏忽而亡。如果依照范縝形神爲一的說法，那麼，神也應當隨形體由無知彌留僵硬漸至於朽滅，不當倏然而逝滅。

七、生神化爲死神，即是三世

〈難范縝神滅論〉云：

來論又云：生者之形骸，變爲死者之骨骼。案如來論，生之神明，生之形骸，既化爲骨骼矣，明生之神明，獨不隨形而化乎？若附形而化，則應與形同體。若形骸即是骨骼，則死之神明不得異生之神明矣！向所謂死，定自未死，若形骸非骨骼，則生神化爲死神。生神化爲死神，即是三世，安謂其不滅哉②？神若隨形，形既無知矣，形既無知，神本無質，無知便是神亡，神亡而形在，又不經通。若形雖無知，神尚有知，形神既不得異，則向之死形，翻復非枯木矣。

〈難范縝神滅論〉最後一段，沈約仍然秉持「形神二元論」的立場，詰難范縝「形神一元論」的思想。

沈約認爲如果依照范縝〈神滅論〉形神爲一的說法，生命的死亡，其現象是生者的形骸，化爲死者的骨骼，因爲生者的形質不同於死者的形質，死者的骨骼非生者的形骸。如果生者的形骸，不是死者的骨骼，那麼，生者的神應化爲死者的神。生者的神既化爲死者的神，就是佛家所說的輪迴轉世，違反范縝的立場。如果生者的形骸，就是死者的骨骼，那麼，死者的神等同於生者的神，則死等同於未死，更是矛盾。

另一方面，如果依照范縝「形神爲一，神隨形而化。」的觀點，死者之形僵硬無知而神亡，但是，神亡而形（屍體）仍在，顯然違反范縝所說「形神爲一」的原則。不過，依照范縝視神爲形的功能屬性而言，生者的形骸具有神（知覺思慮）的功能作用，而死者的骨骼喪失神（知覺思慮）的功能作用。范縝並沒有所謂生者之神與死者之神的分別，所以說沈約的詰難並不恰當。

然而，值得注意的是，沈約對神有自己的見解，他把神理解爲超越的形上存在，與范縝所謂的神（知覺思慮）並非相同。

沈約除了〈難范縝神滅論〉之外，還有〈神不滅論〉和〈形神論〉，與形盡神不滅思想有關。

八、含生之類，識鑒相懸

沈約在〈神不滅論〉中說：

> 含生之類，識鑒相懸，等級參差，千累萬沓，昆蟲則不逮飛禽，飛禽則不逮犬馬，禺明昭著，不得謂之不然，人品以上，賢愚殊性，不相窺涉，不相解曉，燕北越南，未足云疋。其愚者則不辨菽麥，悖者則不知愛敬，自斯以上，性識漸弘，班固九品，曾未概其萬一，何者，賢之與愚，蓋由知與不知也，愚者所知則少，賢者所知則多，而萬物交加，群方緬曠，情性曉昧，理

趣深玄，由其塗，求其理，既有曉昧之異，遂成高下之差，自此相傾，品級彌峻，窮其原本，盡其宗極，互相推仰，應有所窮，其路既窮，無微不盡，又不得謂不然也。

沈約所謂含生之類，就是有情衆生，有情衆生的神識相差非常懸殊，高低等級參差不同，昆蟲不如飛禽，飛禽不如犬馬，犬馬不如人類③，有情衆生以人類爲最靈。而人類之中，又有賢愚凡聖之分，人有凡人、愚人、智人、仁人、聖人之別。

愚者無知，不辨菽麥，悖者逆倫，不知愛敬兄長，賢人所知者多，推至宗極，則是「無微不盡」的聖佛，「無微不盡」是知的極限，無所不知，無所不能。但是，這種「無微不盡、無所不知、無所不能。」，並非憑藉感官知覺所獲得的知識，因爲感官各有所司，各有所限，不能兼知，更不能達到「無微不盡」之知，通過感官所獲得的知，都只是一偏之知。所以，沈約〈神不滅論〉又說：

九、一念未成，他端互起，惑淺爲病，病於滯有

且五情各有分域，耳目各有司存，心運則形忘，目用則耳廢，何則？情靈淺弱，心慮雜擾，一念而兼，無由可至，既不能兼，紛糾遞襲，一念未成，他端互起，互起衆端，復同前矣，不相兼之由，由於淺惑，惑淺爲病，病於滯有。

沈約所謂「滯有」，就是執著萬物都有自性存在，凡夫滯有，認爲萬物都有自性，其知膚淺痴迷，因此，受知覺情識的種種限制，而不能兼知。而人之所以執著萬物都有自性，是因爲人有情識，因而

產生貪愛，因爲有了貪愛，衆生受形，輪迴六道，受因果業報，因熟果成，自相感召。

十、先有情照，因果隨之

沈約〈形神論〉說：

余以爲因果情照，本是二物，先有情照，卻有因果，情照既動，而因果隨之，未有情照，因果何託？

沈約認爲情識與因果，本是二物，先有情識之動，而後因果隨之。換言之，沒有衆生情識之動，就沒有因果。沈約在〈因緣義〉一文中，也說因果業報，由樂生〈貪愛〉而起，衆生執著貪愛，因果不爽。

十一、含靈之性，莫不樂生

〈因緣義〉說：

凡含靈之性，莫不樂生，求生之路，參差不一，一爾流遷，塗徑各異，一念之間，眾緣互起，一因一果，內有差忒，好生之性，萬品斯同，自然所稟，非由緣立。固知樂生非因緣，因緣非樂生也。雖然，復俱宅形骸而各是一物，一念既召眾緣，眾緣各隨念起，善惡二念，誠有不同，俱資外助，事由一揆，譬諸非水非土，穀芽不生，因緣性識，其本既異，因果不惑，雖則必然，善惡獨起，亦有受礙，雖云獨起，起便成因，內因外緣，實由乎此也。

沈約所謂「含靈之性」，就是有情衆生，「樂生」就是貪愛。貪愛雖然不同於因緣，但是，因爲人有情識而貪愛，因爲貪愛而流轉因緣中，例如善惡之念都是情識，起一善念，則受善之果報；起一惡念，則受惡的果報，因果業報不爽。

凡夫與聖人不同，聖人能兼忘，凡夫不能兼忘。所謂兼忘，就是不執著萬物有其自性，使萬物的空性如如朗現。聖人兼忘，因此，無微不盡，無所不知，而此無所不盡之知，並不是藉著情識知覺而知，而是經過轉識成智，以智知之，非以識知之。凡夫與聖人雖然不同，但是，凡夫也可以由修行而達到聖人的境界，因爲凡夫與聖人都有佛性，也都是人。

十二、不淺不惑，出於兼忘

沈約在〈神不滅論〉中說：

不相兼之由，由於淺惑，惑淺爲病，病於滯有。不淺不惑，出於兼忘，以此兼忘，得此兼照，始自凡夫，至於正覺④，始惑於不惑，不兼至能兼，又（不得）謂不然也。

凡夫雖然無明，愚痴妄動，執著貪愛，但是，凡夫可由修行而有暫忘之時，凡夫暫忘之時與聖人無異，如果凡夫能暫忘而至兼忘，兼忘就是萬念都忘，就能超凡入聖，達到大聖的境界。

十三、萬念都忘，則是大聖

沈約在〈形神論〉中說：

凡人一念之時，七尺不復關所念之地，凡人一念，聖人則無念不盡，聖人無己，七尺本自若空，以若空之七尺，總無不盡之萬念，故能與凡夫異也，凡人一念，忘彼七尺之時，則目廢於視，足廢於踐，當其忘目忘足，與夫無目無足亦何異哉？

凡人之暫無，本實有，無未轉瞬，有已隨之，念與形乖則暫忘，念與心謝則復合，念在七尺之一處，則他處與異人同，則與非我不異，但凡人之暫無其無，其無甚促，聖人長無其無，其無甚遠。凡之與聖，其路本同，一念而暫忘，則是凡品，萬念而都忘，則是大聖。

值得注意的是，沈約以莊子的「無己」和「忘己」，詮釋萬念皆忘的大聖境界。莊子在〈逍遙遊〉中強調「至人無己」、「神人無功」、「聖人無名」。莊子的「無己」，是讓自己的精神，從形骸中衝破出來，臻至與天地精神往來的境界。

要如何達到這個境界呢？莊子認爲要去除以自我爲中心，掃除偏執的我見，不僅忘仁義、忘禮樂，更要坐忘。〈大宗師〉所謂「坐忘」，意指遺忘自己的肢體，拋開自己的聰明，忘掉知識，放棄執著，沒有偏私，與天地萬物爲一體。

沈約所謂萬念都忘的大聖境界，近似莊子的「無己」和「坐忘」，這種精神境界是由修養而來。

沈約認爲這種由凡至聖的修養工夫，叫做「養神」，養神可以超脫生死，達到不生不滅的正覺境界。

十四、養神不窮，不生不滅

沈約在〈神不滅論〉中說：

> 形既可養，神寧獨異，神妙形麤，較然有辨，養形可至不朽，養神安得有窮？養神不窮，不生不滅。始末相較，豈無其人，自凡及聖，含靈義等，但事有精麤，故人有凡聖，聖既長存，在凡獨滅，本同末異，義不經通，大聖貽訓，豈欺我哉？

「養神」原是莊子的修養工夫之一，莊子以爲人要效法自然的道理，純粹而不雜染，寧靜專一而不變動，生活恬淡，順從自然而行，這是養神的道理。沈約所謂「養神」，就是使精妙之神逐漸恢復其本來面目，以至於超越生死的相對世界，達到不滯於有，萬念都忘的境界，進入絕對之不生不滅的境界。換言之，養神是逐步除掉執著，使精妙之神恢復空寂而圓應無生的絕對存在，超脫生死輪迴，進入涅槃寂靜的成佛正覺。

以上是沈約以「形神二元論」的觀點，對范縝〈神滅論〉的詰難，沈約主張形盡神不滅，反對范縝形盡神滅之思想。此外，沈約又著〈究竟慈悲論〉與〈均聖論〉，值得一提。

十五、釋氏之教，義本慈悲

〈究竟慈悲論〉說：

釋氏之教，義本慈悲，慈悲之要，全生爲重。恕己因心，以身觀物，欲使抱識懷知之類，愛生忌死之群，各遂厥宜，得無遺夭。而俗迷日久，淪惑難變，革之一朝，則疑怪莫啓，設教立方，每由漸致。又以情嗜所深，甘腴爲甚，嗜深於情，尤難頓革。是故開設三淨，用伸權道。及《涅槃》後說，立言將謝，則大明隱惻，貽厥將來。夫肉食蠶衣，爲方未異，害命夭生，事均理一。淪繭爛蛾，非可忍之痛，懸庖登俎，豈偏重之業，而去取異情，開抑殊典。尋波討源，良有未達。漁人獻鮪，肉食同有其緣，梟妄登絲，蠶衣共須其分。假手之義未殊，通閑之詳莫辯，訪理求宗，未知所適⋯⋯自《涅槃》東度，三肉罷緣，服膺至訓，操槩彌遠，促命有殫，長蔬靡惓。秋禽夏卵，比之如浮雲，山毛海錯，事同於腐鼠，而繭衣纊服，曾不懷疑，此蓋慮窮於文字，思迷於弘旨，通方深信之客，庶有鑒於斯理。斯理一悟，行迷克反，斷蠶肉之因，固蔬枲之業，然則含生之類，幾於免矣。（《廣弘明集》卷二十六）

沈約認爲佛家以大慈大悲，普渡衆生爲根本思想，而大慈大悲以保全衆生的生命爲首要。因此，人類對於有情衆生，不能不戒殺生。然而，世俗之人，被習俗所迷，非一夕之間能夠覺悟，必須循序漸進，逐步減少殺生食肉。

因此，小乘佛教並不嚴格禁止食肉，認爲「不見、不聞、不疑（非爲我而殺之嫌者）」。所謂三種淨肉是可以吃的，不過，這是佛家的權宜之教。直到《大般涅槃經》在中土流傳，小乘佛教三淨肉的說法，逐漸被大乘佛教禁食酒肉的主張所取代。

其實，飲酒食肉和穿著絲綢衣服，兩者都是殺生行爲，因爲煮繭抽絲，殺害蠶蛾，就是殺生。而世人只認爲宰殺禽獸才是殺生，這顯然是一種偏見，有錢人家喜歡穿著絲綢衣服，他們沒有想到這是一種間接的殺生。

實際上，年老者不一定非要衣錦食肉不可，穿粗布衣服，吃蔬菜水果，也應該可以禦寒飽腹。富貴人家喜歡食肉衣錦，這種殘忍的間接殺生，非常不妥當。

自《大般涅槃經》傳入中土以來，小乘認爲有不聞、不見、不疑的三淨肉可以食用的觀點，逐漸被取代了，許多人虔信大乘，終身素食，禁食肉類，然而，可惜的是，他們對穿著絲綢衣服未曾懷疑過是否應該，實在忽略了佛家慈悲眞義。如果世人能夠戒除食肉衣錦的行爲，一切有情衆生就可以免遭人類的傷害殘殺了，這才是佛家的究竟慈悲。

十六、內聖外聖，義均理一

沈約的〈均聖論〉，是一篇調和儒、釋，主張儒、佛二家義均理一的文章。〈均聖論〉說：

周、孔二聖，宗條稍廣。見其生，不忍其死，聞其聲，不食其肉。草木斬伐有時，麛卵不得妄犯，漁不竭澤，畋不燎原，釣而不網，弋不射宿。肉食蠶衣，皆須耆齒；牛羊犬豕，無故不殺。

此則戒有五支，又開其一也。

逮於酣醬於酒，淫迷乎色，詭妄於人，攘濫自己，外典所禁，無待釋教。四者犯人，人爲含靈之首。一者害獸，獸爲生品之末。上聖開宗，宜有次第，亦由佛戒殺人，爲業最重也。內聖外聖，義均理一，而蔽理之徒，封著外教，以爲烹羊豢豕理固宜然。

沈約以爲自從周公、孔子制禮作樂，崇尚仁義，世人逐漸有了可資依循的道德規範。孟子在〈梁惠王上〉中強調：見其生，不忍見其死；聞其聲，不忍食其肉。砍伐林木要按季節，對幼小動物禁止捕殺，不可以竭澤而漁，可以釣魚，不可以一網打盡。老年人才可以食肉衣綢，牛羊豬犬不得無故宰殺。

如果說佛教有五戒，不殺生、不偷盜、不邪淫、不妄語、不飲酒。儒家主張不違農時，數罟不入洿池，斧斤以時入山林，畋獵有時，不可無故殺生，可以說儒家增加了一種禁戒。

至於酗酒，沈迷酒色，欺詐，搶奪，違法亂紀，不要說佛法不容許，就是儒家也是禁止的。佛家的五戒，其中四個戒是維護人類尊嚴的。因爲人是萬物之靈，其他動物不如人類。雖然爲了生存，有限的利用自然資源，但是，人類對其他動物不可任意殘害牠們的生命，佛教禁戒殺人，因爲殺人是最重的罪。

由此可知，儒家的聖人和佛家的如來，二家的學說思想，道理是相同的。而不了解儒、佛二家義均理一的人，局限於儒家之說，自以爲可以任意宰殺牛羊豬狗，實在是錯誤的想法。

【註　釋】

①沈約所撰諸文，除〈均聖論〉見於《廣弘明集》卷五，〈究竟慈悲論〉見於《廣弘明集》卷二十六之外，其他文章均見於《廣弘明集》卷二十五。

②「安謂其不滅哉？」一句，「不」字疑爲衍文，依據沈約反對神滅論的立場，此句應爲「安謂其滅哉？」。

③沈約〈神不滅論〉以爲昆蟲不逮飛禽，飛禽不逮犬馬。含生之類，識鑒相懸，等級參差。此說近似荀子的人禽之辨。《荀子．王制》說：「水火有氣而無生，草木有生而無知，禽獸有知而無義，人有氣有生有知亦且有義，故最爲天下貴也。」。荀子以爲水火只有氣，而沒有生命現象，花草樹木有生命現象而沒有感官知覺，禽獸有感官知覺而沒有禮義，人類有呼吸之氣，有生命現象，有感官知覺，又有禮義，所以，人爲最靈。

④正覺，梵語三菩提，謂證悟一切諸法之眞正覺智，故成佛稱成正覺。

第五節　顏之推〈歸心篇〉

南朝齊梁之際，有關形盡神滅或形盡神不滅的思想論證，主要內容見於以上四節所述，主因是由范縝〈神滅論〉所引發的爭論。此外，原在梁朝爲官的顏之推，著《顏氏家訓》，其中的〈歸心篇〉是他融合儒、佛二家，宏揚佛家三世因果報應、六道輪迴，以及形盡神不滅的思想，值得論述。〈歸心篇〉原屬〈顏氏家訓〉卷五，《廣弘明集》收在卷三。

一、五戒與五常符同

〈歸心篇〉云：

三世之事，信而有徵，家素歸心，勿輕慢也。其間妙旨，具諸經論，不復於此少能讚述。但懼汝曹猶未牢固，略重勸誘耳。

原夫四塵五陰，剖析形有，六舟三駕，運載群生。萬行歸空，千門入善。辯才智慧，豈徒七經百氏之博哉？明非堯、舜、周、孔、老、莊之所及也。

內外兩教，本爲一體，漸極爲異，深淺不同。內典初門，設五種之禁，與外書仁義五常符同。仁者，不殺之禁也；義者，不盜之禁也；禮者，不邪之禁也；智者，不酒之禁也；信者，不妄之禁也。

至如畋狩軍旅，燕饗刑罰，因民之性，不可卒除，就爲之節，使不淫濫耳。歸周、孔而背釋宗，何其迷也。俗之謗者，大抵有五：其一，以世界外事及神化無方爲迂誕也；其二，以吉凶禍福或未報應爲欺誑也；其三，以僧尼行業多不精純爲姦慝也；四，以糜費而報善惡，安能辛苦今日之甲，利益後世之乙乎？爲異人也。今並釋之于下云：

顏之推，字介，瑯玡臨沂人（今山東省臨沂市）。原在梁朝爲官，北齊攻占江陵後，歸順北齊，歷經北周而卒於隋。顏之推認爲佛家所謂過去、現在、未來三世，確實可信，並不是無稽之談。佛家以爲一切事物，都有三世，當其未發生時，爲未來世；既發生，爲現在世；消滅後，爲過去世。佛家以色、香、味、觸爲四塵，以色、受、想、行、識爲五陰，四塵五陰如塵垢般，容易蒙蔽人本來清靜與潔淨的心性。因此，施以六度（六波羅蜜），使人渡過生死苦海，到達安樂涅槃的境界。六度的內容簡述如下：

㈠**布施**：

布施是布恩施惠，以利益恩惠施捨給別人，可分三種：

1. **財施**：救急濟貧，慷慨助人，並不求回報。
2. **法施**：自己先修佛法，消除無明，並以佛陀教義傳授他人，勸人爲善去惡。
3. **無畏施**：見義勇爲，堅強忍耐，要有爲佛法犧牲的精神。

㈡持戒：

持戒是遵守戒律，最基本的戒律是五戒。

㈢忍辱：

忍辱是不瞋恚，瞋是動怒，恚是懷恨，遭受侮辱，不動怒，也不懷恨，更不報復，平時有不如意時，不灰心，要心平氣和，溫和理性。

㈣精進：

精進是不懈怠，信佛者，意志要堅定，克服困難，努力進步。

㈤禪定：

禪定是專心一志，集中精神，保持安定，心不散亂。

㈥般若：

般若是眞智慧，不愚痴，不邪見，徹底覺悟，了解宇宙和人生的眞相。

這六度之中，持戒、禪定、般若三者，是戒定慧三學，針治貪瞋痴三毒，能夠克服人類自私自利的念頭，例如：持戒的人不應私心自用，使自己不踰越規範，就不會有貪念。能夠禪定，就不應該爲了名利而與人爭吵，不會損人害己就沒有瞋恚，有了智慧，就不會無明（闇鈍之心，不明眞理。），也沒有愚痴。

消除了貪瞋痴，以仁慈的悲心行布施，以堅毅的精神行忍辱，以精進的態度充實自我，信佛者如果能夠在日常生活中勤修六度，可以自覺覺他，自利利他，這是大乘佛法的道德根本。

顏之推認爲佛家與儒家相通相近，佛家設五戒，五戒是所有佛教徒都必須遵守的戒律，大要如下：

㈠**不殺生**：凡是有情衆生，都不可傷害或殘殺，因此要吃素，以慈悲爲懷。

㈡**不偷盜**：不是屬於自己的東西，不可佔爲己有。

㈢**不邪淫**：男女關係，往來端正，夫婦之間，相敬如賓，不可有婚外性行爲，更不可有亂倫行爲。

㈣**不妄語**：說話要誠實，不可說虛語、假話。

㈤**不飲酒**：除了不可酒醉亂性，更不可吸毒。

佛家的五戒，近似儒家的五常，可以將五戒配五常：不殺生配仁，不偷盜配義，不邪淫配禮，不妄語配信，不飲酒配智①。

至於像飲酒吃肉，狩獵打仗，男女婚姻，那是世人的生活習性，不是短時間內就能戒除的，讓大家有所節制，不可過份浪費，維護生態環境的平衡，對人類總有好處，如果因此而背離佛教，這是不智之舉。

世人批評佛教，大約有五點：㈠認爲現世之外及鬼神是荒誕的；㈡因爲吉凶禍福有時不能立即應驗，就認爲因果業報是騙人的；㈢認爲僧尼太多，良莠不齊；㈣認爲出家人太多，浪費財物，減少稅收，損害國家利益；㈤認爲即使有因果業報，也應該現世報，不應該今日某甲之善惡，由後世某乙獲得報應。換言之，善有善報，惡有惡報，應爲現報。

二、神通感應，不可思量，化成淨土

〈歸心篇〉云：

釋一曰：夫遙大之物，寧可度量？……豈得以人事尋常，抑必宇宙之外乎？凡人所信，唯耳與目，自此之外，咸致疑焉……何故信凡人之臆說，疑大聖之妙旨，而欲必無恆沙世界，微塵數劫乎？

世有祝師及諸幻術，猶能履火蹈刃，種瓜移井，倏忽之間千變萬化。人力所爲，尚能如此，何妨神通感應，不可思量？千里寶幢，百由旬座，化成淨土，踴出妙塔乎？

針對第二點有關現世以外及鬼神之說，顏之推認爲對於遙遠而廣大的事物，是不能用人間常理去度量的，例如天地、日月、星辰等宇宙萬象，不能以人世間的道理，去解釋現世以外的事物，一般人只相信自己耳聞目見的事物，除此之外，都會懷疑是否爲眞。遺憾的是，爲什麼世人懷疑如來的精妙之言，認定沒有西方極樂世界，沒有佛，沒有佛法呢？

《觀無量壽經》說：「阿彌陀佛去此不遠，汝當繫念，諦觀彼國，淨業成者。我今爲汝廣說衆譬，亦令未來世一切凡夫，欲修淨業者，得生西方極樂國土。欲生彼國者，當修三福：一者孝養父母，奉事師長，慈心不殺，修十善業；二者受持三歸，具足衆戒，不犯威儀；三者發菩提心，深信因果，讀誦大乘，勸進行者，如此三事，名爲淨業。」所謂淨土三經：《無量壽經》、《觀無量壽經》、《阿彌陀經》，倡言以信佛者的念佛爲內因，以阿彌陀佛的願力爲外緣，內外相應，往生西方極樂淨土，怎麼會認爲沒有西方極樂世界呢？

三、業報自招

〈歸心篇〉云：

釋二曰：夫信謗之興，有如影響，耳聞眼見，其事已多。或乃精誠不深，業緣未感，時儻差闌，終難獲報耳。善惡之行，禍福所歸，九流百氏，皆同此論，豈獨釋典爲虛妄乎？項橐、顏回之短折，伯夷、原憲之凍餒，盜跖、莊蹻之福壽，齊景、桓魋之富強，若引之先業，冀以後生，更爲實耳。如以行善而偶鍾禍報，爲惡而儻値福徵，便可怨尤，即爲欺詭，則亦堯、舜之云虛，周、孔之不實也。又安所依信而立身乎？

針對因果業報問題，顏之推認爲有時候吉凶禍福不能一一應驗，只不過是由於業緣未到或人心不夠眞誠，因而造成善惡因果不能相應。依佛家而言，凡身、口、意所作都稱爲「業」，業有業力，善業有生善果的力用，惡業有生惡果的力用。應於善惡業因而得苦樂之果報，稱爲業報。《寶積經》說：「業報自招無代者。」。

基於因果關係，善有善報，惡有惡報是必然的結果，何謂因果？因是原因，果是結果，一切諸法的形成，「因」是能生，「果」是所生，能引生結果者爲「因」，由因而生者爲「果」。但是，爲什麼以德行著稱的顏回短命早夭，伯夷餓死首陽山，原憲貧寒，殺人食肝、橫行天下的盜跖得以壽終，大盜莊蹻福壽，齊景公荒淫奢侈而富有，所以如此，只能推到他們前世的業，到了今世的身上得到報應，才能有合理的解釋。

四、開闢以來，不善人多而善人少

〈歸心篇〉云：

> 釋三曰：開闢已來，不善人多而善人少，何由悉責其精潔乎？見有名僧高行，棄而不說，若睹凡猥流俗，便生誹謗。且學者之不勤，豈教者之爲過？
>
> 俗僧之學經律，何異士人之學《詩》、《禮》？《詩》、《禮》之教，格朝廷之士，略無全行者。經律之禁，格出家之輩，而獨責無犯哉？
>
> 且闕行之臣，猶求祿位，毀禁之侶，何慚供養乎？
>
> 其於戒行，自當有犯，一被法服，已墮僧數，歲中所計，齋講誦持，比諸白衣，猶不啻山海也。

有關僧尼良莠不齊的問題，顏之推以爲人間世本來就有善、惡之人，甚至不善人多而善人少，又怎麼能苛求僧尼都是完美無瑕呢？一般人對於有高潔德行的高僧，視而不見，而看到僧人不好的言行，便多予批評，這是不公平的。

僧尼學習經律，和世人學習儒家經典，沒有什麼不同，如果嚴格依照儒家仁義禮教來評量朝廷官吏，可以說沒有一個是完美的，那又怎麼能用佛家的戒律苛責所有僧尼完美無瑕呢？品德有缺失的官吏，尚且還要求取功名利祿，違反戒律的僧尼倒不好意思求人供養，這又是什麼道理呢？有些僧尼確實違犯戒律，但是，他們既已出家爲僧尼，長期吃齋念佛，跟世俗凡人相比，德行還是好得多。

五、誠孝在心，仁惠爲本

〈歸心篇〉云：

釋四曰：內教多途，出家自是其一法耳。若能誠孝在心，仁惠爲本，須達、流水，不必剔落鬢髮。

豈令罄井田而起塔廟，窮編户以爲僧尼也？皆由爲政不能節之，遂使非法之寺妨民稼穡，無業之僧空國賦算，非大覺之本旨也。抑又論之，求道者身計也，惜費者國謀也。身計、國謀不可兩道。誠臣徇主而棄親，孝子安家而忘國，各有行也。

儒有不屈王侯，高尚其事，隱有讓王辭相，避世山林，安可計其賦役，以爲罪人也？若能皆化黔首，悉入道場，如妙樂之世，儴佉之國，則有自然粳米，無盡寶藏，安求田蠶之利乎？

針對僧尼太多，浪費錢財問題，顏之推認爲信佛的方法很多，出家只是其中的一種方法。如果能夠虔誠信佛，以慈悲爲懷，樂善好施爲本，像須達②和流水長者③那樣，也不必落髮爲僧，更不必浪費錢財去興建寺廟，非做僧尼不可。

造成寺院大量興建的主因，在於爲政者不能加予有效節制濫建，使得非法寺院林立，妨害人民從事農耕，減少政府稅收，這不是佛的本來意旨。其實，虔誠信佛是個人的修行，而愛惜財物是國家財政問題，兩者不可兼得。

世上有不屈王侯、不媚權貴的儒者，有不求功名利祿、潛居山林的隱士，怎麼能說他們是不納稅、不服役的罪人呢？同樣的道理，僧尼以普渡衆生爲職志，怎麼能苛責出家人呢？如果他們能夠教化人民，使百姓都歸依佛法，將可實現人間淨土的快樂。

六、形體雖死，精神猶存

〈歸心篇〉云：

釋五曰：形體雖死，精神猶存。人生在世，望於後身，似不連屬，及其沒後，則與前身猶老少朝夕耳。世有魂神，亦見夢想，或降僮妾，或感妻孥，求索飲食，徵須福祐，亦爲不少矣。今人貧賤疾苦，莫不怨尤前世不修功德。以此而論，可不爲之作福地乎？夫有子孫，自是天地間一蒼生耳，何以身事而乃愛護，遺以基址？況於己之神爽，頓欲棄之乎？故兩疏得其一偶④，累代詠而彌光矣。

凡夫蒙蔽，不見未來，故言彼生與今生非一體耳。若有天眼，鑒其念念隨滅，生生不斷，豈可不怖畏邪？又，君子處世，貴能克己復禮，濟時益物。治家者，欲一家之慶，治國者，欲一國之良。僕妾臣民與身竟何親也，而爲其勤苦修德乎？亦是堯、舜、周、孔虛失愉樂。一人修道，濟度幾許蒼生，免脫幾身罪累，幸熟思之。人生居世，須顧俗計，樹立門戶，不得悉棄妻子，一皆出家。但當兼修行業，留心讀誦，以爲來世資糧。人身難得，勿虛過也。

有關輪迴報應的問題，顏之推認爲生命死亡，人的形體雖然朽腐，但是，精妙之神仍然存在。人生在今世，而寄望於來世，似乎不合情理。然而，前世、今世與後世，猶如一個人從孩童、中年到老年是連貫的，也如同一天之中，從早上、中午到晚上是不可分的。人死了，魂神仍在，有的人死後還會託夢給親人，要求飲食和衣服，這種事並不少見。

很多人遭受貧賤疾苦，都抱怨前世不修功德，沒有積善，以此而論，應該爲後世的福樂預作準備。不必爲自己的子孫處處著想，而對自己的精妙神魂置之不理，不如漢代的疏廣、疏受，每日與鄉鄰親友飲酒同樂，爲後世所稱許。凡夫痴迷，以爲今世與來世是兩回事，如果有如來神通，洞察一切，知道生死不息，六道輪迴，就能覺悟到行善積德的重要性了。

依照儒家學說，君子爲人處世，貴能克己復禮，內聖外王，齊家治國，希望家庭和樂，國家富強。但是，即使是堯、舜、周公、孔子等聖賢，不眠不休爲國爲民，對於一般百姓，也沒有什麼幫助。換言之，一個人修行求道，不能濟度多少百姓。憑心而論，現實生活，需要照顧家庭，成家立業，所以，不能輕易拋棄妻兒，不顧家庭而出家爲僧尼，但是，應該要行善積德，爲善去惡，用心誦讀佛經，謀求來世的幸福和樂。生命可貴，人身難得，不要虛度光陰，浪費寶貴生命。

【註釋】

① 天台《仁王經疏》五戒配五常是不殺生配仁，不偷盜配智，不邪淫配義，不飲酒配禮，不妄語配信。以佛家五戒配儒家五常，只能說明人類的道德規範，有相近、相通、相似之處，不能說是絕對地相同。以佛家不飲酒爲例，雖然含有禮和智的精神，但是，儒家的禮和智，不等於佛家的不飲酒，因爲在實際生活上，儒家並不主張戒酒。

② 據《經律異相》記述，須達爲舍衛國給孤獨長者的本名。

③ 流水，即流水長者，據《金光明經·流水品》記述，流水長者用大象背水救魚，十年後，魚皆生天。

④ 據《漢書·疏廣傳》：疏廣、疏受二人是叔侄關係，漢宣帝時，皆爲皇太子之師，幾年後辭官返鄉，皇賜贈金七十斤。二人返鄉後每日與鄉鄰親友飲酒同樂，不爲子孫增置田產。

第六節　邢邵與杜弼的形神論證

魏晉南北朝有關形盡神滅或神不滅的思想論證，自羅含與孫盛揭開形神爭論的序幕後，就文獻史料記載，在北朝的北魏至北齊時期，邢邵與杜弼的爭論，是最後一場的形神爭論，也是北朝唯一一場神滅不滅的思想論證。

一、邢邵生平

據《北齊書》卷三十六邢邵本傳記載：邢邵，字子才，河間鄚人（現今河北任丘）。父親邢虬，曾任魏光祿卿。邢邵小字吉，年僅五歲時，魏吏部郎清河崔亮見他而驚奇，認爲邢邵日後當有大成就。

值得一提的是，邢邵與楊愔、魏收三人，奏請置學，其奏本云：

> 世室明堂，顯於周、夏，一黌兩學盛自虞、殷。所以宗配上帝，以著莫大之嚴，宣布下士，以彰則天之軌……爰暨亡秦，改革其道，坑儒滅學，以蔽黔黎……仰惟高祖孝文皇帝，稟聖自天，道境今古，列校序於鄉黨，敦詩書於郡國……
>
> 昔劉向有言，王者宜興辟雍，陳禮樂以風天下。夫禮樂所以養人，刑法所以殺人……臣以爲當今四海清平，九服寧宴，經國要重，理應先營，脫復稽延，則劉向之言微矣。但事不兩興，須

有進退。以臣愚量，宜罷尚方雕靡之作，頗省永寧土木之功，並減瑤光材瓦之力，兼分石窟鐫琢之勞，及諸事役非世急者，三時農隙，修此數條。使辟雍之禮，蔚爾而復興，諷誦之音，煥然而更作……

邢邵認爲禮樂與教育是治國的根本，這是儒家的一貫主張，源自孔子在《論語・子路》中所說：

禮樂不興，則刑罰不中，刑罰不中，則民無所措手足。

他強調秦朝所以國祚短暫，歸因於「坑儒滅學」，秦始皇焚書坑儒，不重視禮樂與教育的後果。而孝文皇帝「敦詩書於郡國」，重視禮樂教化，所以，爭戰不久就平息了。因此，希望當朝帝王能效法孝文皇帝振興禮樂教化，興辦學校，加強文化建設。更重要的是，不要再大興土木、建築廟宇、雕刻石窟佛像，浪費人力物力，勞民傷財。所謂「事不兩興，須有進退。」，「退」指崇信佛教之事，「進」指設學校、振興禮樂教化，敦進郡學，精課經業。由此可知，邢邵是一位重人文、輕鬼神的儒者。

二、杜弼生平

據《北齊書》卷二十四杜弼本傳的記載：杜弼，字輔玄，中山曲陽人（現今河北晉縣），小字輔國，祖父杜彥衡，淮南太守，父親杜慈度，繁畤令。

杜弼因見文武百官，少有廉節者，便向高祖直諫，將有沙苑之役，杜弼又請求先除內賊，再討外寇。高祖問他內賊是誰？杜弼說：諸勳貴掠奪百姓者，皆是內賊。

此外，他曾在九龍殿與魏帝暢談佛性、法性是否爲一的問題，魏帝問：「經中佛性、法性爲一爲異？」杜弼答：「佛性、法性只是一理。」，帝問：「佛性既非法性，何得爲一？」杜弼答：「性無不在，故不說二。」，帝問：「說者皆言法性寬，佛性狹，寬狹既別，非二如何？」，杜弼答：「在寬成寬，在狹成狹，若論性體，非寬非狹。」，帝問：「既言成寬成狹，何得非寬非狹？若定是狹，亦不能成寬。」，杜弼答：「以非寬狹，故能成寬狹，寬狹所成雖異，能成恒一。」魏帝歡喜稱善，引入經書庫，賜地持經一部，帛一百疋。杜弼喜好談論名理，雖身在軍中，仍隨身攜帶經書誦讀，他與邢邵在東山共論名理，正是最好的例子。並注有老子道德經二卷。

六年四月八日，魏帝集名僧於顯陽殿講說佛法，杜弼與吏部尙書楊愔，中書令邢邵，祕書監魏收等並侍法筵，敕杜弼昇師子座，他與諸名僧辯論往來數十次，都沒有被對方難倒。

顯祖引爲兼長史，加衞將軍，轉中書令，進爵定陽縣侯，遷驃騎將軍，衞尉卿，別封長安縣伯。顯祖十年夏天，上因飲酒，積其愆失，誣稱杜弼罪過太多，斬首處決，享年六十九歲，杜弼被殺之後，顯祖後悔不已。天統五年，追贈杜弼使持節、揚郢二州軍事、開府儀同三司、尙書右僕射、揚州刺史，諡號「文肅」。

三、共論名理

從《北齊書》所記，邢卲約生於西元四九六年，杜弼約生於西元四九一年，兩人的生長年代相當於北朝的北魏到北齊。然因思想信仰不同，而有東山之辯。杜弼篤信佛法，所以密勸高祖信佛，又與諸多僧侶大談佛法；而邢卲爲一儒者，所以反對朝廷大肆興建廟宇，開鑿石窟，雕塑佛像。兩人在東山共論名理，就是思想信仰的差異所引發。共論名理的內容就是人死形盡神滅或神不滅的問題，在整個辯論的過程中，先由邢卲提出問題，再由杜弼回答。邢卲以「形盡神滅」的觀點發問，杜弼則以「形盡神不滅」的觀點回答他的質問，二人一來一往，針鋒相對。

㈠人死還生

邢以爲人死還生，恐爲蛇畫足。

弼答曰：「蓋爲人死歸無，非有能生之力。然物之未生，本亦無也，無而能有，不以爲疑。因前生後，何獨致怪？」。

邢卲與杜弼第一個思想爭論中，邢卲依儒家傳統，認爲人死即滅，也就是形盡神滅，沒有因果業報，沒有六道輪迴，沒有轉世更生，他以爲業報輪迴，人死更生是畫蛇添足①，無中生有，只是虛構而已。

杜弼提出反駁，他認爲有些人以爲人死形盡神滅，什麼都歸於無，沒有輪迴更生。但是，萬物在尚未出生之前，也是無的狀態，無而能產生有（生命），一般人不會懷疑，爲何對於佛教主張傳承前世因果業報而產生的轉世更生，卻感到奇怪呢？

在這個辯論中，邢邵以無中生有（畫蛇添足）提出質問，杜弼也以無能生有（無而能有）反駁。兩人都提到「有、無」的概念。老子所謂「有無相生」（《道德經》第二章），意指在現象界中，有和無是兩個相對、相反又相成的事物而言，沒有「有」，就沒有「無」，沒有「無」，就沒有「有」，有、無是相對立而又統一的概念。換言之，「有」和「無」是一體的兩面，兩者共存，相互為用，例如一個杯子是「有」，杯子中空的部份是「無」，杯子中空才有用，因為杯子中空才能裝水盛物。

老子又說：

> 天下萬物生於有，有生於無。（《道德經》四十章）

老子以為萬物生於「有」，「有」生於「無」，「無」就是形上的道體，「有」就是宇宙渾沌之氣，老子說：無，名天地之始；有，名萬物之母。（《道德經》第一章）

「無」是天地的開始，「有」是萬物的源頭，從無到有是說形上道體落實現象界而產生天地萬物的歷程。到了魏晉南北朝，有、無成為哲學家討論的主題之一，如王弼倡「貴無」②，裴頠主張「崇有」③。而杜弼深受老子及魏晉哲學的影響，強調人在未出生之前是「無」，生命由「無」到「有」。從生到死，即由這個「有」到「無」，這個「無」並非沒有，而是仍有識神存在。近似亞里斯多德所謂由「潛能」到「現實」。

所謂潛能(Potentiality)與現實(Actuality)是亞里斯多德從生物學的觀點，解釋每一個生物的發展或成長。任何一種生物都有它的潛能，就是成為某一物的可能性。就其尚未實現為某一物之前而言，這是潛能，就其已實現爲某一物之後而言，這是現實。換言之，潛能就是質料(Matter)，而現實就是形式(Form)。以杜弼而言，就是「無而能有」、「因前生後」，表示人死形雖盡，神則不滅，又可更生，輪迴轉世。

(二)聖人設教

邢云：聖人設教，本由勸獎，故懼以將來，理望各遂其性。

弼曰：聖人合德天地，齊信四時，言則爲經，行則爲法，而云以虛示物，以詭勸民，將同魚腹之書④，有異鑿楹之誥⑤，安能使北辰降光，龍宮韞櫝。就如所論，福果可以熔鑄性靈，弘獎風教，爲益之大，莫極於斯，此即眞教，何謂非實？

邢邵與杜弼第二個思想爭論中，邢邵引用《易經》的思想，闡明自己的觀點。《易經．觀卦彖辭》說：

大觀在上，順而巽，中正以觀天下。觀，盥而薦，有孚顒若，下觀而化也。觀天下之神道，而四時不忒，聖人以神道設教，而天下服矣。

神道設教的意義爲何？邢邵以爲古代聖人效法天地的自然法則與規律，設立教化人心的道德規範，本來的目的是以此規範勸獎百姓，而聖人之所以提出「積善之家，必有餘慶，積不善之家，必有餘殃。」（《易經．坤卦文言》）善惡報應之事，只是期望人民能夠戒愼恐懼，爲善去惡，使百姓循善性而行。如果人人都能爲善去惡，就達成「聖人設教」的目的，因此，神道設教並非爲了人死後有輪迴轉世而設立。換言之，如果以輪迴轉世的思想來勸獎百姓，其實違反聖人原本設教的宗旨。

杜弼也引用《易經》的話，反駁杜弼。〈乾卦〉說：

夫大人者，與天地合其德，與日月合其明，與四時合其序，與鬼神合其吉凶。

大人原是古代對高級長官的稱呼，另指有品德的偉大聖人，如〈乾鑿度〉所說：「聖明德備曰大人。」，可知大人是理想道德人格的最高典範。大人即是聖人，其德性與天地之道相契合，與日月的光明相輝映，與春夏秋冬的時序相契合，與鬼神的吉凶相契合。

聖人為什麼能有如此高妙的精神境界呢？因為聖人擁有仁愛之心，效法天地，有先見之明，參贊天地，化育萬物，處於天地的大化流行之中而不迷惑，立身處事合其宜，順乎自然，善守中正大道，能夠朗現天地精神，表現天地氣象。他的言行舉止常為一般百姓所效法，聖人所說的話更是一般百姓奉為圭臬。

如果聖人以虛妄或詭異的事來勸獎百姓，無異是以詭詐來教導百姓，這與聖人的眞誠之教是相違背的。換言之，如果佛教的因果業報、六道輪迴之教，能夠教化百姓，能使一般百姓為善去惡，那麼，還有什麼教化比佛教對社會更有益處呢？所以說佛教是眞實之教，豈是虛妄詭詐之教！

邢邵與杜弼對「聖人設教」所持不同觀點的主因，在於報應思想的差異，從中國傳統報應思想而言，沒有所謂三世因果業報，人們作善事或惡事，這輩子就會遭受報應，或其子孫將會受到報應；而佛教的報應思想是三世因果業報，由於杜弼深信佛法，所以，相信三世因果報應以及六道輪迴。因為邢邵以儒爲宗，不信佛法，所以認爲佛教是「以虛示物，以詭勸民。」。

㈢形盡神滅或神不滅

邢云：死之言「澌」，精神盡也。

弼曰：此所言澌，如射箭盡，手中盡也。〈小雅〉曰：「無草不死」，〈月令〉又云：「靡草死」，動植雖殊，亦此之類。無情之卉，尚得還生，含靈之物，何妨再造。若云草死猶有種在，則復人死亦有識。種識不見，謂以爲無者。神之在形，亦非自矚，離朱之明不能睹。雖蔣濟觀眸，賢愚可察，鍾生聽曲，山水呈狀，乃神之工，豈神之質？猶玉帛之非禮，鐘鼓之非樂，以此而推，義斯見矣。

邢邵與杜弼第三個思想論辯是「形盡神滅或神不滅」。杜弼引用《禮記・曲禮下》：「庶人曰死。」鄭玄注：「死之言澌，精神澌盡也。」邢邵認爲古人說死就是澌的意思。所謂「澌」，盡也，是指身體與精神全部消盡無餘的意思。換言之，人死之後，不僅屍體腐壞，生前的精神也會一起滅盡，也就是形盡神滅。值得注意的是，邢邵對於死亡的理解，與楊泉相同，楊泉《物理論》說：「死，猶澌也，滅也。」，就鄭玄的注解而言，鄭玄也認爲「澌」有滅盡的意思。

杜弼認爲，所謂「澌」，猶如射箭，箭射出去，只是不在手中而已，並不能說箭已經消失不見了。《詩經・小雅》說：「無草不死。」表示花草都會死。《禮記・月令》也說：「靡草死。」，是指薺菜之類野生的植物都已老死。動物和植物雖然不同，但都是同屬生物一類，就連沒有情識的花草，都能在死亡之後再生，那麼，充滿情識靈性的人類，死亡之後再生又何妨呢？

如果說花草死亡而種子尚存，那麼，人死之後應該還有神識存在，但是，種子和神識是看不到的，所以，一般人以爲是不存在。然而，精神依附在形體之中，也是看不到的，就算以明目著稱，能見百步以外秋毫之末的離朱，也不能看見精神的存在。就像三國時代的蔣濟，只要觀察人的眼神，就可以判斷此人是賢能或愚蠢。鍾子期只要聽伯牙彈琴，就可以知道伯牙內心的志向爲何，這些都是藉由人的精神作用才能辨到的，雖然，我們看不見精神的具體存在，卻可以深切感到精神的功能作用。

《論語．陽貨》孔子說：

禮云禮云，玉帛云乎哉？樂云樂云，鐘鼓云乎哉？

朱熹注說：

敬而將之以玉帛，則爲禮；和而發之以鐘鼓，則爲樂，遺其本而專事其末，則豈禮樂之謂哉？

孔子所重視的是禮樂的精神，朱子以爲禮的精神是敬，樂的精神是和。杜弼以此比喻具體存在的玉帛和鐘鼓終將腐朽，但是，無形的禮樂精神是不會消滅的，以此類推，我們可知形體終將腐朽，而精神是永不滅的。杜弼這種比喻是相當明智的，因爲他已經了解到精神是無形而抽象的，因此以具體的玉帛、鐘鼓來象徵禮樂的精神，禮樂的精神不因具體的玉帛和鐘鼓的毀壞而喪失，同理可推，精神不會因爲形體的滅盡而消亡。

值得一提的是，杜弼以類比推論的方法，說明如果花草樹木死了，仍有種子存在，種子可以再生；

類比萬物之靈的人類，如果人死了，也應有「識」的存在，作爲輪迴報應的主體。從這個譬喻而言，將人比做花草樹木，並不恰當，因爲人是有知覺情識的高等靈長類，而花草樹木是沒有知覺情識的植物，兩者的本質不同。此外，在格義佛教時期，佛家的「識」，借用中土的「神」來表達，然而，佛家的「識」和中土的「神」，就其內涵或外延而言，兩者並非完全相同。

㈣無不之

邢云：季札言無不之，亦言散盡，若復聚爲物，不得言無不之也。

弼曰：骨肉下歸於土，魂氣則無不之，此乃形墜魂遊，往而非盡。如鳥出巢，如蛇出穴。由其尚有，故無所不之；若令無也，之將焉適。延陵有察微之識，知其不隨於形，仲尼發習禮之嘆，美其斯與形別⑥，若許以廓然，然則人皆季子。不謂高論，執此爲無。

邢卲與杜弼第四個思想論辯是「無不之」的意義爲何？邢卲引用《禮記．檀弓下》所謂「骨肉歸復於土，命也。若魂則無不之也，無不之也。」。他沿用「澌」爲消盡無餘的意義，解釋「無不之」爲散盡，也就是說，人死之後，形體腐壞，精神消散盡滅。如果說人死形盡神滅（散盡）之後，又聚合爲物，再生爲人，那麼，就不可說是散盡到各處去了。

値得注意的是，邢卲所謂「若復聚爲物，不得言無不之也。」，顯然是把人當成一種自然物，這種觀點，源自王充，王充在《論衡．論死》中說：

人，物也；物，亦物也……死而形體朽，精氣散。

王充與邢邵都把人看成是一種自然物，所以，邢邵才會說「若復聚而爲物」這句話。王充所謂「精氣散」就是邢邵「無不之」（散盡）的意思。

杜弼反駁說：「無不之」應爲「無所不往」、「無所不在」，因爲「之」有「出」、「往」、「適」、「變」、「是」等意義。他認爲人死後，形體在土裡腐朽，魂氣則無所不往、無所不在，而不是散盡。猶如鳥兒飛離鳥巢，又如蛇爬出洞穴，都不是散盡的意思，只是暫時出遊。因爲人死神識尚存，所以才能無所不在、無所不往。就《史記》所記載，太史公在〈吳太伯世家〉稱讚季子說：

延陵季子之仁心，慕義無窮，見微而知清濁，嗚呼！又何其閎覽博物君子也。

季子有觀察細微的見識，因此知道魂氣不因形體腐朽而散盡，所以才會說「無不之」的話。值得注意的是，杜弼善於以譬喻作類比；他以鳥出巢、蛇出穴，比喻人死精神離開形體，只是暫時的離開，不是消失散盡。不過，以具體的鳥和蛇比喻抽象的精神，這種類比並不恰當。

㈤燭光之喻、君國之喻

邢云：神之在人，猶光之在燭，燭盡則光窮，人死則神滅。

弼曰：舊學前儒，每有斯語，群疑眾惑，咸由此起。蓋辨之者未精，思之者不篤。竊有末見，可以𠫊諸。燭則因質生光，質大光亦大，人則神不係於形，形小神不小。故仲尼之智，必不短於長狄⑦，孟德之雄，乃遠奇於崔琰。神之於形，亦猶君之有國，國實君之所統，君非國之所生，不與同生，孰云俱滅？

邢邵與杜弼第五個思想論辯是「燭光之喻」和「君國之喻」。邢邵將前人的「薪（燭）火之喻」，改爲「燭光之喻」，他認爲精神與人的（形體）關係，猶如光和燭的關係一樣，光是燭燃燒的作用，燭燃燒盡了，就沒有光了，所以，人死形盡，就像燭燃燒盡了一樣，精神的作用也就沒有了。因此說人死形盡神滅，是正常的自然現象，怎麼還有更生呢？

邢邵使用「燭光之喻」，因爲他已經發現到，以「薪（燭）火之喻」的火，類比人的精神是有問題的，因爲火是具體可見的，而神是不可見的。火是空氣中的氧與物質化合所產生的燃燒現象。光雖可目見，但不具體可觸，光可說是一種能量，例如太陽光，可成爲太陽能，以利發電。以現代物理學而言，光是一種波動，由原子內的帶電粒子振動所引起的現象，物理學家把光視爲一種電磁現象。以光比喻精神較爲貼切，但仍不適當，因爲就存在的意義而言，人是最高等的生命存在，而燭光究竟只是物質的存在。

杜弼當然對邢邵的「燭光之喻」不表贊同，他認爲以燭火（光）比喻形神關係，常常使人產生疑惑不解，或許是因爲沒有經過精細的分辨，也沒有深邃的思考。吾人以事實來考察，在燭光的比喻中，因爲有燭這個質料，才能產生火光的作用，而燭的質料大小，會影響火光的大小，燭大，火光就大；燭小，火光就小。但是，人的精神不依賴形體，形體的大小不影響精神的作用，形體雖小，精神卻可以很大，例如：孔子的智慧高於身材高大的長狄，曹操的雄才大略，超過眉清目秀的崔琰。

所以，精神對於形體的作用，就像君王治理國家一樣，國家實際上是由君王所統治，但是，君王卻不是國家所生。同理，形體實際上是由精神所統攝，但是，精神卻不是形體所生。既然精神不是形體所生，精神也不依賴形體，兩者既然不是同時一起出生，又怎麼能說形盡神滅，兩者一同滅盡呢？

值得注意的是，杜弼所謂「神不係（繫）於形」，顯然受到鄭鮮之〈神不滅論〉的影響，鄭鮮之在〈神不滅論〉中強調「神體靈照，妙統衆形。」、「神不賴形，神不待形。」。又杜弼的「君國之喻」，源自嵇康的〈養生論〉，嵇康在〈養生論〉中說：

精神之于形骸，猶國之有君也。神躁于中，形喪于外，猶君昏于上，國亂于下也。

然而，以具體的君王譬喻抽象的精神，以抽象的國家譬喻具體的形體，也是牽強而不當的類比。不過，「燭光之喻」表示形神一元，形盡而神滅；「君國之喻」，表示形神二元，形盡而神不滅。

㈥捨此適彼，生生恒在

邢云：捨此適彼，生生恒在。周、孔自應同莊周之鼓缶，和桑扈之循歌。

弼曰：共陰而息，尚有將別之悲，窮轍以遊，亦興中途之嘆，況曰聯體同氣，化爲異物，稱情之服，何害於聖。

邢邵與杜弼第六個思想論辯是「捨此適彼，生生是否恒在？」。邢邵認爲如果人死而神不滅的話，那麼，魂氣如果可以離開原來的身體，投胎轉世到另一個身體上，如此，生命應該可以不斷的更生，所以，周公、孔子可以和莊子、桑扈一同鼓盆而歌才對。換言之，一個人的魂氣如果不滅的話，周公可以不斷的更生，孔子可以不斷的更生，莊子可以不斷的更生，桑扈可以不斷的更生，那麼他們四個人應該可以一同唱歌才對。可是，在現實的生活中，那些已經死亡的人都不曾再出現過，因此，他們四人無法生活在同一年代。從另一方面而言，周公制禮作樂，孔子以仁爲道，莊子尙自然，桑扈是隱士，他們的思想、精神完全背道而馳，也不應該是同一個魂氣所轉世更生，因爲，如果他們都是同一個魂氣所轉世更生，他們的思想、精神應該相同才對，無論如何，都與現實生活的事實不符，由此證明，人死形盡神滅，不能轉世更生。

杜弼爲了說明周公、孔子的魂氣可以轉世更生爲莊子、桑扈的魂氣，他以現實生活中，親朋好友相聚，總有離別的傷痛，以此類推精神（魂氣）與形體也是遲早會分開。例如朋友在樹蔭底下休息聚會，總有分開的時候，就是志同道合的朋友，想要走遍天涯海角，或共創事業，也會在中途因理念不合而分道揚鑣。同理，形體與精神（魂氣）也會分開，一個人的精神（魂氣）離開原來的形體之後，又更生到不同的形體之上，變成另外一個人，即使化爲異物也無妨，並不影響我們對一個人的評價。換言之，周公、孔子是聖人，我們永遠尊敬周公、孔子，不會因爲他死後化爲異物，使我們改變對聖人的景仰。

㈦光去此燭，復燃彼燭

邢云：鷹化爲鳩，鼠變爲鴽，黃母爲鱉，皆是生之類也，類化而相生，猶光去此燭，復燃彼燭。

弼曰：鷹未化爲鳩，鳩則非有。鼠⑧，既非二有，何可兩立。光去此燭，得燃彼燭，神去此形，亦託彼形，又何惑哉？

邢邵與杜弼第七個思想論辯是「光去此燭，復燃彼燭」。邢邵認爲杜弼在第六個思想論辯中所謂「聯體同氣，化爲異物。」是有問題的，旣然化爲異物，表示更生後的人已經不是更生前原來的人，那麼，更生前和更生後根本是兩個不同的個體，這表示魂氣更生到另一個形體時，也已經不是原來的魂氣了，旣然後者不是前者的魂氣，那麼就不應該說「聯體同氣」。換言之，邢邵認爲「聯體同氣」和「化爲異物」是相互矛盾。

所以，邢邵引用《禮記・月令》中描寫動物在季節變化當中也會跟著變化的情形，他說：鷹鳥變化爲布穀鳥，田鼠化爲鴾鴽，黃母變爲鱉，牠們雖然都是同爲生物之間的相互轉化，但是，只要我們仔細的觀察，就可以發現布穀鳥不是鷹，鴾鴽也不是田鼠，鱉（甲魚）更不是黃母，就好比火光離開這一根燭，再點燃另一根燭，我們可以確知後來的火光已經不是前一根燭的火光。

值得注意的是，邢邵提出「類化而相生」的觀點，強調只有同類者才能相生，因爲同類者本質相同，不同類者本質不相同，由此可證，人死不能再更生爲人，因爲死人與活人的本質不相同。邢邵這個觀點近似范縝榮木與枯木的說法，活生生的樹木枯死成乾枯的樹木，已經產生質變，同理，活人亡故成死人，本質上已經改變。

杜弼回應邢邵的說法，杜弼認爲老鷹尚未變成布穀鳥前，布穀鳥尚未存在，田鼠尚未變成鴾鴽之前，鴾鴽也尚未存在，牠們都不是同時存在的，而是有先後次序的，就像火光離開原來的燭，可以再點燃另一根燭，猶如精神（魂氣）離開原來的形體，然後再更生到另一個人的形體之上，這種轉世更生也是有先後次序的，就是杜弼自己所說的「因前生後」，傳承前世因果業報的輪迴轉世，有什麼好懷疑的呢？

顯然的，杜弼的觀點，受到慧遠的影響，慧遠在《沙門不敬王者論‧形盡神不滅五》中說：

火之傳於薪，猶神之傳於形，火之傳異薪，猶神之傳異形。（《弘明集》卷五）

如果依照邢邵的觀點，後來點燃的燭火，已經不是前一根的燭火，因爲燭或薪是具體的燭或薪，而火卻是一般普遍的火，這在邏輯或經驗認知上是有問題的，例如燒瓦斯的火，燒汽油的火，燒木材的火，燒蠟燭的火，燒塑膠的火，燒廢輪胎的火，在成份上確實不同。

(八)造化神明

邢云：欲使土化爲人，木生眼鼻，造化神明，不應如此。

弼曰：腐草爲螢，老木爲蠍，造化不能，誰其然也。

邢邵與杜弼第八個思想論辯是「化爲異物」是否可能？邢邵再依「類化而相生」的觀點，認爲如果有神妙靈明的造物主存在，這個造物主也無法使泥土變化爲人，使樹木生出人的眼睛、鼻子。邢邵強調「同類相生」，人生人，狗生狗，人不能生狗，狗不能生人，以現代醫學而言，人和貓、狗等其他動物的基因(Gene)不同，基因是指存於細胞內有複製能力的遺傳單位。邢邵以「類化而相生」反對杜弼「化爲異物」，表示邢邵反對佛家的六道輪迴，表示人死不能更生爲其他畜生，例如《春秋左傳‧桓公十八年》記載齊襄公的侍從相信大野豬是彭生死後所顯現。換言之，既然沒有六道輪迴，表示形盡而神滅。

杜弼也引用自然界萬物的變化反駁邢卲，杜弼認爲腐草堆中能生出螢火蟲，枯老的樹木也能長出蠍子，表示自然界確實發生沒有情識的腐草、老樹，能夠生長出有情識知覺的螢火蟲和蠍子，這都是造物主的神妙。換言之，杜弼強調「腐草爲螢」、「老木爲蠍」就是自然界「化爲異物」的現象，表示「神去此形，亦託彼形。」是沒有問題的，更表示「六道輪迴」有何不可？

不過，以現代自然生態的觀點而言，「腐草爲螢」應該是在草堆中生出螢火蟲，而不是由草堆變化成螢火蟲，應該是螢火蟲把卵生在草堆中，卵孵成螢火蟲；「老木爲蠍」，應該是在枯老的樹木洞中生出蠍子，而不是老木化爲蠍，應該是蠍子把卵生在枯老的樹洞中，卵孵化成小蠍子，這種大自然的生態共生現象，不能說是「化爲異物」。

㈨往復再三

邢卲與杜弼的形神論證，是否到了「造化神明」之爭時就告結束？據《北齊書》卷二十四杜弼本傳的記載，史料似乎太過簡化，或有所脫落，《北齊書》又云：

其後別與邢書云：「夫建言明理，宜出典證，而違孔背釋，獨爲君子。若不師聖，物各有心，馬首欲東，誰其能禦。悉取於適衷，何貴於得一。逸韻雖雅，管見未喻。」前後往復再三，邢卲理屈而止，文多不載。

杜弼批評邢卲論辯沒有依據典故，而且違背孔子和佛家的思想。可是，從以上所有論辯看來，邢邵都是秉承儒家思想，杜弼批評邢邵「違孔」，實在令人無法理會。一方面誇獎邢邵才華出衆，另一方面卻貶損他見識狹小。兩人再三魚雁往返，可惜文多不載，因此，邢邵如何理屈？如何結束論辯？現已無從考證。

不過，從思想淵源與脈絡而言，邢邵的思想是淵源於孔子、荀子、桓譚、王充、何承天、范縝而來，反對佛教，主張形神一元，強調形盡神滅；而杜弼的思想是淵源於羅含、慧遠、鄭鮮之、宗炳而來，虔誠信佛，主張形神二元，強調形盡神不滅。

四、樊遜反佛

在佛教興盛，朝野信佛的環境下，杜弼批評邢邵「違孔背釋，獨爲君子。」，其實，不僅邢邵反佛，北朝反佛人士，還有樊遜、張普惠、楊衒之等人。

據《北齊書》卷四十五樊遜本傳記載，樊遜，字孝謙，河東北猗氏（現今山西安澤）人，祖父樊琰，父親樊衡，並無官職。樊遜不僅反對佛教，也反對神仙道教。

他在〈舉秀才對策〉中說：

> 臣聞天道性命，聖人所不言，蓋以理絕涉求，難爲稱謂。伯陽道德之論，莊周逍遙之旨，遺言取意，猶有可尋。至若玉簡金書，神經祕錄，三尺九轉之奇，絳雪玄霜之異，淮南成道，犬吠雲中，子喬得仙，劍飛天上，皆是憑虛之說，海棗之談，求之如係風，學之如捕影，而燕君、

齊后、秦皇、漢帝、信彼方士，冀遇其眞，徐福去而不歸，欒大往而無獲，猶謂升遐倒影，抵掌可期，祭鬼求神，庶或不死……

又末葉已來，大存佛教，寫經西土，畫像南宮，昆池地黑，以爲劫燒之灰，春秋夜明，謂是降神之日。法王自在，變化無窮，置世界於微塵，納須彌於黍米。蓋理本虛無，示諸方便，而妖妄之輩，苟求出家，藥王燔軀，波論灑血，假未能然，猶當克命……二班勒史，兩馬製書，未見三世之辭，無聞一乘之旨。帝樂王禮，尚有時而沿革，左道怪民，亦何疑於沙汰。

樊遜深受儒家孔子和王充的思想影響，《論語・公冶長》子貢說：

夫子之文章，可得而聞也。夫子之言性與天道，不可得而聞也。

孔子罕言性與天道，因爲性是客觀的存有，而天道是超越的存有，兩者都不易爲常人所把握。不過，所謂「性與天道」的「性」，不是「自生言性」的「性」，也不是氣質之性，而是天道所受的性，具有道德意義的性，猶如宋儒所說的義理之性。而佛教和道教違背了中國儒家聖人之言，大談道以外的天道。至於魏伯陽的《周易參同契》、莊子的逍遙思想，仍可理會，但是，一些符咒之書、九鼎神丹、太清神丹、金液等金丹仙藥⑨，服之令人不老不死，例如：王子喬乘白鶴成仙昇天，淮南王劉安得道成仙，全家升天，家畜也都成仙等等，都是虛妄傳說，捕風捉影，沒有事實的根據。從秦始皇、漢武帝深信方士，尋找神仙，可是，徐福一去不歸，欒大遍尋無獲，由此可證，神仙道教根本荒誕無稽。

可知，樊遜繼承了王充在《論衡．道虛》中對所謂修道成仙的批判，王充認爲人也是一種動物，即使是尊貴的王侯，跟平常百姓沒有什麼不同。所有的動物沒有不死的，所以，人怎麼能成仙升天呢？王充又認爲吃藥養生，能夠使人不生病，卻不能使人不老不死而成仙。

至於佛教所謂以黑土爲燒劫之灰，以春秋夜明爲降神之日。《法華經．譬喻品》說：「我爲法王，於法自在。」。法王（佛）自在，能夠變化無窮，置世界於微塵，納須彌山於黍米⑩。佛教又講五神通（宿命通、他心通、天耳通、天眼通、神足通。）、六神通（五神通加上漏盡通）各種神通⑪。《法華經．藥王菩薩本事品》述說藥王菩薩爲了供養《法華經》，用神通力使自身燃燒，光明遍照八十億恆河沙一樣多的世界。他身上的大火燃燒了一千二百年後，他的身體燒光了，命終之後，又再生在日月淨明德佛的國土中。這些神通故事，都是虛妄之言，只有那些妖妄之輩相信佛法而棄親出家，其實，佛教不見《漢書》、《史記》所載，本不是中土文化，因此，應該禁止僧侶傳播佛教，並對這些左道怪民（僧徒）應以取締。

對於福善禍淫的報應之說，樊遜也提出了批判，他在論說禍福報應的對策中說：

臣聞五方易辨，尚待指南，百世可知，猶須吹律。況復天道祕遠，神跡難源，不有通靈，孰能盡悟。乘查至於河漢，唯覩牽牛，假寐遊於上玄，止逢翟犬。造化之理，既寂寞而無傳，報應之求，固難得而妄說。但秦穆有道，勾芒錫年，虢公涼德，蓐收降禍。高明在上，定自有知，不可謂神，冥昧難信。若夫仲尼厄於陳、蔡，孟軻困於齊、梁，自是不遇其時，寧關性命之理。

子胥無君，馬遷附下，受誅取辱，何可尤人。至如協律見親，擢船得幸，從此而言，更不足怪。周王漂杵，致天之罰，白起誅降，行己之意。是以七百之祚，仍加姬姓，杜郵之戮，還屬武安。

樊遜認爲天道不是一般人可以理解的，天地萬物的造化無窮，沒有人能夠知道。至於因果善惡報應的道理就更難說清楚了。雖然在《墨子・明鬼下》說：秦穆公有德，上天派勾芒（古代神名）增壽十九年。史稱虢公無德，蓐收降禍⑫，對於這些禍福現象，高明的人自有定見，但不可說是鬼神的賜福降禍。換言之，沒有所謂鬼神的存在。

至於一般人的日常生活和遭遇，更不能用因果報應來解釋，例如孔子困於陳、蔡，孟子困於齊、梁，這只是時運不濟的遭遇而已，而與因果報應無關。此外，夫差賜死伍子胥，伍子胥自刎死，司馬遷被腐刑下獄，也是時運造成的，不必怨天尤人。還有戰爭的凄慘，伏尸百萬，血流漂杵，長平之戰，秦將白起坑殺趙國降卒四十萬人，而後白起自裁於杜郵亭（現今陝西省咸陽縣西），也是由於白起兇殘習性所造成的戰爭悲劇，跟因果報應無關。

可知，樊遜否認福善禍淫的報應之說。

【註釋】

① 畫蛇添足比喻無中生有，虛構故事，於事無補。據《國策・齊策》記載：楚有祠者，賜其舍人卮酒，舍人相謂曰：「數人飲之不足，一人飲之有餘，請畫地爲蛇，先成者飲酒。」一人蛇先成，引酒且飲，乃

左手持卮，右手畫蛇。曰：「吾能為之足。」未成，一人之蛇成，奪其卮曰：「蛇固無足，子安能為之足？」遂飲其酒。

② 何晏、王弼貴無思想，淵源於老子所謂：「天地萬物生於有，有生於無。」。據《晉書・王衍傳》：「魏正始中，何晏、王弼等，祖述老莊立論，以為天地萬物皆以無為本，無也者，開物成務，無往而不存者也。」。

何晏〈道論〉云：「有之為有，恃無以生，事而為事，由無以成。夫道之而無語，名之而無名，視之而無形，聽之而無聲，則道之全焉。」（《列子・天瑞篇注》）。

王弼亦以宇宙的本體為「無」，王弼說：「凡有皆始於無。」（《道德經》第一章注）。「天下之物，皆以有為生。有之所始，以無為本。」（《道德經》第四十章注）。「天地雖廣，以無為心。」（《道德經》第三十八章注）。

③ 裴頠著〈崇有論〉，反對何晏、王弼的「貴無論」。〈崇有論〉說：「夫總混群本，宗極之道也。方以族異，庶類之品也。形象著分，有生之體也。」。裴頠認為眞正的「無」，不可能生出「有」。他說：「夫至無者，無以能生，故始生者自生也。自生而必體有，則有遺而生虧矣……由此而觀，濟有者皆有也，虛無奚益於已有之群生哉！」。

④ 所謂「魚腹之書」，意指虛妄不實的詐騙言行。據《史記・陳涉世家》所記：陳涉〈即陳勝〉起兵時，用帛書寫「陳勝王」三個字藏在魚腹中，買魚烹煮的人得之，甚感驚奇。

⑤「鑿楹之誥」，意指誠摯的教誨。晏嬰將死時，鑿楹納書，以便將來其子孫遵其教誨。

⑥據李百藥撰，楊家駱主編《北齊書》第三五七頁校勘記第十一，「斯」字疑爲「神」之誤。

⑦長狄，亦作長翟，古代北狄之一種，據《史記．孔子世家》：仲尼曰：「汪罔氏之君，守封、禺之山，爲釐姓，在虞、夏、商爲汪罔，于周爲長翟，今謂之大人。」客曰：「人長幾何？」仲尼曰：「僬僥氏三尺，短之至也；長者不過十之，數之極也。」。所謂「十之」，謂三丈也。

⑧據楊家駱主編《北齊書．列傳第十六》杜弼本傳校勘記，依文意本段應有脫落，原文應當爲「鼠未化爲駕，鼠則以無。」。

⑨葛洪在《抱朴子．金丹》中說：「夫金丹之爲物，燒之愈久，變化愈妙。黃金入火百鍊不消，埋之畢天不朽。服此二物，鍊人身體，故能令人不老不死。」。

⑩須彌山，義譯言妙高。佛經說南贍部洲四大洲之中心，有須彌山，處大海之中，上高三百三十六萬里，頂上爲帝釋天（即忉利天）所居，半腹爲四王天所居。

⑪神通，自在無礙之謂，可分三種，一是報得通，二是修得通，三是變化通。

⑫《禮記．月令》云：「孟秋之月，其神蓐收。」。

第五章　結論—形盡神滅或形盡神不滅的現代意義

以上探究了魏晉南北朝五次有關形盡神滅或形盡神不滅的思想論證。兩次在東晉，兩次在南朝宋、梁，一次在北魏。五次的思想爭論，其論證內容，在中國哲學中，有其獨特的意義，除了使用譬喩類比形神關係外，雙方都重視邏輯的論證(argument)，所謂論證，是由 $n(n \geqq 0)$ 個語句（有眞假可言的直述句）做前提(premise)和一個語句做結論(conclusion)所構成的推理，依邏輯的觀點，前提有事實、理由、假設等意思。雙方的前提大致相同，包括：鬼神思想、報應思想、天人關係、因果關係、宗廟祭祀、有無、本末、體用、形質等。由於前提有眞假可言，所以，論證有的有效，有的無效，換言之，不能得出必然爲眞的結論，其眞理不具有必然性，例如以作夢證明形神二元，神可以離開形，是無效的論證。

對於形神問題，爲何會有兩種截然不同的論證結果？彼等所內涵的意義是什麼？筆者僅提出四點，以爲結論。

一、**譬喩的局限：**無論神滅論者或神不滅論者，都使用各種相同或不同的譬喩。譬喩又稱比喻，譬喻是一種「借彼喻此」的說明，凡是兩件事物有所近似，說話或撰文時，以「那一個」有相似的事物來類比「這一個」事物，就稱爲譬喻。換言之，以具體事物比擬抽象概念，以簡單易知說明艱深難知，使人對所難知的事物或概念，易於了解的表達方式①。

《墨子・小取》說：「辟也者，舉也（它）物而以明之也。」。辟就是譬喻，列舉其他的事物來說明這件事物。墨子認爲譬喻是論辯的推理之一，主要目的是對論辯主題的例證，而不是對文句的修辭，因此，稱爲「例證的譬喻」②。

《荀子・非相》說：「談說之術，矜莊以莅之，端誠以處之，堅彊以持之，分別以喻之，譬稱以明之。」。荀子認爲說話之道，要莊敬誠懇，態度堅定，舉例譬喻，說明道理。

《潛夫論・釋難》說：「夫譬喻也者，生於直告之不明，故假物之然否以彰之。」。王符認爲譬喻是如何產生的呢？是由於直接告訴對方說不清楚，所以舉例或援引其他事物來說明是這樣或不是這樣，使聽者清楚明白。

《淮南子・要略》說：「言天地而不引譬援類，則不知精微……知大略而不知譬喻，則無以推明事。」。《淮南子》認爲談論天地四時的變化，而沒有使用譬喻援引類似的例證，就不知道天地的精微奧妙，只知道事情的大概（略）而不會使用譬喻，就不能推論明白事理。

《說苑・善說》說：「夫說者，固以其所知諭其所不知，而使知之。今王曰無譬，則不可矣。」有賓客對梁王說：惠子（即惠施）講話善於譬喻，如果不讓他舉例譬喻，他就不能講話了。梁王說：

好。第二天，梁王對惠子說：請你講話直接一點，不要舉例譬喻。惠子說：現在有人不知道彈弓是什麼，問說彈弓的形狀如何？回答的人說：彈弓的形狀像彈弓。這樣形容，問話的人明白嗎？梁王說：沒有講清楚，說不明白。於是，換成說：彈弓的形狀像弓，是用竹子做弦。這樣形容可以聽明白嗎？梁王說：可以聽懂了。惠子說：說話的目的，就是要把自己知道的事理告訴不知道的人，使別人清楚了解，如果不舉例譬喻，無法使人明白。

由上可知，譬喻在談話、推理或論證時，有其重要性，在形盡神滅或形盡神不滅的思想論證中，實有不可忽視的作用與地位。

譬喻的成立，基本上要具備三個要素：思想的對象、另外的事物、類似點。也就是說，譬喻是由喻體、喻依、喻詞三者結合而成。所謂「喻體」，是要說明的事物主體；所謂「喻依」，是用來說明此一主體的另一事物；所謂「喻詞」，是聯繫喻體和喻依的語詞③。換言之，譬喻的成立，應有三個條件：㈠有不同的兩個對象甲和丙；㈡甲和丙要有乙使之相關連；㈢這個乙必須是甲和丙共有的某種特質。

吾人了解譬喻的意義之後，再來檢討形神論證的各種譬喻，就可以清楚地知道這些譬喻的局限性。

㈠薪火之喻：自從莊子提出「指窮於爲薪，火傳也，不知其盡也。」（《莊子．養生主》）以後，神滅論者：桓譚、王充、楊泉、戴逵、何承天、邢邵等人，都以薪火譬喻形神；神不滅論者：《淮南子》、葛洪、慧遠、鄭鮮之、杜弼等人，也以薪火譬喻形神。

神滅論者以薪火譬喻形神的特徵有三點：

*1.*神滅論者都是從「人稟氣而生」的思想來論證，氣聚則生，生而有形，形具則神生，氣散則死，人死則形盡神滅。

*2.*精神與形體的關係，猶如火與薪的關係，火是薪（燭）燃燒時所產生的能量，猶如精神也是形體的能量，火的能量不能離開薪（燭）而獨存，同理，精神不能離開形體而獨存，因此，形盡神滅。

*3.*形體是本、是主、是第一性，精神是末、是從、是第二性，精神是形體的附屬作用，沒有形體，就沒有精神的功能作用。換言之，生命是有限的，形體與精神不能不朽。

神滅論者以薪火譬喻形神的困難有四點：

*1.*神滅論者既然認爲「人稟氣而生」，而將形神視爲不同程度的粗氣和精氣。不論粗氣或精氣都是物質，但是，吾人可以說形體是物質，而不能視精神也是物質。可以薪（燭）譬喻形體，不應以火譬喻精神，因爲火是空氣中的氧與物質化合所生的燃燒現象，基本上也屬於物質。

*2.*薪（或燭）要依靠外力才能點燃，燃燒而有火，然而，精神與生俱來的，並非依靠外力加諸於形體之中。至於桓譚的「炭火之喻」，如果炭完全被水澆滅，又沒有人爲外力加以點燃，便不能使剩餘的炭再度燃燒，更何況再度點燃的火，已經不是原來的火。對於人的精神更不能像薪（或炭）一樣，可以熄滅之後再經外力點燃。

*3.*薪、炭、燭等任何可燃物燃燒都有火，火可以從甲物燒完之前傳到乙物。可是，人不能在臨終

前，將甲的精神傳給乙，甚至甲物燒完之前，可以將甲火傳到乙物、丙物、丁物等衆多可燃物上，人的精神卻不能，張三臨終前的神，不能傳到李四、王五、趙六等人的形體，老虎、獅子的精神，也不能在臨死前傳到人的形體。所以說「薪火之喩」不能論證形體與精神之間從屬、派生的關係。

*4.*薪（燭）、炭在燃燒之前可以儲存數年而獨立存在，然而人一旦出生，形神合而爲一，生命（形體）不能沒有精神而獨存。

神不滅論者以薪火譬喩形神，有四點困難：

*1.*神不滅論者視「神」是形而上的絕對存有，不是形而下物質性的氣，同時將「薪火之喩」中的火，視爲火的普遍概念，而非個別、單獨的火，如此一來，火可以永恆存在，猶如人的神可以不滅，經由輪迴而更生。因此，以薪盡火傳的現象，譬喩神可由甲傳到乙的形體上。

不過，這種類比在邏輯推理上是有問題的，因爲神不滅論者說的薪或形時，是指某一具體存在的薪或形，而所謂「火之傳異薪」、「神之傳異形」時，指的是火的普遍概念及神的形上抽象概念。以經驗界而言，火從甲薪傳到乙薪時，是個別、具體的薪和火，同理，做爲報應輪迴主體的神，也是個體精神與形體之間的輪迴，與形而上的絕對存有之神是不同的。

*2.*火雖然可以傳異薪，可是，用甲薪燃燒的火去點燃乙薪，所燃燒的火是乙薪的火，而非甲薪的火，甲火和乙火是不相同的。

*3.*神不滅論者認爲火之傳異薪，猶神之傳異形。如果在甲薪未燒盡之前，以甲薪的火去點燃乙薪、

丙薪、丁薪，又如何解釋兩個以上的火具體存在，但不同的形體之間共有一個精神呢？而甲薪、乙薪、丙薪、丁薪的火可以同時燃燒，如果有輪迴，可以一個神同時傳給多個形體嗎？

4.薪火相傳必須借助人為或自然等外力才能完成，如果人死形盡神不滅，誰來傳異形？人的精神要如何與不同的形體相結合？佛家雖用「因緣俱足」來解釋，仍有神祕難解之處④。

㈡囊橐與粟米的譬喻：王充在《論衡．論死》中，除了以燭火光譬喻形神關係外，又舉囊橐與粟米的關係，譬喻形神。王充認為人的精神藏在形體之中⑤，如同粟米裝在袋子裡面，人死形體腐朽，精神離散消失，猶如袋子破裂，粟米漏出散失一樣。

以囊橐與粟米譬喻形神，有四點困難：

1.粟米裝在囊橐裡面，近似桓譚「精神居形體」的意思，容易導致形、神各自獨立的二元論，而非形盡神滅的一元論。形神二元論表示形神之間沒有從屬或派生的關係，自然可以形盡神不滅。

2.囊橐和粟米都是具體有形的物質，吾人可以用囊橐譬喻形體，但不能以粟米譬喻精神。更何況，囊橐和粟米都是各自獨立存在的物質，必須依靠人為外力才能將粟米放進囊橐之中，如此一來，王充不能說明精神如何放進形體之內。

3.如果囊橐破裂，粟米散失，但仍可獨立存在，不因囊橐毀壞而一起消失。更何況囊橐破裂可以修補，修補後可以再裝粟米，可是，人的形體死亡後不能再醫治而復活。

4.一個囊橐可以重覆使用，可以盛裝不同的粟米，但是，人的生命現象是一個形體只有一個精神，以囊橐與粟米譬喻形神關係並不恰當。

㈢**根葉與種實的譬喻：**牟子《理惑論》說：「身譬如五穀之根葉，魂神如五穀之種實。根葉生必當死，種實豈有終亡？」。《理惑論》是唯一以根葉與種實（子）譬喻形神關係者，有別於「薪火之喻」或「刃利之喻」，根葉和種實（子）都是有生命的植物實體，不過，仍有三點困難：

1. 根葉與種實都是具體存在的物質實體，吾人可以根葉譬喻形體，不應以種實譬喻精神，因爲精神不是具體存在的物質實體。

2. 植物的根葉是由種實（子）發芽長出來，然而，人的形體並非由精神所產生，更何況，種子發芽，長成根葉，開花結果，此時種子已經消失了，可是，人的精神與形體是合爲一體、密不可分的生命現象。

3. 種子雖然可以開花結果，再生很多種子，可是，再生的種子已經不是原先的種子，如此一來，如何類比說明人的神魂可以永遠不變作爲承受報應輪迴的主體。

㈣**國家與君王的譬喻：**嵇康〈養生論〉說：「精神之於形骸，猶國之有君也。神躁於中，形喪於外，猶君昏於上，國亂於下也。」。嵇康從養生的觀點，強調精神必須依賴形體而存在，形體必須依賴精神而自立。形體與精神的關係，猶如國家與君王的關係，如果精神煩躁、沮喪、抑鬱，形體將失去健康⑥，猶如國家的興衰，受到君王的賢能或不肖的影響一樣。所以，養生之道要養形和養神，使形體和精神得到健康安樂。不過，這個譬喻有兩點困難：

*1.*君王是具體個別存在的主體，國家是抽象的，然而，精神卻是抽象不具體的作用，形體是具體個別存在的主體，以君王譬喻精神，以國家譬喻形體並不恰當。

*2.*君王的政權隨時可以轉換，或遭受人民反抗推翻，如桀紂的下場，但是，某甲的精神卻不能隨時轉移給某乙，更不能把某甲的精神換成某乙的精神。

之後，杜弼與邢邵的論辯中，也引用「君國之喻」，杜弼說：「神之於形，亦猶君之有國，國實君之所統，君非國之所生，不與同生，孰云俱滅？」。杜弼主張形盡神不滅，形體由精神所統攝，猶如國家由君王所統治，然而，君王並非國家所生。同理可知，精神不是形體所生，神不賴形，故能形盡而神不滅。不過，杜弼「君國之喻」的困難，與嵇康相同，以本質認知而言，也是不當的類比。

㈤**堤水之喻**：葛洪《抱朴子．至理》說：「夫有因無而生焉，形須神而立焉。有者無之宮也，形者神之宅也。故譬之於堤，堤壞則水不留矣；方之於燭，燭糜則火不居矣。身勞則神散，氣竭則命終。」。

葛洪認爲形體必須依賴精神才能自立，形體是精神存在的房舍，形體猶如堤壩，堤壩崩塌，水就無法保存在堤壩內，又如蠟燭，蠟燭燒盡火也就沒有了。身體太勞累，精神就會疲倦渙散，精氣耗盡生命就要死亡。

葛洪是唯一使用堤水譬喻形神的思想家，以堤壩譬喻形體，以水譬喻精神，堤壩有保護水的作用，猶如形體也有保護精神的作用。不過，這個譬喻有兩點困難：

1.堤和水都是可以獨立存在的具體物質，水不必完全依賴堤壩才能存在。但是，精神必須依賴形體才有生命現象和作用，以水譬喻精神有所不當。

2.堤壩內的水，在不同季節有不同的狀況，乾旱期間水完全乾枯，遇洪水造成滿水位時必須洩洪，把多餘的水洩出堤外。但是，人的生命現象，不可能有完全沒有精神的情形，人活著時，精神是不能脫離形體而獨立存在的，即使神不滅論者以作夢說明精神可以脫離形體而獨存，以現代心理學的觀點而言，此一說法是不正確的。

㈥**利刃之喻**：范縝〈神滅論〉說：「神之於質，猶利之於刃，形之於用，猶刃之於利。利之名非刃也，刃之名非利也。然而捨利無刃，捨刃無利。未聞刃沒而利存，豈容形亡而神在？」。范縝〈神滅論〉的主要思想是形神相即、形神一體、形神一元、形質神用。精神不能離開形體而獨存，猶如鋒利不能離開刀刃而獨存，因爲功能作用是本質的屬性，精神屬於形體的功能作用，精神作用不能離開形體。范縝以利刃譬喻形神，避免以粗氣和精氣解釋形、神，可能導致形神二元論的缺失。不過，這個譬喻有三點困難：

1.刃是無生命的物質，以利刃譬喻有生命的形神，如同以薪（燭）火譬喻形神，都有「取譬非類」的缺失，刀刃與形體並非同類，彼此類比，有其不當之處。吾人勉強可以將刃譬喻形體，以鋒利譬喻精神，難免不妥與輕率，因爲精神如何產生各種作用，並非鋒利可以比擬。

2.刃之所以鋒利，必須依靠外力的磨鍊，如同火的燃燒，必須依靠人爲或自然的外力一樣。如果沒有外力的磨鍊，就無法鑄成鋒利的刀劍。如此一來，形體與精神合爲一體的外力是什麼？恐怕范縝不易解釋清楚。

3.范縝〈答曹舍人〉認爲形神關係，猶如蛩蛩和駏驉的關係，違反他強調形神相即、形質神用的立場，因爲蛩蛩和駏驉是兩個獨立的個體，因此，遭受曹思文的詰難。

從以上六種譬喻的檢討中，吾人發現以譬喻來論證形神關係，仍有類比推理上的局限⑦，因爲譬喻的舉例和思想對象本身並未完全相同，同時也牽涉到類比推理的有效性。可知，類比推理僅就譬喻事物相似之處，加以推論而得出彼此相似關係而已，不足以充分論證事物間的異同關係。

換言之，以譬喻類比推論只具有蓋然性，不能得出必然性的眞理，因爲精神不僅是抽象的、非物質的，精神的作用更超乎語言文字所能表達，實在很難找出一個適當的譬喻來形容，誠如《周易》所謂「書不盡言，言不盡意。」（〈繫辭上傳〉第十二章），語言文字無法完全表達思想的對象，因此，莊子說：「得魚而忘荃」、「得兔而忘蹄」、「得意而忘言」⑧，而譬喻就是「荃」和「蹄」。

當吾人檢討六種譬喻之後，就應該超越這些譬喻的局限，進一步深思語言文字背後所代表的意義，才能有所證悟，也就是說，形盡神滅和形盡神不滅所代表的意義是什麼？值得吾人探究。

二、形盡神不滅的時代意義：慧遠等人主張形盡神不滅，神有「妙物之靈」，神有「冥移之功」，「雖有上智，猶不定其體狀，窮其幽致。」。神即法身，法身無有形相，超乎有待，「不物物而兆其端，不圖終而會其成。」，神不滅當就形上超越的存有而言，才有圓滿的意義。

以形盡神不滅爲根本，再證成三世因果業報，其時代意義有三點：

1.教化目的：佛教對中土人心影響最深遠的思想，就是三世因果業報和六道輪迴，尤其在魏晉南北朝，人民長期處在紛擾動盪的痛苦中，天災人禍不斷，戰爭不絕，又受到政治上的壓迫陷害，經濟上的壓榨，不平等的社會善有惡報、惡有善報的現象屢見不鮮，生活如此煎熬，造成人心的苦悶、空虛和恐懼不安。

慧遠等人提出形盡神不滅的思想，肯定三世因果業報和輪迴更生。佛家勸人要想脫離人生的無邊苦海，就必須透過佛法不斷的修持，諸惡莫作，衆善奉行，自淨其意，修持五戒，力行六度，實踐八正道，證悟緣起性空，消除無明、貪愛所生的一切執著，解除人生的煩惱和痛苦，免除輪迴六道之中，往生極樂淨土，或達到圓滿的涅槃境界，其勸人爲善去惡的教化功用，有相當的貢獻。

2.宗教信仰，安頓人心：佛教在魏晉南北朝已獲廣大人民的信仰，形盡神不滅思想不僅可以安頓人心，更深化人心對佛法的堅定信仰，因爲從哲學的觀點而言，宗教是一種思想的信仰。《大智度論》說：「佛法大海，唯信能入。」，《華嚴經》說：「信爲道源功德母，長養一切諸善根。」，可知，信仰是一切安定力量的源頭活水⑨。

形盡神不滅思想，在混亂悲情的時代中，不僅對人心有安定的作用，更可以說是出自人心最深切的呼喚，也是最渴望的要求，人心要求社會的公理正義，深切盼望善有善報、惡有惡報，更渴望生命的不朽。不過，佛教對於達到不朽的方法，不同於中土傳統立功、立德、立言三不朽，或以子孫傳宗接代的孝道，而是經由虔誠的信仰佛法僧三寶，往生西方極樂淨土，或是經由佛法不斷的修持，達到涅槃境界。尤其是念佛往生淨土思想，影響中土人心極為深遠。

3.終極關懷的意義：宗教是人類對終極問題的終極關懷(ultimate concern)。所謂終極關懷，是對人生、社會、道德、宇宙存在、生死等終極意義的探究與追求。面對人生的煩惱，生命的無常，政治的黑暗，社會的不公不義，道德的淪喪（善無善報、惡無惡報），慧遠等人肯定神不滅後，並主張求宗不順化，強調涅槃才是人生究竟的歸宿，是常樂我淨最圓滿的境界，而這個不滅的神，就是涅槃境界的主體，不再生死輪迴於六道之中。

《雜阿含・十八經》說：「貪欲永盡，瞋恚永除，愚痴永盡，一切煩惱盡，是名涅槃。」。涅槃有「不生」（不再輪迴更生）、「不死」、「解脫」（解除煩惱、生死等痛苦）、「歸趣」（人生究竟的歸宿）等意義。可知，形盡神不滅和涅槃，不僅屬於宗教的境界，更具有終極關懷的意義。

三、形盡神滅的文化意義：桓譚、何承天、范縝、邢邵等人，主張形盡神滅，不信因果業報，排斥佛教，反對迷信鬼神，其思想要旨，皆以儒學為宗，強調人的道德生命、歷史生命及文化生命勝於生理生命。

形盡神滅論者以儒學為宗，儒家（學）以人為本⑩，而一般的宗教以神為本，一般宗教多少有神話或奇蹟的成份。但是，儒家自孔子起，罕言怪力亂神，然而，儒家和一些高級宗教有一個相同的宗教精神，就是追求生命的價值、人生的圓滿和精神的不朽。

儒家以立功、立德、立言三不朽和傳宗接代、祭祀之禮的孝道來超越生死問題⑪，以及實踐道德來安身立命，這種安身立命由本心的仁愛開展，仁民愛物，推己及人，己立立人，己達達人。在人倫關係中，由內到外，由親到疏，由近到遠，自然形成一定的先後秩序，每一個人都應該修身，修身由孝親到敬長，由齊家到治國平天下，也就是由內聖到外王。

儒者一生專注於道德實踐與精神境界的涵養，因其目標崇高，必使其終身努力以赴，無怨無悔，永不休止，鞠躬盡瘁，死而後已。換言之，生死是人生最重要的大事，人生在世，數十個寒暑，生命極爲短暫，如何活的有意義？是每一個人必須面對的嚴肅課題。荀子在〈大略〉借用子貢和孔子的對話，闡明個人的生活和生命的意義。人只要還有一口氣在，就不能逃避事親、持家、安養妻小、耕種、事君等重責大任，對君子來說，一生爲責任和文化理想奮鬥犧牲，面臨死亡，才能心安理得，不憂不懼。

〈大略〉記述：子貢或許遭遇了挫折，心灰意冷，對孔子說他倦於學習，不想做事君的工作，孔子回答說：部屬對長官要有恭敬的態度，從事公務不敢懈怠，事君不是容易的事，君臣關係豈可棄而不顧！子貢又說不想事親了。孔子回答說：子女孝順父母，永無休止，事親要以孝道教育下一代，事親不是一件容易的事，父子關係豈可棄而不顧！子貢又說不想與妻子相處了。孔子回答說：夫婦是人倫的開端，與妻子相處不是容易的事，夫婦關係豈可棄而不顧！子貢又說不想與朋友相處了。孔子回答說：朋友要互相鼓勵幫助，與朋友相處不是容易的事，朋友關係豈可棄而不顧！子貢又說不想耕種了。孔子回答說：耕種要及時配合季節，勤於農耕，種田不是容易的事，耕種豈可棄而不顧！子貢感慨的說：如此說來，人生無處可以休息了嗎？孔子說：望著遠方高高的墳墓，就知道什麼是永遠的安息。子貢說：死亡確是人生的大事，君子充實而有光輝的生命，死而無憾，心安理得，可以永遠安息了。吾人可以從何承天、范縝、邢邵等人的生平事蹟表現，深切感受彼等都具有儒者的風範。

誠如徐復觀先生說：「永生是人類共同的要求，也是各種宗教向人類所提供的一個最動人的口號。而其內容，則常指向超現實的彼岸。永生，在春秋時代，稱之爲不朽，左傳襄公二十四年，晉范宣子以其家世之世祿相承爲不朽，此已異於宗教之永生。而魯孫叔豹則以立德立功立言爲三不朽，是直以人文成就於人類歷史中的價值，代替宗教中永生之要求，因此而加強了人的歷史地意識：以歷史的世界，代替了彼岸的世界。宗教係在彼岸中擴展人之生命，而中國的傳統，則係在歷史中擴展人之生命。」⑫。吾人以此可分辨儒（形盡神滅）、佛（形盡神不滅）的差異。佛家（慧遠等人）係在佛法精進修持中，臻至精神最高圓滿的涅槃境界；儒者（范縝等人）係在艱苦的現實生活中，爲維護民族的文化慧命，創造不朽的道德生命、歷史生命、文化生命和精神生命。

四、儒、佛圓善論：再以思想信仰而言，形盡神滅論者，是以今生今世爲中心的人文信仰（或謂人文主義(ldumanism)的精神），重人事，輕宗教。人文信仰者，一方面強週理性的認知能力，追求眞理，分辨是非善惡，另一方面主張仁義內在，自律道德，重視致良知的道德實踐，擇善固執，爲善去惡；而形盡神不滅論者，是以三世（前世、今世、後世）爲範疇的宗教信仰，遵守宗教的戒律，追求永恆的生命與無限的生命，宗教的戒律，消極上是禁止犯罪的動機和行爲，積極上卻是實踐道德，爲善去惡。由此可知，「爲善去惡」原是人文信仰（形盡神滅）和宗教信仰（形盡神不滅）共同相之處，也就是說，人文信仰所形成的道德文化和宗教信仰所完成的宗教文化，終將使德性(Virtue)和幸福相結合，成就完整而圓滿的最高善（圓善）。

進一層說，儒家的圓善是道德的實踐，佛家的圓善是解脫的實踐，兩者都是圓善之教，即是通過各種方式的實踐，純潔淨化生命，而達到最高理想的境界。

㈠儒家的圓善：儒家的圓善，始於孔子的仁道，以仁統攝諸德及一切存有的根源。孔子下學而上達，踐仁知天，以仁貫通性命與天道，與天密契，天人合一。

孟子性善論，仁義禮智內在，我固有之，由仁義行，非行仁義，成就盡心知性知天，存心養性事天。

《中庸》誠道，成己成物，唯天下至誠，能盡其性，能盡人之性，能盡物之性，可以贊天地之化育，可以與天地參。

《大學》格物、致知、誠意、正心、修身、齊家、治國、平天下。大學之道，在明明德，在親民，在止於至善。

《周易》法天，以效法天地爲修養工夫，成就大人的德性，大人與天地合其德，與日月合其明，與四時合其序，與鬼神合其吉凶，先天而天弗違，後天而奉天時。

周濂溪〈通書〉以「誠」釋道體，誠即天道，為宇宙創造的眞幾，亦是心，即是神，誠、神、幾三者，是天道性命相貫通的境界。

張載為天地立心，為生民立命，為往聖繼絕學，為萬世開太平。〈西銘〉總持儒家道德的精神，民胞物與的踐仁，直接上承天心之仁愛，涵養一體的痛癢，則可以與天地萬物為一體，他說：「存，吾順事；歿，吾寧也。」。

程明道〈識仁篇〉以仁為學之本，仁者渾然與物同體，仁為道德實踐及宇宙化生的本源或實體。朱熹〈仁說〉：天地以生物為心者也，而人物之生，又各得夫天地之心以為心者也，故語心之德，雖其總攝貫通，無所不備，然一言以蔽之，則曰仁而已矣。

王陽明〈大學問〉說：大人者，以天地萬物為一體者也，其視天下猶一家，中國猶一人焉……大人之能以天地萬物為一體也，非意之也，其心之仁本若是。換言之，致良知，必能朗現其一體之仁。可知，儒家的圓善，由踐仁而止於至善，是道德的實踐，物我不二，愛人惜物，成己、成人、成物，內聖外王，天人合一。如此，仁心、仁性、仁德、仁道、仁體，貫通為一。

㈡佛家的圓善：佛家的圓善，由解脫的實踐，了脫生死，而臻於涅槃境界。

涅槃、成佛的依據是「一切衆生都有如來藏。」、「一切衆生悉有佛性。」。而一切現象卻是「諸行無常」、「諸法無我」，緣起性空，萬法唯識，「三界所有法，唯是一心造。」因此，應以「八不」洗除盡淨一切常見、斷見之邊見，名「不二法門」、「八不中道」。中道代表無執、無得、無待、超越的絕對精神。且要觀十二因緣，以滅無明，定慧雙修，禪智雙修，轉識成智，轉捨有漏心識而爲無漏智慧，諸惡莫作（止持），衆善奉行（作持），力行八正道。

依天台之說，生死即涅槃，煩惱即菩提（迷即煩惱，悟即菩提），迷與悟是同一心性的兩種境界，迷是以假爲眞，心執取諸法，悟則不生妄念，心捨離諸法，轉迷爲悟，以六祖慧能而言，即是「無念」，自明本心，自性自悟，頓悟成佛，證入涅槃。

因此，在這個開放、自由、多元的寶島社會，以教化勸善的目的而言，儒佛應可相輔相成，並行而不悖。所以說三教聖人，所同者心，所異者跡也。換言之，儒釋道三教雖不同源，但可以殊途同歸，三者的生死智慧心同理同，可以會通⑬。五教與六度並行，仁愛與慈悲齊立，孔、老、如來，雖三道而共轍，均臻於圓滿至善的境界。

【註釋】

① 據許愼《說文解字》云：譬，諭也……段注曰：諭，告也。……段注曰：凡曉諭人者，皆取其所易明也……其人因言而曉亦曰喻。

② 據丁敏撰《佛教譬喻文學研究》（政治大學中國文學研究所博士論文，民國七十九年六月）第十五頁，作者將譬喻分爲三類：㈠是例證的譬喻，㈡是修辭的譬喻；㈢是寓言或故事的譬喻。

③ 參閱黃慶萱著《修辭學》第二三一頁。三民書局印行。

④ 在佛教中，對輪迴轉世的過程，敘述較為詳盡的經典，應是《西藏度亡經》，又稱《中陰得度》。《西藏度亡經》是一本為死者引路的經典，這本經典是從臨終死亡開始誦讀，直到四十九天，每天不斷誦經。本書強調縱使惡業深重的人，只要聽聞本法，並加認證，也能得度。因此，人死之後，家人面對亡靈，反覆不斷誦讀，務必字句清晰而又活潑，印入死者靈識之中，直到死者鼻孔滲出血液和黃色分泌物。此時，不可觸及屍體，並遵守下列三項規則：㈠不可為死者殺生；㈡親友不可在遺體附近哭泣或哀號；㈢家人應盡量多行善事，多積陰德。

⑤ 王充所謂「人之精神藏於形體之內」，近似桓譚所謂「精神居形體」，以神滅論的觀點而言，此一說法容易導致形、神各自獨立，形神二元論的結果。

⑥ 據醫學研究發現，沮喪、抑鬱會產生壓力激素蛋白(stress hormone)，影響控制心跳快慢的自主神經系統(autonomic nervous system)，當心臟無法適應外來壓力調整心跳時，一旦心臟病發，將有致命危險。

⑦ 類比推理(Analogical reasoning)，是以兩件事物的相同或相似之處為根據，而推論其信於此者，亦信於彼。換言之，所謂類比，是就類似的兩件事物，以其中一件事物的性質，企圖來說明另一類事物的性質。然而，如果兩件事物間的類似性不夠強烈的話，很容易導致錯誤類比(the fallacy of weak analogy)。易言之，類比推理可分為性質上的類比和關係上的類比。所謂性質上的類比，是說某甲和某乙兩事物，已知均具有某些性質，而又同時知道某甲另具有一種性質，於是，以甲乙均具有的性質為基礎，推論某乙也可能具有與某甲相同的另一種性質。所謂關係上的類比，是說甲乙的關係類似丙丁的關係，也就是

說，丙之於丁，猶如甲之於乙，因此，由甲乙的關係，可以推知丙丁的關係，例如孟子認為人性之善也，猶水之就下。水無不就下，故人性亦無不善。值得注意的是，以薪火等六種關係類比推理形神關係，並非性質上的相類似的推理，只是關係上的類比，薪火的關係，猶如形神。其所得的結論，只具有蓋然性(Probability)，而無必然性。所以，如果要增強類比推理的蓋然性，有三項規定：㈠做為推理的類似點，須為本質屬性，而非偶然屬性。㈡依據第一項規定，甲乙與丙丁之間，須有多數類似點，才可以類比推論。㈢已知事物與待推論事物的類似點，不可有矛盾之處。

⑧ 《莊子・外物》說：「荃者所以在魚，得魚而忘荃；蹄者所以在兔，得兔而忘蹄；言者所以在意，得意而忘言，吾安得夫忘言之人而與之言哉！」。魏晉時期，「言意之辨」為其清談的課題之一，荀粲首倡「言不盡意論」，他認為天道深遠玄妙，非語言所能表達。何晏也認為「知者，言未必盡意也。」（《論語集解》）。嵇康〈聲無哀樂論〉說：「言非自然一定之物。」。歐陽建另倡「言盡意論」。魏晉哲學的「言意之辨」，近似西洋哲學的「共相」(universal)之爭，實在論(Realism)與唯名論(Nominalism)的爭論。

⑨ 據《新約聖經・希伯來書第十一章》說：「信仰是所望之事的實底，是未見之事的確證。」(Faith is the substance of things hoped for, the evidence of things not seen)。又說：「他們因著信，過紅海如行乾地；埃及人試著要過去，就被吞滅了。」。另據傳佛陀在世的時候，時常在印度恆河岸邊宣講佛法，有一位非常敬仰佛陀的人，經過長途跋涉，來到對岸河邊，心想渡河聆聽佛陀的說法。但是，剛好找不到船，只

好望穿河水乾著急，旁邊有人開玩笑的說：「你可以從河水上面走過去呀！」。由於這個人對佛陀充滿信心，又對佛法充滿堅定的信仰，所以，不顧河水的深淺，也不對河水起分別心，終於走了過去。這兩件事說明信仰的神奇力量。

⑩ 綜觀先秦儒家孔、孟、荀的思想，以人爲本，確是人文精神的偉大成就，人文精神的表現在人道，孔子的仁，孟子的義，荀子的禮，都是人道。荀子說：「道者，非天之道，非地之道，人之所以道也，君子之所道也。」（〈儒效〉），人道就是人人應行的道德法則，包括仁義禮忠孝誠敬信恕等德目，由內聖而外王。

⑪ 王邦雄先生在《生命的實理與心靈的虛用．孔孟儒學的生死智慧》中說：「且以孝道實踐爲宗教生活的儒教傳統，面對以佛門爲主流的當代社會，仍可以三代傳承來消化三世因果，一者解開了生死大限的悲痛困惑，二者又保住了孔孟儒學在文化中國的主導地位，這就是源遠流長幾千年的文化慧命。」。

⑫ 參閱徐復觀著《中國人性論史先秦篇》第五十五頁。

⑬ 傅偉勳在《生命的學問．儒道佛三教合一的生死智慧》中認爲我們可就終極關懷、終極眞實與實存主體這彼此不可分離的三大生命層面，重新詮釋儒道佛的根本思想，借以發現三教所以能夠契接會通於「心性體認本位的生死學與生死智慧」的理趣理據。傅偉勳在《死亡的尊嚴與生命的尊嚴．現代生死學建立課題》中又說：「中國儒道佛三家的生死學與生死智慧所以具有高度精神的普遍性意義，乃是由於它們自始至終強調本心本性的自我體認之故。」。他在《學問的生命與生命的學問．「生命十大層面與價值

取向」模型》中說：「終極眞實」乃是超世俗的高度精神性或宗教性所以形成的原本根據或理據（本體實在或眞理眞諦），具有永恆、絕對等性質，如耶教的上帝與天國，印度教的梵我或神我，佛教的「涅槃」或「諸法實相」，儒家的天命、天道，道家的常道、無名之道等是。對於「終極眞實」的主體性心性體認，乃是保證每一單獨實存能在精神上超克死亡，或徹底解決生死問題的一張眞正的「王牌」。儒道佛三家思想所以形成最高深的「生命的學問」，就是因為它們自始至終能夠充分把握到（本然的）心性這張王牌的緣故。」。

參考書目

壹、史料

吉藏撰：《中觀論疏》。臺北，新文豐出版公司，《大正藏》卷四十二。
安澄撰：《中論疏記》。臺北，新文豐出版公司，《大正藏》卷六十五。
普度撰：《廬山蓮宗寶鑑》。臺北，新文豐出版公司，《大正藏》卷四十七。
道宣撰：《廣弘明集》。臺北，新文豐出版公司，《大正藏》卷五十二。
道世撰：《法苑珠林》。臺北，新文豐出版公司，《大正藏》卷五十三。
僧祐撰：《出三藏記集》。臺北，新文豐出版公司，《大正藏》卷五十五。
僧祐撰：《弘明集》。臺北，新文豐出版公司，《大正藏》卷五十二。
慧皎撰：《高僧傳》。臺北，新文豐出版公司，《大正藏》卷五十。
玄奘譯：《成唯識論》。臺北，新文豐出版公司，《大正藏》卷三十一。
鳩摩羅什譯：《中論》。臺北，新文豐出版公司，《大正藏》卷三十；《地藏菩薩本願經》。臺北，新文豐出版公司，《大正藏》卷十三。

僧迦提婆共慧遠譯：《阿毘曇心論》。臺北，新文豐出版公司，《大正藏》卷二十八。

竺法護譯：《佛說盂蘭盆經》。臺北，新文豐出版公司，《大正藏》卷十六。

康僧鎧譯：《佛說無量壽經》。臺北，新文豐出版公司，《大正藏》卷十二。

鳩摩羅什譯：《佛說阿彌陀經》。臺北，新文豐出版公司，《大正藏》卷十二。

畺良耶舍譯：《佛說觀無量壽經》。臺北，新文豐出版公司，《大正藏》卷十二。

眞諦譯：《大乘起信論》。臺北，新文豐出版公司，《大正藏》卷三十二。

玄奘譯：《瑜伽師地論》。臺北，新文豐出版公司，《大正藏》卷三十。

瞿曇僧伽提婆譯：《中阿含經》。臺北，新文豐出版公司。《大正藏》卷一。

求那跋陀羅譯：《雜阿含經》。臺北，新文豐出版公司。《大正藏》卷二。

佛陀耶舍共竺佛念譯：《長阿含經》。臺北，新文豐出版公司。《大正藏》卷一。

維祇難等譯：《法句經》。臺北，新文豐出版公司。《大正藏》卷四。

鳩摩羅什譯：《大智度論》。臺北，新文豐出版公司。《大正藏》卷二十五。

實義難陀譯：《大方廣佛華嚴經》。臺北，新文豐出版公司。《大正藏》卷九。

曇無讖譯：《大般涅槃經》。臺北，新文豐出版公司。《大正藏》卷一。

鳩摩羅什譯：《維摩詰所說經》。臺北，新文豐出版公司。《大正藏》卷十四。

鳩摩羅什譯：《梵綱經》。臺北，新文豐出版公司。《大正藏》卷二十四。

朱熹撰：《四書集注》。臺北，臺灣中華書局，民國七十八年元月，臺八版。
郭象注：《莊子》。臺北，臺灣中華書局，民國五十七年八月，臺二版。
《十三經注疏》：臺北，藝文印書館，民國七十年元月，八版。
司馬遷撰：《史記》。臺北，臺灣商務印書館，民國八十四年四月，臺一版第七次印刷。
《墨子》（新編諸子集成）：臺北，世界書局，民國六十一年十月。
《管子》（新編諸子集成）：臺北，世界書局，民國六十一年十月。
《韓非子》（新編諸子集成）：臺北，世界書局，民國六十一年十月。
《淮南子》（新編諸子集成）：臺北，世界書局，民國六十一年十月。
《呂氏春秋》（新編諸子集成）：臺北，世界書局，民國六十一年十月。
《列子》（新編諸子集成）：臺北，世界書局，民國六十一年十月。
《論衡》（新編諸子集成）：臺北，世界書局，民國六十一年十月。
《抱朴子》（新編諸子集成）：臺北，世界書局，民國六十一年十月。
《說苑》（萬有文庫薈要）：臺北，商務印書館，民國五十四年五月臺二版。
嚴可均（清）輯：《全上古三代秦漢三國六朝文》。臺北，世界書局，民國五十二年五月，二版。
丹波康賴（日）撰：《醫心方》。北京，人民衛生出版社，一九九六年五月，第四次印刷。
班固撰：《漢書》。臺北，鼎文書局。

房玄齡等撰：《晉書》。臺北，鼎文書局。
沈約撰：《宋書》。臺北，鼎文書局。
姚思廉撰：《梁書》。臺北，鼎文書局。
李延壽撰：《南史》。臺北，鼎文書局。

貳、專書

方立天著：《中國古代哲學問題發展史》（上下册）。臺北，洪葉文化事業有限公司，民國八十四年四月，初版。
王邦雄著：《生命的實理與心靈的虛用》。臺北，立緒文化事業有限公司，民國八十八年六月，初版。
王明編：《太平經合校》（上下册）。北京，中華書局，一九九七年十月，第五次印刷。
王冰（唐）編注：《黃帝內經》。台南市，大孚書局有限公司，民國八十三年十月，二刷。
王更生註譯：《晏子春秋今註今譯》。臺北，臺灣商務印書館，民國八十五年八月，初版第三次印刷。
王守仁著：《王陽明全書》。臺北，正中書局，民國六十八年十月，臺六版。
牙含章、王友三主編：《中國無神論史》（上下册）。中國社會科學出版社，一九九二年五月，第一版。
牟宗三著：《圓善論》。臺北，臺灣學生書局，民國八十五年四月，二刷。
牟宗三譯註：《康德的道德哲學》。臺北，臺灣學生書局，民國七十一年九月，初版。

牟宗三譯註：《康德「純粹理性之批判」》（上下册）。臺北，臺灣學生書局，民國七十二年三月，初版。
牟宗三著：《中國哲學的特質》。臺北，臺灣學生書局，民國六十九年元月，（學五版）。
牟宗三著：《中國哲學十九講》。臺北，臺灣學生書局，民國八十八年九月，八刷。
牟宗三著：《佛性與般若》。臺北，臺灣學生書局，民國六十六年，初版。
李滌生著：《荀子集釋》。臺北，臺灣學生書局，民國八十三年十月，第七次印刷。
呂澂著：《中國佛學思想概論》。臺北，天華出版事業股份有限公司，民國八十六年十一月，七刷。
呂澂著：《印度佛學源流略講》。臺北，天華出版事業股份有限公司，民國七十一年七月，初版。
吳康著：《康德哲學》。臺北，臺灣商務印書館，民國六十九年四月，二版。
周紹賢、劉貴傑著：《魏晉哲學》。臺北，五南圖書出版有限公司，民國八十五年七月，初版一刷。
胡適著：《四十自述》。臺北，遠東圖書公司，民國八十五年元月。
唐君毅著：《中國文化之精神價值》。臺北，正中書局，民國六十二年三月，臺三版。
唐君毅著：《中國哲學原論導論篇》。新亞研究所，民國六十九年九月五日，五版。
唐君毅著：《生命存在與心靈境界》。臺北，臺灣學生書局，民國六十六年九月，初版。
唐君毅著：《中國哲學原論原道篇》。新亞書院研究所，民國六十二年五月，初版。
唐君毅著：《哲學概論》。臺北，臺灣學生書局，民國六十三年五月，三版。

徐復觀著：《中國人性論史先秦篇》。臺北，臺灣商務印書館，民國六十四年一月，二版。
徐進夫譯：《西藏度亡經》。臺北，天華出版事業股份有限公司，民國八十五年一月，三版十六刷。
馮友蘭著：《中國哲學史新編》。臺北，藍燈文化事業股份有限公司，民國八十年二月，初版。
湯用彤撰：《漢魏兩晉南北朝佛教史》（上下册）。台北，台灣商務印書館股份有限公司，民國八十七年七月，台二版第二次印刷。
黃懺華著：《佛教各宗大綱》。臺北，天華出版事業股份有限公司，民國八十六年十一月，五刷。
傅偉勳著：《生命的學問》。臺北，生智文化事業有限公司，民國八十七年四月，二版一刷。
傅偉勳著：《學問的生命學與生命的學問》。臺北，正中書局，民國八十三年一月，臺初版。
傅偉勳著：《死亡的尊嚴與生命的尊嚴》。臺北，正中書局，民國八十二年十一月，初版第四次印行。
勞思光著：《中國哲學史》。臺北，三民書局股份有限公司，民國七十年一月，初版。
張立文著：《中國哲學範疇發展史天道篇》。臺北，五南圖書出版有限公司，民國八十五年，初版一刷。
黃慶萱著：《修辭學》。臺北，三民書局股份有限公司，民國八十五年十月，增訂二版十刷。
曾召南注譯：《養性延命錄》。臺北，三民書局，民國八十六年六月，初版。
聖嚴法師著：《戒律學綱要》。臺北，法鼓文化事業股份有限公司，民國八十七人年一月，修訂版四刷。

劉貴傑著：《佛學與人生》。臺北，五南圖書出版有限公司，民國八十八年八月，初版。
劉貴傑著：《廬山慧遠大師思想析論》。臺北，圓明出版社，民國八十五年十一月，第一版。
莊英章等編著：《文化人類學》。臺北，國立空中大學，民國八十一年三月，初版。
莊優銘著：《陶淵明傳》。臺北，國際文化事業有限公司，民國七十四年。
董俊彥著：《桓子新論研究》。文津出版社，民國七十八年九月出版。
陳兵著：《生與死的超越》。臺北，圓明出版社，民國八十四年十一月，第一版第一刷。
陳九如編著：《黃帝內經今義》。臺北，正中書局，民國八十七年九月，臺初版第九次印行。
陳祖耀著：《理則學》。臺北，三民書局股份有限公司，民國八十七年四月，十四版。
葛榮晉著：《中國哲學範疇導論》。臺北，萬卷樓圖書有限公司，民國八十二年四月，初版。
錢穆著：《靈魂與心》。臺北，聯經出版事業公司，民國八十三年，初版第八刷。
錢志純．黎惟東譯：《方法導論．沈思錄》。臺北，志文出版社，民國八十五年，再版。
錢穆著：《朱子新學案》（全五册）。臺北，三民書局，民國七十一年四月，再版。
蔡仁厚著：《孔孟荀哲學》。臺北，臺灣學生書局，民國八十三年九月，第四刷。
繆天綬選註：《宋元學案》。臺北，臺灣商務印書館，民國五十九年九月，臺一版。
繆天綬選註：《明儒學案》。臺北，臺灣商務印書館，民國六十二年十二月，臺三版。
鄭曉江著：《超越死亡》。臺北，正中書局，民國八十八年一月，臺初版。

蕭登福著：《道佛十王地獄說》。臺北，新文豐出版股份有限公司，民國八十五年九月，台一版。

參、西文部份

History of philosophy：Weber and Perry 著，狀元出版社。

Immanuel Kant's Critique of Pure Reason：Norman Kemp Smith 英譯，馬陵出版社，民國六十四年九月，初版。

Critique of Practical Reason：Lewis white Beck 英譯，馬陵出版社，民國六十四年九月。

Kant's Critique of Judgement：J. H. Bernard, D.D, D.C.L 英譯，馬陵出版社，民國六十四年九月，初版。